红楼梦

整本书阅读策略

山东城市出版传媒集团·济南出版社

李美瑛 著

图书在版编目(CIP)数据

　　《红楼梦》整本书阅读策略 / 李美瑛著. -- 济南：济南出版社，2022.8
　　ISBN 978-7-5488-5204-9

　　Ⅰ.①红… Ⅱ.①李… Ⅲ.①阅读课－高中－教学参考资料 Ⅳ.①G634.333

　　中国版本图书馆CIP数据核字（2022）第155110号

《红楼梦》整本书阅读策略

责任编辑	宋涛　孙愿　闫菲
装帧设计	刘畅
出版发行	济南出版社（地址: 济南市二环南路1号　邮编: 250002）
编辑热线	0531-82772895
印　　刷	济南万方盛景印刷有限公司
成品尺寸	170mm×240mm　1/16
印　　张	24.5
字　　数	295千字
版　　次	2022年8月第1版
印　　次	2023年5月第2次印刷
ＩＳＢＮ	978-7-5488-5204-9
定　　价	69.00元

如有印装质量问题，请与出版社出版部联系调换
电话：0531-86131716

自　序

——《红楼梦》整本书阅读漫谈

意大利作家伊塔洛·卡尔维诺在《为什么读经典》中对"经典作品"有过经典的阐释，他说，"一部经典作品是一本每次重读都像初读那样带来发现的书""一部经典作品是一本即使我们初读也好像是在重温我们以前读过的东西的书""经典作品是这样一些书，它们带着先前解释的气息走向我们，背后拖着它们经过文化或多种文化（或只是多种语言和风俗）时留下的足迹"。

经典作品承载了无数社会和历史的印记，是人类最宝贵的精神财富。名著阅读是中学语文教学内容之一，它可以开阔学生的阅读范围，提高阅读、理解、鉴赏和写作水平，帮助学生了解更多的社会和历史信息，陶冶其情操，提高其审美力。

回顾中学语文教学名著阅读，大致经历了三个阶段：第一个阶段，新中国成立之初到20世纪60年代末的萌芽形成期；第二个阶段，20世纪70年代末到2000年的发展完善期；第三个阶段，2001年至今的相对成熟期。相较于早期节选式的名著阅读，当下的"整本书阅读"真正实现了名著阅读的课程化、课堂化。

《义务教育语文课程标准（2022年版）》明确提出："要关注个体差异和不同的学习需求，鼓励自主阅读、自由表达；倡导少做题、多读书、读好书、读整本书，注重阅读引导，培养读书兴趣，提高读书品位；充分发挥现代信息技术的支持作用，拓展语文学习空间，提高语文学习能

力。"它对名著阅读教学的操作进行了细化说明，不仅强调了教师在名著阅读过程中的指导、点拨及引领作用，还强调要调动学生阅读的主动性和积极性，充分发挥他们的创造性和个性体验。

《普通高中语文课程标准（2017年版）》要求学生"培养广泛的阅读兴趣，努力扩大阅读视野。学会正确、自主地选择阅读材料，读好书，读整本书，多媒介获取信息，提高文化品位，提高阅读和表达能力"。它特别强调两点：一是学生在阅读中的主体地位，学生要学会正确的阅读方法，教师要逐渐从"台前"退到"幕后"；二是强调整本书阅读，学生要学会借助多种媒介获取信息，从而更加精准深入地理解作品。从此，"整本书阅读"出现在高中语文18个任务群中，正式走进课堂教学序列，这不只是"量"的改变，更是"质"的飞跃。

整本书阅读的教学方式，不仅可以让学生更好地领略文学的魅力和语言的韵味，还可以更好地拓宽文化视野，提升文化层次，得到精神上的滋养与情感上的熏陶。《红楼梦》作为四大名著之一，是中国古典文学的集大成者和巅峰之作，是无法超越的经典。从艺术手法上看，它运用了写实主义、象征主义、自然主义、魔幻现实主义等，正叙、倒叙、插叙、时空转换、视角交替等技巧在小说中更是运用自如，精彩纷呈；从内容上看，作为百科全书式的作品，《红楼梦》包罗万象，对中国文化所涉及的政治、思想、文学、艺术、饮食、服饰、节日、娱乐、礼仪、园林、建筑、中医、宗教等都有形象生动的描写。不了解中国文化，读不透它；一旦读透了它，就会对中国文化有更深的理解。

然而，《红楼梦》著书时代久远，真正读懂它需要阅读者具备一定的文学、艺术、历史等文化知识背景。学生面对它，往往望而生畏，未读先怕。因此，克服畏难情绪，培养阅读兴趣，调动阅读的积极性是首要的，否则难以完成阅读。磨刀不误砍柴工，多年来（统编版教材使用前），每次讲《林黛玉进贾府》《宝玉挨打》（鲁人版教材），我都会适度延伸扩展，先把《红楼梦》前五回的主要内容介绍给学生，以消除阅读障碍，激发阅读兴趣。著名学者蒋绍愚曾说："再好的经典名著，如果阅读的人对它没有兴趣，就不可能把它读完，更不可能受它的影响。"语文教育家温儒敏也认为，培养读书兴趣，让学生多读书，读好书，好读书，是语文教学的"牛鼻子"。兴趣是最好的老师，如果学生对所教内容没兴趣，教学就成了教师寂寞的独舞。

针对目前语文学习多元化的特点，如何培养学生的阅读兴趣，增强学生的阅读能力，提高学生的文学素养，完善学生的人格，是摆在每位语文教师面前的重大课题。阅读和写作是语文教学的双翼，是学生学好语文的关键，二者相辅相成，休戚与共。名著阅读教学中除了要加强对学生的兴趣培养，教师的引领和示范作用同样重要。

2014年1月，布置寒假作业时，我要求学生每天课外阅读不少于1小时，读书笔记不少于300字。学生听了"怨声载道"，他们觉得每天可以接受读，但每天写则负担太重。为了平息他们的"愤怒"，鼓励他们更好地阅读、写作，我当即许诺和他们一起完成这项作业，每天读一回《红楼梦》，点评不少于800字。学生听后安静下来，开始试着接受这一安排。那年的寒假作业完成得非常好。

时代在发展，如今的学生更有个性，更强调自我，强调人与人的平等，希望获得他人的理解和尊重。德高为师，身正为范，给学生做榜样是教师的职责。亲其师，方能信其道，和谐的师生关系才更有利于教学活动的高效开展，更有利于学生的成长。

2016至2017年间，我在所教的班级又进行了一次《红楼梦》阅读、写作训练，以周记形式完成。一学期下来，两个班出现了大批红迷，有一个学生到了高三还在坚持这项训练，毕业前完成了对全书一百二十回的点评。2018年，我为学校社团开设了《红楼梦》赏析课程。那一次我采取的教学方式是：课前学生自主阅读；课上集体分角色循环朗读（节选重点段落），然后以问题带赏析；课下学生完成读书笔记。这种阅读形式受到了学生的欢迎，一学期下来，大家收获颇丰。

轻拢慢捻抹复挑，《红楼梦》整本书阅读的方式有很多，既有共性，也存在个体差异。我个人认为，《红楼梦》更适合细读、精读、反复读，不仅如此，还要读进去，写出来。作为整本书阅读，课上无法完成全部解读，更多功课还是要放在课下。参考以往的做法，教学中我主要设计了以

下几个环节：

1. 开启讲座：《我们一起读红楼》。

2. 课上教学：读品一体，赏析前五回。

3. 课下阅读：读写一体，赏析一百二十回。

4. 成果展示：《红楼梦》手抄报；《红楼梦》故事会；《红楼梦》课本剧；《红楼梦》知识竞赛；《红楼梦》赏析作文大赛。

以上是我对整本书阅读的一点粗浅建议，一切皆在探索中，尚不成熟。众人拾柴火焰高，恳请各位大方之家不吝赐教，以博采众长，集思广益，让《红楼梦》整本书阅读在语文教学的天地里更好地生根、开花，结出累累硕果。

李美瑛

2022年5月

目 录

第一章　整本书阅读概要——初登红楼

第一节　曹雪芹其人 …………………………………… 2

第二节　《红楼梦》其书 ………………………………… 4

第三节　《红楼梦》的情节结构 ………………………… 7

第四节　"红楼"之美 …………………………………… 9

第二章　重点章回品读——解味红楼

第一节　两个神话有深意　两组人物示人生

——《红楼梦》第一回品读 ………………………34

第二节　贾府人物关系网　子兴身份费思量

——《红楼梦》第二回品读 ………………………37

第三节　众多人物纷亮相　宝黛初会似相识

——《红楼梦》第三回品读 ………………………42

第四节　护官符里藏玄机　相时而动贾雨村

——《红楼梦》第四回品读 ………………………46

第五节　判词画册言性格　红楼曲词唱命运

——《红楼梦》第五回品读 ………………………49

第三章　读写一体策略——轻叩红楼

第一节　转轴拨弦三两声　未成曲调先有情
——第一至五回 ·· 58

第二节　烈火烹油富贵日　荣耀繁华诗礼家
——第六至二十二回 ··· 66

第三节　多姿多彩正青春　舞尽大观园里风
——第二十三回至六十三回 ·································· 91

第四节　美中不足今方信　人非物换意难平
——第六十四回至九十八回 ·································· 145

第五节　万境归空梦一场　茫茫大地真干净
——第九十九回至一二〇回 ·································· 195

后记

一场幽梦同谁近 ·· 229

第一章 整本书阅读概要——初登红楼

《红楼梦》是中国古典小说的最高峰，王国维曾言，"《红楼梦》，哲学的也，宇宙的也，文学的也……《红楼梦》者，可谓悲剧中之悲剧也"。这样一部哲学的书，人情的书，经验的书，作为阅读对象，成为我们的必读书目自在情理之中。《红楼梦》丰富的思想内容，高超的艺术成就，厚重的人文内涵，对提升一个人的整体素养作用巨大。对中学生而言，《红楼梦》是《普通高中语文课程标准（2017年版）》规定的"整本书阅读"之一，从这个角度讲，其阅读意义更是重大。

《红楼梦》内容繁多，结构复杂，表现手法变化多端，"是可以读一辈子的书"（蒋勋），同时也是"一本最经得住读，经得住分析，经得住折腾的书……"（王蒙）。读懂《红楼梦》难度很大，因此阅读之前进行整体了解十分必要。具备一定的宏观把握后，再逐章阅读，就可以扫清一些阅读障碍，从而站在一个新的阅读制高点上俯视全书。

第一节 曹雪芹其人

曹雪芹（约1715—约1763），名霑，字梦阮，号雪芹，清代文学家。他的祖先原是汉族，后来被编入满洲正白旗，身份是包衣。包衣在我国古代的地位很特别，对于皇帝而言，他们是家奴；但相对于一般人，他们则是高高在上的贵族。

曹雪芹出生于江宁（今南京），是江宁织造曹寅的孙子，曹颙的儿子（一说是曹𫖯之子）。曹雪芹的曾祖母孙氏曾经是康熙皇帝的乳母，祖父曹寅曾经是康熙的伴读和御前侍卫。曹寅后来被任命为江宁织造、两淮巡盐御史。在康熙和雍正两个时期，曹氏家族势力强大，地位显赫，富贵昌隆，祖孙三代连续担任江宁织造这一重要职务，时间长达六十余年，是名副其实的豪门望族。康熙六次下江南，有四次是曹家主持接驾，其与皇室不同寻常的关系人尽皆知。年少的曹雪芹，依赖"天恩祖德"，度过了十多年"锦衣纨袴""饫甘餍肥"的幸福生活。

雍正五年（1727）年底，时任江宁织造员外郎的曹𫖯以织造亏空、转移财产等多项罪名被革职，也因而入狱。次年正月，曹家被抄，十三岁的曹雪芹只好随着家人迁回北京。以此为转折点，盛极一时的曹家开始走下坡路，"露出那下世的光景来"，并且每况愈下，日渐衰败。

乾隆元年（1736），皇帝下圣旨宽免曹家财务亏空一事。不久，二十出头的曹雪芹担任了内务府差事，之后又进入西单石虎胡同的右翼宗学，被任命一个小职位，关于这项工作，有助教、教师、夫役、当差等很多说法。

乾隆十二年，曹雪芹移居北京西郊。这一时期的他生活条件很差，住在草庵里，靠卖字画和亲友的接济度日，物质匮乏，常捉襟见肘，最艰难的时候，寒冬里举家划粥而食，十分凄惨。

经历了这样从天上到地下的人生转折，曹雪芹深感世态炎凉与人情冷暖，对社会和人生有了更加清醒深刻的认识。他生来傲骨铮铮，蔑视权贵，即便是在一贫如洗的困顿生活中他依然保持着高洁的情操和追求。著名红学专家周汝昌先生曾对曹雪芹做出这样的评价：

曹雪芹的一生，是不寻常的，坎坷困顿而又光辉灿烂。他讨人喜欢，受人爱恭倾赏，也大遭世俗的误解诽谤、排挤不容。他有老、庄的哲思，有屈原的《骚》愤，有司马迁的史才，有顾恺之的画艺和"痴绝"，有李义山、杜牧之风流才调，还有李龟年、黄旛绰的音乐、剧曲的天才功力。他一身兼有贵贱、荣辱、兴衰、离合、悲欢的人生阅历，又具备满族与汉族、江南与江北各种文化特色的融会综合之奇辉异彩。

正如周汝昌所言，曹雪芹生性放达，桀骜不驯，他知识渊博，爱好广泛，对诗词、绘画、园林、中医、服饰、饮食、工艺、金石等均有研究，造诣颇深。

"披阅十载，增删五次"，在近乎隐居的北京西山的十多年里，曹雪芹以旷世超拔的杰出才华，以坚韧不屈的顽强毅力，创作完成伟大的经典——《红楼梦》。

乾隆二十七年（1762），曹雪芹幼子夭亡，他陷于极度的悲伤和痛苦里，也因此一病不起。一说是在乾隆二十八年（1763）除夕，曹雪芹因贫病无医而逝，享年还不到五十岁。

诗友张宜泉在曹雪芹死后来到他家，视之所及，满目苍凉，房屋破败不堪，家徒四壁，其遗物除了一些书稿和绘画作品外，还有一把素琴和长剑。更令人唏嘘感叹的是，曹雪芹死后，其家人连埋葬的费用都没有，最后在生前几位好友的资助下，才入土为安。

第二节　《红楼梦》其书

> "红楼一世界，世界一红楼。"这是著名红学家吴世昌评价《红楼梦》的一句话。自问世以来，《红楼梦》圈粉无数，围绕它的研究，形成了一门经久不衰的学问——红学。二百多年来，人们对《红楼梦》的追捧，热度不减，一些人甚至把研究《红楼梦》作为毕生的事业，生命不息，研究不止。
>
> 《红楼梦》一书，堪称天下奇书。众说纷纭的续书之争，令人眼花缭乱的不同版本，言之均有理的多个书名，所有这些，给《红楼梦》增添了更加神秘的色彩。

一、续书之争

"相传不一，究未知出自何人。"《红楼梦》的作者是谁，一直有很多说法，特别是后四十回，究竟是何人所作尚未有定论。曹雪芹著《红楼梦》前八十回，没有争议，原著第一回作者自叙及斋号"悼红轩"，能与这部分内容联系上的人也只有曹雪芹。

目前比较流行的一百二十回版本《红楼梦》，前八十回与后四十回有明显差异，主要表现在主要人物的性格、整体语言艺术风格，还有主题思想上。清代著名诗人张问陶在《赠高兰墅鹗同年》里写道："传奇《红楼梦》八十回以后，俱兰墅所补。"这里说的"兰墅"就是高鹗（约1758—约1815），字云士，别号兰墅、红楼外史。据此，胡适、俞平伯、顾颉刚、吴世昌、周汝昌、李希凡、蔡义江等红学大家便认定《红楼梦》后四十回的作者是高鹗。

人民文学出版社2007年12月推出的"四大名著珍藏版"，其中第三次修订后的《红楼梦》校注版署名为"（前八十回）曹雪芹著，（后四十回）无名氏续，程伟元、高鹗整理"。以周绚隆为代表的部分红学专家认为，现在还不能充分证明后四十回一定是曹雪芹遗留下来的，所以只能暂用"无名氏续"。署名的这种变化，是吸收了红学界对后四十回写作者研究的最新成果的结果，这是出版者和整理者严谨治学的表现。

二、常见版本

《红楼梦》版本很多，主要涉及两大系统，即程本系统和脂本系统，常见的有以下几种：

1. 程乙本

《红楼梦》，启功注释，周汝昌、周绍良、李易校订标点，沈尹默题字，人民文学出版社1957年第1版，1959年第2版，1964年第3版。

2. 红研所校注本

《红楼梦》（中国古典文学读本丛书、世界文学名著文库），中国艺术研究院红楼梦研究所校注，沈尹默题字，以庚辰本作底本，以其他各种脂评抄本为主要参校本，以程本及其他早期刻本为参考本，人民文学出版社1982年第1版，1996年第2版，2008年第3版。

3. 程甲本

《红楼梦》（校注本），启功主持，张俊、聂石樵、周纪彬等校注，简体竖排，北京师范大学出版社1987年第1版，简体横排版由中华书局1998年出版，2010年再版。

4. 上古汇评本

《红楼梦（三家评本）》，王希廉、姚燮、张新之评点，申孟、王维堤、张明华、甘林点校，上海古籍出版社1988年第1版。底本为光绪十五年（1889）上海同文书局石印本《增评全图金玉缘》，全书在原著上附加30多万字的夹评和回评，另附有石印版画插图250余幅。

三、关于书名

1.《石头记》

《石头记》是《红楼梦》的本名。小说第一回写道,女娲炼石补天,最后把剩下的一块顽石扔在大荒山无稽崖青埂峰下。这块顽石经过锻造,灵性已通,经一僧一道点化,"变成一块鲜明莹洁的美玉",随神瑛侍者来到人间,在那"昌明隆盛之邦,诗礼簪缨之族,花柳繁华地,温柔富贵乡"经历了一番。后来顽石把自己的这番经历记录在石头上,取名《石头记》。

2.《情僧录》

按照小说第一回所写,空空道人听完石头在人间的经历后,把《石头记》"再检阅一遍",发现上面记叙的故事"大旨谈情",毫不干涉时世,于是"方从头至尾抄录回来,问世传奇。从此空空道人因空见色,由色生情,传情入色,自色悟空,遂易名为情僧,改《石头记》为《情僧录》"。

所谓"情僧",也暗指书中的男一号主人公——贾宝玉,这个具有顽石精神特质的封建社会叛逆者,是个多情之人,在经历贾府的繁荣和衰败,在失去人生至爱林黛玉后,他万念俱灰,看破红尘,最后毅然决然地出家了。

3.《风月宝鉴》

小说第一回指出《风月宝鉴》这一书名乃东鲁孔梅溪所题。至于这个孔梅溪是何朝人氏,书中没有进一步解释。"风月",指男女之情;"宝鉴",本意是宝镜,引申为"讽喻",常用作书名,有"可为借鉴"之意。《红楼梦》一书"大旨谈情","《风月宝鉴》,是戒妄动风月之情"(甲戌本卷首《凡例》)。

4.《金陵十二钗》

"后因曹雪芹于悼红轩中披阅十载,增删五次,纂成目录,分出章回,则题曰《金陵十二钗》。"小说第一回这段文字说明,《金陵十二钗》应该是曹雪芹真正的题名。

金陵,今天的江苏省南京市,六朝古都;钗,妇女的头饰,后常用"金钗""裙钗"作为女子代称。"金陵十二钗"指金陵的十二个女子,即小说第五回太虚幻境中"薄命司"正册上的十二个贵族女子,她们分别是林黛玉、薛宝钗、史湘云、妙玉、贾元春、贾迎春、贾探春、贾惜春、王熙凤、巧姐、李纨、秦可卿,同时也泛指书中的其他女子。全书主要描写了金陵十二钗以及其他生活在贾府的女子的生活和际遇。

5.《红楼梦》

《红楼梦》是流传最广也是最为读者熟知的书名。甲戌本第一回提到"至吴玉峰题曰《红楼梦》",甲戌本卷首《凡例》中有"《红楼梦》旨义:是书题名极多,《红楼梦》是总其全部之名也"的说法。小说第五回贾宝玉梦游太虚幻境,警幻仙子请他听曲子时,说"将新制《红楼梦》十二支演上来",这是书中第一次出现"红楼梦"三字。

"红楼",即红色的楼,泛指华美的楼房,也可以指富贵人家的女子居所。曹雪芹在书中描写的主要就是这样一群女子的生活及命运,表达了人生"美中不足,好事多魔""乐极悲生,人非物换,究竟是到头一梦,万境归空"的思想主题,同时这一书名也呼应了曹雪芹"亦可使闺阁昭传"的写作立意。

第三节 《红楼梦》的情节结构

> 作为《红楼梦》抄本系统《脂砚斋重评石头记》的主要评点者,脂砚斋对全书做过这样的点评:"一树千枝,一源万派。"八个字,准确概括了《红楼梦》情节结构的最大特点。

在情节结构方面,《红楼梦》对之前出现的我国传统小说有继承,更有创新和突破,它独树一帜,形成专属于自己的"红楼体"。《红楼梦》没有采取《西游记》《水浒传》等长篇小说情节、人物单线发展的模式,而是让众多人物和事件彼此勾连,交相错杂,在同一时间、空间里共同发展。其结构之恢宏壮丽、严谨完整,情节之波澜起伏、环环相扣,体现了曹雪芹杰出的艺术才华,令人拍案惊奇,叹为观止。

一、结构特点

作为煌煌巨作的长篇章回体小说，《红楼梦》整体上主要采用明暗两条线索，以贾府的日常生活为中心，以宝、黛、钗的爱情悲剧以及大观园发生的事件为主线，以贾、史、王、薛四大家族从繁荣鼎盛走向没落衰败为暗线。这两条线索并驾齐驱，虽错综复杂，但"各行其道"、有条不紊，使整部小说呈现出网格状的结构特点。

二、情节梳理

《红楼梦》是小说，按照故事情节的发展过程，大致可以分为五个部分：

1. 序幕：第一回到第五回，从不同角度介绍全书，也可以说是微缩版的《红楼梦》。

这一部分有"女娲补天"（第一回）、"木石前盟"（第一回）、"宝玉抓周"（第二回）、"林黛玉进贾府"（第三回）、"王熙凤出场"（第三回）、"宝黛初会"（第三回）、"贾雨村判案"（第四回）、"贾宝玉梦游太虚幻境"（第五回）等经典情节。

2. 开端：第六回到第二十二回，重点描写烈火烹油、富贵繁荣一时的贾府盛况。

这一部分有"刘姥姥一进大观园"（第六回）、"探微恙互看金玉"（第八回）、"秦可卿之死"（第十三、十四回）、"凤姐弄权铁槛寺"（第十五回）、"元春省亲"（第十七回至十八回）、"耗子精故事"（第十九回）等经典情节。

3. 发展：第二十三回到第六十三回，重点描写大观园里多姿多彩的生活。

这一部分有"宝黛共读西厢"（第二十三回）、"宝钗扑蝶"（第二十七回）、"黛玉葬花"（第二十七回）、"晴雯撕扇"（第三十一回）、"宝黛互诉衷肠"（第三十二回）、"宝玉挨打"（第三十三、三十四回）、"海棠结社"（第三十七回）、"刘姥姥二进大观园"（第

三十九、四十回）、"鸳鸯剪发明誓"（第四十六回）、"香菱学诗"（第四十八回）、"探春理家"（第五十六回）、"湘云醉卧芍药裀"（第六十二回）等经典情节。

4. 高潮：第六十四回到第九十八回，贾府被抄及贾宝玉、林黛玉爱情的悲惨结局。

这一部分有"尤三姐殉情"（第六十六回）、"抄检大观园"（第七十四回）、"晴雯之死"（第七十七回）、"宝黛调包计"（第九十六回）、"黛玉焚稿"（第九十七回）、"黛玉之死"（第九十八回）等经典情节。

5. 结局：第九十九回到第一二〇回，贾府走向衰败及宝玉出家。

这一部分有"查抄宁国府"（第一〇五回）、"鸳鸯殉主"（第一一一回）、"妙玉被劫"（第一一二回）、"刘姥姥三进荣国府"（第一一三回）、"宝玉出家"（第一二〇回）等经典情节。

第四节　"红楼"之美

我国古代小说的发展经历了一个十分漫长的过程，它从神话、寓言故事中孕育萌芽，在魏晋南北朝的志人、志怪小说中成长，唐传奇是其真正成熟的标志，宋元时期的话本和明代的拟话本小说推动了它的进一步发展，直到封建社会晚期，明清章回体小说把中国古代小说推向最高峰。

在这一发展过程中，小说也逐渐确立了它的审美特征。谈及小说创作，我国现代小说家郁达夫曾这样说："小说在艺术上的价值，可以以真和美两条件来决定。若一本小说写得真，写得美，那这小说的目的就达到了。"阅读这样的文学作品，对读者而言，既是生命的丰盈，也是生命的升华。

美是生命的一种高级体验，它伴随每个人的成长，不可或缺。一个人审美力的形成与提高，需要长时期的生活熏陶与浸染，它的获得方法有很多，阅读经典便是其中之一。

《红楼梦》是文学的殿堂，更是美的殿堂。作为四大名著之一，和《西游记》《水浒传》《三国演义》相比，《红楼梦》无疑是最美的。它充满魔力的文字能带给读者百读不厌、常读常新、仁者见仁、智者见智的神奇感受，能让不同年龄以及同一年龄段的不同人获得不同的审美体验。如果说一千个读者的眼中有一千个哈姆雷特，那么一千个读者的眼中，《红楼梦》也会有一千种美。故事情节、人物形象、思想情感、美酒佳肴、诗词歌赋、建筑装饰、中药方子、餐饮器物等，"红楼"之美，包罗万象，蔚为大观，用心品读，俯拾皆是。

一、人物美

小说这一文学体裁的中心任务就是在典型环境中塑造典型的人物形象。《红楼梦》中性格鲜明突出、让人难忘的人物数不胜数："转盼多情，语言常笑"的贾宝玉，"风流袅娜"的林黛玉，"鲜艳妩媚"的薛宝钗，"醉眠芍药裀"的史湘云，"恍若神妃仙子"的王熙凤，"擅风情，秉月貌"的秦可卿，"又红又香"的贾探春，"气质美如兰"的妙玉，"比画儿上还好"的薛宝琴，"风流灵巧"的晴雯，"好个模样儿"的香菱，"古今有一无二"的尤三姐，"花为肠肚雪作肌肤"的尤二姐……每个人物都鲜明亮丽，光彩动人。

1. 林黛玉（第三回）

【原文】

两弯似蹙非蹙罥烟眉，一双似泣非泣含露目。态生两靥之愁，娇袭一身之病。泪光点点，娇喘微微。闲静时如姣花照水，行动处似弱柳扶风。心较比干多一窍，病如西子胜三分。

【解读】

这段描写的是宝黛初见时，贾宝玉眼中的黛玉形象，生动刻画了林黛玉超凡脱俗的绝世之美。天上掉下来个林妹妹，她柔弱不胜，闭月羞花，聪颖慧智，自有与众不同的风流态度，难怪贾宝玉感叹其为"神仙似的妹妹"。

2. 王熙凤（第三回）

【原文】

头上戴着金丝八宝攒珠髻，绾着朝阳五凤挂珠钗；项上带着赤金盘螭璎珞圈；裙边系着豆绿宫绦双衡比目玫瑰佩；身上穿着缕金百蝶穿花大红洋缎窄褃袄，外罩五彩刻丝石青银鼠褂；下着翡翠撒花洋绉裙。一双丹凤三角眼，两弯柳叶吊梢眉，身量苗条，体格风骚。粉面含春威不露，丹唇未启笑先闻。

【解读】

这是王熙凤第一次出场时的外貌描写。珠光宝气，彩绣辉煌，富贵至极，虽然"三角眼""吊梢眉"和"粉面含春威不露"暗示其是个厉害主儿，但读了这段文字，谁也不能否认王熙凤是个美人儿坯子。初次见面，黛玉看到她，直觉得"恍若神妃仙子"。

3. 史湘云（第六十二回）

【原文】

众人听说，都笑道："快别吵嚷。"说着，都走来看时，果见湘云卧于山石僻处一个石凳子上，业经香梦沉酣，四面芍药花飞了一身，满头脸衣襟上皆是红香散乱，手中的扇子在地下，也半被落花埋了，一群蜂蝶闹穰穰的围着他，又用鲛帕包了一包芍药花瓣枕着。

【解读】

"头枕花瓣枕，身覆花瓣被；蜂蝶团团舞，美人醉梦酣。"史湘云属于我们现在说的"女汉子"类型，她口无遮拦，大大咧咧，做事少有顾忌。古代的封建礼仪要求女孩子站有站相，坐有坐相，可这些在史湘云身上不容易找到。喝酒，还喝多，喝多了还躺在石头上睡觉，这一切都非常不符合封建社会的女子礼仪标准，有伤风雅。然而，不仅我们从这段描述中看到了湘云天真豪爽、率性可爱的一面，书中围观的众人看了也"又是爱，又是笑"的。这是女孩子青春年华里可以有的样子，也是最真、最美的样子。

《红楼梦》既是一曲女性的挽歌，也是一曲女性的赞歌。林黛玉的纯洁柔弱之美，王熙凤的富贵风骚之美，史湘云的率真豪放之美，她们各美

其美，美美与共，体现了《红楼梦》对人物形象的塑造，尤其是对女性形象塑造的巨大成功。书中那些栩栩如生的人物形象跨越时空，始终散发着无穷的魅力，成为浩瀚文学星空中不朽的经典。

二、食物美

作为现实主义作品，《红楼梦》对贾府衣食住行的日常生活的描写中离不开饮食。一日三餐、聚会宴饮，是小说中常见的内容。《红楼梦》中的贾府是美食的王国，书中让人垂涎欲滴的美味佳肴非常多："糟鹅掌鸭信"（第八回）、"豆腐皮包子"（第八回）、"枣泥山药糕"（第十一回）、"火腿炖肘子"（第十六回）、"糖蒸酥酪"（第十九回）、"莲叶羹"（第三十五回）、"鸽子蛋"（第四十回）、"茄鲞"（第四十一回）、"野鸡崽子汤"（第四十三回）、"火腿鲜笋汤"（第五十八回）、"鸡髓笋"（第七十五回）等，都给读者留下了深刻的印象。

1.莲叶羹（第三十五回）

【原文】

王夫人又问："你想什么吃？回来好给你送来的。"宝玉笑道："也倒不想什么吃，倒是那一回做的那小荷叶儿小莲蓬儿的汤还好些。"凤姐一旁笑道："听听，口味不算高贵，只是太磨牙了。巴巴的想这个吃了。"贾母便一叠声的叫人做去。……

薛姨妈先接过来瞧时，原来是个小匣子，里面装着四副银模子，都有一尺多长，一寸见方，上面錾着有豆子大小，也有菊花的，也有梅花的，也有莲蓬的，也有菱角的，共有三四十样，打的十分精巧。因笑向贾母王夫人道："你们府上也都想绝了，吃碗汤还有这些样子。若不说出来，我见这个也不认得这是作什么用的。"凤姐儿也不等人说话，便笑道："姑妈那里晓得，这是旧年备膳，他们想的法儿。不知弄些什么面印出来，借点新荷叶的清香，全仗着好汤，究竟没意思，谁家常吃他了。那一回呈样的作了一回，他今日怎么想起来了。"说着接了过来，递与个妇人，吩咐厨房里立刻拿几只鸡，另外添了东西，做出十来碗来。

【解读】

贾宝玉挨打后想吃的这个莲叶羹,是红楼美食中的名品。王熙凤说做起来很"磨牙",意思是做这个汤要费很多功夫。通过书中描写可知,莲叶羹需要把在银模子里印出来的豆子大小的菊花、梅花、莲蓬、菱角等样式的面点,放在上好的高汤里煮,同时还要加点新荷叶的清香,成品可以想象,应是色、香、味、意、形俱全。这样一碗汤,莫说吃,单看上一眼,也会让人垂涎三尺,胃口大开。

2. 茄鲞(第四十一回)

【原文】

刘姥姥细嚼了半日,笑道:"虽有一点茄子香,只是还不像是茄子。告诉我是个什么法子弄的,我也弄着吃去。"凤姐儿笑道:"这也不难。你把才下来的茄子把皮刬了,只要净肉,切成碎钉子,用鸡油炸了,再用鸡脯子肉并香菌、新笋、蘑菇、五香腐干、各色干果子,俱切成钉子,用鸡汤煨了,将香油一收,外加糟油一拌,盛在瓷罐子里封严,要吃时拿出来,用炒的鸡瓜一拌就是。"

【解读】

茄鲞是《红楼梦》中最令人啧啧称赞的一道美食,它是刘姥姥二进大观园时吃到的一道开胃小菜。这样一道小菜,用料却如此繁多,工序如此复杂,难怪刘姥姥听了凤姐的介绍,摇头吐舌,大为感叹:"我的佛祖!倒得十来只鸡来配他,怪道这个味儿!"

3. 栊翠庵品茶(第四十一回)

【原文】

……妙玉执壶,只向海内斟了约有一杯。宝玉细细吃了,果觉轻浮无比,赏赞不绝。妙玉正色道:"你这遭吃的茶是托他两个福,独你来了,我是不给你吃的。"宝玉笑道:"我深知道的,我也不领你的情,只谢他二人便了。"妙玉听了,方说:"这话明白。"

黛玉因问:"这也是旧年的雨水?"妙玉冷笑道:"你这么个人,竟是大俗人,连水也尝不出来。这是五年前我在玄墓蟠香寺住着,收的梅花上的雪,共得了那一鬼脸青的花瓮一瓮,总舍不得吃,埋在地下,今年夏

天才开了。我只吃过一回,这是第二回了。你怎么尝不出来?隔年蠲的雨水那有这样轻浮,如何吃得。"黛玉知他天性怪僻,不好多话,亦不好多坐,吃完茶,便约着宝钗走了出来。

【解读】

中国是茶的故乡,茶文化源远流长。《红楼梦》中关于饮茶的描写有很多,栊翠庵品茶便是著名的一个。妙玉这里泡茶用的水是落在梅花上的雪化的,收集后装在鬼脸青花瓷瓮中,为了保证水的品质不变,须埋在地下"冷藏"。单是水就如此讲究,更别说那些"老君眉""女儿茶"等上好茶叶,"海棠花式雕漆填金云龙献寿的小茶盘""成窑五彩小盖钟"等精美的茶具了。

"食不厌精,脍不厌细。"孔子所提倡的美食之道,也是贾府的美食宗旨。贾家是豪门贵族,对饮食自然特别讲究。《红楼梦》出现了180多道美食,不仅包括普通的生活饮食,也包括药膳等。精致典雅,花样翻新,诸如"莲叶羹""茄鲞"这样的佳肴和"梅花雪茶"这样的饮品,书中并不鲜见。读者在阅读中尽可大饱眼福,尽情享受曹雪芹用汉语言文字为我们精心烹饪的饕餮盛宴。《红楼梦》所成就的"红楼宴",完全可与我们熟知的"满汉全席"媲美。

三、建筑美

《红楼梦》呈现了一座座精美的建筑宫殿,它艺术地再现了中国古代建筑的典型风格,尤其大观园,更是皇家苑囿和江南园林的杰出代表。林黛玉的潇湘馆,贾宝玉的怡红院,薛宝钗的蘅芜苑,李纨的稻香村,探春的秋爽斋,迎春的紫菱洲,惜春的藕香榭,还有含芳阁、荇叶渚、沁芳亭、栊翠庵、凹晶馆、凸碧山庄、梨香院等,造型迥异,各有千秋,精彩绝伦。

1. 荣禧堂(第三回)

【原文】

一时黛玉进了荣府,下了车。众嬷嬷引着,便往东转弯,穿过一个东西的穿堂,向南大厅之后,仪门内大院落,上面五间大正房,两边厢房鹿顶耳房钻山,四通八达,轩昂壮丽,比贾母处不同。黛玉便知这方是正经正内室,一条大甬路,直接出大门的。进入堂屋中,抬头迎面先看见一个赤金九龙青地大匾,匾上写着斗大的三个大字,是"荣禧堂",后有一行小字:"某年月日,书赐荣国公贾源",又有"万几宸翰之宝"。……

【解读】

峥嵘轩峻,恢宏壮丽,富贵至极,这是这段环境描写给读者的印象。窥一斑而见全豹,"荣禧堂"只是偌大的荣国府的一隅,通过它足以想象得出"竟将大半条街占了"的贾家是何等荣华显赫。

2. 潇湘馆（第十七回至十八回）

【原文】

于是出亭过池,一山一石,一花一木,莫不着意观览。忽抬头看见前面一带粉垣,里面数楹修舍,有千百竿翠竹遮映。众人都道:"好个所在!"于是大家进入,只见入门便是曲折游廊,阶下石子漫成甬路。上面小小两三房舍,一明两暗,里面都是合着地步打就的床几椅案。从里间房内又得一小门,出去则是后院,有大株梨花兼着芭蕉。又有两间小小退步。后院墙下忽开一隙,得泉一派,开沟仅尺许,灌入墙内,绕阶缘屋至前院,盘旋竹下而出。……

【解读】

翠竹遮映,梨花芭蕉,曲径通幽,清泉脉脉,精美小巧,别致典雅。以白、绿为主的冷色调,恰如其分地体现了林黛玉孤高纯洁的诗人特质。潇湘馆充满诗情画意,犹如世外桃源,难怪众人看了都忍不住赞叹"好个所在"!

3. 稻香村（第十七回至十八回）

【原文】

一面走,一面说,倏尔青山斜阻。转过山怀中,隐隐露出一带黄泥筑就矮墙,墙头皆用稻茎掩护。有几百株杏花,如喷火蒸霞一般。里面数楹茅屋。外面却是桑、榆、槿、柘,各色树稚新条,随其曲折,编就两溜青

篱。篱外山坡之下，有一土井，旁有桔槔辘轳之属。下面分畦列亩，佳蔬菜花，漫然无际。

【解读】

这是青春寡居的李纨的住处。黄泥矮墙，杏花如火，茅屋数间，青篱土井，远离尘嚣，与世无争，一股浓郁的田园气息扑面而来。贾政看到它，说"未免勾引起我归农之意"，正指出了稻香村这所建筑的特点。

荣国府、宁国府、大观园，它们为小说人物的活动提供了舞台，在一定程度上也拓展了小说的内容。书中描写的大观园的园林设计手法，对后世的园林建造艺术产生了很大影响。阅读书中的相关内容，不仅能增加对我国古代建筑知识的了解，还能由此获得独特的审美体验。

四、语言美

小说是语言的艺术，它必须借助语言讲述故事情节，刻画人物形象，表达主题思想等。《红楼梦》是一部伟大卓越的语言艺术作品，是一座富丽珍贵的语言艺术宝库。"字字看来皆是血，十年辛苦不寻常。"它是曹雪芹用十年心血一字一句创造出来的。整体而言，《红楼梦》属于古代白话文，语言质朴自然，生动精练，含蓄委婉，耐人寻味。作者多用比喻、象征、谐音、伏笔等手法表达深层含义，字斟句酌，妙趣横生。更值得称道的是，书中诗、词、曲、赋、题联比比皆是，文采飞扬，意蕴丰富，含英咀华，精彩纷呈。

1. 曹雪芹自题诗（第一回）

满纸荒唐言，一把辛酸泪。

都云作者痴，谁解其中味！

这首脍炙人口的古体诗是曹雪芹以自己的身份写下的。语言通俗易懂，近乎白话，但若"咬文嚼字"，则可品出该诗意蕴颇丰。第一句"满纸荒唐言"，是自嘲之语，包含了作者谦虚的成分；"一把辛酸泪"，意在表达作者创作的艰辛不易；"都云作者痴，谁解其中味"，意在表达作者深恐这部浸透自己血泪的苦心经营之作，不能被读者真正理解的忧虑。

2.贾雨村中秋对月咏怀诗（第一回）

未卜三生愿，频添一段愁。

闷来时敛额，行去几回头。

自顾风前影，谁堪月下俦？

蟾光如有意，先上玉人楼。

该诗是以贾雨村的口吻写的。只因多看了两眼，贾雨村便对甄士隐的丫鬟娇杏念念不忘，视她为"巨眼英雄"、风尘中之知己。中秋到了，远离家乡、贫困潦倒的贾雨村情绪低落，本应进京科考，实现宏愿，怎奈一分钱难倒英雄汉，只好暂居在葫芦庙中。贾雨村忧心忡忡之时，娇杏的回眸频顾，在给他带来温暖的同时，也带来一份自作多情的闲愁。这首诗看似写娇杏，实则抒发贾雨村自己心中的块垒，他真正爱的是自己，怜的还是自己，娇杏只不过是他用来发泄内心情绪的凭借而已。

3.对联（第五回）

世事洞明皆学问，人情练达即文章。

——这是明清时期比较流行的一副对联，强调懂得人情世故的重要性，文中此处用来表现了宁国府富而俗的特点。

嫩寒锁梦因春冷，芳气笼人是酒香。

——这副对联表现的是秦可卿卧房香艳奢靡的特点。

假作真时真亦假，无为有处有还无。

——假的当作真的时候，真的就像是假的了；无变为有的地方，有也就无了。这是梦中的贾宝玉走到一座牌坊时看到的，它的横批是"太虚幻境"。这副对联在第一回甄士隐的梦中也出现过。同一副对联两次出现，并不是简单的重复，而是作者别有深意。甄士隐享受过荣华富贵、天伦之乐，后来家道衰败，遁入空门；贾宝玉梦游太虚幻境，也看到这副对联，以此隐喻他的最终结局和甄士隐一样——出家。

厚地高天，堪叹古今情不尽；痴男怨女，可怜风月债难偿。

——这是梦中的贾宝玉转过牌坊来到一座宫门前看到的，横批是"孽海情天"。《红楼梦》以宝、黛、钗的爱情为主线，描写了大观园中许多

男女的悲欢离合，风月债（感情债）难还，这些痴男怨女，结局好的不多，让人扼腕叹息，倍感同情。

春恨秋悲皆自惹，花容月貌为谁妍。

——这是梦中的贾宝玉在太虚幻境的薄命司看到的，暗示红颜薄命，即书中女子的悲惨结局。

幽微灵秀地，无可奈何天。

——这副对联出现在警幻仙宫室内，既是对灵秀女子的高度礼赞，又是对愚浊男人的无情鄙视；既是对灵秀女子不幸命运的深切同情，又是对男权社会的强烈批判。

4. 谜语（第二十二回）

猴子身轻站树梢。	——贾母
身自端方，体自坚硬。	
虽不能言，有言必应。	——贾政
能使妖魔胆尽摧，身如束帛气如雷。	
一声震得人方恐，回首相看已化灰。	——元春
天运人功理不穷，有功无运也难逢。	
因何镇日纷纷乱，只为阴阳数不同。	——迎春
阶下儿童仰面时，清明妆点最堪宜。	
游丝一断浑无力，莫向东风怨别离。	——探春
前身色相总无成，不听菱歌听佛经。	
莫道此生沉黑海，性中自有大光明。	——惜春
朝罢谁携两袖烟，琴边衾里总无缘。	
晓筹不用鸡人报，五夜无烦侍女添。	
焦首朝朝还暮暮，煎心日日复年年。	
光阴荏苒须当惜，风雨阴晴任变迁。	——宝钗

元宵佳节，元春差人送来灯谜，贾母觉得这种游戏有趣，就让大家各作灯谜，贴在围屏上。这七个谜语的谜底依次是"荔枝""砚台""爆竹""算盘""风筝""海灯""更香"。书中写道，贾政看完这些谜语后，忽然悲从中来，甚是伤感，以致"回至房中只是思索，翻来覆去竟难

·18·

成寐，不由伤悲感慨"。

　　贾政因何伤悲呢？常言道，言为心声，在浓浓的节日气氛中，元、迎、探、惜四姐妹还有宝钗所制灯谜，他越想越不吉利。元春所作的爆竹，虽然威力无比，声势浩大，但毕竟时间短暂，乃一响而散之物；迎春所作的算盘，不动则已，一动则乱如麻；探春所作的风筝，乃飘荡无根之物；惜春所作的海灯，是出家人清净孤寂之物；宝钗所作的更香，给人凄清寡居之感。这些灯谜，出自这些年纪轻轻、风华正茂的女孩之手，怎不让人感慨韶华易逝，红颜命薄呢。

5. 葬花吟（第二十七回）

花谢花飞花满天，红消香断有谁怜？
游丝软系飘春榭，落絮轻沾扑绣帘。
闺中女儿惜春暮，愁绪满怀无释处，
手把花锄出绣闺，忍踏落花来复去。
柳丝榆荚自芳菲，不管桃飘与李飞。
桃李明年能再发，明年闺中知有谁？
三月香巢已垒成，梁间燕子太无情！
明年花发虽可啄，却不道人去梁空巢也倾。
一年三百六十日，风刀霜剑严相逼，
明媚鲜妍能几时，一朝飘泊难寻觅。
花开易见落难寻，阶前闷杀葬花人，
独倚花锄泪暗洒，洒上空枝见血痕。
杜鹃无语正黄昏，荷锄归去掩重门。
青灯照壁人初睡，冷雨敲窗被未温。
怪奴底事倍伤神，半为怜春半恼春：
怜春忽至恼忽去，至又无言去不闻。
昨宵庭外悲歌发，知是花魂与鸟魂？
花魂鸟魂总难留，鸟自无言花自羞。
愿奴胁下生双翼，随花飞到天尽头。
天尽头，何处有香丘？

未若锦囊收艳骨，一抔净土掩风流。
质本洁来还洁去，强于污淖陷渠沟。
尔今死去侬收葬，未卜侬身何日丧？
侬今葬花人笑痴，他年葬侬知是谁？
试看春残花渐落，便是红颜老死时。
一朝春尽红颜老，花落人亡两不知！

寄人篱下的林黛玉，虽然终日锦衣玉食，养尊处优，但她内心始终缺乏安全感，终是寂寞孤独的。独自悲吟，葬花伤己，在这首《葬花吟》中，她把对美好人生的渴望和追求，对现实的无奈和无助，对爱情的迷茫和痛苦以及对未来的不安和惶恐等情绪抒写得淋漓尽致，字字看来皆是血，含悲忍恨少人知。

和曹雪芹同时期的富察明义曾写过《题〈红楼梦〉绝句二十首》，其中有一首是咏黛玉之死："伤心一首葬花词，似谶成真自不知。安得返魂香一缕，起卿沉痼续红丝？""似谶成真"，《葬花吟》其实也暗示了林黛玉最后的凄惨命运，她在贾宝玉和薛宝钗大婚之时香消玉殒，就像凋谢的桃花，"一朝春尽红颜老，花落人亡两不知"。

6.《题帕三绝》（第三十四回）

眼空蓄泪泪空流，暗洒闲抛却为谁？
尺幅鲛绡劳解赠，叫人焉得不伤悲！

其 二

抛珠滚玉只偷潸，镇日无心镇日闲；
枕上袖边难拂拭，任他点点与斑斑。

其 三

彩线难收面上珠，湘江旧迹已模糊；
窗前亦有千竿竹，不识香痕渍也无？

《题帕三绝》抒发了林黛玉被贾宝玉送的旧帕子感动后思绪万端的真挚情感。这三首诗不仅每一首都跟眼泪有关，而且几乎每一句都与泪水相伴。然而，三首诗又不是简单重复，它们存在内在的情感递进，层层深入，渐趋高潮。

第一首写黛玉看到旧帕子想到宝玉其人；第二首联想到自己平时满腹心事无人诉说的忧伤；最后一首情感达到顶点，借湘妃哭舜、泪染斑竹的典故，直言不讳地表达了自己对宝玉忠贞不渝的爱恋。三首诗一气呵成，气韵贯通，感人肺腑，催人泪下。同时，这饱含泪水的三首诗，再次照应了小说第一回绛珠仙草的还泪之说。

7. 一"笑"百味生（第四十回）

众人先是发怔，后来一听，上上下下都哈哈的大笑起来。史湘云撑不住，一口饭都喷了出来；林黛玉笑岔了气，伏着桌子叫'嗳哟'；宝玉早滚到贾母怀里，贾母笑的搂着宝玉叫'心肝'；王夫人笑的用手指着凤姐儿，只说不出话来；薛姨妈也撑不住，口里茶喷了探春一裙子；探春手里的饭碗都合在迎春身上；惜春离了坐位，拉着他奶母叫揉一揉肠子。地下的无一个不弯腰屈背，也有躲出去蹲着笑去的，也有忍着笑上来替他姊妹换衣裳的，独有凤姐鸳鸯二人撑着，还只管让刘姥姥。

这个场面描写相当精彩，看似朴实无华的文字，实则熠熠生辉。作者妙笔生花，成功运用契合人物性格、身份的语言，传神入画地描写出属于每个人的个性之笑。

史湘云素来豪放似男儿，所以她的笑肆无忌惮，"一口饭都喷出来了"；林黛玉体质弱，笑得太用力岔了气，肚子疼；贾宝玉是贾母的心肝宝贝，只有他敢笑得滚到贾母怀里去；而贾母笑得搂着宝玉叫心肝，这是她老人家表达开心的最好方式；王夫人了解王熙凤，知道这样的恶作剧一定是她幕后指使的，于是指着凤姐笑；薛姨妈年纪大、地位高，所以笑得把茶喷了探春一裙子也没什么；探春做事风风火火，爽快干练，笑得把饭碗扣到迎春身上很正常；惜春最小，笑得肚子疼，就像小孩一样叫奶妈过来揉。丫鬟们地位低，不能跟主子一样无所顾忌地笑，能收敛的就地弯腰屈背地笑，忍不住的就跑到外面放声笑，有眼色的忍着笑伺候主子换衣服。凤姐、鸳鸯是这场恶作剧的幕后主使，所以她俩能撑住，继续主持饭局。

8.《秋窗风雨夕》（第四十五回）

秋花惨淡秋草黄，耿耿秋灯秋夜长。
已觉秋窗秋不尽，那堪风雨助凄凉！
助秋风雨来何速，惊破秋窗秋梦绿。
抱得秋情不忍眠，自向秋屏移泪烛。
泪烛摇摇爇短檠，牵愁照恨动离情。
谁家秋院无风入，何处秋窗无雨声！
罗衾不奈秋风力，残漏声催秋雨急。
连宵脉脉复飕飕，灯前似伴离人泣。
寒烟小院转萧条，疏竹虚窗时滴沥。
不知风雨几时休，已教泪洒窗纱湿。

秋日黄昏，暮雨霖霖，西风冷冷，让原本多愁善感的林黛玉更加伤感。自古逢秋悲寂寥，触景生情，百感交集，恰巧林黛玉手中的书页又翻到《秋闺怨》《别离怨》等应景之作，一时间，她文思泉涌，提笔作成这首诗。

全诗紧扣题目，突出"秋""风雨""夕"三个特点。先写秋天夜晚的景物，再写秋风秋雨及孤独寂寞的情怀。情因景生，情景交融，用语雅丽清新，含蓄蕴藉，抒发了心中愁思百转、难以消解的痛苦情绪。读此诗，一个临窗独立、泪洒秋风的闺中女子形象跃然而出，如在眼前，其形象楚楚可怜，亦楚楚动人。

9.《五美吟》（第六十四回）

西 施

一代倾城逐浪花，吴宫空自忆儿家。
效颦莫笑东村女，头白溪边尚浣纱。

虞 姬

肠断乌骓夜啸风，虞兮幽恨对重瞳。
黥彭甘受他年醢，饮剑何如楚帐中。

明 妃

绝艳惊人出汉宫，红颜命薄古今同。

君王纵使轻颜色，予夺权何畀画工？

绿 珠

瓦砾明珠一例抛，何曾石尉重娇娆。

都缘顽福前生造，更有同归慰寂寥。

红 拂

长揖雄谈态自殊，美人具眼识穷途。

尸居余气杨公幕，岂得羁縻女丈夫。

第一首写的是战国美女西施。关于西施的死，有两种说法比较流行，一说她跟范蠡泛舟江湖，一说她沉水而死。林黛玉的诗显然取的是后者。在她看来，随着浪花消失的西施还不如东施，因为东施活到白头，尚且能到溪边浣纱，寿终正寝，而西施却红颜薄命。

第二首写的是项羽的爱妾虞姬。西楚霸王虽英才盖世，最后也无法保全自己心爱的女人。虞姬帐中自刎，为爱而死，凄惨悲烈。

第三首写的是汉代出塞和亲的王昭君。王昭君的悲剧在于没有遇到一个真正赏识自己的人。汉元帝后来后悔乃至杀了画师毛延寿，但这也并不是因为他有多爱王昭君，只是遗憾错过她的美貌而已。红颜易老，王昭君即使没有出塞，留在汉宫，汉元帝也未必能给她真正的爱情。

第四首写的是晋代石崇的侍妾绿珠。绿珠为石崇跳楼而死，但其实石崇并不看重绿珠，把她当作瓦砾一样。绿珠为这样的人而死，很不值得。

第五首写的是隋朝的传奇女子红拂。红拂慧眼识英雄，身为隋朝大臣杨素的侍女，她却看好穷途末路中的李靖。后来她毅然离开杨府，与李靖私奔，方才得到属于自己的爱情和幸福，在历史上留下千古佳话。

诗言志，林黛玉通过《五美吟》表达了自己的爱情观。西施、王昭君、绿珠的爱情可悲可叹，不是她想要的；虞姬的爱情可叹可赞，但她没能和项羽白头偕老，还是让人深深遗憾。林黛玉最欣赏赞叹的是红拂，红拂敢于主动追求自己的爱情，为了爱敢于和心上人私奔，这和林黛玉骨子里的叛逆精神非常契合。

10. 林黛玉、史湘云凹晶馆联诗（第七十六回）

黛玉：三五中秋夕，
湘云：清游拟上元。
　　　撒天箕斗灿，
黛玉：匝地管弦繁。
　　　几处狂飞盏，
湘云：谁家不启轩。
　　　轻寒风剪剪，
黛玉：良夜景暄暄。
　　　争饼嘲黄发，
湘云：分瓜笑绿媛。
　　　香新荣玉桂，
黛玉：色健茂金萱。
　　　蜡烛辉琼宴，
湘云：觥筹乱绮园。
　　　分曹尊一令，
黛玉：射覆听三宣。
　　　骰彩红成点，
湘云：传花鼓滥喧。
　　　晴光摇院宇，
黛玉：素彩接乾坤。
　　　赏罚无宾主，
湘云：吟诗序仲昆。

　　　构思时倚槛，
黛玉：拟景或依门。
　　　酒尽情犹在，
湘云：更残乐已谖。
　　　渐闻语笑寂，
黛玉：空剩雪霜痕。
　　　阶露团朝菌，
湘云：庭烟敛夕棔。
　　　秋湍泻石髓，
黛玉：风叶聚云根。
　　　宝婺情孤洁，
湘云：银蟾气吐吞。
　　　药经灵兔捣，
黛玉：人向广寒奔。
　　　犯斗邀牛女，
湘云：乘槎待帝孙。
　　　虚盈轮莫定，
黛玉：晦朔魄空存。
　　　壶漏声将涸，
湘云：窗灯焰已昏。
　　　寒塘渡鹤影，
黛玉：冷月葬诗魂。

贾母带着合家老小在凸碧山赏月，就在众人团坐在一起兴致勃勃欣赏中秋夜的美景，聆听笛韵悠悠时，林黛玉和史湘云悄悄地离开，去了与凸碧山遥遥相对的凹晶馆。林黛玉素来心思缜密、多愁善感，中秋月圆之时理应合家团聚，眼前贾府欢度中秋的景象又勾起她内心的无限忧伤。史湘云懂黛玉，但同样是寄人篱下，她比黛玉乐观豁达得多，为了转移黛玉的悲伤情绪，她提议即景联诗。

纵观全诗，文采飞扬，气势如虹，虽出自两人之口，却珠联璧合，一气呵成，没有丝毫违和疏离之感。仔细品读，林黛玉的语言大都凌厉悲凉，史湘云的诗句则相对柔和温婉，联诗准确地再现了她们迥然不同的性格。"冷月葬诗魂"是这首诗中最凄凉伤感也最华美出彩的一句，它所营造出来的诗歌意境，可以和《葬花吟》相提并论。

"清水出芙蓉，天然去雕饰。"《红楼梦》中的语言看似自然平常，但往往平中出奇，细思极妙，和苏轼也是宋代推崇的"平淡乃绚烂之极"的艺术审美若合一契。见之，眼前一亮，驻足忘返；读之，朗朗上口，唇齿留香；品之，蕴藉无穷，隽永悠长。返璞归真，淡然至极，而众美从之。毫不夸张地讲，《红楼梦》的语言具有让人望尘莫及的诗意和美学高度，它对汉语言的运用显然已达到炉火纯青、登峰造极的境界。

五、情感美

文学也是"情学"，没有情感注入的作品是苍白无力的，更是无趣的。"情"是作者与作品、读者与作品沟通的桥梁，也是读者深入探究作者及其作品思想性、艺术性的一把钥匙。《红楼梦》亦是如此，书中那些散发着情感之美的人物形象，是读者深入把握作品思想价值、艺术价值的通幽小径。

读不完的《红楼梦》，说不尽的儿女情。《红楼梦》人物众多，结构宏大，主线是写贾宝玉、林黛玉、薛宝钗之间的感情纠葛。这里的"情"不只是男女爱恋之情，还有在封建桎梏下他们对美和青春无限向往的惺惺相惜之情。在这条主线外，书中还描写了其他众多的女子，她们同样对美和自由充满向往，她们的悲欢离合同样具有打动人心的艺术魅力。

1. 宝玉讲故事（第十九回）

【原文】

宝玉只怕他睡出病来，便哄他道："嗳哟！你们扬州衙门里有一件大故事，你可知道？"黛玉见他说的郑重，且又正言厉色，只当是真事，因问："什么事？"宝玉见问，便忍着笑顺口诌道："扬州有一座黛山，山上有个林子洞。"黛玉笑道："就是扯谎，自来也没听见这山。"宝玉道："天下山水多着呢，你那里知道这些不成。等我说完了，你再批评。"黛玉道："你且说。"宝玉又诌道："林子洞里原来有群耗子精。

那一年腊月初七日,老耗子升座议事,因说:'明日乃是腊八,世上人都熬腊八粥。如今我们洞中果品短少,须得趁此打劫些来方妙。'乃拔令箭一枝,遣一能干的小耗前去打听。一时小耗回报:'各处察访打听已毕,唯有山下庙里果米最多。'老耗问:'米有几样?果有几品?'小耗道:'米豆成仓,不可胜记。果品有五种:一红枣,二栗子,三落花生,四菱角,五香芋。'老耗听了大喜,即时点耗前去。乃拔令箭问:'谁去偷米?'一耗便接令去偷米。又拔令箭问:'谁去偷豆?'又一耗接令去偷豆。然后一一的都各领令去了。只剩了香芋一种,因又拔令箭问:'谁去偷香芋?'只见一个极小极弱的小耗应道:'我愿去偷香芋。'老耗并众耗见他这样,恐不谙练,且怯懦无力,都不准他去。小耗道:'我虽年小身弱,却是法术无边,口齿伶俐,机谋深远。此去管比他们偷的还巧呢。'众耗忙问:'如何比他们巧呢?'小耗道:'我不学他们直偷。我只摇身一变,也变成个香芋,滚在香芋堆里,使人看不出,听不见,却暗暗的用分身法搬运,渐渐的就搬运尽了。岂不比直偷硬取的巧些?'众耗听了,都道:'妙却妙,只是不知怎么个变法,你先变个我们瞧瞧。'小耗听了,笑道:'这个不难,等我变来。'说毕,摇身说'变',竟变了一个最标致美貌的一位小姐。众耗忙笑道:'变错了,变错了。原说变果子的,如何变出小姐来?'小耗现形笑道:'我说你们没见世面,只认得这果子是香芋,却不知盐课林老爷的小姐才是真正的香玉呢。'"

【解读】

宝玉怕黛玉睡去,担心她睡多会睡出病,于是就灵机一动,给她说老家扬州府新近发生的故事。一听老家的事,昏昏欲睡的黛玉顿时打起了精神。尽管是胡诌乱编,但宝玉讲得跟真事似的,绘声绘色,用心至极。这是爱的动力。

结果可想而知,自觉吃了亏的黛玉爬将起来,连拧带掐,把宝玉一顿打。宝玉骂不还口,打不还手,只是连声"好妹妹,好妹妹",告饶不已。一面是体贴风趣的宝玉,一面是率性娇憨的黛玉,所谓两小无猜,青梅竹马,应该就是这个样子。

贾宝玉深受女孩喜欢,这不仅因为他是贾府未来的继承人,还因为他英俊潇洒，怜香惜玉，会说话，知冷暖，如此，哪个情窦初开的女孩子不会被吸引？孤高自许、目无下尘的林黛玉对他一见倾心，还要把一生的眼泪都送给他，自在情理之中。

2. 宝黛互诉衷肠（第三十二回）

【原文】

　　这里宝玉忙忙的穿了衣裳出来，忽见林黛玉在前面慢慢的走着，似有拭泪之状，便忙赶上来，笑道："妹妹往那里去？怎么又哭了？又是谁得罪了你？"林黛玉回头见是宝玉，便勉强笑道："好好的，我何曾哭了。"宝玉笑道："你瞧瞧，眼睛上的泪珠儿未干，还撒谎呢。"一面说，一面禁不住抬起手来替他拭泪。林黛玉忙向后退了几步，说道："你又要死了！作什么这么动手动脚的！"宝玉笑道："说话忘了情，不觉的动了手，也就顾不的死活。"林黛玉道："你死了倒不值什么，只是丢下了什么金，又是什么麒麟，可怎么样呢？"一句话又把宝玉说急了，赶上来问道："你还说这话，到底是咒我还是气我呢？"林黛玉见问，方想起前日的事来，遂自悔自己又说造次了，忙笑道："你别着急，我原说错了。这有什么的，筋都暴起来，急的一脸汗。"一面说，一面禁不住近前伸手替他拭面上的汗。

　　宝玉瞅了半天，方说道"你放心"三个字。林黛玉听了，怔了半天，方说道："我有什么不放心的？我不明白这话。你倒说说怎么放心不放心？"宝玉叹了一口气，问道："你果不明白这话？难道我素日在你身上的心都用错了？连你的意思若体贴不着，就难怪你天天为我生气了。"林黛玉道："果然我不明白放心不放心的话。"宝玉点头叹道："好妹妹，你别哄我。果然不明白这话，不但我素日之意白用了，且连你素日待我之意也都辜负了。你皆因总是不放心的缘故，才弄了一身病。但凡宽慰些，这病也不得一日重似一日。"

　　林黛玉听了这话，如轰雷掣电，细细思之，竟比自己肺腑中掏出来的还觉恳切，竟有万句言语，满心要说，只是半个字也不能吐，却怔怔的望着他。此时宝玉心中也有万句言语，不知从那一句上说起，却也怔怔的望着黛玉。两个人怔了半天，林黛玉只咳了一声，两眼不觉滚下泪来，回身便要走。宝玉忙上前拉住，说道："好妹妹，且略站住，我说一句话再

走。"林黛玉一面拭泪,一面将手推开,说道:"有什么可说的。你的话我早知道了!"口里说着,却头也不回竟去了。

【解读】

宝玉见黛玉泪珠未干,情不自禁抬手替她拭泪。情发于心,毫不做作,黛玉却怪他动手动脚。可后面当宝玉被黛玉的刀子嘴急得满头大汗时,黛玉竟然也情不自禁伸手替他拭汗。刚骂过宝玉动手动脚,一转眼,黛玉也"动手动脚",可见,真情是发自内心难以掩饰的。宝玉的一番话说到黛玉心坎儿上了,只因那也是她埋在心底的深情。爱之深,懂之极。知心恋人,对方就是另一个自己,有时比你更懂自己。宝玉说出了黛玉心灵深处的叹息,于是两人怔怔相望,仿佛时空凝滞。在这静静的伫立中,他们站成了顶天立地、枝繁叶茂的爱情树。

爱情是什么?爱情是无手之抚的慰藉,是无肌之亲的温暖,是无唇之吻的浪漫;爱情是缘来时的珍惜,是缘去时的放手,是无奈时以沉默的方式守候;爱情是让彼此住进对方的心里,是楚地千山玫瑰梦,是暮天明月百合心;爱情是遇到你是我的缘,是每天枕着你的名字入睡,是梦里醒来都是你的样子;爱情是相知时的理解,是相爱时的默契,是相离时明知思君苦无奈苦思君的缠绵;爱情是希望我的爱不要造成你的负担,是放弃戴着镣铐跳舞的沉重,是爱你就要爱得坦荡自由;爱情是如果你爱他那么成全他,是如果你不爱他那么成全你自己,是如果彼此还深爱就不要在乎朝朝暮暮终身厮守。

3. 钗黛探视(第三十四回)

【原文1】

正说着,只听丫鬟们说:"宝姑娘来了。"袭人听见,知道穿不及中衣,便拿了一床袷纱被替宝玉盖了。只见宝钗手里托着一丸药走进来,向袭人说道:"晚上把这药用酒研开,替他敷上,把那淤血的热毒散开,可以就好了。"说毕,递与袭人,又问道:"这会子可好些?"宝玉一面道谢说:"好些了。"又让坐。

宝钗见他睁开眼说话,不像先时,心中也宽慰了好些,便点头叹道:"早听人一句话,也不至今日。别说老太太、太太心疼,就是我们看着,心里也疼。"刚说了半句又忙咽住,自悔说的话急了,不觉的就红了脸,低下头来。宝玉听得这话如此亲切稠密,竟大有深意,忽见他又咽住不往下说,红了脸,低下头只管弄衣带,那一种娇羞怯怯,非可形容得出者,不觉心中大畅,将疼痛早丢在九霄云外,心中自思:"我不过捱了几下打,他们一个个就有这些怜惜悲感之态露出,令人可玩可观,可怜可敬。假若我一时竟遭殃横死,他们还不知为何等悲感呢!既是他们这样,我便一时死了,得他们如此,一生事业纵然尽付东流,亦无足叹惜,冥冥之中若不怡然自得,亦可谓糊涂鬼祟矣。"想着,只听宝钗问袭人道:"怎么好好的动了气,就打起来了?"袭人便把焙茗的话说了出来。

【原文2】

这里宝玉昏昏默默,只见蒋玉菡走了进来,诉说忠顺府拿他之事;又见金钏儿进来哭说为他投井之情。宝玉半梦半醒,都不在意。忽又觉有人推他,恍恍忽忽听得有人悲泣之声。宝玉从梦中惊醒,睁眼一看,不是别人,却是林黛玉。

宝玉犹恐是梦,忙又将身子欠起来,向脸上细细一认,只见两个眼睛肿的桃儿一般,满面泪光,不是黛玉,却是那个?宝玉还欲看时,怎奈下半截疼痛难忍,支持不住,便"嗳哟"一声,仍就倒下,叹了一声,说道:"你又做什么跑来!虽说太阳落下去,那地上的余热未散,走两趟又要受了暑。我虽然捱了打,并不觉疼痛。我这个样儿,只装出来哄他们,好在外头布散与老爷听,其实是假的。你不可认真。"此时林黛玉虽不是嚎啕大哭,然越是这等无声之泣,气噎喉堵,更觉得利害。听了宝玉这番话,心中虽然有万句言词,只是不能说得,半日,方抽抽噎噎的说道:"你从此可都改了罢!"宝玉听说,便长叹一声,道:"你放心,别说这样话。就便为这些人死了,也是情愿的!"

【解读】

从这两段文字的描写中不难看出,同样是探视被打的宝玉,宝钗和黛玉的情感还是有区别的。宝钗托着一丸药来,黛玉带着一颗心来;宝钗娇羞怯怯饰真情,黛玉满面泪光露真情。宝钗理智的一句"早听人一句话,也不至今日",那是封建礼教劝说者的箴言;黛玉痛心的一句"你从此可都改了罢"则是同为叛逆者的提醒。宝钗和黛玉对宝玉的感情孰轻孰重,一目了然。

宝玉对宝钗和黛玉的感情也明显不同。面对宝钗欲言又止的真情流露,宝玉听了很舒服,心中大快,觉得宝钗这个样子挺好玩儿。他是带着

一种愉悦的心情欣赏面前的宝钗的；尽管宝钗在为他的挨打而叹息，但她的叹息没有得到回应，只是她一个人的独唱，宝玉是个看客。而面对黛玉，宝玉则像瞬间变了个人似的，未等黛玉开口，他就全然不顾自己的疼痛急切地责备她不该来，担心天热她会中暑。他此时心里装着的不是自己身体的疼痛，而是对黛玉的担忧。看到眼睛肿得桃儿一般的黛玉，他心疼不已，他连忙用谎言哄黛玉，安慰黛玉。宝钗面前的宝玉，是个懵懂顽皮的小弟弟；黛玉面前的宝玉，则是个情深义重的大哥哥。

4.黛玉临帖（第七十回）

【原文】

原来林黛玉闻得贾政回家，必问宝玉的功课，宝玉肯分心，恐临期吃了亏。因此自己只装作不耐烦，把诗社便不起，也不以外事去勾引他。探春宝钗二人每日也临一篇楷书字与宝玉，宝玉自己每日也加工，或写二百三百不拘。至三月下旬，便将字又集凑出许多来。这日正算，再得五十篇，也就混的过了。谁知紫鹃走来，送了一卷东西与宝玉，拆开看时，却是一色老油竹纸上临的钟王蝇头小楷，字迹且与自己十分相似。喜的宝玉和紫鹃作了一个揖，又亲自来道谢。接着，史湘云、宝琴二人亦皆临了几篇相送。凑成虽不足功课，亦足搪塞了。

【解读】

在外为官一年多的贾政要回家，回来自然要检查宝玉的功课。贾母、王夫人为宝玉着急，怕他检查不过又要挨训。探春、宝钗、史湘云、宝琴都帮宝玉临帖，这是爱。那么，黛玉又是怎样帮宝玉的？黛玉理解宝玉的处境，默默地帮助他，不事张扬。为了让无事忙的宝玉安心补课，黛玉故意"自己只装作不耐烦，把诗社便不起，也不以外事去勾引他"。黛玉设身处地为宝玉着想，在这个紧要关头，不去打扰他，以便给他赢得更多补功课的时间。探春、宝钗每日为宝玉临一篇楷书，史湘云、宝琴也送了几篇，而黛玉一次送给宝玉一卷蝇头小楷，数量巨大，难度也大。小楷本已难写，她竟然还刻意模仿了宝玉的字迹，用心之良苦源于她对宝玉的无限深情。然而，黛玉并没有亲自送临帖，她在乎的是替宝玉解忧，并不是为了讨好他。这才是最真挚、最深沉的爱，不求回报，纯洁美好。

5. "死而复生"的想念（第八十二回）

【原文】

赶着出来，恨不得一走就走到潇湘馆才好。刚进门口，便拍着手笑道："我依旧回来了！"猛可里倒唬了黛玉一跳。紫鹃打起帘子，宝玉进来坐下。黛玉道："我恍惚听见你念书去了。这么早就回来了？"宝玉道："嗳呀，了不得！我今儿不是被老爷叫了念书去了么，心上倒像没有和你们见面的日子了。好容易熬了一天，这会子瞧见你们，竟如死而复生的一样，真真古人说'一日三秋'，这话再不错的。"……

【解读】

古人云："一日不见，如隔三秋。"这已把思念极度夸张，而宝玉的"死而复生"，则把自己对黛玉的想念表达到了极致。

当然，用"死而复生"表现爱情的力量这并非曹雪芹的首创。汤显祖在《牡丹亭》中有这样一段经典台词："情不知所起，一往而深。生者可以死，死者可以生。生而不可与死，死而不可复生者，皆非情之至也。"贾宝玉的"死而复生"很可能是借鉴了这段话。

贾宝玉身边美女如云，终日被花团锦簇着，但在他心里，自始至终只钟情黛玉一人。这样的爱，最是珍贵，最是动人。

6. 至死不渝的爱情（第九十六回）

【原文】

黛玉走到贾母门口，心里微觉明晰，回头看见紫鹃搀着自己，便站住了问道："你作什么来的？"紫鹃陪笑道："我找了绢子来了。头里见姑娘在桥那边呢，我赶着过来问姑娘，姑娘没理会。"黛玉笑道："我打量你来瞧宝二爷来了呢，不然怎么往这里走呢。"紫鹃见他心里迷惑，便知黛玉必是听见那丫头什么话了，唯有点头微笑而已。只是心里怕他见了宝玉，那一个已经是疯疯傻傻，这一个又这样恍恍惚惚，一时说出些不大体统的话来，那时如何是好？心里虽如此想，却也不敢违拗，只得搀他进去。那黛玉却又奇怪了，这时不似先前那样软了，也不用紫鹃打帘子，自己掀起帘子进来，却是寂然无声。因贾母在屋里歇中觉，丫头们也有脱滑顽去的，也有打盹儿的，也有在那里伺候老太太的。倒是袭人听见帘子

响,从屋里出来一看,见是黛玉,便让道:"姑娘屋里坐罢。"黛玉笑着道:"宝二爷在家么?"袭人不知底里,刚要答言,只见紫鹃在黛玉身后和他努嘴儿,指着黛玉,又摇摇手儿。袭人不解何意,也不敢言语。黛玉却也不理会,自己走进房来。看见宝玉在那里坐着,也不起来让坐,只瞅着嘻嘻的傻笑。黛玉自己坐下,却也瞅着宝玉笑。两个人也不问好,也不说话,也无推让,只管对着脸傻笑起来。……

【解读】

林黛玉无意之中从傻大姐那里得知贾宝玉要娶薛宝钗,顿觉五雷轰顶,整个人变得恍惚起来。她来到贾宝玉的住处,若在以往,受了委屈的她一定会和宝玉大闹,眼泪自然少不了。可如今,黛玉没有了眼泪,有的只是笑,她笑着回答紫鹃,笑着问袭人,笑着看宝玉。黛玉的眼泪被微笑取代,作者这是以乐写哀,这是悲伤至极的笑,无助绝望的笑。她知道最不愿发生的事即将发生,而且没有任何回旋的余地。

黛玉的今生是为爱而来,为宝玉而来,她牢记着三生石畔自己许下的誓言。当爱已成往事,她所能做的只有"焚稿断痴情"。"香魂一缕随风散,愁绪三更入梦遥。"这边黛玉带着幽怨香消玉殒,命归离恨天,那边宝玉正被蒙在鼓里,喜滋滋地迎娶薛宝钗。作者用这样一种惨不忍睹的方式,拆散了木石前盟,撕碎了贾宝玉和林黛玉的美好爱情,这种惊心动魄的大悲大美之情牢牢镌刻在读者心底。

《红楼梦》内容丰富,意蕴深远,读者由于年龄、阅历、审美水平等缘由,对同样的内容会有不同的看法与解读,就像鲁迅评价《红楼梦》时说过的那样:"谁是作者和续者姑且勿论,单是命意,就因为读者的眼光而有种种:经学家看见《易》,道学家看见淫,才子看见缠绵,革命家看见排满,流言家看见宫闱秘事。"阅读是开放性的,也是个性化的,言之有理,评之有据,百花齐放,百家争鸣,才是正道。

法国哲学家笛卡尔曾说:"我思故我在。"对于《红楼梦》之美,我们也可以这样表达:我感知,故我在。

第二章 重点章回品读——解味红楼

前五回是阅读《红楼梦》的一个难点，但又是解读小说的关键所在，它不是整部小说的开端，而是序幕，是作者从不同角度对全书内容提前做出的交代，从而为读者搭建起一个阅读的框架。鉴于此，在整本书阅读时，课上以前五回为重点，精读细品原著，以培养兴趣为第一要务，最大程度调动阅读的积极性和主动性。

由于个体的知识基础、文化素养、理解能力、审美情趣等方面存在差异，因此了解每一回的基本内容是阅读的出发点。读是一个重要环节，这样理解赏析才不会被架空。读的形式不能单一化，诵读、默读、精读、速读、跳读、分角色朗读均可。

不思考不读书，无论采用哪种形式去读，都要首先明确学习任务。根据每回内容，精心设计问题，以问题带动阅读，才能加深对作品的理解。

第一节　两个神话有深意　两组人物示人生

——《红楼梦》第一回品读

本回梗概

第一回　甄士隐梦幻识通灵
　　　　贾雨村风尘怀闺秀

> 第一回用"女娲补天"和"木石前盟"两个神话故事，为塑造贾宝玉的性格和描写宝黛爱情故事，笼罩上一层浪漫主义的色彩。同时通过甄士隐一家由盛转衰的经历，暗示贾家的最后结局。

本回解读

一、神话故事

1. 女娲补天

远古时代，天倾东南，大雨如注，女娲炼就三万六千五百零一块顽石用来补天，最后剩下一块未用。这块感叹"无材不堪入选"遂"自怨自叹"的顽石，就是后来贾宝玉随身佩戴的那块"通灵宝玉"，它对贾宝玉的叛逆性格有着鲜明的隐喻作用：一方面暗示他无"补天"之才，是不符合封建社会人才标准的"蠢物"；另一方面也暗示他生来便具有顽石一样的"顽劣性"，难为世俗所改变。

2. 木石前盟

西方灵河畔三生石上，有一株纤弱的绛珠仙草，因得到赤瑕宫神瑛侍者的甘露灌溉，脱去草胎换为人形，修成女体。"神瑛侍者"是贾宝玉的前世，"绛珠仙草"是林黛玉的前世。"绛珠仙草"为了报答"神瑛侍者"的甘露灌溉之恩，跟随他来到人间。林黛玉爱哭，有"还泪"之说，直至最后泪尽而死，都是对这个神话故事的呼应。"木石前盟"揭示了宝黛爱情的前世渊源，暗示他们的爱情是有深厚的感情基础的。

二、谐音手法

女娲把补天剩下的那块石头扔到"青埂峰"下，"青埂"谐音"情根"，情种的意思。"大荒山"谐音"太荒唐"，"无稽崖"谐音"没有根据"。"渺渺真人""茫茫大士""空空道人"，渺茫、空空，都谐音"虚无"之意。

甄士隐谐音"真事隐去"，贾雨村谐音"假语村言"。"甄英莲"谐音"真应怜"，身为大小姐，幼时被人贩子偷走，长大又被卖为妾，命运堪怜；"娇杏"谐音"侥幸"，原本丫鬟，只因看了贾雨村两眼，便被他认为是红尘知己，后来做了贾雨村的夫人；"霍启"谐音"祸起"，他在元宵夜看花灯时把甄英莲弄丢，祸因他起。

三、草蛇灰线

1. 草蛇灰线的含义

一条蛇从草丛里爬过，不会留下脚印，但因蛇本身有重量，所以会留下一些不明显的痕迹；拿一条缝衣服的线，在烧柴后的灰里拖一下，虽然线特别轻，但也会留下模糊的痕迹。这就是古典小说中常见的"草蛇灰线"叙事法。

2. "通灵宝玉"的草蛇灰线用法

①那僧托于掌上，笑道："形体倒也是个宝物了！还只没有实在的好处，须得再镌上数字，使人一见便知是奇物方妙。"……那僧笑道："你且莫问，日后自然明白的。"说着，便袖了这石，同那道人飘然而去……（第一回）

②士隐接了看时，原来是块鲜明美玉，上面字迹分明，镌着"通灵宝玉"四字，后面还有几行小字。正欲细看时，那僧便说已到幻境，便强从手中夺了去……（第一回）

③宝钗看毕，又从新翻过正面来细看，口里念道："莫失莫忘，仙寿恒昌。"（第八回）

"通灵宝玉"上镌刻的八个字从第一回便留下悬念，埋下伏笔，直到第八回才彻底揭晓。上面三段文字中关于"通灵宝玉"的描写，是运用"草蛇灰线"手法的典型，从而使故事更加跌宕多姿，悬念迭出，令人阅读时兴趣倍增，急于去寻找答案，欲罢不能，爱不释手。

四、两组人物

1. 甄士隐和贾雨村

甄士隐在第一回就完成了他人生的大起大落。他原本生活无忧，夫妻和睦，中年得女。没想到世事难料，元宵夜女儿丢失；祸不单行，两个月后，隔壁葫芦庙的一场大火把他的家烧为灰烬。落魄的甄士隐只好跟着妻子寄寓在岳父家，他的岳父封肃是个势利眼，见女婿没钱没势，便整日冷言冷语。甄士隐受尽奚落和白眼，精神颓靡，最后跟着一个疯疯癫癫的跛足道人出家了。而出场时落魄的贾雨村，在甄士隐的慷慨解囊下，顺利进京赴考，后来衣锦还乡。

2. 甄英莲和娇杏

甄英莲，小姐出身，是甄士隐唯一的掌上明珠。五岁那年的元宵夜，被人贩子拐走。七八年后，改名为香菱的英莲被卖，并卷入一场人命官司中，后来做了薛蟠的妾，是典型的"小姐身子丫鬟命"。甄士隐的丫鬟"娇杏"，只因多看了落难中的书生贾雨村两眼，便被做官后的贾雨村娶回去做妾，不到一年生了儿子，又过了两年，待贾雨村的妻子死后，娇杏被扶正，是典型的"丫鬟身子小姐命"。

3.作者写这两组人物的用意

答案就在第一回中："那红尘中有却有些乐事，但不能永远依恃；况又有'美中不足，好事多魔'八个字紧相连属，瞬息间则又乐极悲生，人非物换，究竟是到头一梦，万境归空"。即美中不足，福祸相依，人生无常，像梦一样，瞬息万变，不易把握。

第二节　贾府人物关系网　子兴身份费思量

——《红楼梦》第二回品读

本回梗概

第二回　贾夫人仙逝扬州城
　　　　　冷子兴演说荣国府

第二回通过古董商冷子兴的讲述，为读者列出一个简明扼要的贾府人物关系表，介绍了小说中的主要人物，这样可以使读者在未完全展开全书阅读时，就对书中人物有一个简单了解，形成一个初步的人物关系印象。

本回解读

一、贾、史、王、薛四大家族人物关系图

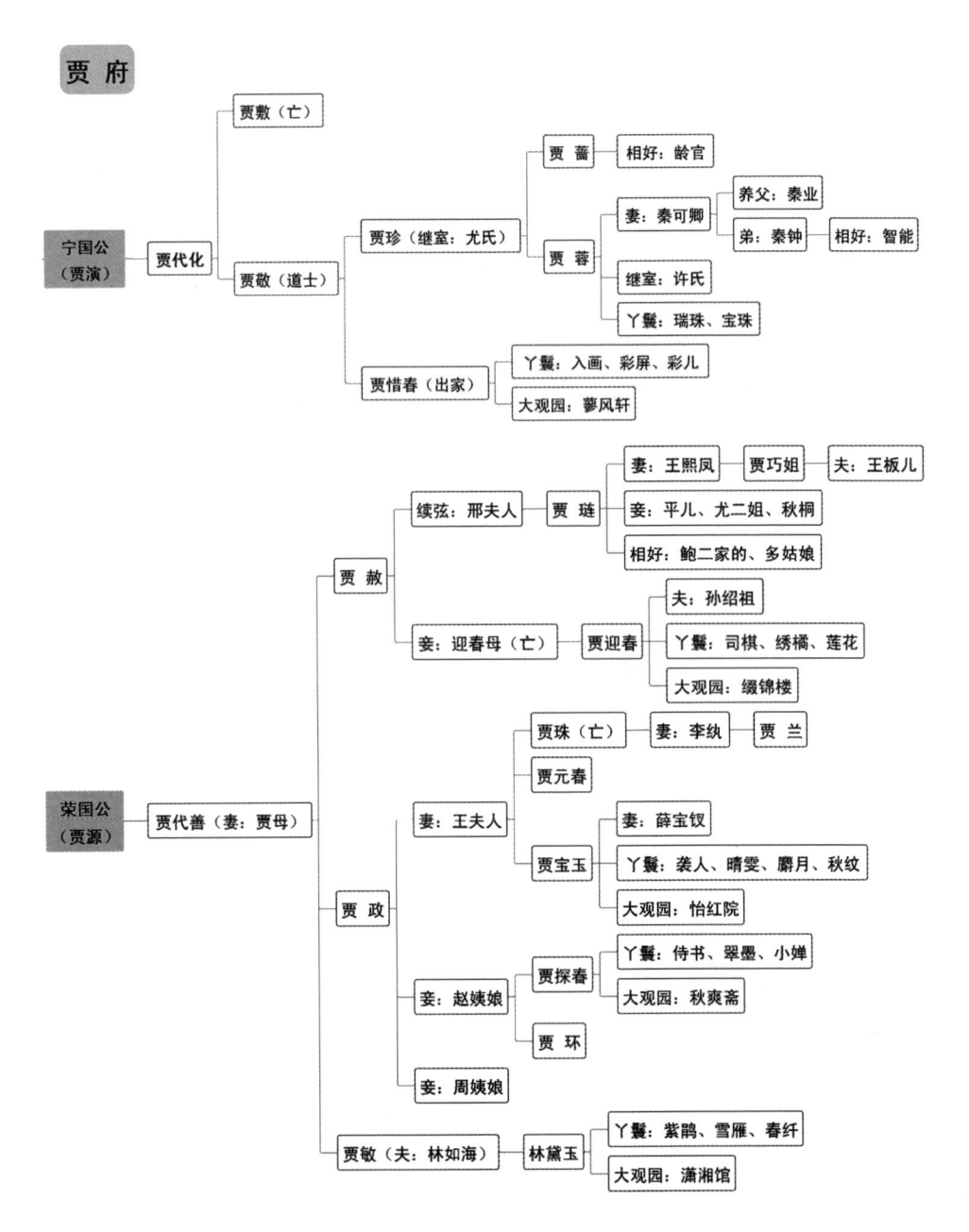

贾 府

- 宁国公（贾演）— 贾代化
  - 贾敷（亡）
  - 贾敬（道士）
    - 贾珍（继室：尤氏）
      - 贾蔷 — 相好：龄官
      - 贾蓉
        - 妻：秦可卿 — 养父：秦业；弟：秦钟 — 相好：智能
        - 继室：许氏
        - 丫鬟：瑞珠、宝珠
    - 贾惜春（出家）
      - 丫鬟：入画、彩屏、彩儿
      - 大观园：蓼风轩

- 荣国公（贾源）— 贾代善（妻：贾母）
  - 贾赦
    - 续弦：邢夫人
      - 贾琏
        - 妻：王熙凤 — 贾巧姐 — 夫：王板儿
        - 妾：平儿、尤二姐、秋桐
        - 相好：鲍二家的、多姑娘
    - 妾：迎春母（亡）
      - 贾迎春
        - 夫：孙绍祖
        - 丫鬟：司棋、绣橘、莲花
        - 大观园：缀锦楼
  - 贾政
    - 妻：王夫人
      - 贾珠（亡）— 妻：李纨 — 贾兰
      - 贾元春
      - 贾宝玉
        - 妻：薛宝钗
        - 丫鬟：袭人、晴雯、麝月、秋纹
        - 大观园：怡红院
    - 妾：赵姨娘
      - 贾探春
        - 丫鬟：侍书、翠墨、小婵
        - 大观园：秋爽斋
      - 贾环
    - 妾：周姨娘
  - 贾敏（夫：林如海）— 林黛玉
    - 丫鬟：紫鹃、雪雁、春纤
    - 大观园：潇湘馆

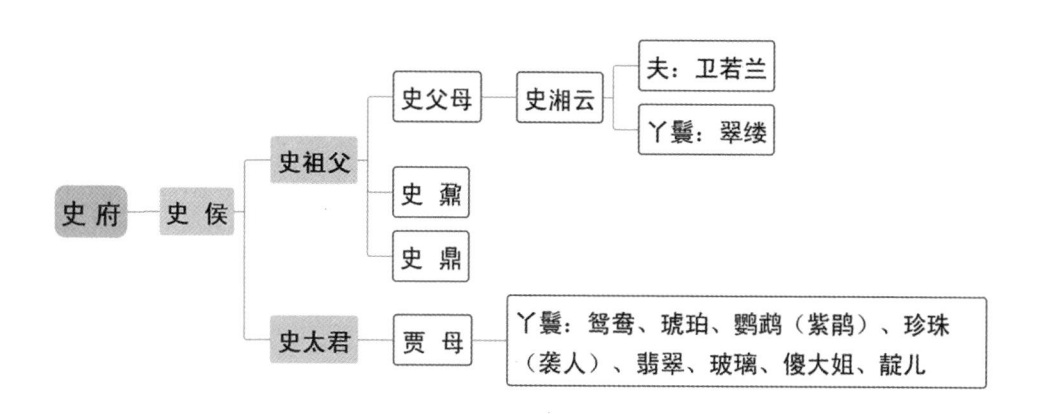

第二章 重点章回品读——解味红楼

史府 — 史侯
- 史祖父
  - 史父母 — 史湘云
    - 夫：卫若兰
    - 丫鬟：翠缕
  - 史鼐
  - 史鼎
- 史太君 — 贾母
  - 丫鬟：鸳鸯、琥珀、鹦鹉（紫鹃）、珍珠（袭人）、翡翠、玻璃、傻大姐、靛儿

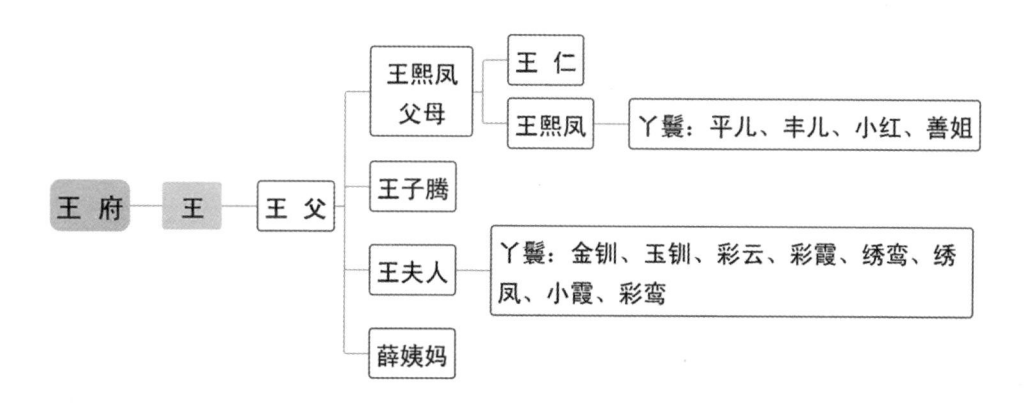

王府 — 王 — 王父
- 王熙凤父母
  - 王仁
  - 王熙凤 — 丫鬟：平儿、丰儿、小红、善姐
- 王子腾
- 王夫人 — 丫鬟：金钏、玉钏、彩云、彩霞、绣鸾、绣凤、小霞、彩鸾
- 薛姨妈

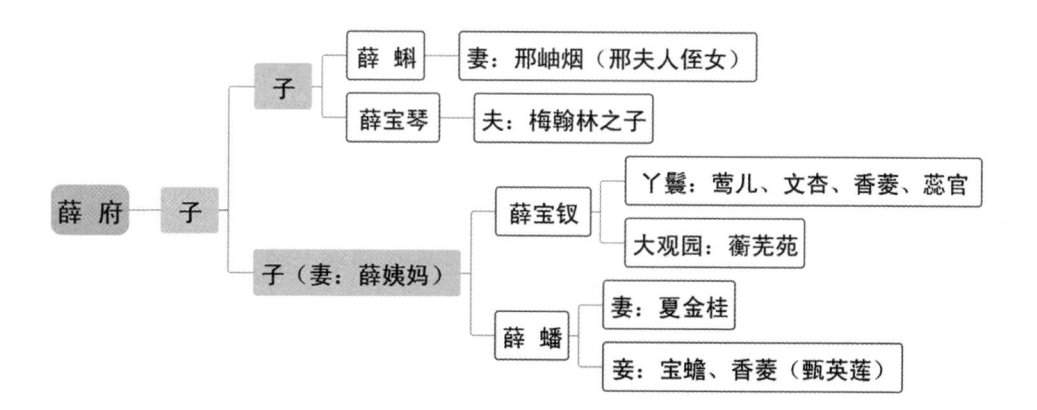

薛府
- 子
  - 薛蝌 — 妻：邢岫烟（邢夫人侄女）
  - 薛宝琴 — 夫：梅翰林之子
- 子（妻：薛姨妈）
  - 薛宝钗
    - 丫鬟：莺儿、文杏、香菱、蕊官
    - 大观园：蘅芜苑
  - 薛蟠
    - 妻：夏金桂
    - 妾：宝蟾、香菱（甄英莲）

民国初年，一部署名兰上星白的《红楼梦人物谱》出现了。作者对《红楼梦》中的人物进行了仔细精确的梳理：出场人数721人；还提到了古代帝王23人，古人115人，后妃18人，列女22人，仙女24人，神佛47人，故事人物13人，共262人；两类合计983人。

二、冷子兴其人

1. 出场不凡的冷子兴

冷子兴出场不凡，作者通过他把荣、宁二府的事交代得一清二楚。贾雨村说去年到金陵时，亲眼看到贾府的"峥嵘轩峻""蓊蔚洇润"，没有衰败景象。冷子兴听了当即反驳，说贾雨村看到的都是表象。显然，不姓贾的冷子兴比姓贾且是本家的贾雨村对贾府更了解。

2. 冷子兴对贾府的评价

"古人有云：百足之虫，死而不僵。如今虽说不及先年那样兴盛，较之平常仕宦之家，到底气象不同。如今生齿日繁，事务日盛，主仆上下，安富尊荣者尽多，运筹谋划者无一；其日用排场费用，又不能将就省俭，如今外面的架子虽未甚倒，内囊却也尽上来了。这还是小事。更有一件大事：谁知这样钟鸣鼎食之家，翰墨诗书之族，如今的儿孙，竟一代不如一代了！"

冷兴子这段话意在告诉读者，贾府虽然看起来富贵繁荣，但这只是外表，内里已经开始亏空，尤其是如今的儿孙越来越不争气了。

3. 语出惊人的冷子兴

冷子兴不但能历数贾家的人物谱系以及每一支大致情况这样粗线条的事，连贾宝玉抓周抓了什么，他平时有什么怪诞言行、嗜好，甚至贾府的四个姑娘为什么名字皆从俗艳的"春"字等诸多细节都一清二楚。在这里，作者让贾雨村做了冷子兴的"捧哏"。当冷子兴说起贾宝玉的女儿观时，贾雨村谈到甄宝玉的女儿经；当冷子兴说到林黛玉母亲贾敏的名字

"也是从弟兄而来的"时,贾雨村马上说"怪道这女学生读至凡书中有'敏'字,皆念作'密'字,每每如是;写字遇着'敏'字,又减一二笔"。贾雨村了解甄家、林家的一些生活琐屑,源于他在这两家做过家庭教师。冷子兴则不同,别说跟元春、迎春、探春、惜春等这些小姐无缘一见,就是跟贾宝玉也没正面接触过,为何他能知道得如此多,这让读者心生好奇。

4. 冷子兴的真面目

小说第七回,写周瑞家的给姑娘们送宫花,送的过程中遇见急匆匆跑来的女儿,女儿说她女婿被人告了,让周瑞家的想办法解围,作者在这里才说"这周瑞家的女婿,便是雨村的好友冷子兴"。周瑞是王夫人的陪房、荣国府的管家,周瑞家的是伺候太太奶奶们的管家婆子,读者读到这里才恍然大悟,终于明白为什么冷子兴会知道贾府那么多鲜为人知的内幕了。

三、贾宝玉和甄宝玉的女儿观

1. 贾宝玉的女儿观

"女儿是水作的骨肉,男人是泥作的骨肉。我见了女儿,我便清爽;见了男子,便觉浊臭逼人。"

2. 甄宝玉的女儿观

"这女儿两个字,极尊贵、极清净的,比那阿弥陀佛、元始天尊的这两个宝号还更尊荣无对的呢!你们这浊口臭舌,万不可唐突了这两个字要紧。但凡要说时,必须先用清水香茶漱了口才可;设若失错,便要凿牙穿腮等事。"

3. 写作意图

在那个男尊女卑的社会,贾宝玉和甄宝玉有着相同的女儿观。假作真

时真亦假，甄、贾二宝玉，一南一北，遥相呼应，暗示读者像贾宝玉这样的"另类"在那个时代并非独一份。无论甄宝玉还是贾宝玉，他们都具有追求男女平等，反抗封建礼教的精神特质。

四、贾宝玉抓周

贾宝玉抓周时，尽管东西很多，可他什么都不取，只把脂粉钗环抓过来。贾政一看便大怒，说他将来定是个酒色之徒。抓周这个情节为后文交代贾宝玉独特的"女儿观"及情节的推进定下基调，小说中贾政不喜欢贾宝玉也与此有关。

第三节　众多人物纷亮相　宝黛初会似相识

——《红楼梦》第三回品读

本回梗概

第三回　贾雨村夤缘复旧职
　　　　　林黛玉抛父进京都

第三回主要介绍小说中人物活动的典型环境——贾府。作者通过林黛玉的眼睛，或移步换景，或定点观察，第一次直接描写贾府的环境，同时也让一些重要的人物登台亮相。

本回解读

一、人物出场方式

1. 贾母、邢夫人、王夫人单独亮相；迎春、探春、惜春集体亮相。

2. 王熙凤出场：未见其人，先闻其声——先声夺人法。

通过对王熙凤语言、外貌的描写，表现她在贾府与众不同的身份和地位。

一语未了，只听后院中有人笑声，说："我来迟了，不曾迎接远客！"黛玉纳罕道："这些人个个皆敛声屏气，恭肃严整如此，这来者系谁，这样放诞无礼？"心下想时，只见一群媳妇丫鬟围拥着一个人从后房门进来。这个人打扮与众姑娘不同：彩绣辉煌，恍若神妃仙子……

3. 贾宝玉出场：层层铺垫，欲扬先抑——画家三染法。

①母亲王夫人口中的宝玉

只是有一句话嘱咐你：你三个姊妹倒都极好，以后一处念书认字学针线，或是偶一顽笑，都有尽让的。但我不放心的最是一件：我有一个孽根祸胎，是家里的"混世魔王"，今日因庙里还愿去了，尚未回来，晚间你看见便知了。你只以后不要睬他，你这些姊妹都不敢沾惹他的。

②黛玉母亲口中的宝玉

二舅母生的有个表兄，乃衔玉而诞，顽劣异常，极恶读书，最喜在内帏厮混；外祖母又极溺爱，无人敢管。

③《西江月》二词

无故寻愁觅恨，有时似傻如狂。纵然生得好皮囊，腹内原来草莽。潦倒不通世务，愚顽怕读文章。行为偏僻性乖张，那管世人诽谤！

富贵不知乐业，贫穷难耐凄凉。可怜辜负好韶光，于国于家无望。天下无能第一，古今不肖无双。寄言纨袴与膏粱：莫效此儿形状！

林黛玉进贾府前，从母亲贾敏那里听说的贾宝玉和王夫人口中的基本

一致。在两位母亲嘴里，贾宝玉是"孽根祸胎""混世魔王"，不是大人心中的好孩子。《西江月》二词表面是用世俗的看法对贾宝玉进行批判，但实际上是对他叛逆精神的写照。贾宝玉不受封建思想束缚，厌恶功名利禄，追求个性解放，这两首词是正话反说，欲扬先抑。

二、宝黛初会

1. 黛玉眼中的宝玉

面若中秋之月，色如春晓之花，鬓若刀裁，眉如墨画，面如桃瓣，目若秋波。虽怒时而若笑，即瞋视而有情。

天然一段风骚，全在眉梢；平生万种情思，悉堆眼角。

贾宝玉出现前，林黛玉因为自己母亲和王夫人的介绍，对他的印象并不好，觉得他是个"惫懒人物""懵懂顽童"，是个"蠢物"。然而当贾宝玉真正出现在面前时，她吃惊地发现，贾宝玉分明是个随和可亲、温柔多情的翩翩美少年，原来印象中的一切都被彻底颠覆了。

2. 宝玉眼中的黛玉

两弯似蹙非蹙罥烟眉，一双似泣非泣含露目。态生两靥之愁，娇袭一身之病。泪光点点，娇喘微微。闲静时如姣花照水，行动处似弱柳扶风。心较比干多一窍，病如西子胜三分。

天上掉下来个林妹妹！贾宝玉眼中的林黛玉，柔弱不胜，美丽异常，气质超群，聪颖过人。

3. 宝玉和黛玉见到对方后的各自反应

黛玉一见，便吃一大惊，心下想道："好生奇怪，倒像在那里见过一般，何等眼熟到如此！"

宝玉看罢，因笑道："这个妹妹我曾见过的。"

作者刻意通过贾宝玉、林黛玉的眼睛来描写彼此的外貌神韵，而他们见到彼此后的熟悉感觉，是对第一回"木石前盟"神话故事的呼应。

三、贾赦其人

1. 贾赦与贾政居住环境对比

①贾赦住处

进入三层仪门,果见正房厢庑游廊,悉皆小巧别致,不似方才那边轩峻壮丽;且院中随处之树木山石皆在。一时进入正室,早有许多盛妆丽服之姬妾丫鬟迎着……

②贾政住处

仪门内大院落,上面五间大正房,两边厢房鹿顶耳房钻山,四通八达,轩昂壮丽,比贾母处不同。黛玉便知这方是正经正内室,一条大甬路,直接出大门的。进入堂屋中,抬头迎面先看见一个赤金九龙青地大匾,匾上写着斗大的三个大字,是"荣禧堂"……

2. 贾赦转给林黛玉的话

连日身上不好,见了姑娘彼此倒伤心,暂且不忍相见。劝姑娘不要伤心想家,跟着老太太和舅母,即同家里一样。姊妹们虽拙,大家一处伴着,亦可以解些烦闷。或有委屈之处,只管说得,不要外道才是。

3. 贾赦其人

一个人的居住环境能暗含他的身份地位、经济条件以及性格、爱好等很多信息。通过贾赦与贾政住处的对比不难看出:作为荣国府长子的贾赦没有住在正房,这说明他没有担当起作为长子应尽的职责,而由住在正房的次子贾政代替他掌管荣国府。"厢庑游廊""悉皆小巧别致""许多盛妆丽服之姬妾丫鬟",这些描写暗示了贾赦生活奢靡,花天酒地,贪图享乐的特点。黛玉丧母,远道而来,初到贾府,他这个亲舅舅见都不见,让人转的话貌似有礼,实则冷漠无情。

第四节　护官符里藏玄机　相时而动贾雨村

——《红楼梦》第四回品读

本回梗概

第四回　薄命女偏逢薄命郎
　　　　葫芦僧乱判葫芦案

> 第四回主要是介绍小说的社会背景。通过葫芦僧乱判葫芦案，介绍了贾、史、王、薛四大家族之间错综复杂的关系，从而把贾府置于一个更广阔的社会背景中，使之具有更加典型的社会意义。

本回解读

一、护官符

贾不假，白玉为堂金作马。

阿房宫，三百里，住不下金陵一个史。

东海缺少白玉床，龙王来请金陵王。

丰年好大雪，珍珠如土金如铁。

第一句是写贾家，第二句是史家，第三句是王家，第四句"雪"谐音"薛"，写的是薛家。四句话分别揭示了四大家族——贾、史、王、薛惊人的财富和巨大的权势。护官符是四大家族政治特权的象征，作者通过它，暗示了封建贵族的穷奢极欲，以及他们凭借自己的权势地位违法乱纪胡作非为的黑暗现实。

二、贾雨村其人

1. 以诗言志的贾雨村（第一回）

①玉在椟中求善价，钗于奁内待时飞。

这两句诗清晰表露了贾雨村彼时的内心世界。贾雨村非常自信，以至于有点自负。他把自己比作是椟中玉、奁内钗，只是生不逢时，因而虎落平阳，困顿在破旧的葫芦庙里。贾雨村对现实既不满又无奈，他的内心非常焦虑煎熬，他"搔首对天长叹"的忧愁，是他真实情绪的外露。

②时逢三五便团圆，满把晴光护玉栏。

　　天上一轮才捧出，人间万姓仰头看。

言为心声，甄士隐从贾雨村这首诗中听出了他的雄心壮志和远大抱负，觉得他不是久困之人。于是，水到渠成地就有了后面甄士隐慷慨解囊，接济贾雨村银两，让他进京赶考的故事情节。

2. 相时而动的贾雨村（第四回）

①雨村听了大怒道："岂有这样放屁的事！打死人命就白白的走了，再拿不来的！"

贾雨村在贾政的帮助下，补授应天府。一到任，便接到一起命案，来人状告薛家少爷，说他为抢一丫头，打死其主人冯渊后一走了之。人命关天，杀人要偿命，这是人人皆知的道理。不难看出，初时的贾雨村是爱憎分明，想秉公办事的，他慷慨激昂，义正词严，一副为民申冤的青天大老爷架势。但当他即将下令捉拿凶犯时，看到门子在一旁给他使眼色，聪明圆滑的他马上意识到有问题。果然，走进密室后，门子给他出示了一份"护官符"，贾雨村这才知道贾、王、史、薛四大家的复杂关系，他们一荣俱荣，一损俱损，哪个也得罪不起。这打死人的薛蟠是贾政之妻王夫人的亲外甥。贾雨村之前听到命案时的"愤怒"在护官符面前化为乌有，他马上想到正好以此来回报贾家的"知遇之恩"。变化之快，只能表明他先前的"愤怒"不过是事不关己的所谓清明公正罢了。

②雨村听了，亦叹道："这也是他们的孽障遭遇，亦非偶然。不然

这冯渊如何偏只看准了这英莲？这英莲受了拐子这几年折磨，才得了个头路，且又是个多情的，若能聚合了，倒是件美事，偏又生出这段事来。这薛家纵比冯家富贵，想其为人，自然姬妾众多，淫佚无度，未必及冯渊定情于一人者。这正是梦幻情缘，恰遇一对薄命儿女。且不要议论他，只目今这官司，如何剖断才好？"

门子告诉贾雨村，被抢的丫头是甄老爷的小姐英莲，并详细讲述了英莲被拐后的遭遇。贾雨村听了这些，非但没为之所动，反而说了一段自欺欺人的话为自己的不仁不义开脱。想当年，他穷困潦倒于葫芦庙，要不是得到甄士隐的帮助，他何以能顺利入京参加科考，步入仕途？世故冷漠，明哲保身，贾雨村攀附权贵、见风使舵、忘恩负义的恶劣行径在此一览无余。

3. 贫贱之交亦可忘的贾雨村（第四回）

①雨村那里料得是他，便忙携手笑道："原来是故人。"又让坐了好谈。这门子不敢坐。雨村笑道："贫贱之交不可忘。你我故人也；二则此系私室，既欲长谈，岂有不坐之理？"

当门子说出自己是当年葫芦庙里的小沙弥时，贾雨村竟大言不惭地对他说"贫贱之交不可忘，你我故人也"。这话一定说得门子心里有点暖，于是掏心掏肺地给一筹莫展的贾雨村献计献策，又是提供"护官符"，又是出点子。在门子的帮助下，贾雨村最终如其所愿解决了这桩命案。

②雨村断了此案，急忙作书信二封，与贾政并京营节度使王子腾，不过说"令甥之事已完，不必过虑"等语。此事皆由葫芦庙内之沙弥新门子所出，雨村又恐他对人说出当日贫贱时的事来，因此心中大不乐意，后来到底寻了个不是，远远的充发了他才罢。

贾雨村对帮助他的门子非但不感激，反而认为他知道得太多，留在身边大不利，终究是个隐患。于是，贾雨村把"贫贱之交"抛之脑后，找了个碴，便把门子发配到远方。门子固然不是什么好人，这样的下场不值得同情，但贾雨村卸磨杀驴，恩将仇报，自私而歹毒，令人深深唾弃。

第五节　判词画册言性格　红楼曲词唱命运

——《红楼梦》第五回品读

本回梗概

第五回　游幻境指迷十二钗
　　　　　饮仙醪曲演红楼梦

> 第五回是全书总纲。通过贾宝玉梦游太虚幻境，利用画册、判词、歌曲等形式，隐喻含蓄地将以金陵十二钗为主的一些人物的性格及命运进行交代。这种写法别开生面，非但不会减弱读者的阅读兴趣，相反令人更加着迷，急于一探究竟。

本回解读

一、两幅画

1.《燃藜图》

宝玉抬头看见一幅画贴在上面，画的人物固好，其故事乃是《燃藜图》，也不看系何人所画，心中便有些不快。又有一副对联，写的是："世事洞明皆学问，人情练达即文章。"及看了这两句，纵然室宇精美，铺陈华丽，亦断断不肯在这里了，忙说："快出去！快出去！"

2.《海棠春睡图》

刚至房门，便有一股细细的甜香袭人而来。宝玉觉得眼饧骨软，连

说"好香！"入房向壁上看时，有唐伯虎画的《海棠春睡图》，两边有宋学士秦太虚写的一副对联，其联云："嫩寒锁梦因春冷，芳气笼人是酒香。"……宝玉含笑连说："这里好！"

《燃藜图》画的是劝年轻人勤学苦读、飞黄腾达的内容，贾宝玉不爱读书，更不喜欢仕途经济，所以看到它"心中便有些不快"；《海棠春睡图》画的是贵妃醉酒美女图，贾宝玉喜欢"在内帏厮混"，认为女孩子是水做的骨肉，是世间最美好的存在，因此看到这幅画他笑着连说"这里好！"。

二、十四首判词

【第一首】

霁月难逢，彩云易散。心比天高，身为下贱。风流灵巧招人怨。寿夭多因毁谤生，多情公子空牵念。

这首判词写的是晴雯。雨后新晴叫"霁"，暗示"晴"字，而云朵成彩是"雯"，合起来，便是晴雯。

【第二首】

枉自温柔和顺，空云似桂如兰；

堪羡优伶有福，谁知公子无缘。

这首判词写的是袭人。"似桂如兰"，暗点袭人其名，兰桂最香，袭人姓花，她的名字又是从"花气袭人知昼暖"而来。判词暗示性格温柔和顺的袭人最后嫁给了伶人蒋玉菡，和贾宝玉无缘。

【第三首】

根并荷花一茎香，平生遭际实堪伤。

自从两地生孤木，致使香魂返故乡。

这首判词写的是香菱。根并荷花一茎香——暗点其名，香菱本名英莲，莲就是荷，菱与荷同生于池中，所以说根并在一起。"两地生孤木"是个字谜，两个"土"加一个"木"，是"桂"字，暗指薛蟠的老婆夏金桂。"自从"二句是说薛蟠娶夏金桂为妻后，身为妾的香菱就慢慢被折磨而死。

【第四首】

可叹停机德，堪怜咏絮才。

玉带林中挂，金簪雪里埋。

这首判词写的是薛宝钗和林黛玉。"停机德"来自乐羊子妻的典故，据《后汉书·列女传》记载，乐羊子出门求学，半途而归，他的妻子以停下织机割断经线规劝他不要中断学业，如此方能考取功名。作者以此暗指经常劝贾宝玉好好读书考取功名的薛宝钗。"咏絮才"的典故出自《世说新语·言语》，晋女子谢道韫才智过人，一天天降大雪，她的叔叔东晋政治家谢安问"白雪纷纷何所似"，堂兄谢朗说"撒盐空中差可拟"，谢道韫说"未若柳絮因风起"。于是后人便用"咏絮才"来赞美女子才思敏捷，作者以此指代大观园第一才女林黛玉。"玉带林中挂"，前三字倒过来就是林黛玉。"金簪雪里埋"，"金簪"与"宝钗"是同类事物；"雪"，"薛"也，指的是薛宝钗。

【第五首】

二十年来辨是非，榴花开处照宫闱。
三春争及初春景，虎兕相逢大梦归。

这首判词写的是贾元春。"三春争及初春景"中"初春"即"元春"之意。开头两句写元春嫁入宫中，给贾家带来巨大荣耀；"虎兔相逢大梦归"暗指元春的结局不好。

【第六首】

才自精明志自高，生于末世运偏消。
清明涕送江边望，千里东风一梦遥。

这首判词写的是贾探春。探春有才有志，精明能干。然而这又能如何？生于贾家末世，最后她只能远嫁他乡。

【第七首】

富贵又何为，襁褓之间父母违。
展眼吊斜晖，湘江水逝楚云飞。

这首判词写的是史湘云。"湘江水逝楚云飞"暗含史湘云的名字。她生在富贵之家，但自幼父母双亡；她开朗活泼，找了个好丈夫，可得到的只是一点斜辉，婚后不久丈夫得了痨病。

【第八首】

欲洁何曾洁，云空未必空。

可怜金玉质，终陷淖泥中。

这首判词写的是妙玉。妙玉是小说中带发修行的尼姑。妙玉欲洁，结果不洁；妙玉云空，可结果未空。妙玉最后被贼所劫，陷入泥淖之中。

【第九首】

子系中山狼，得志便猖狂。

金闺花柳质，一载赴黄粱。

这首判词写的是贾迎春。"子系"合起来是"孙"的繁体字，第一句暗指迎春的丈夫孙绍祖。贾家对孙家有恩，但孙绍祖忘恩负义，迎春嫁到孙家一年就被折磨致死。

【第十首】

勘破三春景不长，缁衣顿改昔年妆。

可怜绣户侯门女，独卧青灯古佛旁。

这首判词写的是贾惜春。"三春景不长"，是指元春、迎春之死和探春远嫁。惜春是贾家的四小姐，秀户侯门女，最终她看破红尘，出家了。

【第十一首】

凡鸟偏从末世来，都知爱慕此生才。

一从二令三人木，哭向金陵事更哀。

这首判词写的是王熙凤。"凡鸟"合起来是"凤"的繁体字。"一从二令三人木"指的是丈夫贾琏对凤姐的态度变化：刚结婚时是"从"，对她百依百顺；"二令"指的是对她渐渐冷淡并开始发号施令；"三人木"，按"拆字法"，"人木"就是"休"，指她最后被休的命运。

【第十二首】

势败休云贵，家亡莫论亲。

偶因济刘氏，巧得遇恩人。

这首判词写的是巧姐。"巧得遇恩人"暗含巧姐之名。凤姐无心之下接济的刘姥姥后来成了巧姐的恩人，在贾府破败巧姐被"狠舅奸兄"卖掉时，刘姥姥救了她，并把她带回乡下，躲过一劫。

【第十三首】

桃李春风结子完，到头谁似一盆兰。

如冰水好空相妒，枉与他人作笑谈。

这首判词写的是李纨。"桃李春风结子完"，"李"和"完"暗含李纨的名字。李纨年轻守寡，她的青春就像春风中的桃花李花一样，结了果实就败了。"到头谁似一盆兰"指她的儿子贾兰，在贾府的末代子孙中，贾兰最有出息。"枉与他人作笑谈"一句是说李纨是封建礼教的殉葬品，是别人茶余饭后的谈资而已。

【第十四首】

情天情海幻情身，情既相逢必主淫。

漫言不肖皆荣出，造衅开端实在宁。

这首判词写的是秦可卿。秦可卿是宁国府贾珍的儿媳妇，他俩私通是贾府最大的丑事。"幻情身"暗示警幻仙姑说的"吾妹""乳名兼美，表字可卿"的仙女就是秦可卿。

三、十四支曲子

第五回出现的"红楼梦曲"有十二支，它前面有一个引子，最后有一个尾声，加起来构成一组十四支曲子的套曲。这组套曲和前面的判词在表现人物的性格和命运上各有所侧重，互为补充。

【红楼梦引子】

开辟鸿蒙，谁为情种？都只为风月情浓。趁着这奈何天，伤怀日，寂寥时，试遣愚衷。因此上，演出这怀金悼玉的《红楼梦》。

这首引子概括了这组套曲的创作缘起，它以贾宝玉的口吻唱出了对以林黛玉、薛宝钗为代表的众多女子的伤悼、怀念之情。

【终身误】

都道是金玉良姻，俺只念木石前盟。空对着，山中高士晶莹雪；终不忘，世外仙姝寂寞林。叹人间，美中不足今方信。纵然是齐眉举案，到底意难平。

"终身误"，即"一辈子都耽误了"。它以贾宝玉的口吻，写出了贾宝玉、林黛玉、薛宝钗三人的感情纠葛。显然，在贾宝玉心中，林黛玉是他永恒的真爱。"金玉良姻""晶莹雪""齐眉举案"指的是宝钗，"木

石前盟""寂寞林"指的是林黛玉。

【枉凝眉】

一个是阆苑仙葩，一个是美玉无瑕。若说没奇缘，今生偏又遇着他；若说有奇缘，如何心事终虚化？一个枉自嗟呀，一个空劳牵挂。一个是水中月，一个是镜中花。想眼中能有多少泪珠儿，怎经得秋流到冬尽，春流到夏！

"枉凝眉"，意思是白皱眉头，没有用。它以第三人称咏唱贾宝玉和林黛玉的爱情，虽美好，但始终伴随着痛苦和烦恼，一场虚幻，以悲剧而告终。

【恨无常】

喜荣华正好，恨无常又到。眼睁睁，把万事全抛。荡悠悠，把芳魂消耗。望家乡，路远山高。故向爹娘梦里相寻告：儿命已入黄泉，天伦呵，须要退步抽身早！

这首歌写的是元春。元春以"贤孝才德"被选进宫中，后来被加封为"贤德妃"，是贾府女性中地位最高的一位，但她的结局并不好，年纪轻轻便一命呜呼。

【分骨肉】

一帆风雨路三千，把骨肉家园齐来抛闪。恐哭损残年，告爹娘，休把儿悬念。自古穷通皆有定，离合岂无缘？从今分两地，各自保平安。奴去也，莫牵连。

这首歌写的是探春。探春是贾政的妾赵姨娘所生，在贾家四姊妹中排行老三，是最聪明、最有才干的一个，但最后却远嫁他乡，一去不返。

【乐中悲】

襁褓中，父母叹双亡。纵居那绮罗丛，谁知娇养？幸生来，英豪阔大宽宏量，从未将儿女私情略萦心上。好一似，霁月光风耀玉堂。厮配得才貌仙郎，博得个地久天长，准折得幼年时坎坷形状。终久是云散高唐，水涸湘江。这是尘寰中消长数应当，何必枉悲伤！

这首歌写的是史湘云。史湘云是四大家族中史家的姑娘，史太君贾母的侄孙女。她出生不久，便成孤儿，跟着叔婶长大。史湘云性格豪爽，活泼可爱，"云散高唐""水涸湘江"，预示她结局凄惨。

【世难容】

气质美如兰，才华阜比仙。天生成孤癖人皆罕。你道是啖肉食腥膻，视绮罗俗厌;却不知太高人愈妒,过洁世同嫌。可叹这,青灯古殿人将老;辜负了,红粉朱楼春色阑。到头来,依旧是风尘肮脏违心愿。好一似,无瑕白玉遭泥陷;又何须,王孙公子叹无缘。

这首歌写的是妙玉。首句赞美妙玉的才貌,然后指出她不被人喜欢的原因,"风尘肮脏违心愿"则暗示她最终的悲惨结局。

【喜冤家】

中山狼,无情兽,全不念当日根由。一味的骄奢淫荡贪还构。觑着那,侯门艳质同蒲柳;作践的,公府千金似下流。叹芳魂艳魄,一载荡悠悠。

这首歌写的是迎春。"中山狼"用的是《中山狼传》的典故,比喻凶狠残暴忘恩负义的人,这里指迎春的丈夫孙绍祖。孙绍祖得意后横行霸道,迎春嫁过去仅一年便受虐而死。

【虚花悟】

将那三春看破,桃红柳绿待如何?把这韶华打灭,觅那清淡天和。说什么,天上天桃盛,云中杏蕊多。到头来,谁把秋捱过?则看那,白杨村里人呜咽,青枫林下鬼吟哦。更兼着,连天衰草遮坟墓。这的是,昨贫今富人劳碌,春荣秋谢花折磨。似这般,生关死劫谁能躲?闻说道,西方宝树唤婆娑,上结着长生果。

这首歌写的是惜春。"虚花悟",意思是人生的荣华富贵都是虚幻的假象。贾府"四春"中惜春最小,她看透"三春"(元春、迎春、探春)的人生悲剧,在贾府衰败后出家为尼。

【聪明累】

机关算尽太聪明,反算了卿卿性命。生前心已碎,死后性空灵。家富人宁,终有个家亡人散各奔腾。枉费了,意悬悬半世心;好一似,荡悠悠三更梦。忽喇喇似大厦倾,昏惨惨似灯将尽。呀!一场欢喜忽悲辛。叹人世,终难定!

这首歌写的是王熙凤。"聪明累"意为受了聪明的连累。王熙凤聪明反被聪明误,这首歌描写了她临死前的感觉和心理。"忽喇喇似大厦倾,昏惨惨似灯将尽",预示了贾府最后衰败的景象。

【留余庆】

留余庆,留余庆,忽遇恩人;幸娘亲,幸娘亲,积得阴功。劝人生,

济困扶穷，休似俺那爱银钱忘骨肉的狠舅奸兄！正是乘除加减，上有苍穹。

这首歌写的是巧姐。曲名"留余庆"与"积得阴功"意义相近，这里指巧姐之母王熙凤接济刘姥姥的事。贾府败落后，巧姐被"狠舅奸兄"所卖，多亏刘姥姥救她于水火之中。

【晚韶华】

镜里恩情，更那堪梦里功名！那美韶华去之何迅！再休提绣帐鸳衾。只这带珠冠，披凤袄，也抵不了无常性命。虽说是，人生莫受老来贫，也须要阴骘积儿孙。气昂昂头戴簪缨，气昂昂头戴簪缨；光灿灿胸悬金印；威赫赫爵禄高登，威赫赫爵禄高登；昏惨惨黄泉路近。问古来将相可还存？也只是虚名儿与后人钦敬。

这首歌写的是李纨。"晚韶华"，意为迟到的春光。它写出了李纨的人生悲剧，青春守寡，形如槁木，她将自己的全部精力与希望寄托在唯一的儿子贾兰身上。贾兰最后金榜题名，李纨亦享晚年富贵。但不久贾兰死去，她又落入悲惨境地，孤身伶仃。

【好事终】

画梁春尽落香尘。擅风情，秉月貌，便是败家的根本。箕裘颓堕皆从敬，家事消亡首罪宁。宿孽总因情。

这首歌写的是秦可卿。"擅风情"三句意为专擅风月之情，这是贾府败家的根源。作者曹雪芹对秦可卿同情多于谴责，因为在以男性为中心的封建社会里，美貌女子会成为男性猎取的对象，秦可卿是封建男权社会的牺牲品。

【收尾·飞鸟各投林】

为官的，家业凋零；富贵的，金银散尽；有恩的，死里逃生；无情的，分明报应。欠命的，命已还；欠泪的，泪已尽。冤冤相报实非轻，分离聚合皆前定。欲知命短问前生，老来富贵也真侥幸。看破的，遁入空门；痴迷的，枉送了性命。好一似食尽鸟投林，落了片白茫茫大地真干净！

这首歌开头六句，从六个方面分别描述了贾府中不同人物的悲剧命运，后面的歌词是在暗示小说的大结局，无论怎样，贾府最后走向衰败是必然的。

第三章 读写一体策略——轻叩红楼

《红楼梦》内容博大精深，艺术手法变化多端，有限的课堂教学无法完成对全书的解读。因此，在课上对前五回进行较为详尽的"解味"后，其余章回阅读学生需课下进行。

教师应培养学生独立自主阅读的习惯，学会广泛借助多种媒介获取信息，帮助自己去理解、鉴赏作品。不动笔墨不读书，在阅读碎片化的今天，动笔墨式的阅读无疑是一件奢侈的事情。然而，作为语文教材一部分的《红楼梦》，让学生读进去只是一个开端，还要教会他们边阅读边思考，并把思考述诸笔端，做到读写一体化。这种阅读方式可以使阅读的收效最大化。

身教重于言教，陪伴是对学生、对职业最深沉的爱。学生固然是阅读的主体，但教师的陪伴、引领和示范作用不可忽视。鉴于此，我把自己对原著每一回的解读汇总在这里，以此继续和学生一起轻叩红楼，读写经典。

第一节　转轴拨弦三两声　未成曲调先有情

——第一至五回

第一回　草蛇灰线迷人眼

《红楼梦》脂批本中，有"事则实事，然亦叙得有间架，有曲折，有顺逆，有映带，有隐有见，有正有闰，以至草蛇灰线、空谷传声、一击两鸣、明修栈道、暗度陈仓、云龙雾雨、两山对峙、烘云托月、背面傅粉、千皴万染诸奇"的点评，它表明《红楼梦》在创作手法上花样繁多，千变万化。而正是这种"千变万化"，使得小说内容更加精彩纷呈，令人常读常新，爱不释手。

一条蛇从草丛穿过，虽然不会有脚印，但会留下一些不明显的痕迹；拿一条缝衣服的细线在烧柴后的炉灰里拖一下，由于线太轻，留下的痕迹也很模糊。这就是《红楼梦》令人称道、痴迷的"草蛇灰线"的含义——给读者留下隐约可寻的线索和迹象。

小说第一回，"草蛇灰线"就在神不知鬼不觉中出现了：

那僧便念咒书符，大展幻术，将一块大石登时变成一块鲜明莹洁的美玉，且又缩成扇坠大小的可佩可拿。那僧托于掌上，笑道："形体倒也是个宝物了！还只没有实在的好处，须得再镌上数字，使人一见便知是奇物方妙。"

美玉上到底写了什么字，小说在这里没有点明，顽石的询问也被那僧人的一笑拂去。但在第一回接下来甄士隐的梦境里，美玉上刻的字初露端倪：

士隐接了看时，原来是块鲜明美玉，上面字迹分明，镌着"通灵宝玉"四字，后面还有几行小字。正欲细看时，那僧便说已到幻境，便强从手中夺了去……

这段话告诉读者，美玉上有"通灵宝玉"四个字，但作者在这里又继续卖关子，说"后面还有几行小字"，包袱还没有完全打开，悬念依旧存在：那几行小字又是什么呢？

那几行小字的内容是在哪里才公之于众的？答案是——第八回。

小说第八回写贾宝玉去探望生病的薛宝钗，薛宝钗看到他胸前的美玉，就笑着问："成日家说你的这玉，究竟未曾细细的赏鉴，我今儿倒要瞧瞧。"

薛宝钗拿过美玉，只见正面写着"通灵宝玉"，还有"莫失莫忘，仙寿恒昌"八个字，行文至此，第一回关于美玉的谜底方被揭开。

这就是典型的"草蛇灰线"的写作手法。

此外，第一回描述甄士隐的梦境时写道："一日，炎夏永昼，士隐于书房闲坐，至手倦抛书，伏几少憩，不觉朦胧睡去。梦至一处，不辨是何地方。"这里说梦里甄士隐不知道自己到了哪里。接下来作者笔锋一转，一僧一道出现了，他们在议论手中的"蠢物"，甄士隐想看看"蠢物"，那二人答应了，但甄士隐只瞟了一眼，"正欲细看时，那僧便说已到幻境，便强从手中夺了去，与道人竟过一大石牌坊，上书四个大字，乃是'太虚幻境'"。这里的"太虚幻境"不动声色地回答了前文的"不辨是何地方"，原来甄士隐在梦中来到了太虚幻境。

甄士隐在太虚幻境的门口看到一副对联："假作真时真亦假，无为有处有还无。"这副对联在第五回贾宝玉梦游太虚幻境时也出现过，它们前后勾连，注此写彼，相互照应。

此外，在甄士隐和一僧一道的对话中，那二仙对他说了这样一句话："此乃玄机不可预泄者。到那时不要忘我二人，便可跳出火坑矣。"甄士隐睡醒后，带着三岁的女儿英莲出门玩，玩了一会儿回家正要进门时，来了一僧一道，他们看见英莲便大哭道："施主，你把这有命无运、累及爹娘之物，抱在怀内作甚？"甄士隐不答应，那僧就指着他大笑，念了四句话："惯养娇生笑你痴，菱花空对雪澌澌。好防佳节元宵后，便是烟消火灭时。"

一语成谶，果然，元宵节晚上，英莲被霍启弄丢了。甄士隐先痛失爱女，后又因一场大火家也没了，无奈之下只好投奔势利眼的岳父。接二连三的打击，使甄士隐渐渐"露出那下世的光景来"。一日他拄了拐杖到街前散心，无意中听到跛足道人的《好了歌》，顿时醍醐灌顶，同疯道人飘飘而去，这岂不是正应了梦中一僧一道的谶语："到那时不要忘我二人，便可跳出火坑矣。"

"草蛇灰线"有很多形式，像谐音法、谶语法、影射法、引文法、化用典故法等。以上只是第一回出现的部分"草蛇灰线"，全书这样的描写非常多。经典就是经典，单这"草蛇灰线"，就足以让读者把《红楼梦》咂摸百遍。

第二回　丫鬟娇杏之侥幸

娇杏是甄士隐家的丫鬟，按常理，她的人生注定处于社会底层。然而，生活有时也不按常规出牌。一天，娇杏无意中发现窗内好像有人在看她，她猜测此人可能就是老爷常说的什么贾雨村，出于好奇，不免回头看了几眼。娇杏无心，哪料贾雨村却有意了。他狂喜不已，自作多情起来。想来也能理解，贾雨村赶考途中没了盘缠，寄身葫芦庙中，正值人生的落魄之时。"仪容不俗""眉目清明"的娇杏三次回眸，给了他一份自以为是的自信和独在异乡的暖意，他觉得茫茫人海中娇杏能够慧眼识英雄，是他红尘中的红颜知己。

人在困顿中感受到的温暖往往更入心难忘，因此贾雨村成为新太爷重返故地后，不忘旧情，纳娇杏为二房，让她不再做人下人。没想到后来好事成双，一年后，娇杏生下一子；又半载，大房病逝，娇杏顺理成章被扶正，成为大奶奶。

"偶因一着错，便为人上人。"娇杏者，侥幸也。许多读者感叹娇杏是丫鬟身子小姐命，她的人生似乎让人羡慕。但细细想来，这样侥幸得来的生活，对娇杏而言，一定就意味着幸福吗？

娇杏是个小人物，通过作者对她的描写，我们可以看到她的卑微。整部小说，她只在第一回、第二回出现两次，三言两语，蜻蜓点水，一带而过。第一回简单写了她的外貌——"生得仪容不俗，眉目清明，虽无十分姿色，却亦有动人之处"；写了她"撷花""转身""回头"等几个动作。文中没有语言描写，只一处心理活动。娇杏的身份地位，决定了她是一个可有可无的存在，人微言轻，话语权甚微。

小说第二回中的娇杏更让人同情。贾雨村荣归故里，无意中看到买线的娇杏，第二天就向封肃和甄士隐的娘子要人。这似乎是没的商量的事，给也得给，不给也得给。娇杏是丫鬟，对这件事根本没有自主权，决定权在贾雨村手里，在封肃手里。封肃者，风俗也，是个趋炎附势、见钱眼开的世俗小人。新来的老爷想要娇杏，他正巴不得呢，一来可以讨好太爷贾雨村，二来可以从贾雨村那里得到财物，三来送走娇杏也可以减轻家中的负担。所以，这封肃"便在女儿前一力撺掇成了，乘夜只用一乘小轿，便把娇杏送进去了"。婚姻之事，对当事人而言，那是何等大事，但封肃可不管，对自己有利就行，连夜就把娇杏送到贾雨村府上了。

作者在这里对娇杏没有任何语言、动作、外貌、心理的描写，她好像不是一个活生生的人，没有思想，没有情感，而只是一件物品，任由贾雨村和封肃交易。很多人会觉得娇杏一夜之间飞上枝头变凤凰，可谓大喜，然而，细品作品，作者并没有描写娇杏的喜悦和幸福。当然，对这件事，有两个人倒是挺开心，一个是心想事成的贾雨村，一个是得了银子的封肃，"喜的屁滚尿流"。

也许这也正是作者要抨击的吧。在那个男尊女卑的社会，水做的女孩难保其水的纯洁，一不小心就会被那些泥做的男人给污浊了。

第三回　有其母必有其女

扫码读原著

第三回，作者对林黛玉的外貌神态有三次描写。"众人见黛玉年貌虽小，其举止言谈不俗，身体面庞虽怯弱不胜，却有一段自然的风流态度，便知他有不足之症。"这是众人眼中的林黛玉，虽体质柔弱，但气质不俗，风韵独特，是在人群中也醒目耀眼的那种。"天下真有这样标致的人物，我今儿才算见了！"这是王熙凤眼中的林黛玉，虽然这近乎"天花板"级别的夸奖之词有讨好贾母和黛玉之嫌，但也道出一个不争的事实，

林黛玉的"标致"是数一数二、有目共睹的。"两弯似蹙非蹙罥烟眉，一双似泣非泣含露目。态生两靥之愁，娇袭一身之病。泪光点点，娇喘微微。闲静时如姣花照水，行动处似弱柳扶风。心较比干多一窍，病如西子胜三分。"柔弱不胜，美丽聪慧，宝玉眼中的黛玉，妥妥的仙女一枚。

常言道，有其母必有其女。林黛玉的母亲在小说中没有正面登场，她最早出现在第二回，冷子兴第一次提到贾敏这个名字。彼时的贾雨村听了，拍案而笑，终于明白他的学生林黛玉为什么读书遇到"敏"都念"密"，写字遇到"敏"又减去一二笔的缘故了，原来她是在避母亲贾敏的讳。

"怪道我这女学生言语举止另是一样，不与近日女子相同，度其母必不凡，方得其女，今知为荣府之孙，又不足罕矣，可伤上月竟亡故了。"贾雨村这段话透露出两个重要信息：一是林黛玉与众不同的风度气质随其母，二是贾敏已经亡故。

对已故的贾敏，作者没有在书中描写过其外貌，贾敏长相如何读者无法正面得知。然而，从林黛玉身上，多少可以找到她的影子。

贾敏是荣国公长子贾代善和金陵史家小姐，即书中被称作老祖宗的贾母的女儿。贾敏出生在贾家鼎盛时期，是含着金钥匙长大的。非但如此，贾家似乎并不重男轻女，第三回林黛玉进贾府，贾母对她说过这样一句话："我这些儿女，所疼者独有你母。"一个"独"字，就让读者知道了贾敏在母亲心中的地位远超贾赦、贾政两位兄长。母亲的偏爱，富裕的家境，贾敏出嫁前的生活定是锦衣玉食、娇宠无比。其实，从迎春、探春、惜春这几个小姐的吃穿用度上，也可以想象贾敏当日的奢华生活。第七十四回王夫人抄检大观园，凤姐建议裁减小姐们的丫头时，王夫人说了下面一番话：

"你说的何尝不是，但从公细想来，你这几个姊妹也甚可怜了。也不用远比，只说如今你林妹妹的母亲，未出阁时，是何等的娇生惯养，是何等的金尊玉贵，那才像个千金小姐的体统。如今这几个姊妹，不过比人家的丫头略强些罢了。通共每人只有两三个丫头像个人样，余者纵有四五个小丫头子，竟是庙里的小鬼。"

王夫人和未出阁的贾敏曾共同生活在贾府,她非常了解贾敏那时的生活。在她看来,贾敏才是真正的千金大小姐,和她比起来,身边有六七个丫头还有嬷嬷伺候的迎春等人,只能说比人家的丫头略强些罢了。要知道,迎春等人的生活已经让人羡慕不已了。

元春、迎春、探春、惜春,贾府这四位小姐,琴棋书画各有所长,由此可见,贾府也重视对女孩子的文化艺术教育。尽管在第三回,黛玉问贾母姊妹们读什么书时,贾母说:"读的是什么书,不过是认得两个字,不是睁眼的瞎子罢了!"这一则可能是客套话,二则贾母这里说的读书应专指"四书五经"之类男人科举考试该读的书。试想,如果不用心培养,四位小姐怎会如此优秀?诗词歌赋怎会张口就来?所以,贾敏小时候,父母对她的培养一定不比"四春"逊色。

父亲是前科探花,母亲是修养极高的大家闺秀,有如此强大的遗传基因,有如此渊源厚实的家风,林黛玉想不出类拔萃、鹤立鸡群都难。

第四回 无情无义贾雨村

扫码读原著

如果没有甄士隐的慷慨解囊,困在葫芦庙的贾雨村根本无法顺利进京赶考。第二回,金榜题名后回到姑苏当了新太爷的贾雨村,在得知甄士隐和其女儿英莲先后失踪后,对甄士隐的岳父封肃说:"不妨,我自使番役务必探访回来。"封肃激动得不得了。

到了第四回,贾雨村在审理薛蟠一案时,从门子那里得知被抢的丫鬟香菱就是甄士隐被拐的女儿英莲时,他并没有因为意外找到英莲而欢喜,更没有兑现他对封肃的诺言,此时的英莲好像跟他没有任何关系。他所关心的不是甄家,而是如何为杀人犯薛蟠开脱,好以此向贾政、王子腾等邀功请赏,而甄士隐当年对他的知遇之恩、雪中送炭早被他抛到九霄云外了。

贾雨村的无情无义不仅表现在英莲这件事上,还表现在给他提供"护官符"、帮他"成功"了结薛蟠杀人案的门子身上。当贾雨村得知向他使眼色阻止他抓逃犯的门子原来是当年自己寄身的葫芦庙里的小沙弥时,他说"原来是故人",还说什么"贫贱之交不可忘",一副很亲密很恋旧的

样子。然而从后文看，这一切不过是他引诱门子向他这个新官说出更多本地官场黑幕的手段而已。对于薛蟠杀人案，贾雨村在听从了门子的妙计后顺利解决，可他非但不感激门子，想到"此事皆由葫芦庙内之沙弥新门子所出，雨村又恐他对人说出当日贫贱时的事来，因此心中大不乐意，后来到底寻了个不是，远远的充发了他才罢"。卸磨杀驴，过河拆桥，想必门子此时此刻一定肠子都悔青了。

贾雨村怎么是这样的人呢？在小说第一回贾雨村就出现了，他最初给人的印象是个胸有大志的落难公子。贾雨村很自信，"玉在椟中求善价，钗于奁内待时飞"，前半句写出了他对自己才学的自信，后半句写出了他对个人魅力的自信。丫鬟娇杏不过是因为好奇多看了他两眼，他就自作多情地以为人家是"巨眼英雄"，懂得他这个人才。第一回中有个细节也颇耐人琢磨，贾雨村在得到甄士隐五十两白银馈赠后，第二天早上五更天就不辞而别。之前读这里，只觉得贾雨村赶考心切，如今想来，心切是一方面，更重要的是这个人自私冷漠，没有感恩之心，不辞而别总归是很没礼貌，更何况甄士隐对他那么好。

作者对贾雨村的为人在第二回有交代："虽才干优长，未免有些贪酷之弊；且又恃才侮上，那些官员皆侧目而视。不上一年，便被上司寻了个空隙，作成一本，参他'生情狡猾，擅纂礼仪，且沽清正之名，而暗结虎狼之属，致使地方多事，民命不堪'等语。"这里提到的"贪酷""恃才侮上""生情狡猾""擅纂礼仪""沽清正之名""暗结虎狼之属"等，才是贾雨村的主要性格特质。这样一个人，做出那些冷酷自私、忘恩负义、贪赃枉法的事，实乃本性使然。

第五回　两幅画里藏玄机

扫码读原著

第五回是全书的总纲，这一回虽然看起来内容庞杂，但仔细梳理就会发现，它杂而不乱，可以用几个数字概括：一场梦，两幅画，六副对联，十四个画册、判词，十四首曲子。作者借助"贾宝玉梦游太虚幻境"这一情节，巧妙利用画册、判词及歌曲等形式，委婉含蓄地交代了书中金陵十二钗等主要人物的性格、命运和结局。读懂这一回，即便不看其他章节，也大致能了解这些人物在整部小说中的命运走向。

第五回就像一个谜语套装组合，它呈现在读者眼前的是一个又一个谜面，若猜不出谜底，阅读则趣味索然，而一旦揭开谜底，则会有"恍然大悟""原来如此"的惊喜。比如本回开头出现的那两幅画，就是这样两个"谜语"，阅读时很容易忽略它们，一闪而过，其实这里暗含玄机，大有讲头。

本回开头写道，宁国府的梅花开了，于是请贾母等人去观赏，中午留饭。贾宝玉饭后害困，贾母让办事稳妥的秦可卿带他去休息。于是，秦可卿带着宝玉来到事先准备好的房间，书中是这样描写当时的情形的：

宝玉抬头看见一幅画贴在上面，画的人物固好，其故事乃是《燃藜图》，也不看系何人所画，心中便有些不快。又有一副对联，写的是：世事洞明皆学问，人情练达即文章。及看了这两句，纵然室宇精美，铺陈华丽，亦断断不肯在这里了，忙说："快出去！快出去！"

这么好的房间贾宝玉不仅不喜欢，还相当反感，秦可卿很是无奈，只好说"不然往我屋里去吧"。

秦可卿的闺房又是什么样呢？书中写道：

刚至房门，便有一股细细的甜香袭人而来。宝玉觉得眼饧骨软，连说"好香！"入房向壁上看时，有唐伯虎画的《海棠春睡图》，两边有宋学士秦太虚写的一副对联，其联云：嫩寒锁梦因春冷，芳气笼人是酒香。……宝玉含笑连说："这里好！"

对比这两段描写，两个房间的摆设有相似处，比如，都有一幅画，但它们的内容和风格迥异，贾宝玉看后反应悬殊：前者让他"心中便有些不快"，连说"快出去"，厌恶得很；看到后者，他则含笑连说"这里好"，喜欢之情溢于言表。

为什么会有如此大的差异？这与贾宝玉的精神特质有关。贾宝玉"极恶读书"，《燃藜图》是古人劝勉年轻人勤学苦读的一幅画，所以他看了顿生反感。秦可卿房间悬挂的《海棠春睡图》，展现的是贵妃醉酒的情景，"最喜在内帏厮混"，认为女儿是水做的骨肉、见了就清爽的贾宝

玉，看到这样一幅画自然会满心欢喜。

宝玉因此心情大好，很快就进入梦乡。一切水到渠成，于是作者就让贾宝玉做导游，带领读者去领略那更加梦幻迷离、颇具象征意味的太虚幻境了。

第二节　烈火烹油富贵日　荣耀繁华诗礼家

——第六至二十二回

第六回　叹小人物之辛酸

看"刘姥姥一进荣国府"这一回，心里不是滋味。每个人都有自尊心，如果不是为生活所迫，谁愿意低三下四向别人谄媚乞讨？

"因这年秋尽冬初，天气冷将上来，家中冬事未办，狗儿未免心中烦虑，吃了几杯闷酒，在家闲寻气恼，刘氏也不敢顶撞。"狗儿无能，解决不了一家老小的温饱不说，还借酒耍脾气。刘姥姥一定是心疼闺女，看不过她受气，所以才自告奋勇，舍得自己"这副老脸去碰一碰"，决定去荣国府走一趟。

见大人物总要有个由头，先前和贾府王夫人娘家有瓜葛的并不是刘姥姥一族，而是他的姑爷狗儿的祖上。狗儿是男人，"又这样个嘴脸"，去不得，所以刘姥姥只能带上少不更事的外孙板儿作为敲门砖。

板儿还是个小孩子，不懂人情世故，为了实现此行目的，板儿这里不能掉链子。因此，"次日天未明，刘姥姥便起来梳洗了，又将板儿教训了几句"。一个"又"字，表明在这之前板儿已经被教训过了，爹娘的教训，刘姥姥的教训，应该都有。

刘姥姥来到宁荣街，先找到周瑞家。周瑞家的还算不错，别管出于何心，总归答应了刘姥姥，引荐她去见凤姐。书中写道："说着一齐下了炕，打扫打扫衣服，又教了板儿几句话。"无辜的孩子再次被教训。来到凤姐家，正赶上午饭时间，炕桌森列的碗盘里满满是鱼肉，"板儿一见了，便吵着要肉吃，刘姥姥一巴掌打了他去"。板儿一早就跟刘姥姥出了家门，肚子一定饿了；再者，家徒四壁，一贫如洗，板儿在家哪里有鱼肉吃，能填饱肚子就不错了。小孩不懂事，馋嘴也正常。刘姥姥担心板儿的举止坏了大事，一巴掌打过去，毫不手软。难道她不心疼外孙吗？非也！但为了生计，此时在刘姥姥心中弄来钱物比外孙更重要。

当周瑞家的示意刘姥姥向凤姐提要求时，"刘姥姥会意，未语先飞红的脸，欲待不说，今日又所为何来？只得忍耻说道……"空口求人不是容易事，要放得下自尊，刘姥姥虽是庄稼人，但一样有自尊心，张嘴要钱同样难为情，所以才未语先红脸，虽最后还是张了口，但在她心里，也未尝不感到羞辱，所以刘姥姥后来说完，"又推板儿道：'你那爹在家怎么教你来？打发咱们作煞事来？只顾吃果子咧。'"在比自己小二十几岁又是晚辈的凤姐面前，刘姥姥不仅自己奴颜婢膝，满脸奉迎，还把五六岁的板儿推来搡去，既给自己一个台阶，同时也是为了加重要钱的砝码。板儿懵懂无知，就像木偶一样，成为被利用的工具，看着着实可怜。然而，舍不得孩子套不着狼，不这样，又能怎样呢？谁让人家是"瘦死的骆驼比马大"，谁让人家"拔根寒毛也比自己的腰粗呢"。刘姥姥在贾府上上下下所有人面前那满绽菊花似的笑容背后，深隐的是社会底层小人物的无奈与辛酸。

侯门深似海，对刘姥姥，除了同情还是同情。

第七回 宝黛钗心病难医

扫码读原著

《红楼梦》中三个主要人物——贾宝玉、林黛玉、薛宝钗都有病，而且都病得不轻。宝玉得的是"痴狂病"，第三回写宝黛初见，宝玉问黛玉有玉否，黛玉说没有。"宝玉听了，登时发作起痴狂病来，摘下那玉，就狠命摔去……""无故寻愁觅恨，有时似傻如狂。"宝玉的病缘于同封建思想格格不入的叛逆精神，他这种思想一旦与现实发生强烈碰撞，就会犯病。他这毛病后来还不止一次犯过，且大都与黛玉有关。封建时代，婚姻讲究父母之命、媒妁之言，追求自由爱情是大逆不道的，贾宝玉非要逆流

而上，所以常被现实撞得遍体鳞伤。他犯病时的疯疯癫癫，是他理想不能实现而造成的痛苦的外在表现。

黛玉的病是前生注定的，她今生就是为偿还神瑛侍者的雨露灌溉之恩。雨露是天地草木之精华，眼泪是人心灵情感的结晶，黛玉只有用自己一生的泪水面对宝玉，才能报答他前世的恩情。黛玉小时候，有一个癞头和尚对她的父母说要化她出家，黛玉的父母自然不肯，于是和尚断言她的病只怕一生也不能好，若要好，除非从此以后总不许见哭声，除父母外，凡外姓亲友一概不见，方可平安了此一世。所以，自从黛玉进了贾府，见了外姓亲友宝玉等后，她的病就一天比一天严重，最后泪尽而香消玉殒。

看起来体态丰美、非常健康的宝钗也有病。第七回写有一天周瑞家的上宝钗家，问她为什么两三天没到那边逛逛，宝钗答那种病又发了。薛宝钗患的是一种无名之症，据一个秃头和尚说这是从胎里带来的一股热毒。这是一股什么样的毒呢？它和黛玉的病一样，也是天生的。但二人的症状不同，黛玉是咳，宝钗是喘；黛玉是虚、寒，气血不足，宝钗是壮、热，气血过旺。黛玉要吃"人参养荣丸"来进补，宝钗需吃"冷香丸"来祛火。宝钗是封建社会典型的淑女，做事严谨，心思缜密，"随分从时"不逾矩，言谈举止是那个时代女子的标杆，所以在贾府她受到老老少少几乎所有人的喜爱。她经常规劝宝玉要听大人的话，要好好读书，将来走仕途经济，继承祖业，加官晋爵等，这也是她后来成为长辈眼中宝玉妻子不二人选的原因。宝钗的病是因封建思想中毒太深，且病入膏肓，不可救药，最后只能落得孤家寡人，清苦终老。

心病难医，宝、黛、钗三个青年人，他们的病归根结底都是因为封建礼教和思想，只要那样的时代存在，他们的病就永无痊愈之日，他们的人生就注定是场悲剧。

第八回 黛玉的尖酸刻薄

林黛玉的尖酸刻薄是出了名的，这一点在第八回有集中精彩的描写。

话说某日，宝玉去探望多日不见、身体有恙的宝钗，二人正在闲聊，黛玉来了，她一见了宝玉，便笑道："嗳哟，我来的不巧了！"宝钗问她为什么，黛玉发表了一番感慨："要来一群都来，要不来一个也不来；今儿他来了，明儿我再来，如此间错开了来着，岂不天天有人来了？也不至于太冷落，也不至于太热闹了。"黛玉是来探望宝钗的，按说与宝玉无关，然而，她见了宝钗，不先问候人家，反倒把第一句话送给宝玉，有喧宾夺主之嫌。黛玉的话，看似怪自己来得不是时候，实则在怪罪宝玉自己一个人来看宝钗，没有告诉她。黛玉认为宝玉应该和自己一条心，步调也要保持一致，要么一起来，要么都不来，要么今天你来、明天我来彼此莫撞见，反正不能同一天出现却不是一块来：一则表明宝玉没和她商量，自己在他心里不够重要；二则让宝钗得意，明摆着她和宝玉没有默契，没有统一行动，感情不够。

　　黛玉醋意大发，后面的醋味也越来越浓。宝钗劝宝玉不能吃冷酒，宝玉就乖乖放下，命人暖来方饮。黛玉也一定知道冬天喝冷酒不好，但这话出自宝钗之口，且宝玉听从了，她就不受用；可宝钗说得有理呀，黛玉不好当面反驳，"只抿着嘴笑"，这笑，不是正常的善意的笑，是在掩饰内心醋意的笑，笑得酸溜溜的。正巧这时丫鬟雪雁给她送手炉，这让黛玉找到了发泄口，指桑骂槐起来："也亏你倒听他的话。我平日和你说的，全当耳旁风；怎么他说了你就依，比圣旨还快些！"瞧瞧这刀子嘴，骂人不带脏字，杀人不带血丝，宝玉和宝钗都听出来了，只是一笑了之，没有接茬。

　　接下来，宝玉的奶娘李嬷嬷阻止宝玉喝酒的一番理论，更加把黛玉的尖酸推向极致。无论怎样，李嬷嬷是长辈，又是宝玉的乳母，有养育之恩，敬重当然要有，但黛玉不管这些，怂恿宝玉只管喝，乐自己的。李嬷嬷说她不该这样，应劝劝宝玉。这话一下捅了马蜂窝，黛玉不爱听这个，因为大家都知道宝钗爱劝宝玉，大人们也因此喜欢宝钗，李嬷嬷以此说事，惹恼了黛玉，她的小心眼儿再次显露，反击直截了当，句句戳人心："我为什么助他？我也不犯着劝他。你这妈妈太小心了，往常老太太又给他酒吃，如今在姨妈这里多吃一口，料也不妨事。必定姨妈这里是外人，不当在这里的也未可定。"指责李嬷嬷也就算了，还拉上了老太太、薛姨妈，这不是挑事吗？李嬷嬷哪里承受得起，难怪她直呼林姐这嘴比刀子还尖了。

很多读者不喜欢黛玉，就是因为她的敏感刻薄，爱使小性。的确，林黛玉有时就像一只刺猬，稍有风吹草动，立即进入高度戒备状态，张开浑身利刺，不分青红皂白就冲出去，几乎本能地自卫。体弱多病，多愁善感，少小离家，寄人篱下，这些是造成她这一性格的主要原因。"一年三百六十日，风刀霜剑严相逼。"作为外孙女，在人际关系错综复杂的贾府，黛玉的分量其实并不重，她想赢得自己追求的东西，也不是件容易的事。

"心较比干多一窍"，若能换个角度审视黛玉的尖酸刻薄，也许你能发现她超乎常人的聪颖智慧，以及在人生夹缝中苦苦挣扎的脆弱痛苦，从而对她的尖酸刻薄报以理解和同情。

第九回 我的眼里只有你

因为前生有约，所以贾宝玉和林黛玉今生的爱情注定是一劫，他们逃也逃不掉。

第三回林黛玉进贾府后，宝黛几乎朝夕相伴，黛玉睡在碧纱橱内，宝玉自告奋勇睡在外间，因此他们的感情是一朝一夕培养起来的，有着深厚的基础。如果说一见钟情带有冒险成分，这种青梅竹马则是踏实的。尽管这两人常吵架拌嘴，但并不影响他们之间的情感渐趋深厚。

第九回写道，宝玉因为秦钟的缘故主动要求去家塾上学。这日早上起来，袭人事无巨细，千叮咛万嘱咐，宝玉一一答应，末了说了句："你放心，出外头我自己都会调停的。你们也别闷死在这屋里，长和林妹妹一处去顽笑着才好。"注意这句话中出现的三个人称——你、你们、林妹妹。"你"指的是袭人，她叮嘱宝玉，宝玉叫她放心；"你们"是复指，包括袭人，还包括宝玉房内的所有丫鬟，可见在宝玉眼里，袭人和其他丫鬟没有太大区别；"林妹妹"当然是林黛玉，宝玉有好多的姐妹，不说别人，但说三春、宝钗，这四人的地位在贾府绝不低于黛玉，宝玉真的担心袭人等因为他去上学而闷吗？当然不是。他真正牵挂的是黛玉，他让袭人等找林妹妹"顽笑"解闷，实则是让袭人等在他不在家的时候多去陪黛玉，以免黛玉闷得慌。看似整天需要别人照顾的宝玉，关心起黛玉来，非常细心。

　　早请示，晚汇报，封建社会大家族讲究这些礼节。宝玉要去上学，临行前必须和几个长辈——贾母、王夫人和贾政说一声。宝玉见完这三人，本可以走了，但他"忽想起未辞黛玉，因又忙至黛玉房中来作辞"。黛玉在贾府中算什么，比她分量重的人太多了，比如王熙凤，宝玉连他的凤姐姐都未去告别，但林妹妹这里却一定要来。不是黛玉"权"重，而是在宝玉心里对黛玉的"情"最重。

　　黛玉听宝玉说去上学，便嘲弄他蟾宫折桂去了，宝玉也不反驳，只一口一个好妹妹，叮嘱她一定要等他下了学再吃饭，和胭脂膏子也要等他回来再制，唠叨半日，才恋恋不舍地撤身。黛玉问他怎么不去辞他的宝姐姐呢，宝玉笑而不答，走了。面对黛玉的小心眼儿，宝玉只是笑笑，他能理解，更能包容，因为他爱黛玉，他的眼里心里只有黛玉。

第十回　背靠大树好乘凉

　　刘姥姥一进荣国府时，曾对王熙凤说"瘦死的骆驼比马大"，"你老拔根寒毛比我们的腰还粗呢"。贾府是棵大树，像刘姥姥这样和贾府有点远亲关系的人也会绞尽脑汁想方设法攀上关系，借借光，沾点好处，更别说那些拐弯抹角和贾家有着七大姑八大姨关系的人们了。

　　周瑞是王夫人嫁到贾家时带来的仆人，他的媳妇人称周瑞家的，是王夫人的陪房。这两口子都是下等人，但由于他们的主子不是一般人，所以他们因主而贵，仗着主子的权势，狐假虎威。第七回写过周瑞的女儿有一天急急忙忙找到她母亲，说她的女婿冷子兴与人喝酒产生纷争惹事了。女儿说得急急火火，周瑞家的却十分镇定："这有什么大不了的事！你且家去等我。"在周瑞家的看来，这都不是事，小菜一碟，求求凤姐，一准儿摆平。

　　这种狗仗人势的事在小说中还有很多。第九回写到的秦钟、金荣、香怜、玉爱等都是非贾姓但却因与贾家沾亲带故而进入贾家私塾的。在那场顽童闹学堂事件中，主角就是两个典型的靠大树的主——金荣和秦钟。秦

钟是宝玉的人，所以最后占了上风，金荣只能又赔不是又下跪。

吃了亏的金荣回到家后向母亲愤愤不平，且看他母亲是如何说的："若不是仗着人家，咱们家里还有力量请的起先生？况且人家学里，茶也是现成的，饭也是现成的。你这二年在那里念书，家里也省好大的嚼用呢。省出来的，你又爱穿件鲜明衣服。再者，不是因你在那里念书，你就认得什么薛大爷了？那薛大爷一年不给不给，这二年也帮了咱们有七八十两银子……"金荣母亲说的就是像她这种占贾府便宜的人的心里话，即便儿子受了委屈，也要为了利益忍气吞声，吃人家的嘴软，拿人家的手短嘛。

当金荣的姑姑听说侄子在学堂受气后，"怒从心上起"，非要找她的靠山贾珍之妻尤氏评评理，她的嫂子金荣妈急坏了，忙说道："这都是我的嘴快，告诉了姑奶奶了，求姑奶奶别去，别管他们谁是谁非。倘或闹起来，怎么在那里站得住……"为了靠稳贾府，委曲求全是要得的。

当然，这些都不是极致，跟贾雨村为了依附巴结贾家，"葫芦僧乱判葫芦案"，违法乱纪，草菅人命相比，周瑞家的、金荣之母等所为不过是小菜一碟。

第十一回 凤姐之善解人意

在金陵十二钗中，王熙凤的口碑比较差，读者对她的非议也多。人的性格是复杂多面的，王熙凤其实也不全是笑里藏刀、见风使舵、心狠手辣，她也有善良可爱的一面。

第十一回，宁府为贾敬的生日大摆寿宴，除了贾母，荣府的男女老少几乎都来了。当贾珍抱怨老祖宗不赏脸时，凤姐反应最快："老太太昨日还说要来着呢，因为晚上看着宝兄弟他们吃桃儿，老人家又嘴馋，吃了有大半个，五更天的时候就一连起来了两次，今日早晨略觉身子倦些。因叫我回大爷，今日断不能来了，说有好吃的要几样，还要很烂的。"凤姐这话，莫论是不是实情，反正听着既合理地解释了老祖宗没来的原因，还强调了人虽没来，东西却不能省，好吃的一定要拿走几样。这样的话，贾珍听了一定很熨帖。

当尤氏提到秦可卿因为身体欠安无法起来招待大家时，书中写道："凤姐儿听了，眼圈儿红了半天"。相信这里凤姐的难过是真诚的，不是做戏。

王熙凤是个聪明人，思维敏捷，反应迅速，人情世故，应对自如，是个难得的女中豪杰。贾敬吃斋念佛炼仙丹，即便过生日也不肯回家，所谓的生日宴，寿星并不在场，大饱口福的是不过生日的一群人。邢夫人、王夫人对此大发感慨，凤姐却说："大老爷原是好养静的，已经修炼成了，也算得是神仙了。太太们这么一说，这就叫作'心到神知'了。"瞧瞧凤姐，幽默智慧，既把一心追求长生不老的贾敬夸成神仙，又给大家找了一个再好不过的大吃大喝的由头——心到神知。一句话说得满屋人笑起来。难怪老祖宗偏爱王熙凤，她的确有招人疼爱的地方。

吃完饭，大家去会芳园听戏，唯独凤姐提出要先去看看秦可卿，然后再过去。可见其做事之周全，心思之缜密。她这些不是做样子给别人看的，她不需要这样，也没有必要这样；她这样做，只是出于她和秦可卿之间的个人感情。

宝玉也闹着要去，见了秦可卿后，听她一番伤感话，就落泪了。书中写道："凤姐儿心中虽十分难过，但恐怕病人见了众人这个样儿反添心酸，倒不是来开导劝解的意思了。"还是凤姐理智，识大体，体贴人。为了不让宝玉继续伤心，也为了不让宝玉的难过给可卿添心酸，聪明的她找了个借口：太太叫你快过去呢，走吧。

宝玉走后，"凤姐儿又劝解了秦氏一番，又低低的说了许多衷肠话儿。尤氏打发人请了两三遍"，然后才告辞。临走前，凤姐再三嘱咐可卿放宽心，安心养病，有一句话印象颇深刻："什么病治不好呢？咱们若是不能吃人参的人家，这也难说了；你公公婆婆听见治得好你，别说一日二钱人参，就是二斤也能够吃的起。"这是给可卿一颗定心丸，为了给她治病，宁府可以在所不惜。

虽然再多的良药最终没能留住秦可卿年轻美丽的生命，但王熙凤对她说的每句话应该能说到她心坎上，能给她带来一份温暖。

第十二回 知人知面不知心

"一双丹凤三角眼,两弯柳叶吊梢眉,身量苗条,体格风骚。粉面含春威不露,丹唇未启笑先闻。"这是对王熙凤最经典的外貌描写——美而狠。虽然才二十岁出头,但她凭着自己的实力鹤立鸡群,成为贾府大管家。她拥有美人的模样,但有时也有蛇蝎般的心肠。周瑞家的对刘姥姥介绍王熙凤时可谓一针见血:"这位凤姑娘年纪虽小,行事却比世人都大呢。如今出挑的美人一样的模样儿,少说些有一万个心眼子。再要赌口齿,十个会说话的男人也说他不过。回来你见了就信了。就只一件,待下人未免太严些个。"

王熙凤的外表容貌、言谈举止常有迷惑性,面上一把火,心里一把刀。她工于心计、含威不露的性格让一些涉世不深的人很难看透她。"知人知面不知心",这句话出自王熙凤之口,是说不知天高地厚癞蛤蟆想吃天鹅肉的贾瑞的,殊不知,站在贾瑞的立场,这句话也适合王熙凤。

贾瑞固然不是东西,见美色动淫心,被王熙凤捉弄也是咎由自取。贾瑞不会不知道王熙凤的厉害,他竟还敢色胆包天去凤辣子头上动土。贾瑞的遭遇固然与他自己的品行有关,但王熙凤也有责任。

贾敬寿宴上,贾瑞意外遇见王熙凤,他的邪恶之心被王熙凤一下就看透了。如果这时候,王熙凤不理他,或是训斥他几句,贾瑞也许就知难而退了。但王熙凤是怎么做的呢?她一面在心里骂这个色狼:"这才是知人知面不知心呢,那里有这样禽兽样的人呢。他如果如此,几时叫他死在我的手里,他才知道我的手段!"一面假装笑意与贾瑞寒暄,临别时,还故意放慢脚步,这一切都给贾瑞造成一种错觉:王熙凤没有拒绝他,对他有好感。

如果说一开始贾瑞心怀不轨,完全有错,而后来王熙凤步步色诱,错就不全在贾瑞一个人了。贾瑞不值得同情,但王熙凤的手段也的确太残忍。每次贾瑞来,她都笑脸相迎,又是让座又是问好,殷勤至极,做出一副喜欢和他打情骂俏的样子,甜言蜜语,夸他比贾琏体贴人,比贾蓉等解风情,还主动约他晚上相见，这一切如何不让情迷心窍的贾瑞浮想联翩呢。可以想象，最后一次深夜约会，当贾蓉和贾蔷出现在他面前时，他的惊恐会何等巨大。他被迫写下两张各五十两银子的欠条，然后站在冷风中，一桶尿屎又从天而降，谁能禁得住如此折腾。王熙凤用温柔又狠毒的刀子杀人不见血，最终要了贾瑞的命。

贾瑞重病时，需要吃一副"独参汤"的救命药。祖父贾代儒向贾府求助人参二两，王夫人让王熙凤给他。人命关天，王熙凤却不为所动："前儿新近都替老太太配了药，那整的太太又说留着送杨提督的太太配药，偏生昨儿我已送了去了。"王夫人让她去宁府贾珍那里寻，想当初，王熙凤探望病中的秦可卿，劝慰她时说过："你公公婆婆听见治得好你，别说一日二钱人参，就是二斤也能够吃的起。"可见，宁府不缺人参，其实荣府也不缺，王熙凤就是不想给，见死不救。她没有遣人去宁国府，只把些渣末泡须凑了几钱，命人给贾代儒送去，然后回王夫人："都寻了来，共凑了有二两送去。"

知人知面不知心，贾瑞之死，让读者再次领教了王熙凤的手段。

第十三回 画梁春尽落香尘

扫码读原著

秦可卿在小说中是一个神秘人物，关于她的身世，后人有诸多猜想。她来自何处，无人知晓；但她情归何方，是有答案的。

"秦"者，"情"之谐音也。"情天情海幻情身"，这是秦可卿判词的首句。第五回贾宝玉梦游太虚幻境时，警幻仙子许配给宝玉的女子就是其妹秦可卿，可见，秦可卿在书中有非同寻常的意义和地位，承载着作者创作的重要意图。

秦可卿判词的后三句是"情既相逢必主淫。漫言不肖皆荣出，造衅开端实在宁"。这里说的宁国府的淫主是谁？宁国府三个嫡系男主人分别是贾敬、贾珍、贾蓉，祖孙三代。贾敬一心想成仙成道，早已不在府中，住在城外庙里，不问世事家事，秦可卿死了，他也没回家，唯恐沾染红尘，影响他的仙气。由此可见，贾敬不是"淫主"。

第七回有一个小插曲，焦大喝多了，在大门口耍酒疯，嘴里乱嚷乱叫："那里承望到如今生下这些畜牲来！每日家偷狗戏鸡，爬灰的爬灰，养小叔子的养小叔子，我什么不知道？"他的话令小厮们魂飞魄散。宝玉不懂，问凤姐什么是"爬灰"，熙凤一听连忙立眉瞋目断喝宝玉，警告他少胡说，小心捶他，唬得宝玉忙央告求饶。凤姐和贾蓉对焦大的话都装作没听见。这就怪了，焦大是下人，虽曾有功，救过老太爷，但今非昔比，王熙凤等人不会惧他的，他说出如此不堪的话，为什么王熙凤和贾蓉却装聋作哑不吭一声呢？理由只有一个：焦大所言不虚，王熙凤、贾蓉怕越描越黑。

"爬灰"是指公公与儿媳有私情。宁府里有两个名正言顺的儿媳妇，一个是贾珍之妻尤氏，一个是贾蓉之妻秦可卿；公公也有两个，一个是贾敬，一个是贾珍。很明显，贾敬和尤氏不可能，那就只剩贾珍和秦可卿了，焦大骂的非这二人莫属。秦可卿活着时，书中对这二人的描述不多，只写过秦可卿生病期间，贾珍急得四处寻医救治，一家人，这也在情理之中，他们之间关系的不正常更多暴露在秦可卿死后。

按理说，秦可卿死了，宁府最难过的应该是丈夫贾蓉，但读者不难发现，书中对贾蓉的描写不多。贾珍给贾蓉花一千二百两银子捐了个官——龙禁尉，而这个官，并不是贾珍用来安慰丧妻的儿子的，而是为了抬高死去的儿媳的身价，把丧事办得更体面、更奢华、更高端大气上档次。

秦可卿死了，"贾珍哭的泪人一般"，比任何人都伤痛；族人问及如何发丧，他"如何料理，不过尽我所有罢了"，为死去的儿媳，几乎可以倾家荡产；他觉得几副杉木板不中用，可巧薛蟠来吊问，推荐店里一副当年义忠亲王老千岁想要后因坏了事没要而今无人敢买的稀有珍木，贾政认为"此物恐非常人可享者，殓以上等杉木也就是了"，贾珍根本不听，小说这样写道："此时贾珍恨不能代秦氏之死，这话如何肯听。"儿媳死了，大张旗鼓、极尽奢靡的不是丈夫而是公爹，正常吗？

再看秦可卿的婆婆尤氏——"尤氏又犯了旧疾，不能料理事务"。尤氏是因为儿媳死了伤心病倒的吗？尤氏伤心是必定的，但真正伤她心的不是儿媳秦可卿，应是乱了人伦造下大孽的丈夫贾珍。

"画梁春尽落香尘。擅风情,秉月貌,便是败家的根本。箕裘颓堕皆从敬,家事消亡首罪宁。宿孽总因情。"不知何故,曹雪芹没让秦可卿像第五回《红楼梦》曲中预言的这样在天香楼悬梁自尽,而选择让她得了一种说不清道不明的病死去。死法无须过多探讨,但有一点很明确,秦可卿的死是荣、宁二府转风水的开端,作者把这首写给秦可卿的曲子取名为"好事终",可见寓意很深。

第十四回 争强好胜的凤姐

扫码读原著

"凡鸟偏从末世来,都知爱慕此生才。"王熙凤是个人才,别说在女子大门不出二门不迈且提倡无才便是德的封建时代,即便在今天,她也称得上是难得的管理型人才,典型的女强人。

秦可卿病逝前曾托梦给凤姐:"婶婶,你是个脂粉队里的英雄,连那些束带顶冠的男子也不能过你。"巾帼不让须眉,凤姐是让男人也会有所畏惧的带刺玫瑰。

第十三回,宁国府为秦可卿大办丧事,贾珍因尤氏"犯了旧疾"卧床不起、无人料理家中事务而忧,贾宝玉见状,向他推荐凤姐。当贾珍提出请王熙凤出山时,王夫人尚且担心她未经过如此大事,怕料理不清,惹人耻笑,但心高气傲的凤姐不怕,在她看来,自己虽掌管着荣国府,但还没有办过婚丧大事,经历尚不丰富,恐人不服,巴不得遇见这事呢。贾珍的请求正中凤姐下怀,满足了她争强好胜、卖弄权势的心理诉求。

凤姐果不负贾珍所托。宁府人多事杂,千头万绪,然而看似野马脱缰的宁府,在凤姐手中很快变得驯服起来。年纪轻轻的凤姐坐帐宁府,指挥若定,上百号人分工细致,各司其职。"众人领了去,也都有了投奔,不似先时只拣便宜的做,剩下的苦差没个招揽。各房中也不能趁乱失迷东西。便是人来客往,也都安静了,不比先前一个正摆茶,又去端饭,正陪举哀,又顾接客。如这些无头绪、荒乱、推托、偷闲、窃取等弊,次日一概都蠲了。"凤姐雷厉风行,只一日,杂乱无章的宁国府脱胎换骨,一切变得井井有条。

凤姐是个完美主义者，为了不让人褒贬，她每日不畏辛劳，卯正（早上六点）时刻准时来到宁府，忙的时候，寅正（凌晨四点）起身也有。她协理宁国府的同时，还兼着处理荣国府上上下下的事务，双肩挑，忙得像个陀螺，"茶饭也没工夫吃得，坐卧不能清净。刚到了宁府，荣府的人又跟到宁府；既回到荣府，宁府的人又找到荣府"。她面前人来人往，对这种在外人看来焦头烂额不上火才怪的情状，凤姐非但不烦，反而十分欢喜，她愈发事必躬亲，且绝不偷安推托。

以凤姐之尊，大可尽情享受贾府琏二奶奶之清福，可她放着清闲不享，喜欢找累吗？当然不是。凤姐也是人，也会累。她这样做，说她仗义不负贾珍之托并非主要原因，实为让众人看她能干，让大家明白女人不如她，男人也需甘拜下风。就为了这份逞强，她日夜不暇，全然不顾自己身体的透支。

老话儿说得好，月满则亏，水满则溢，强极则辱，登高必跌重。凤姐若懂，想必不会如此卖命地为人作嫁衣了吧？

第十五回　都只为风月情浓

《红楼梦》主要是围绕贾、王、史、薛四大家族尤其是贾家展开故事情节。除了这四大家族，小说中还有一家，着墨虽不算多却不可忽视，到第十六回这一家的故事就结束了。它就是秦业一家。

"秦"是"情"的谐音；"业"在这里不是谐音，取其本意。"业"这个词在佛教用语中有"造作"之意。人起心动念，对于外境与烦恼，起种种心去做种种行为，这些行为就是"造作"，也称之为"业"。"秦业"就是"情业"的意思，即与情相关的种种行为。

秦业是个悲剧人物，年近七十，夫人早亡。他有三个孩子，二男一女，但都不是亲生的。老大是儿子，早夭。老二是女儿，即秦可卿。"情天情海幻情身"，秦可卿是太虚幻境中警幻仙子的妹妹，是情之化身。秦可卿鲜艳妩媚，似宝钗，如黛玉，乃绝色美人。她在梦中点醒宝玉的儿女之情，遗憾的是现实中秦可卿非但没有被好好珍惜，反而被贾珍这种"皮肤淫滥之蠢物"给玷辱糟蹋了。这样的"情"只有一条路——灭亡，所以秦可卿在第十三回便死去。

秦业的第三个孩子是秦钟。"秦钟"，乃"情种"之意。秦钟是情种，宝玉是情种，贾赦、贾珍、贾琏、贾瑞、薛蟠等一干人也都是情种。不同的是，贾珍等人情而色，色而淫，欺男霸女乱纲常，他们亵渎了"情"字。同样是情种，宝玉和秦钟也不一样。他们有着同样超凡脱俗、俊逸潇洒的外表，都重情，但他们对情的认识有区别。他俩就像情的反正面，一面是肉体，一面是精神。在对情的态度上，秦钟和宝玉不在一个档次上，秦钟喜欢帅哥湘莲，喜欢美女智能，就主动寻找并创造机会和他们拉拉扯扯，渴望肌肤之亲。这样的情不是作者提倡的，所以秦钟这个情种在第十六回也走到终点。

作者对宝玉极为钟爱，他"好色不淫""情而不淫"，是作者心目中理想的情圣。警幻仙子对宝玉另眼相看，秦钟魂魄出窍弥留之际，奉命前来捉拿他的铁面无私的地狱判官听见宝玉的名字也网开一面，这些均因宝玉的与众不同，尤其在情的方面。

警幻仙子称宝玉是"天下古今第一淫人也"，这个称呼把宝玉吓得不轻。警幻仙子说，她说的淫有别于常人理解，是意淫。何为"意淫"呢？宝玉不解，觉得沾淫即恶，警幻仙子对此却有精妙的解释："淫虽一理，意则有别。如世之好淫者，不过悦容貌，喜歌舞，调笑无厌，云雨无时，恨不能尽天下之美女供我片时之趣兴，此皆皮肤淫滥之蠢物耳。如尔则天分中生成一段痴情，吾辈推之为'意淫'。'意淫'二字，唯心会而不可口传，可神通而不可语达。"

"开辟鸿蒙，谁为情种？都只为风月情浓。"情是难讲理的，所以风月债向来难还。一部《红楼梦》虽无法道尽因情而生的所有悲欢离合，但窥一斑而见全豹，还是能让读者去揭开情山之一角的。

第十六回 不容错过的细节

扫码读原著

阅读《红楼梦》快不得，要细品慢嚼，这样才能更充分体会个中滋

味；若一目十行，蜻蜓点水，会失去很多精彩。

第十六回里，某日宫中传来喜讯，贾元春被晋封为凤藻宫尚书，加封贤德妃。这正应了秦可卿临终时对凤姐托梦所言："眼见不日又有一件非常喜事，真是烈火烹油、鲜花着锦之盛。"凤姐忙问："有何喜事？"秦氏道："天机不可泄漏。"元春被封，应该就是秦可卿所说的"非常喜事"。这一点从荣、宁二府的表现就可知晓："于是宁荣两处上下里外，莫不欣然踊跃，个个面上皆有得意之状，言笑鼎沸不绝。""一人得道，鸡犬升天。"朝中有人好做官，元春册封，无疑为贾府锦上添花，众人能不欢呼雀跃，得意热闹吗？

在皆大欢喜的气氛中，有一个人的表现却格格不入，这就是宝玉。元春是宝玉的亲姐姐，又极疼他，照理他该更高兴才是，然而"独他一个皆视有如无，毫不曾介意"。宝玉真的像大家说的那样"呆"吗？他不介意，一则因为此时他的好友秦钟已卧床不起，危在旦夕，他正担心焦虑着，元春喜事"亦未解得愁闷"；二则作者这样写，另有深意，它暗示着宝玉淡漠功名，因为淡漠，所以才会对这样的事反应冷漠。此处描写再次彰显了宝玉的性格——重情义，轻名利。

为了进一步印证宝玉这一性格特点，文中紧接着写了另一件事。就在元春喜讯传来的同时，贾琏也遣人来报信，说明日他和黛玉到家。在一般人眼里，这件事和元春的事没法比，有天壤之别。但"宝玉听了，方略有些喜意"。大家反应平平的事，却让愁眉不展的宝玉面带喜色，何故？很简单：他在意的人回来了。"宝玉只问得黛玉'平安'二字，余者也就不在意了。"在宝玉心中，黛玉平安最重要。

黛玉回来了，宝玉忙不迭地将北静王赠给他的鹡鸰香串珍重地取出来，转赠黛玉。这鹡鸰香串是皇帝赏赐给北静王的。北静王家中珍宝颇丰，能戴在他手腕上的定是珍品中的珍品。宝玉也一定觉得珍贵，家中那么多人，他唯独留给黛玉，可见黛玉在他心中的分量与地位。没想到黛玉却给宝玉迎面泼了一盆冷水："什么臭男人拿过的！我不要他。"

宝玉一头雾水，不明白黛玉因何而恼，又要小性儿。读者不能简单地把这句话当作黛玉的刻薄，实际上，黛玉和宝玉的价值观一样，都重情轻利。第三十四回有一个细节，宝玉被打，怕黛玉为他担心，晚上让晴雯以送两块旧帕为由去潇湘馆探视黛玉。黛玉面对旧帕，感动不已，一时情难自禁，遂在帕上题了三首诗。"尺幅鲛绡劳解赠，叫人焉得不伤悲！"为什么两块旧帕会让黛玉如此感动？因为这是宝玉的贴身之物，旧帕本身不值钱，但宝玉的心与情却无价，千金不换。鹡鸰香串本身价值连城，但在黛玉看来，它来自圣上也好，来自北静王也好，跟她都没有关系，再珍贵，也一文不值。

《红楼梦》类似的描写比比皆是，几乎回回都有，阅读时如果忽视了这些细节，是非常遗憾的事情。所谓经典，就是能让人反复阅读，并且百读不厌，常读常新的。抓住细节描写，更能强烈感受到经典带来的独特魅力。

第十七回 爱之深方责之切

虎毒不食子，天下为人父母者，不疼自己孩子的少之又少，只是爱之深，责之便切，因爱生怨实乃人之常情。

想那贾政，失去听话的大儿子贾珠后，对唯一嫡出的儿子宝玉寄予厚望。贾政给人的印象是不苟言笑，正襟危坐，一脸肃穆。贾政以封建社会好青年的标准衡量宝玉，希望他将来能成为贾府的继承人和国之栋梁。正因此，他对宝玉的要求便苛刻。但凡见了宝玉，贾政大都是横挑鼻子竖挑眼，左也不是右也不是。在贾府，宝玉最怕他，每每遭遇，就像老鼠遇见猫。

第九回写宝玉要去学堂上学，这本是一件好事，也是贾政一直的期待。宝玉清早去给贾政请安，回说上学去，作为父亲，他非但没有一句鼓励的话，反而冷嘲热讽他："你如果再提'上学'两个字，连我也羞死了。依我的话，你竟顽你的去是正理。仔细站脏了我这地，靠脏了我的门！"这简直是太夸张了，宝玉虽不是特别喜欢读书，但也不至于一提"上学"二字就羞死当爹的呀！

当然，知子莫若父，贾政了解宝玉。的确，宝玉这次主动提出上学堂，是为了能和秦钟常在一处玩耍，他对"四书五经"确实没有什么兴趣，难怪贾政从他嘴里听到"上学"就怒气冲天。老话说"子不教，父之

过"，宝玉不爱学习，作为父亲的贾政也不能说没有责任，他对宝玉的这个态度，就不可取。

在贾政眼里，宝玉的缺点比优点多得多。就像本回，他带宝玉等去新建的省亲别墅大观园，题拟匾额对联，面对宝玉说出的一些名称对子，贾政满意的不多，个别的他虽心下赞许，但也只是点点头而已，非常吝啬夸奖之辞。宝玉不吭声时，他会说："怎么你应说话时又不说了？"当宝玉侃侃而谈时，他又觉得儿子做事没分寸，太过张扬，什么"畜生""无知的业障""无知的蠢物""胡说""谁问你了""叉出去""若不通，一并打嘴"等，这样的训斥劈头盖脸，接踵而至。

贾政是个严父，但王夫人、老太太等对宝玉特别溺爱，这样的家庭教育会导致两个后果，一是沉默，二是叛逆，贾宝玉显然是后者。

秦钟和宝玉第一次见面时，暗自羡慕宝玉生于侯门，自卑自己生于贫寒之家。殊不知，贫寒有贫寒的幸福，侯门有侯门的痛苦。在这样一个名门望族中，宝玉承载了长辈太多的期待，他是家族当下的脸面，未来的希望。望子成龙，身为父母大抵如此。从这一点看，贾政对宝玉严格要求可以理解，家有这么一个叛逆的儿子，有时的确会让人头疼。

贾政与贾宝玉之间这样的父子冲突，古有，今有，将来依然会有，它绝不单是封建社会的特产。

第十八回 心细如发薛宝钗

关于宝钗和黛玉谁更好的争论在红迷中从未停止过，公说公有理，婆说婆有理，难分伯仲。相比之下，我欣赏黛玉，这份喜欢从第一次阅读《红楼梦》开始，直到现在，没有改变过。

我不欣赏宝钗，这跟她是封建社会的标准淑女没有什么关系。我不喜欢她，主要是因为她那过于细腻的性格，和这种心细如发的人在一起，不轻松；他们善于察言观色，在他们面前，往往有被看透的感觉，赤裸裸的，缺少安全感。

第十八回写元春回来省亲，其间她让宝玉及众姊妹为大观园题匾写诗。宝玉写"怡红院"时，草稿里有一句"绿玉春犹卷"，恰巧被宝钗瞥见，宝钗趁大家不注意，急忙悄悄告诉宝玉：元春因为不喜欢"红香绿玉"四个字，所以才把它改成了"怡红快绿"，这会子你偏用"绿玉"二字，岂不是有意和她争驰？读到此，不能不佩服宝钗的心细。宝玉一定不是故意在和元春争驰什么，而是他没有注意到先前元春的改动。元春对大观园的亭台楼榭的题字做了很多修改，像"有凤来仪"赐名曰"潇湘馆"，"蘅芷清芬"赐名曰"蘅芜苑"，"杏帘在望"赐名曰"浣葛山庄"，正楼曰"大观楼"，东面飞楼曰"缀锦阁"，西面斜楼曰"含芳阁"，更有"蓼风轩""藕香榭""紫菱洲""荇叶渚"等，又有四字匾额十数个，什么"梨花春雨""桐剪秋风""荻芦夜雪"等，这么多名称，谁能一下就记住呢？独宝钗能。我们在感叹宝钗记忆力超强的同时，不能不佩服她真是个有心人！

在宝钗的帮助下，宝玉把"绿玉"改成了"绿蜡"。宝玉感谢宝钗，称她是"一字师"，并说"从此后我只叫你师父，再不叫姐姐了"。宝钗这时一边催促宝玉快写诗，抓紧呈上去，一边笑道："谁是你姐姐，那上头穿黄袍的才是你姐姐！"不难看出，宝钗对宝玉这个黄袍加身的姐姐尤为仰慕。生活中宝钗不可能对身边每个人的话都记得这么清，之所以对元春的一言一语牢记于心，是因为元春不是一般人，是王妃，所以宝钗才会格外留心在意。其实，宝钗的心细是有选择性的，她对元妃的上心，摆脱不了讨好以便"好风频借力，送我上青云"之嫌。

当然，人各有志，姑妄谈之。

第十九回 宝玉的心之所属

贾宝玉身边有许多女孩儿，小姐身份的，丫鬟身份的，且几乎个个是美女。黛玉是美女，只是她的美有病西施之态。宝玉不是因为黛玉的病态美而爱上她的，应是因为爱上她的灵魂才自然而然地接受了她的病态美。那么多女孩喜欢宝玉，但在他心里，真正称得上知己的只有一个：黛玉。

志同道合，是宝玉和黛玉感情牢不可破的基石；青梅竹马，又为他们

的感情添砖加瓦。没有人能像黛玉那样理解宝玉，接纳宝玉，欣赏宝玉，并且从始至终和他站在一起，保持高度一致。不比不知道，一比就明了。阅读第十九回，通过袭人、宝钗、黛玉三人对宝玉态度的对比，就能懂得宝玉为什么对黛玉情有独钟。

曹雪芹这一回也是精心构思刻意为之的，他故意把袭人、宝钗、黛玉三人放在一起，让她们围绕宝玉唱了一台戏。作者不动声色描写人物、事件，如叙家常一般，但实际上，在看似波澜不惊的文字下面，却波涛涌动，人物形象也因此更加鲜明丰满。

本回先出场的是袭人。袭人回家吃年茶，回来后对宝玉说她母亲和哥哥很快就会赎她出去。袭人说得漫不经心，无所谓的样子，但宝玉一听就急了。宝玉的反应在袭人的预料之中，她知道宝玉舍不得她走。于是袭人步步紧逼，让宝玉觉得自己没有一点留下她的理由，最后只能倒在床上暗自流泪。袭人一看时机到了，就软下口气，对宝玉说办法还是有的，只要答应她的条件。袭人清楚这时她提出多少条件宝玉都会答应。于是，她提出三个条件，一不许宝玉胡言乱语，说一些不着边际的话；二要好好读书，即便不喜欢装个样子也行；三不许跟女孩子们太亲近。看看这三个条件，袭人哪里像个丫鬟，简直就是家长。貌似老实巴交的袭人，实则很有心机，她利用宝玉对自己的感情，胁迫宝玉，以达到自己的目的。这样的女子很可怕，不可爱，宝玉不可能真正爱她。

本回中对黛玉和宝钗的描写，是放在一处的，只是先黛玉后宝钗。宝玉去探望黛玉，黛玉看见他左边腮上有纽扣大小的一块血渍，以为是刮破了，宝玉答不是刮的，是刚才替她们淘漉胭脂膏子弄上的。显然这就是袭人说的宝玉那"调脂弄粉""吃人嘴上擦的胭脂与那爱红的毛病儿"，是袭人提出的三个条件中必须改掉的一个。同样的问题，黛玉的态度则不同，她一边用自己的帕子替宝玉揩拭，一边说道："你又干这些事了。干也罢了，必定还要带出幌子来。便是舅舅看不见，别人看见了，又当奇事新鲜话儿去学舌讨好儿，吹到舅舅耳朵里，又该大家不干净惹气。"黛玉是带着理解和善意提醒的心态和宝玉说话，而不是一味批评制止，这样的话一定比袭人的说教入耳入心。

接下来，作者写宝玉胡编乱造扬州衙门耗子精的故事给黛玉，讲到最后黛玉发现宝玉是在编排自己，就下手拧宝玉，宝玉连连告饶，辩解说自己是无意中想起了这个典故。正说着，宝钗进来了。黛玉就让她评理。其实三个人都明白，这不过是用来逗黛玉开心的玩笑而已。黛玉看似不依不饶，又是打又是骂，其实这正是她向宝玉表达情感的独特方式。宝钗是如何做的呢？书中写道："原来是宝兄弟，怨不得他，他肚子里的故典原多。只是可惜一件，凡该用故典之时，他偏就忘了。有今日记得的，前儿夜里的芭蕉诗就该记得。"俗话说得好，打人不打脸，揭人不揭短，宝钗非但没有表扬宝玉有想象力，会编故事，竟联想到元妃省亲宝玉作诗时不知"绿蜡"出自何处的尴尬，她这番话是在对宝玉冷嘲热讽——逗女孩开心有本事，写诗做学问就不行了。这种在他人面前翻旧账让人下不来台的女子，谁会喜欢？

没有无缘无故的恨，也没有无缘无故的爱，细读这一回，能进一步理解宝玉的爱情抉择。

第二十回 我为的是我的心

自从林黛玉进了贾府，她和宝玉朝夕相伴。一个是贾母的嫡亲孙子，一个是贾母的嫡亲外孙女，所以他们深得贾母的宠爱。二人之间的亲密友爱自然也跟别的姐妹大不相同，"日则同行同坐，夜则同息同止，真是言和意顺，略无参商"。

宝玉和黛玉本相安无事，但随着薛宝钗的到来，他们二人世界的平衡便被打破。在大家眼中，黛玉和宝钗的差别是明显的，虽然她们都有才气，黛玉甚而还要略胜宝钗，但古代推崇的却是"女子无才便是德"，因此才华构不成黛玉的优势。相反，黛玉的小心眼儿、目无下尘、尖酸刻薄、体弱多病，这些都和宝钗的热情开朗、豁达大度、温柔大方、随和体贴形成鲜明对照。无疑，在性情人缘上，黛玉败给了宝钗。

宝玉、黛玉、宝钗，三人慢慢形成一种非常微妙的关系。黛玉和宝钗都希望宝玉的感情更倾向自己，对宝玉接近对方彼此都会含酸，由于宝钗

和黛玉性格不同，所以她们的表达方式也不同。宝钗是不温不火、绵里藏针的怨，黛玉往往是大吵大闹、锋芒毕露的怒。

黛玉和宝玉是一对欢喜冤家，经常吵架拌嘴，但事情的起因一般不大，且基本是黛玉先挑起事端。

第二十回，史湘云来了，得到这个消息时，宝玉正和宝钗在一起，于是他俩一同过贾母这边来。正巧黛玉也在，她问宝玉刚才在哪儿，宝玉说在宝姐姐家。黛玉一听就不高兴，冷笑道："我说呢，亏在那里绊住，不然早就飞了来了。"黛玉的话外人听着也许无所谓，但对宝玉而言是伤人的。黛玉明知她在宝玉心中最重要，还要狠狠地指责他：史妹妹来了，你会急得飞了来，之所以没第一时间飞过来，是因为宝姐姐绊住了你的脚——她们俩都比我重要。宝玉笑着为自己辩解："只许同你顽，替你解闷儿。不过偶然去他那里一趟，就说这话。"没想到这更捅了马蜂窝，黛玉最忌讳这样的话，反驳更狠："去不去管我什么事，我又没叫你替我解闷儿。可许你从此不理我呢！"宝玉看黛玉生气了，忙不迭地跟了出来。宝玉好言相劝，黛玉怒火不减，竟说出"我死，与你何干"这样的狠话。正在两人你死我活、吵闹不止之际，宝钗又不合时宜地过来叫宝玉进去，说史大妹妹等他呢，说完推着宝玉就走了。

黛玉这边"越发气闷，只向窗前流泪"，好在没两盏茶的工夫，宝玉又回来了。黛玉见了，越发委屈得哭个不停。宝玉心疼她，只好"打叠起千百样的款语温言来劝慰"，哪知黛玉不领情，劈头盖脸又把他数落一顿。宝玉不生气，"忙上来悄悄的"又以"亲不间疏，先不僭后"之理来开导，黛玉方慢慢消了气。

宝玉说的这些道理黛玉心里都明白，她之所以这样"无理取闹"，与她自身的性格和处境有关。黛玉寄身贾府，放眼望去，看似亲人一片，实则知心者唯宝玉一人。她内心的苦闷无人可诉，她的气只能对宝玉撒，小说中她经常"欺负"宝玉，是因为她把宝玉看作至亲。

很多读者因为黛玉这些事而不喜欢她，说她任性、神经质、小心眼儿、耍大小姐脾气等。如按正常人之间的交往，黛玉是有些无事生非，小题大做，可她和宝玉不是一般关系。这些事发生时，他们正处于爱情的萌芽阶段，情窦初开，懵懵懂懂的，跟着感觉走呢。

黛玉失去父母，孤孤单单，寄人篱下；宝玉和她不一样，是贾府的宠儿，要风得风，要雨得雨。黛玉对宝玉没有把握，对自己的爱情不自信，所以当她以为宝玉把她的东西给了别人不珍惜她时，就生气；当受了委屈的宝玉把贴身佩带的香囊赌气还给她时，她更伤心；当她听宝玉说是和自己最大的竞争对手宝钗在一起时，吃醋在所难免；当吵架中宝玉被宝钗拉走再度返回时，她要死要活闹得更凶也完全能理解，谁让来的人是宝钗，换个人黛玉就不会发这么大的火，宝钗的出现就是火上浇油，不是时候。

那样的时代，那样孤弱的黛玉，想得到自己的爱情是一件非常艰难的事。最后她连生命都付出了，她一心向往的爱情依旧离她而去。

看看这次吵嘴作者是如何收笔的。黛玉听完宝玉的一番话后低头不语，知道自己过分了，半日才说："你只怨人行动嗔怪了你，你再不知道你自己怄人难受。就拿今日天气比，分明今儿冷的这样，你怎么倒反把个青肷披风脱了呢？"即便是方才气成那样，要死要活的，但宝玉的冷暖黛玉却是看在眼里记在心里的，这就是——爱。

"我为的是我的心"，黛玉说得好，每个人都有追求美好爱情的权利，她不想辜负自己的心，故拼死拼活轰轰烈烈爱一场，爱得荡气回肠。她所有的小性儿都是因爱而急，也只针对一个人——宝玉。他们每一次争吵，最后都以宝玉的告饶为结，当事人宝玉都能包容理解，我们这些局外人又有什么不能理解的呢？

爱之深，恨之切，佛曰"从来怨也都是亲"。透过现象，读懂宝黛吵嘴的内涵，能进一步理解宝黛爱情的本质。

第二十一回　左右逢源的平儿

扫码读原著

平儿起初是王熙凤的贴身丫鬟，后被贾琏收房，成为通房丫头，地位介于丫鬟和姨娘之间。王熙凤是个难伺候的主儿，贾琏也不是省油的灯，这二人虽不是君王，但对平儿而言，伴之亦如伴虎，谁也得罪不起。周旋在他们之间，没点儿过人的智慧是不行的。

小说第十六回中，一天凤姐正和小别一年多的贾琏唠家常，正说着，听见外间有人说话，凤姐便问是谁，平儿走进来，不慌不忙答道："姨太太打发了香菱妹子来问我一句话，我已经说了，打发他回去了。"平儿镇定自如的回答骗过了贾琏，他接着话茬兴致勃勃地和凤姐讨论起香菱如何标致来。贾琏有事出去后，平儿才告诉凤姐，来人不是香菱，是旺儿嫂子，送利钱银子的。平儿有眼色，知道这份钱是凤姐的小金库，背着贾琏干的，贾琏若知道了，她既会得罪凤姐，又会因知情不报而得罪贾琏，落得里外不是人，所以她撒谎瞒过贾琏。看平儿是如何对凤姐解释的："奶奶的那利钱银子，迟不送来，早不送来，这会子二爷在家，他且送这个来了。幸亏我在堂屋里撞见，不然时走了来回奶奶，二爷倘或问奶奶是什么利钱，奶奶自然不肯瞒二爷的，少不得照实告诉二爷。我们二爷那脾气，油锅里的钱还要找出来花呢，听见奶奶有了这个梯己，他还不放心的花了呢。"这话说得得体，什么叫"奶奶自然不肯瞒二爷的"？平儿明知道她奶奶凤姐一定是瞒着二爷贾琏的，但她不能当着凤姐面说你不想让贾琏知道，坏人自己做，好人留给凤姐。这样的丫鬟，凤姐能不喜欢吗？这也是平儿能成为凤姐心腹的原因。

　　凤姐是著名的醋坛子，贾琏是个拈花惹草、四处留情的公子哥，伺候这两个人，一不小心就会惹火上身。在夹缝中生存，想要保全自己并非易事，但平儿做到了，做得滴水不漏，皆大欢喜。

　　第二十一回，贾琏因巧姐出痘搬去外间住，因此和"多姑娘儿"勾搭在一起。巧姐痊愈后，贾琏复搬进来，平儿收拾他在外的衣服铺盖时，从枕套中发现一绺青丝。平儿没有报告凤姐，她清楚此事一旦被凤姐知道，定会掀起轩然大波，闹得人仰马翻，到那时，也许除了凤姐，贾琏以及府上别的主子也会抱怨她多事。所以当凤姐问她贾琏的东西少没少时，平儿说："我也怕丢下一两件，细细的查了查，也不少。"凤姐又问多没多时，平儿说："不丢万幸，谁还添出来呢？"故意装傻卖呆。当凤姐提醒她头发、指甲等也属于多出来的东西时，贾琏吓得脸都黄了，站在凤姐身后，像个热锅上的蚂蚁，朝平儿"杀鸡抹脖使眼色儿"，"平儿只装着看不见"。如果这时平儿做出看见了的举动，一定逃不过凤姐那双锐利的眼睛,那么贾琏的事将败露。平儿处乱不惊,还做出和凤姐站在一条战线的姿态:"怎么我的心就和奶奶的心一样!我就怕有这些个,留神搜了一搜,竟一点破绽也没有。奶奶不信时,那些东西我还没收呢,奶奶亲自翻寻一遍去。"东西已经被她藏起来了,凤姐固然去搜,也是一场空。

"左右逢源"一词最早见于《孟子·离娄下》:"资之深,则取之左右逢其源"。是说蓄积很深,功夫到家后,做事就能得心应手,顺利无碍。把这个词用在深谙处世之道的平儿身上,是再适合不过的。

第二十二回 言为心声言必应

第二十二回写元春差人送来灯谜,贾母觉得这种游戏很喜乐,于是也让大家各作灯谜,贴在围屏上,合家坐在一起,承欢取乐。

这些谜语给贾母等人带来节日的欢喜,读者也会情不自禁地跟着猜一猜,增添了一份阅读的乐趣,且看书中出现的几个谜语。

贾母:猴子身轻站树梢。

贾政:身自端方,体自坚硬。虽不能言,有言必应。

元春:能使妖魔胆尽摧,身如束帛气如雷。一声震得人方恐,回首相看已化灰。

迎春:天运人功理不穷,有功无运也难逢。因何镇日纷纷乱,只为阴阳数不同。

探春:阶下儿童仰面时,清明妆点最堪宜。游丝一断浑无力,莫向东风怨别离。

惜春:前身色相总无成,不听菱歌听佛经。莫道此生沉黑海,性中自有大光明。

宝钗:朝罢谁携两袖烟,琴边衾里总无缘。晓筹不用鸡人报,五夜无烦侍女添。焦首朝朝还暮暮,煎心日日复年年。光阴荏苒须当惜,风雨阴晴任变迁。

谜底分别是"荔枝""砚台""爆竹""算盘""风筝""海灯""更香"。贾政看了这些谜语后,忽然悲从中来,伤感得很,以致

"回至房中只是思索，翻来覆去竟难成寐，不由伤悲感慨"。贾政因何伤悲呢？言为心声，他伤悲的是，在这浓浓的节日祥和气氛里，元、迎、探、惜四姐妹还有宝钗所制灯谜，越想越不吉利。元春所作的爆竹，虽然威力无比，声势浩大，但毕竟时间短暂，乃一响而散之物；迎春所作的算盘，不动则已，一动则乱如麻，阴阳之语也暗含生离死别；探春所作的风筝，乃飘荡无根之物；惜春所作的海灯，是出家人清净孤寂之物；宝钗所作的更香，给人凄清寡居之感。这些灯谜，出自几个风华正茂的女孩之口，怎不让人深叹韶华易逝、红颜命薄呢？

第五回也有和这几个人相关的判词和《红楼梦》曲子，联系这些人后来的命运——元妃短寿暴死，迎春被折磨而死，探春远嫁，惜春出家，宝钗独守空房，都十分吻合。由此可见，曹雪芹写作时是怎样一种苦心经营，他对语言的运用及文学的构思达到了登峰造极的境界，着实令人叹为观止。

让人回味的还不止上面那几个谜语，再看看贾母和贾政的，亦有深意。贾母是贾府的老祖宗、掌舵人，引领着贾府的方向，她所作的谜语"猴子身轻站树梢"，谜底是"荔枝"。"荔枝"者，"离枝"也。贾府是一棵枝繁叶茂的大树，但有一天"呼喇喇大厦倾"，那些依靠大树的子孙们都不得不离去，"树倒猢狲散"，寓意很凶。而贾政呢？"身自端方，体自坚硬。虽不能言，有言必应。"好一个"有言必应"，一语成谶，贾母等人的谜语后来的确都应验了。

本回中，宝玉、黛玉、史湘云也参与了活动，史湘云的谜语不出现也就罢了，为什么宝玉和黛玉的也没出现？人人皆知，他们是小说中最重要的人物，莫非正是因为他们最重要，作者才故意不写，以给读者设置悬念，留下无尽的想象空间？

第三节　多姿多彩正青春　舞尽大观园里风

——第二十三回至六十三回

第二十三回　感同身受情之至

扫码读原著

　　《牡丹亭》在古代被称为"艳曲"，因为它写的是青年男女如何冲破封建礼教，追求自由爱情的故事。这样的爱情观，和林黛玉完全一致。因此第二十三回写黛玉听到大观园中十二个女孩子演习该戏文时，内心产生强烈共鸣。曹雪芹在这里仅用四百余字，通过对黛玉心理及神态的描写，准确精彩地向读者展示了文学欣赏的全过程。

　　最初无所事事的黛玉虽然听到了唱戏之声，由于素日对戏文兴趣不大，所以也没有在意。然而偶然飘进耳朵的"原来姹紫嫣红开遍，似这般都付与断井颓垣"两句却吸引了她，毕竟黛玉是个文学青年，又是个多愁善感的性情女子，这样文质兼美的情语很容易走进她的心，缠绵悱恻的曲调使她的脚步停下来。继续听，"良辰美景奈何天，赏心乐事谁家院"，黛玉对此点头赞许，心下感叹自己先前认识的浅薄，原来戏文上也有好文章。黛玉此时已被征服并进入戏文，和追求真爱为爱而忧的杜丽娘幻化成一体了。

　　接下来是男主人公柳梦梅的唱词："则为你如花美眷，似水流年。"黛玉听了"心动神摇"，内心受到极大触动。为何？因为这句唱到了她的心坎儿上，自己虽有花容月貌，骄人才华，但又有何用？心事无人懂，没有人为自己做主、帮助自己得到想要的幸福，再美好的青春也终将荒废，付与这似水流年。黛玉正在顾影自怜，暗自神伤，柳梦梅最后一句唱词"你在幽闺自怜"把她的悲伤推到顶点。现实中没人能懂黛玉的心，而一句戏文却唱出了她的处境与心境，竟成了她的知音。黛玉因而"亦发如醉如痴，站立不住，便一蹲身坐在一块山子石上"，情难自禁，五脏六腑翻江倒海般汹涌澎湃了。黛玉思绪万千，想到唐代诗人崔涂《旅怀》的"水

流花谢两无情",想到南唐后主李煜《浪淘沙》的"流水落花春去也,天上人间",想到元代王实甫《西厢记》的"花落水流红,闲愁万种",如此种种。黛玉被这万种柔情击倒,"心痛神痴,眼中落泪"了。

"天下女子有情,宁有如杜丽娘者乎?"汤显祖曾问天下人,也许当时无人能作答,但相信曹雪芹有答案。"情不知所起,一往而深,生者可以死,死可以生。生而不可与死,死而不可复生者,皆非情之至也。"林黛玉为贾宝玉而生,最后为贾宝玉而死,她可以和杜丽娘比肩,都是当之无愧的"情之至者"。

《西厢记》在那时是一本禁书。曹雪芹在小说中虽然没有明说它是禁书,但从文中的一些描述可以感觉到。首先这本书"来路不正",宝玉的书房本没有它,是仆人茗烟为了讨好宝玉从外面买来的,这些书宝玉都"放在床顶上","无人时自己密看",可见,这些书是不能让外人看到的。

坐在桃花树下偷看《西厢记》的宝玉被黛玉发现,问他看什么书时,宝玉"慌的藏之不迭",敷衍道"不过是《中庸》《大学》"。黛玉了解宝玉,看《中庸》《大学》这类书根本不用这么神神秘秘,她自然不信,穷追不舍。宝玉无奈,说:"好妹妹,若论你,我是不怕的。你看了,好歹别告诉别人去。"宝玉对黛玉的了解和信任由此可见。

小说写到黛玉把花具且都放下,接书来瞧。宝玉问她怎样,答曰"果然有趣",二人对《西厢记》有共同的审美,他们对反对封建礼教、追求自由爱情的崔莺莺和张生的行为是认可的。这就是宝黛共同的思想基础,是他们爱情产生和发展的源流所在。

接下来,宝玉借《西厢记》中的两句话对黛玉说:"我就是个'多愁多病身',你就是那'倾国倾城貌'。"黛玉听了,指宝玉道:"你这该死的胡说!好好的把这淫词艳曲弄了来,还学了这些混话来欺负我。我告诉舅舅舅母去。"黛玉表面恼羞成怒,但实际内心并未真恼,她是因宝玉明目张胆的表白而害羞了。她口中说《西厢记》是淫词艳曲,但自己读起来也是津津有味,爱不释手;她嘴上说要告诉舅舅舅母去,但当宝玉求饶时,她却用《西厢记》中的一句台词来嘲讽他,并且她还得意地对宝玉说:"你说你会过目成诵,难道我就不能一目十行么?"二人这一嬉一恼的和解，洋溢着无限爱意。

宝黛共读西厢这一情节，意在告诉读者宝玉和黛玉之间有相同的志趣爱好，他们情投意合，是真正的人生知己和灵魂伴侣。

第二十四回 人微言轻透冷暖

扫码读原著

读第二十四回，让人心里最不舒服的就是那个不是人的卜世仁。

卜世仁是贾芸的亲舅舅，照理舅舅和外甥最亲不过。想那贾芸，真是可怜，他和宝玉同为贾家子弟，但生活境遇却天壤之别。贾芸从小没了父亲，又无产业，与寡母相依为命，终日为生计奔波忧虑。为了在贾府谋得一份活计，他先低三下四巴结贾琏，后又阿谀奉承讨好凤姐。虽然宝玉当时在贾府中没有什么实际权利，但贾芸深知宝玉是贾家珍宝，更是未来的接班人，为了攀上这个高枝，贾芸在听了宝玉的玩笑"你倒比先越发出挑了，倒像我的儿子"后，竟真的认比自己还小四五岁的宝玉为爹，还自嘲："俗语说的，'摇车里的爷爷，拄拐的孙孙'。虽然岁数大，山高高不过太阳。只从我父亲没了，这几年也无人照管教导。如若宝叔不嫌侄儿蠢笨，认作儿子，就是我的造化了。"这番话体现贾芸的伶俐机敏，但读来让人心酸。宝玉随口一声"明儿你闲了，只管来找我"，也不过是句应酬之语，说完就忘了；可贾芸为了能以此搭上和宝玉之间的桥梁，第二天就一趟趟往怡红院跑，却一次次落空，最后虽得以一见，但毕竟他和宝玉不是一路人，三言两语，宝玉便表现出懒懒的样子。

人都是有尊严的，如果不是为生活所迫，谁天生愿意自轻自贱。贾芸卑躬屈膝的言行，实属无奈。贾府人不把贾芸当回事也就算了，最让人寒心的是，当身无分文的贾芸为了巴结王熙凤去求舅舅卜世仁时，这个亲舅舅的言行实在令人气愤！贾芸在贾琏那里求事没成功，转而想找凤姐。凤姐门槛更高，不是想巴结就能巴结上的，昂贵的见面礼必不可少。贾芸想到了开香料铺子的舅舅，想赊点冰片麝香。贾芸说明来意，没想到卜世仁不但一口拒绝，而且接下来大数特数贾芸的不是，什么不知好歹，不干正事，到处胡闹，没个算计，没能耐立不起来，等等，末了又拉出刚在贾

府找到差事的贾芹做对比：都是贾府子弟，都是草字辈，人家贾芹多有本事，多能干，骑着大叫驴，威风凛凛，就你无能，窝囊废一个！骂得贾芸无地自容，东西没赊到，反吃了一肚子气。

贾芸被"韶刀的不堪，便起身告辞"，卜世仁说吃了饭再走吧，一语未完，卜世仁的老婆来了一句：家中无米，吃什么？刚被舅舅泼了一头冷水的贾芸，又被舅母覆了一层冰。舅母为什么也如此冷漠？试想，如果不是自己的亲舅舅不把自己当人看，做舅母的敢这样对待自己吗？

人微言轻，世态冷暖，贾芸的遭遇再次印证了这一点。

第二十五回 兄弟同根不同性

贾环是一个不受欢迎的人物，同样是亲孙子，年龄相差无几，但作为祖母，贾母对宝玉的溺爱随处可见，而对贾环，几乎无迹可寻，好像没有这个孙子似的。而作为母亲，赵姨娘对贾环缺少正面教育，每当贾环在外面受了委屈回来，赵姨娘非但不安慰规劝儿子，反而不是责骂就是冷嘲，把自己在贾府的失意一股脑发泄在儿子身上，让贾环成为她的出气筒。

再看亲生父亲贾政，本是同根生，贾政对宝玉虽苛责，但那是因爱而生的高标准严要求；对贾环，贾政没有像对宝玉那样的严厉，但也不慈爱，基本处于放任状态，很少管教过问。

亲生父亲、母亲还有奶奶的态度就决定了贾环在整个家族中的地位，除了彩霞，那些丫鬟小厮也不把他当回事，更别说邢夫人、王夫人了。

第二十四回，贾赦身体欠安，宝玉和贾环先后去请安，邢夫人见宝玉来了，先站了起来，拉他上炕坐，又命人倒茶，百般摩挲抚弄，疼爱有加。二人正说话，贾环和贾兰也来了，邢夫人叫他俩椅子上坐。坐炕和坐椅子区别很大，足以表现与主人的疏密关系。后面邢夫人又让贾环和贾兰先走，却独留下宝玉吃饭。如此偏心，叫人说什么好呢？

赵姨娘是贾政的小老婆，王夫人当然不会喜欢她，恨屋及乌，自然也不喜欢贾环，第二十五回就写了贾环因此而酿成的一桩恶性事件。一天，王夫人让贾环抄《金刚咒》，正写着，宝玉来了，"王夫人便用手满身满脸摩挲抚弄他，宝玉也扳着王夫人的脖子说长道短的"。这对母子嬉闹亲密的场面让本就缺少母爱和家庭温暖的贾环心生怒火，再加之后宝玉和彩霞胡闹王夫人也不管不问，旧仇新恨一时涌上心头。贾环妒火中烧，"故意装作失手，把那一盏油汪汪的蜡灯向宝玉脸上只一推"，宝玉被烫出一溜大泡。

单看贾环的行为，小小年纪，如此歹毒，的确让人气愤，然而，"人之初，性本善"，贾环也不是天生的谬种。造成这样的恶果，庶出、嫡出的封建观念固然在起作用，但不能因此一笔勾销贾府长辈们的责任，他们都难辞其咎。

第二十六回 从来怨也都是亲

黛玉爱哭和使小性儿是出了名的，这与她体弱多病、多愁善感的性格特质有关，更与贾宝玉有关。

第二十六回就写了这样一件事。宝玉到潇湘馆找黛玉，当紫鹃要给他倒茶时，他说："若共你多情小姐同鸳帐，怎舍得叠被铺床？"这话登时惹恼了黛玉，接着她就哭了起来。黛玉爱宝玉，爱得纯真，爱得无瑕，爱得更柏拉图，精神重于肉体。宝玉的轻薄之语，让黛玉感觉自己没有被尊重，纯真的爱被亵渎了。

就在宝玉告饶而黛玉不依时，袭人来了，说贾政让宝玉过去一趟。宝玉走了一天，黛玉替他忧虑了一天，担心贾政训斥他、难为他，吵架的事早放到一边去了。"至晚饭后，闻听宝玉来了，心里要找他问问是怎么样了。一步步行来，见宝钗进宝玉的院内去了，自己也便随后走了来。"宝钗先进了怡红院，随后到的黛玉第一次叩门被拒绝，第二次叩门被告知："凭你是谁，二爷吩咐的，一概不许放人进来呢！"黛玉哪里知道心情不好的晴雯没有听出是她。黛玉"不觉气怔在门外"，明明宝钗进去了，自己却不行，这不明摆着厚彼薄此吗？这让黛玉很受伤，宝钗能顺利进入怡红院，她却不能，这意味着什么还用说吗？黛玉当然也相信自己的耳朵，怕里面的丫鬟听不清还特意重复一次，得到的答案依然是任谁也不行，而

且还说这是宝玉的交代。这不能不让黛玉多想：宝玉为了能与宝钗独处，不想让任何人打扰，包括黛玉。

黛玉的所见所闻似乎都在传达一个相同的信息：在宝玉心里，她不如宝钗重要。从怡红院传出的宝玉和宝钗的笑语更印证了这一点。联想到早晨和宝玉吵架的事，黛玉更加委屈，自己虽说要告宝玉，但不过是说说而已，他怎么就当真恼了？黛玉对宝玉的猜疑越来越多，误解也越来越深。

阅读时要注意一点，自始至终，黛玉所有的怨气只针对宝玉一个人，没有牵涉整个事件中出现的其他任何一个，包括情敌宝钗和不开门的晴雯。因为，她只在乎宝玉，由爱生怨；其他人，与她无关。

爱之深，恨之切，从来怨也都是亲。若只看到黛玉表面的幽幽怨怨，哭哭啼啼，而没有思考这背后的原因，对她产生误解自然在所难免。

第二十七回　玲珑多面薛宝钗

薛宝钗知书达理、温柔可亲，这众所周知。但她的性格不止于此，第二十七回作者展现了她性格的其他方面。仔细品读，能帮助我们更加全面地认识宝钗，看到更真实的她。

芒种节这日早上，姐妹们都在园中玩耍，独不见黛玉。薛宝钗自告奋勇，去找黛玉。走到潇湘馆，忽见宝玉进去了。薛宝钗因而止步，她的理由是："宝玉和林黛玉是从小儿一处长大，他兄妹间多有不避嫌疑之处，嘲笑喜怒无常；况且林黛玉素习猜忌，好弄小性儿的。此刻自己也跟了进去，一则宝玉不便，二则黛玉嫌疑。"宝钗的心思缜密绝不亚于黛玉，但又不同于黛玉。第二十六回，黛玉去找宝玉，看到宝钗先她一步进了怡红院，黛玉当时可没想这么多，伸手就敲，虽被拒之门外，但她对宝钗却没有一句抱怨之语。同样的情境，相比之下，黛玉更坦诚率真，敢作敢为。

薛宝钗权衡再三，最后决定不进去。回来的路上，她忽然看到一对蝴蝶飞舞，其性格中顽皮好奇的一面占了上风，只见她从袖中取出扇子，蹑手蹑脚，"一直跟到池中滴翠亭上，香汗淋漓，娇喘细细"。宝钗扑蝶，这段描写历来为人称道，景美，人美，情态美，画面感极强，宝钗天真可爱活泼的一面被刻画得尤为生动。

没有扑到蝴蝶的宝钗刚欲回来，转身之时忽听见滴翠亭有嘁嘁喳喳说话声。原来是宝玉房中的丫鬟小红和坠儿在说悄悄话，话题是关于贾芸的。坠儿在无意中为小红和贾芸传递手帕，这在当时是大忌，若被主子知道了，会受到严厉责罚。薛宝钗此时想躲无处躲，想走走不脱，她知道小红"素昔眼空心大，是个头等刁钻古怪东西"，得罪她对自己没好处，她眉头一皱，计上心来，使用三十六计中的"金蝉脱壳"："宝钗便故意放重了脚步，笑着叫道：'颦儿，我看你往那里藏！'一面说，一面故意往前赶。"宝钗是一个优秀的演员，她面不改色心不跳，不动声色地就把嫌疑推到了黛玉身上，让无辜的黛玉成为她的替罪羊。为了把戏做得更真切，宝钗还笑着问小红和坠儿："你们把林姑娘藏在那里了？""一面说，一面故意进去寻了一寻，抽身就走，口内说道：'一定是又钻在山子洞里去了。遇见蛇，咬一口也罢了。'一面说一面走，心中又好笑：这件事算遮过去了，不知他二人是怎样。""临危不乱"，天衣无缝，薛宝钗精彩的表演让人看不出任何破绽，难怪小红和坠儿都信以为真。仅一件小事，为保全自己，薛宝钗便施展手段，显出极深城府，这绝非君子所为，更难以想象是一个淑女所为。

"都道是金玉良姻，俺只念木石前盟。空对着，山中高士晶莹雪；终不忘，世外仙姝寂寞林。叹人间，美中不足今方信。纵然是齐眉举案，到底意难平。"贾宝玉若知道薛宝钗对林黛玉尚有这么一出"金蝉脱壳"，恐怕其意更难平了吧？

第二十八回 黛玉的机智幽默

幽默是智慧的外壳，没有丰富厚重的生活积淀，没有洞察世事的火眼金睛，没有机敏迅捷的伶牙俐齿，想幽默起来并不是件容易事。

"心较比干多一窍"，黛玉聪明绝顶，虽然她和宝钗都是难得的才女，但宝钗说话做事稳重有余，略显呆板，黛玉则机灵得多。黛玉说话有时是尖酸刻薄，但有时也机智幽默，第二十八回对这点有集中描写。

话说宝黛通过沟通，消除了丫鬟不给黛玉开门造成的误解。当黛玉听宝玉说回去要教训他手下的人时，她说道："你的那些姑娘们也该教训教训，只是我论理不该说。今儿得罪了我的事小，倘或明儿宝姑娘来，什么贝姑娘来，也得罪了，事情岂不大了。"黛玉这张刀子嘴，得理不饶人，明明得罪自己时，气得怒火冲天不理人家，这时却说是小事。自己的事小，谁的事大呢？当然是宝钗，但不好明说，怕宝玉又急，所以她说了个宝姑娘，又说了个贝姑娘，玩起了文字游戏。宝玉知道黛玉说的这个宝贝姑娘就是薛宝钗，但字面上又不好反驳，只能任由黛玉过嘴瘾，受她"欺负"。

　　书中还有一处类似的描写。元春提前给贾府人赏赐端午节礼物，姐妹中只有宝钗和宝玉的一样。宝玉怕黛玉伤心，打发丫鬟把自己的礼物拿给黛玉，让她随便挑，黛玉却一件也没要。宝玉问她为什么，黛玉酸溜溜地说自己福浅命薄，没金也没玉，就是一介草木。宝玉闻听此言，立马表态：我心里除了老太太、老爷、太太这三个人，第四个就是妹妹你。说完还要发誓。宝玉都急成这样了，黛玉却不急，也不饶人，慢悠悠地来了一句："你也不用说誓，我很知道你心里有'妹妹'，但只是见了'姐姐'，就把'妹妹'忘了。"意思很明白，我没说你心里没有妹妹，但前提是姐姐没出现。

　　最幽默最逗乐的是在这一回结尾。宝玉和宝钗偶遇，宝玉说想看看元春赏给她的红麝串子。可巧宝钗左腕上戴着一串，于是当场褪了下来。宝玉在一旁看到宝钗的雪白酥臂，一时呆了。这一幕，正巧被黛玉瞧见，黛玉蹬着门槛，嘴里咬着手帕笑。宝钗问她站在那里干什么，黛玉笑道："何曾不是在屋里的。只因听见天上一声叫唤，出来瞧了瞧，原来是个呆雁。"黛玉借题发挥，指桑骂槐，骂宝玉是呆子。宝钗不明白，反问呆雁何在。黛玉当然不会告诉她呆雁是因她美貌看傻的宝玉，她回答得很巧妙："我才出来，他就'忒儿'一声飞了。"一箭双雕，既合情合理答复了痴宝钗，又一针见血敲醒了呆宝玉。

　　爱情的力量是巨大的，它能激发人的创造力、想象力，正如黛玉的眼泪多与宝玉有关一样，黛玉的幽默也多关乎宝玉。自从遇见宝玉，黛玉的悲喜哭笑就和这个人再也分不开了。黛玉的幽默是高智商的幽默,不是每个人听了都能立即明白,才女宝钗就没懂,唯有宝玉最清楚黛玉要表达什么。每次面对黛玉冷嘲热讽式的幽默,宝玉常百口莫辩,"又是咬牙,又是笑",恨极,也爱极。

只有爱没有恨,这是亲情;只有恨没有爱,这是敌情;有爱又有恨,爱恨缠绵,剪不断,理更乱,这就是爱情。

第二十九回 凤辣子之热辣辣

扫码读原著

林黛玉初到贾府第一次见到"恍若神妃仙子"的王熙凤时,贾母是这样向她介绍的:"你不认得他,他是我们这里有名的一个泼皮破落户儿,南省俗谓作'辣子',你只叫他'凤辣子'就是了。"凤辣子之名由此而来。

王熙凤的辣在第十二回对贾瑞"毒设相思局"中初露头角。

在第十四回中,王熙凤应贾珍之托协理宁国府,再次表现出她辣的一面。为了树威严,王熙凤走马上任第一天就当众宣布规矩。王熙凤不是干打雷不下雨,她雷厉风行,说到做到。一天,王熙凤按名查点,发现少了一人,此人虽随后到了,且事出有因,但王熙凤仍铁面无私,那人不仅被打了二十板子,还被革去一月银米,惩处够严厉。然而事情到此还没完,王熙凤继续杀鸡给猴看,她对目瞪口呆、战战兢兢的众人说:"明日再有误的,打四十,后日的六十,有不怕挨打的,只管误!"宁府上下终于领教了凤辣子的泼辣,此后再不敢偷闲,兢兢业业,以求自保,少受皮肉之苦以及钱粮剥夺。

王熙凤的辣在小说中并不鲜见。第二十九回写老祖宗带众人去清虚观打醮时,有这样一个插曲,着墨虽不多,读时印象却深刻。贾母一行浩浩荡荡来到清虚观,落轿时,王熙凤知道贾母的丫鬟鸳鸯等在后面,于是自己下了轿,忙上来搀扶贾母,"可巧有个十二三岁的小道士儿,拿着剪筒,照管剪各处蜡花,正欲得便且藏出去,不想一头撞在凤姐儿怀里"。小道士没见过大世面,慌不择路,撞人情本可原,不过是个小孩子,又不是故意的。可王熙凤竟然一扬手,照着小道士的脸一巴掌打过去,"把那

小孩子打了一个筋斗"，足见她下手之重。非但如此，王熙凤还大爆粗口：小道士顾不得疼痛，吓得爬起来往外跑，却被众婆娘媳妇齐声喝叫："拿，拿，拿！打，打，打！"上行下效，如果不是王熙凤凶狠在前，这些下人会像饿狼一样围攻一个孩子吗？

生活中，粉面桃花的王熙凤常含威不露，但心性所致，她的飞扬跋扈是挡不住的，时不时大露锋芒。凤辣子辣，作为一个妇道人家，无论在古代还是在今天，这样的毒辣、泼辣、狠辣，还是让人望而却步，敬而远之。她那"恍若神妃仙子"的美丽容颜，也因此黯然失色。

第三十回 宝玉的偏僻乖张

无故寻愁觅恨，有时似傻如狂。纵然生得好皮囊，腹内原来草莽。潦倒不通世务，愚顽怕读文章。行为偏僻性乖张，那管世人诽谤！

富贵不知乐业，贫穷难耐凄凉。可怜辜负好韶光，于国于家无望。天下无能第一，古今不肖无双。寄言纨袴与膏粱：莫效此儿形状！

这两首《西江月》表面上用世俗的标准批评贾宝玉，实际是正话反说。宝玉厌弃功名利禄，追求个性独立解放，不愿受封建教条的束缚。作者运用欲扬先抑的手法，赞扬了他不媚俗的叛逆精神。然而，阅读第三十回时，对词中说的"行为偏僻性乖张"，我有了新的发现，贾宝玉有时的确跟这句话说的一样。

文中写到，一个盛夏中午，贾宝玉在贾母那里和宝钗、黛玉打嘴仗，最后落得无趣，就来到母亲王夫人处。此时王夫人正在午睡，丫鬟金钏一边打盹一边给王夫人捶腿，其状娇美迷人。宝玉见了，便拔不动腿，又是给金钏喂香雪润津丹，又是跟她说明日跟太太把她讨到自己房中来。当金钏提议让他出去抓贾环和彩云时，贾宝玉说出我只守着你之类煽情的话。当王夫人翻身起来，恼怒地扇了金钏一个大嘴巴并大骂她时，贾宝玉却"早一溜烟去了"。敢做不敢当，这分明是贾宝玉挑逗金钏；惹事后，他却溜之大吉，让金钏收拾残局，但她收拾得了吗？金钏最后含羞受辱投井的悲剧，贾宝玉难辞其咎。

贾宝玉像没事人一样逃离王夫人的房间，全然没有想过金钏一个人将要面临的责难。他走进大观园，很快就被独在花下划"蔷"字的龄官所吸引，以至突如其来的大雨淋湿自己也浑然不觉，反而还提醒龄官快回去。这种事，也就行为偏僻异于常人的贾宝玉干得出来。

刚怜香惜玉完的贾宝玉冒雨跑回怡红院，他的举动再次让人大跌眼镜。贾宝玉叫门，连叫几声，无人答应，他便满肚子是气。当袭人从门缝里发现外面站着的是淋成落汤鸡的贾宝玉时，急忙笑着开门并说道："这么大雨地里跑什么？那里知道爷回来了。"此时贾宝玉已恼羞成怒，他看也不看，抬腿一脚，踢到袭人的肋上。这要多大的劲儿，抬多高的腿，才能踢到对方的肋上啊。踢得袭人"嗳哟"一声，接着哭起来。张口就骂，抬脚就踢，在这里，贾宝玉就是一个偏僻乖张的纨绔子弟。

想来这样的贾宝玉，在读者眼中才更真实吧。金无足赤，人无完人，曹雪芹并没有因为自己对贾宝玉的偏爱就把他刻画得尽善尽美，他遵循生活的真实，表现出一个作家的创作良知与真诚。这是对人性的尊重，对生活的尊重，更是对艺术的尊重。

第三十一回 俏晴雯撕扇一笑

好端端的扇子成为宝玉和晴雯开心取乐的物件，难怪袭人、麝月等大呼"造孽"，但正是在这异乎常人的举动中，凸显了他们的个性。

宝玉因心情不好，便把火发在把扇子失手坠地的晴雯身上。伶牙俐齿的晴雯当即揭穿了宝玉拿自己出气的真相，宝玉因此更恼；而袭人的劝和，非但没有息事宁人，相反火上浇油，宝玉和晴雯吵成一团。

直到薛蟠派人请宝玉，吵架才告一段落。傍晚，喝酒回来见到独自躺在院中凉榻上的晴雯时，宝玉早没了怒气，但晴雯气依旧，话里话外，夹枪带棒，对宝玉发泄着不满。这时宝玉发表了一大通"爱物"感言：只要喜欢，只要用发自心底的爱去役物，物尽其用，这就是对物的爱。

宝玉的言论，有对自己先前把晴雯当作出气筒的委婉检讨，也有对晴雯行动的理论支持：既然你喜欢撕扇子，那就撕，只要开心。在宝玉看

来，人，尤其像晴雯这样水做的女儿，比扇子等物重要一万倍。这就是宝玉的价值观。

晴雯在这一情节中表现出的性格也非常突出。面对宝玉大发雷霆，她针锋相对，据理力争，并不低三下四，委曲求全。后来当宝玉真心道歉，并说你愿意撕就撕好了，一般的丫鬟这时会见好就收，但晴雯却"得寸进尺"，让她撕她真就撕。其实晴雯未必真的理解宝玉那套古怪言论，但她敢说敢做，爱憎分明，在贾府丫鬟中，她是特立独行、光彩照人的一个，她身上闪烁着渴望平等、自由、尊严的叛逆火花。

"晴雯笑着，倚在床上说道：'我也乏了，明儿再撕罢。'"一笑、一倚、一言，构成一幅鲜活的画面，传神地写出晴雯的任性与娇嗔，人物呼之欲出。这做派，这腔调，这神韵，这气度，哪里像小丫鬟，简直就像大小姐！

"霁月难逢，彩云易散。心比天高，身为下贱。风流灵巧招人怨。寿夭多因毁谤生，多情公子空牵念。"只可惜，晴雯是小姐身子丫鬟命，这样的红颜又怎会不命薄呢？

第三十二回 冷言一句三春寒

金钏因不堪王夫人要把她撵出去的羞辱，投井而死。当一起闲聊的薛宝钗和袭人从一个老婆子嘴里闻知此讯时，薛宝钗的反应相当平淡，只说了四个字——"这也奇了"。一边的袭人则"不觉流下泪来"。两厢对照，薛宝钗的冷漠让人吃惊：素日温柔可亲几乎人人称赞的她怎会这样？

然而事情并没有就此结束，薛宝钗更让人吃惊的表现还在后面。薛宝钗知道金钏是王夫人的丫头，这件事一定和王夫人有关。她来到王夫人房内，谨言慎行的她没有主动开口提及此事，毕竟人命关天，一个大户人家的丫鬟突然投井总不是什么光彩的事。正独自"伤心垂泪"的王夫人见薛宝钗来了，主动问："你可知道一桩奇事？金钏儿忽然投井死了！"注意一个词——奇事，对金钏死因最心知肚明的就是王夫人，可她却故意装傻，和前面薛宝钗做出的反应如出一辙，都说金钏的死是一件让人感到奇怪的事，她二人真是心有灵犀，分析问题默契统一。宝钗见王夫人问，竟又重复一遍先前的话："这也奇了。"大有"你懂的"之韵味。

当然，薛宝钗的"奇"是带有疑惑的"奇"，她的确不知道金钏因何投井。而王夫人是明知故问，她逼死金钏，自感罪孽深重，担心金钏变了鬼也会找她算账。薛宝钗为了安慰惊恐的王夫人，也睁着眼睛说瞎话，而且说得有条有理，大言不惭。看看她这是什么鬼话："姨娘是慈善人，固然这么想。据我看来，他并不是赌气投井。多半他下去住着，或是在井跟前憨顽，失了脚掉下去的。他在上头拘束惯了，这一出去，自然要到各处去顽顽逛逛，岂有这样大气的理！纵然有这样大气，也不过是个糊涂人，也不为可惜。"什么叫"下去住着"？什么叫"憨顽，失了脚掉下去的"？这明明就是为金钏的死寻找借口，为王夫人的罪责开脱；什么叫"也不过是个糊涂人，也不为可惜"？金钏含冤而去，薛宝钗不同情不难过也罢了，却还说她是糊涂傻瓜蛋……薛宝钗对王夫人好言相劝的背后，是对金钏的无情和冷酷，她这份善解人意让人不敢恭维。

果然，本是六神无主的王夫人在薛宝钗的点拨下，平静下来。为了让王夫人更心安，薛宝钗发挥她的聪明才智，继续出主意："姨娘也不必念念于兹，十分过不去，不过多赏他几两银子发送他，也就尽主仆之情了。"如果说女儿是水做的骨肉，薛宝钗的生命之水一定被重度污染过，才说出这样的黑心话。金钏年轻如花的生命是那几两银子能买来的吗？

"好言一句三冬暖，冷言一句三春寒。"如果说薛宝钗之前曾用"金蝉脱壳"嫁祸于黛玉还是为了明哲保身的话，那么在对待金钏这件事上，她的言行就是明目张胆地助纣为虐，可气！可恨！可鄙！

第三十三回 可怜天下父母心

扫码读原著

早年读第三十三回宝玉挨打，常责怪贾政对自己的亲儿子太狠心，又不是阶级敌人，何以下手如此重？如今再读，对贾政打儿子有了新的理解与同情：摊上宝玉这么个离经叛道的儿子，做父亲的能不恨铁不成钢、心忧如焚吗？

宝玉挨打，事出有因，而且还不是一个因，他这顿打是必然的。先是贾雨村造访贾府，点名要见贾宝玉。贾政本想让儿子在外人面前给他长长脸，没想到宝玉来后"全无一点慷慨挥洒谈吐，仍是葳葳蕤蕤"，这种表现自然让当爹的很没面子，甚为失望。事也凑巧，就在贾政为宝玉的一脸愁欲和唉声叹气不满时，忠顺王府的长史官也来了，向他索要小旦蒋玉菡。贾政没想到儿子在外面和戏子有瓜葛，而且不分轻重，竟敢在王爷头上动土，让人家找上门来。在贾政看来，宝玉在家不好好读书也就算了，还跑到外面惹是生非，真是胆大包天了！

一波未平，一波又起，这里贾政已怒火中烧，贾环又心怀恶意再添一把火，把金钏的事添油加醋地告诉了贾政。可以想象，作为父亲，贾政如何能接受这样的现实：儿子在外引逗戏子，在家辱母淫婢，这不就是个败家子吗？为人父母，谁不望子成龙？退一步讲，即便不能成为人中龙，但也不能成为害群之马吧。

"那贾政喘吁吁直挺挺坐在椅子上，满面泪痕，一叠声'拿宝玉！拿大棍！拿索子捆上！把各门都关上！有人传信往里头去，立刻打死！'"一连五个急促的短句，五道不容反驳的命令，五个有似怒发冲冠的感叹号，再加上气喘吁吁、满面泪痕的外貌，一个愤怒至极、对儿子失望透顶的悲情父亲形象活灵活现。

贾政把宝玉往死里打，但他并不是铁石心肠，当随后赶来的王夫人哭诉"既要勒死他，快拿绳子来先勒死我，再勒死他。我们娘儿们不敢含怨，到底在阴司里得个依靠"时，他长叹一声，泪如雨下；当王夫人想起已逝的大儿子贾珠，哭诉"若有你活着，便死一百个我也不管了"时，贾政深有同感，白发人送黑发人，称心如意的大儿子不在了，眼前这个又如此不争气，"那泪珠更似滚瓜一般滚了下来"，泪珠如滚瓜，可见他该多伤心；当贾母对他又是训斥责备又是要挟时，怒气未消的他立即从严父变为孝子，对贾母又是赔笑道歉又是认罪，顺声顺气，苦苦哀求；当他看到宝玉被打得奄奄一息时，也觉得打重了，"自悔不该下毒手打到如此地步"……

可怜天下父母心，贾宝玉如果能体谅到这一点，即便是依旧保持自己的个性和追求，是不是也要考虑考虑换个方式，尽量少伤父母的心呢？

第三十四回 钗黛探视显真性

扫码读原著

　　第三十四回写到宝钗和黛玉分别来探视挨打的宝玉。虽同是看望，二人的表现却不尽相同：宝钗是托着一丸药来，黛玉是带着一颗心来；宝钗娇羞怯怯饰真情，黛玉满面泪光露真情。宝钗那理智的"早听人一句话，也不至今日"，是封建礼教劝说者的箴言；黛玉那痛心的"你从此可都改了罢"，则是封建社会叛逆者的提醒。宝钗和黛玉迥然的性格以及对宝玉的感情，在这里一目了然。

　　那宝玉的表现呢？阅读时稍留意，便会发现他对宝钗和黛玉的态度有天壤之别。宝钗说："别说老太太、太太心疼，就是我们看着，心里也疼。""她刚说了半句又忙咽住，自悔说的话急了，不觉的就红了脸，低下头来。宝玉听得这话如此亲切稠密，竟大有深意，忽见他又咽住不往下说，红了脸，低下头只管弄衣带，那一种娇羞怯怯，非可形容得出者，不觉心中大畅，将疼痛早丢在九霄云外。"面对宝钗欲言又止的表白，宝玉"不觉心中大畅"，觉得宝钗这个样子"令人可玩可观，可怜可敬"。宝玉是带着愉悦之情欣赏面前的宝钗的，尽管宝钗是在为宝玉挨打真心难过，但她的难过没有得到宝玉真诚的回应。

　　宝钗走后，黛玉来了，宝玉转瞬变了个人。还未等黛玉开口，他就全然不顾自己的疼痛急切地责备黛玉："你又做什么跑来！虽说太阳落下去，那地上的余热未散，走两趟又要受了暑。"宝玉自己快被打死了，浑身伤痛，但他此时忘了疼痛，满是对黛玉的担忧。看到眼睛哭得桃儿一般的黛玉，他心疼不已，比自己身上的痛还要痛。他哄黛玉："我虽然捱了打，并不觉疼痛。我这个样儿，只装出来哄他们，好在外头布散与老爷听，其实是假的。你不可认真。"这是善意的谎言！宝玉宁可自己承受天大的苦痛，也不愿黛玉为他担心。

　　宝钗面前的宝玉，是一个懵懂顽皮的小弟弟；黛玉面前的宝玉，是一个情深义重的大哥哥。

黛玉因王熙凤的到来仓促离开。宝玉放心不下，担心她为自己牵挂、伤心，当晚打发晴雯去看黛玉。他让晴雯带去两块令晴雯费解的旧帕。晴雯不懂，但黛玉懂。宝玉送来的何尝是用过的旧帕，而是一颗滚烫的心。黛玉深知宝玉良苦用心，"一时五内沸然炙起。黛玉由不得余意绵缠，令掌灯，也想不起嫌疑避讳等事，便向案上研墨蘸笔，便向那两块旧帕子上走笔写道……"那饱含黛玉万般深情的"题帕三绝"遂成千古绝唱。

黛玉的"题帕三绝"，不仅每一首都跟眼泪有关，而且每一句也都与泪水相伴。三首诗不是简单的重复，而是层层深入，情感递进。第一首写黛玉看到旧帕想到宝玉其人，第二首联想到自己平时满腹心事无人诉的忧伤，最后一首情感的抒发达到顶点，借湘妃哭舜、泪染斑竹的典故直言不讳地表达了对宝玉忠贞热烈的爱恋。三首诗一气呵成，气韵贯通，读来感人肺腑，催人泪下。这被泪水浸透的"三绝"再次照应第一回绛珠仙草的还泪之说。黛玉爱宝玉，忧伤大于欢乐。在这回之前，宝玉和黛玉的爱情还处于朦胧试探阶段，宝玉挨打，黛玉当面恸哭，真情流露，而宝玉感其怀，让晴雯私传手帕，这在封建社会，是大逆不道的行为，二人的叛逆精神由此可见。

百年沧桑，古今心同。儿女情长，难避神伤。黛玉深婉缠绵的歌犹在耳旁：窗前亦有千竿竹，不识香痕渍也无……

第三十五回　隔代相看两不厌

在《红楼梦》中，若论说话，王熙凤、林黛玉、史湘云是能说的，李纨、迎春、惜春属口讷的，而宝钗看人下菜碟，从量上讲应属居中，但若从质上看，她的水平不在王熙凤之下，远超黛玉等人。

第三十五回写到贾母、王夫人、薛姨妈、王熙凤、薛宝钗等齐聚怡红院，看望养伤的宝玉。王熙凤妙语连珠，惹得老祖宗心花怒放。大家直夸王熙凤会说话，巧得很，坐在一旁的宝钗笑道："我来了这么几年，留神看起来，凤丫头凭他怎么巧，再巧不过老太太去。"满屋子太太小姐媳妇丫头一大堆，都在跟着老祖宗夸王熙凤，宝钗突然来了这么一句。她这句话说得妙，一箭双雕，先是肯定了凤姐的巧，而且是非常巧，但话锋一转，凤姐的巧再厉害也比不过老祖宗，除了王熙凤，恐怕再没有能比宝钗更会拍贾母马屁的人了。不过，宝钗拍马屁和凤姐又不同，凤姐拍马屁往往眉飞色舞，高调张扬；宝钗则不动声色，低调内敛。黛玉也能说会道，又是贾母的亲外孙女，但她从没有像宝钗这样赤裸裸地奉承贾母。

抬手不打笑脸人，嘴巴甜的总招人疼。贾母听了宝钗的话，果然更高兴，当着大家的面，毫不掩饰地大赞宝钗："提起姊妹，不是我当着姨太太的面奉承，千真万真，从我们家四个女孩儿算起，全不如宝丫头。"孩子是自家的好，贾母说的自家女孩儿，不是亲孙女就是亲外孙女，但她却说她们都不如宝钗。夸宝钗好无可非议，但若说宝钗比自家的姑娘们都好，这评价确实很高。薛姨妈说老太太这话说偏了，这时一向老实得跟"木头似的"的王夫人出来作证："老太太时常背地里和我说宝丫头好，这倒不是假话。"看来，贾母所言不假，她就是特别喜欢宝钗。

贾母发自内心喜欢宝钗这样的姑娘，喜欢她的温柔贤淑、知书达理和好脾气。宝钗是大人眼中的好孩子，让人省心；不像黛玉，动不动就使小性儿，让人操心。从长辈的角度，自然更愿意选择宝钗这样的人给宝玉做媳妇，典型的贤妻良母。

宝钗夸赞老祖宗，一味讨其欢心，大有私心。和黛玉一样，贾府也不是宝钗的家，他们母子三人同样是寄人篱下。宝钗选秀无望，像元春那样的显赫对她已不可能。未来怎么办？归宿何在？贾宝玉自然成为不二人选。这一点不仅黛玉看出来了，屡屡为之醋意大发，就连整天东游西逛人称呆霸王的薛蟠也看出来了。一次，兄妹二人因为宝玉争吵，薛蟠就一语点破："好妹妹，你不用和我闹，我早知道你的心了。从先妈和我说，你这金要拣有玉的才可正配，你留了心，见宝玉有那劳什骨子，你自然如今行动护着他。"薛蟠话没说完，一向矜持稳重的宝钗便气怔大哭。一定是薛蟠的话击中了她的要害，揭穿了她的心事，她才恼羞成怒了。

相看两不厌。看看这一回，就能理解为什么最后贾母指定嫁给宝玉的人是薛宝钗了。

第三十六回　人间自是有情痴

第三十回写过，贾宝玉在一个赤日当空的夏日中午，独自走进大观园，刚到蔷薇花架下，就听见有哽噎声。他"悄悄的隔着篱笆洞儿一看，只见一个女孩子蹲在花下，手里拿着根绾头的簪子在地下抠土，一面悄悄的流泪"。宝玉想到黛玉："难道这也是个痴丫头，又像颦儿来葬花不成？"留神细看，"只见这女孩子眉蹙春山，眼颦秋水，面薄腰纤，袅袅婷婷，大有林黛玉之态"。果然，这女孩子和林黛玉形神兼似，宝玉因此更挪不动脚了，发起痴来，看那女孩一笔一画，在地上画了几千个"蔷"字。一个痴痴地画，一个痴痴地看，以至急雨突降，把二人都淋湿了，他们还浑然不觉。

宝玉知道这个痴情的姑娘应是梨香院十二个唱戏的女孩中的一个，但不清楚具体是哪个。直到第三十六回他想听《牡丹亭》来到梨香院，才发现那个唱得最好的小旦龄官正是蔷薇架下画"蔷"的那个人。

以宝玉的身份，想听自家戏班子唱几句再简单不过，他自己也这么认为。没想到当宝玉赔着笑脸提出央求时，却遭到龄官的断然拒绝，她正颜厉色地说："嗓子哑了。前儿娘娘传进我们去，我还没有唱呢。"根本没把宝玉放在眼里，其铮铮傲骨、目无下尘之态尤似黛玉。当宝官说蔷二爷来了她就会唱时，宝玉顿觉奇特，于是留下等候。片刻后，贾蔷果然兴致勃勃从外面回来，手里提着个鸟笼子，里面扎着个小戏台，并一个雀儿。宝玉没有了听曲子的心，只想看看贾蔷和龄官是怎样的。但见贾蔷拿来谷子，逗那只雀儿在戏台上上蹿下跳，众女孩都笑称"有趣"，唯独龄官冷笑两声，赌气仍睡去了。这种讨大家都开心的东西龄官不买账，她要的是唯一，她在乎的是贾蔷心里时时装着她。贾蔷看龄官还不高兴，只管赔笑，连问她今日好不好。龄官非但不领情，反而指责道："你们家把好好的人弄了来，关在这牢坑里学这个劳什子还不算，你这会子又弄个雀儿来，也偏生干这个。你分明是弄了他来打趣形容我们，还问我好不好。"这言语，这厉害劲儿，直像发脾气时训斥宝玉的黛玉。

贾蔷被龄官骂得无所适从，又是自责又是赌身发誓，最后把刚花了一二两银子买的雀放了，省得再惹龄官生气。当龄官责备他不关心自己时，贾蔷忙说立即出去请先生再来（昨天刚请过）。而这时龄官却又叫住了他："站住，这会子大毒日头地下，你赌气子去请了来我也不瞧。"看来龄官的本意也不是让贾蔷真请先生，只要他有这份心就足够；她表面刁难贾蔷，实际又心疼，不舍得他顶着烈日跑来跑去。这看似有些胡搅蛮缠的言行恰是恋爱中女孩的正常表现，她只是想以这样的举动引起所爱之人对自己的关注而已。

贾宝玉被眼前的情景看呆了，痴痴地站在那里，他终于领会了当日龄官独自画"蔷"的深意，也终于懂了他对黛玉的情感，以及黛玉那些无理取闹的举止。原来这人世间，并不只是他为了爱情低三下四、卑躬屈膝，而因为爱情变得喜怒无常、刁钻古怪的女子也不只林妹妹。"情悟梨香院"，贾宝玉在这里品得了爱情的真味。

人间自是有情痴，此事常关风与月。

第三十七回 不羡神仙羡大观

读第三十七回，想起一篇关于"古代女子的休闲生活"的文章，里面提到古代女子一年十二个月那充满诗情画意的惬意生活：

一月踏雪寻诗，烹茶观雪，吟诗作乐；二月寒夜寻梅，赏灯猜谜；三月闲厅对弈；四月曲池荡千，芳草欢嬉；五月韵华斗丽，芬芳满园；六月池亭赏鱼，池边竹林飒飒作响；七月荷塘采莲，泛舟湖上；八月桐荫乞巧；九月琼台赏月；十月深秋赏菊；十一月文阁刺绣；十二月围炉博古。

在许多现代人的意识里，古代女子不读书认字，整天大门不出二门不迈，只守在闺房做女红，待及笄后，凭父母之命媒妁之言嫁人了事，生活很单调。看了《红楼梦》才知道，古代女子也不完全这样，尤其在贵族之家。

小说是现实的反映。《红楼梦》给古往今来的女儿们建构了一座乌托邦式的理想国——大观园。那些冰清玉洁的女子分别住在风景如画、装饰豪华的独门小院里，丫鬟仆人一大堆，家务不沾手，有时做女红也只是出于个人的喜好和兴致，不是硬性的劳动任务。一年四季，她们锦衣玉食，春有百花秋有月，夏有凉风冬有雪，她们与大自然同步而行，赏尽四时美景。闲暇之余，她们常聚在一起聊天、聚宴、写诗、下棋……雅俗共赏，才情意趣不让须眉。第三十七回写大观园几个女子及宝玉在探春的提议下成立"海棠诗社"，这就是一个有力的佐证。

清代袁枚写过一首《湖上杂诗》："葛岭花开二月天，游人来往说神仙。老夫心与游人异，不羡神仙羡少年。"看黛玉、宝钗、探春等在大观园吟诗作对、赏风弄月的诗意生活，真是不羡神仙羡大观了。

第三十八回　情人眼里出西施

扫码读原著

一个人心里有什么，眼里、嘴里就会有什么。宝玉心里装着黛玉，所以凡事自然而然会想到她。得到好东西，宝玉首先想到的就是给黛玉送去，他对黛玉的这份心在众人面前也从不掩饰，时时流露。

第三十五回，宝玉被贾政打得爬不起来，贾母等人来到怡红院探望，大家闲聊间，宝钗夸贾母比凤姐巧，贾母说："你姨娘可怜见的，不大说话，和木头似的，在公婆跟前就不大显好。凤儿嘴乖，怎么怨得人疼他。"宝玉插话道："若这么说，不大说话的就不疼了？"贾母道："不大说话的又有不大说话的可疼之处，嘴乖的也有一宗可嫌的，倒不如不说话的好。"宝玉笑道："这就是了。我说大嫂子倒不大说话呢，老太太也是和凤姐姐的一样看待。若是单是会说话的可疼，这些姊妹里头也只是凤姐姐和林妹妹可疼了。"宝玉本想顺着贾母的思路，让她夸夸黛玉，没承想贾母却盛赞起宝钗来。

宝玉从不回避对黛玉的偏爱。第三十七回写探春提议成立海棠诗社，那天大家当场作海棠诗。当社长李纨刚宣读黛玉诗的第一句"半卷湘帘半掩门，碾冰为土玉为盆"时，宝玉先就大声喝起彩来，还说"从何处想来"！赞美之情溢于言表，而对别人的诗作，他则无此表现。作为唯一的评委，李纨最后说蘅芜君宝钗第一，潇湘妃子黛玉第二，怡红公子宝玉最后一名。宝玉对自己倒数第一没有任何意见，说评得"最公"，但他却对黛玉没有得第一颇有微词，让李纨再斟酌考虑，直到李纨说"再有多说者必罚"，他才作罢。但可想而知，他心里一定还在为黛玉愤愤不平。

到了第三十八回，海棠诗社再次搞笔会——作菊花诗。十二首菊花诗作罢，还是李纨做裁判。李纨宣布"《咏菊》第一，《问菊》第二，《菊梦》第三，题目新，诗也新，立意更新，恼不得要推潇湘妃子为魁了"。此言一出，别人还没来得及反应，宝玉先喜之不禁，竟拍手叫道："极是，极公道。"要知道，这三首诗都是黛玉写的。

更有趣的是，宝玉看黛玉一举夺魁，心情大好，遂自告奋勇再写螃蟹诗。他得意地咏完自己的螃蟹诗后，黛玉取笑他"这样的诗，要一百首也有"。宝玉受到奚落也不生气，只说："你这会子才力已尽，不说不能作了，还贬人家。"这话表面看来像在责备黛玉，实则不然，宝玉还沉浸在黛玉刚刚夺冠的喜悦中。

黛玉哪里会江郎才尽，听宝玉这么一说，她大笔一挥，当即也写下螃蟹诗一首：

> 铁甲长戈死未忘，堆盘色相喜先尝。
> 螯封嫩玉双双满，壳凸红脂块块香。
> 多肉更怜卿八足，助情谁劝我千觞。
> 对斯佳品酬佳节，桂拂清风菊带霜。

宝玉看了，又想喝彩，黛玉却一把撕了，并令人烧了去。黛玉认为这样的诗只是文字游戏而已，上不了大雅之堂，而在宝玉眼里，只要是和黛玉有关的，爱屋及乌，都是珍宝。

仓央嘉措有一首诗："新茶香郁满齿唇，伴得糁粑倍美醇。情人眼里出西施，每对卿卿每销魂。"这首诗也能表达贾宝玉的心声。仓央嘉措是一个情僧，也是情圣；贾宝玉是情圣，最后皈依佛门，也可以说是个情僧，否则曹雪芹怎会莫名其妙地给《红楼梦》另起过一个名字——《情僧录》呢？

第三十九回 怜香惜玉的宝玉

贾宝玉的怜香惜玉非常出名，他对身边的女孩怜惜自不必说，甚至还会把道听途说的事也当真，痴心不已。

第三十九回，刘姥姥二进大观园。这次很难得，她被凤姐和贾母挽留住下来。贾府是侯门，这里的女性虽说见过大场面，但对农村生活不熟悉，刘姥姥给她们带来一股清新的乡野之风，那些瓜果菜蔬，那些乡村趣闻，让大家深得趣味。刘姥姥是农村人，但在人情世故上有些见识，一看贾母和哥儿姐儿都被她逗得开心，"便没了说的也编出些话来讲"。她说去年冬天的一个大雪天，早上起来，还没开门，发现外面草垛旁站着一个十七八岁穿着红袄白裙的标致姑娘……她正讲得带劲儿，外面有人报着火了。贾宝玉听得正来劲儿，他不关心着火，忙问刘姥姥："那女孩儿大雪地作什么抽柴草？倘或冻出病来呢？"

刘姥姥只是信口开河，宝玉却给个棒槌当了真，等到那晚大家散了，他背地里又拉住刘姥姥，问那个女孩的事。刘姥姥只好继续编，骗宝玉说那女孩是一个病死的女儿变的，还说什么她家那边有一座寺庙，里面供奉着这个女孩的塑像，只是年久未修，如今破败了。贾宝玉对刘姥姥的胡言不仅信以为真，还认真跟她商量修复寺庙的事。更可笑的是，第二天一大早，宝玉就派茗烟按刘姥姥说的方向先去察看。书中写道，"那茗烟去后，宝玉左等也不来，右等也不来，急的热锅上的蚂蚁一般"。"热锅上的蚂蚁"，这个比喻形象地写出宝玉望眼欲穿盼茗烟的急迫心情。本是子虚乌有的事情，他却看成头等重要的大事。

茗烟跑了一天，也是空跑，没有带回宝玉想要的消息。茗烟的话说得很明白：宝玉说的那个方向根本没有什么寺庙，在另一个方向虽然找到一座寺庙，但里面供奉的不是什么标致姑娘，而是一个瘟神爷。明眼人一听就知刘姥姥所言是假，但宝玉就是犯痴病了，他不但不生刘姥姥的气，反倒替刘姥姥开脱，说她年纪大了，可能记错了，等有空再去找，没有就算了，若真有，还得做点善事积点阴德才是。

怜香惜玉到这等程度的，除了贾宝玉，再无旁人。

第三章　读写一体策略——轻叩红楼

第四十回　将娱乐进行到底

扫码读原著

刘姥姥是《红楼梦》中的一朵奇葩，关于她有很多歇后语。例如，刘姥姥进大观园——眼花缭乱，刘姥姥进大观园——洋相百出，刘姥姥进大观园——看花了眼，刘姥姥进大观园——少见多怪，刘姥姥进大观园——长了见识，刘姥姥进大观园——大开眼界，刘姥姥进大观园——满载而归，等等。对贾府这些贵族太太小姐而言，刘姥姥是天外来客，她们从刘姥姥身上发现了很多新奇搞笑的乐子。难得的是，刘姥姥积极主动配合着大家的需要，把这出西洋景描画得淋漓尽致。

第四十回，刘姥姥带着板儿二进大观园。老祖宗一时开心，决定带她游赏大观园。这天一早，贾母等人来到李纨处，丫鬟碧月端上一盘子各色折枝菊花。贾母挑了一朵大红的簪在发髻上，回头招呼刘姥姥也戴一朵。一语未完，凤姐先跑过来，一把拉着刘姥姥，将满盘子的菊花横三竖四地插了她一头。不难想象，七十多岁整天风吹日晒的刘姥姥戴着满头五颜六色的鲜艳菊花会是何等滑稽模样，贾母和众人都"笑得不得了"。刘姥姥一点儿也不恼，还自嘲说自己今天体面起来，成了老风流才好。而同样是戴花，曹雪芹写贾母时，用的是"簪"，写刘姥姥时用的是"插"。"簪"字表现了贾母戴花时的细致、优雅、高贵，"插"字则表现了凤姐给刘姥姥戴花时的戏谑、随意及不尊重。一字之差，贾母和刘姥姥的身份地位之别尽显笔端。

为了讨老祖宗和大家开心，凤姐和鸳鸯暗中议定，今天就让刘姥姥做篾片（古时指为主人帮闲凑趣的人）。吃饭前，鸳鸯特意把刘姥姥叫出去，嘱咐她贾府的一些规矩。其实刘姥姥不傻，知道这是想让她逗大家高兴，于是她就在贾母宣布吃饭时突然站起身来，高声说："老刘，老刘，食量大似牛，吃一个老母猪不抬头。"说完后自己鼓腮不语，一脸严肃。"食不言，寝不语"，这才是贾府的规矩，大家哪见过这阵势，所以先是一怔，接下来便恍然大悟，顿时笑作一团。小说这里的场面描写十分精彩：

史湘云撑不住，一口饭都喷了出来；林黛玉笑岔了气，伏着桌子叫

· 113 ·

"嗳哟"；宝玉早滚到贾母怀里，贾母笑的搂着宝玉叫"心肝"；王夫人笑的用手指着凤姐儿，只说不出话来；薛姨妈也撑不住，口里茶喷了探春一裙子；探春手里的饭碗都合在迎春身上；惜春离了坐位，拉着他奶母叫揉一揉肠子。地下的无一个不弯腰屈背，也有躲出去蹲着笑去的，也有忍着笑上来替他姊妹换衣裳的……

同样是笑，曹雪芹用语极契合人物的性格身份，写出了属于每个人的独特的笑。湘云素来豪放似男儿，所以她的笑肆无忌惮，饭都喷出来了；黛玉体质弱，笑得太用力就岔气，肚子疼得直"嗳哟"；宝玉是贾母的"心肝"，只有他会笑得躺在她怀里；而贾母，搂着宝玉叫"心肝"，这是她老人家表达开心的最佳方式；王夫人了解王熙凤，知道这样的恶作剧一定是她幕后指使，于是指着凤姐笑；薛姨妈年纪大，地位不减王夫人，笑得把茶喷了探春一裙子也没什么；探春做事风风火火，大大咧咧，饭碗倒在老实人迎春身上不为过；惜春年龄最小，笑得肚子疼了就像小孩一样叫奶妈揉很正常；丫鬟们地位低，不能跟主子一样无所顾忌，轻的就地弯腰屈背，重的跑到外面放声，有眼色的忍着笑上来给她们的主子换弄脏的衣服。

大家笑成这样，但凤姐和鸳鸯还不算完，接着让刘姥姥拿着自称"比俺那里铁锹还沉"的四楞象牙镶金的筷子上演了一出夹鹌鹑蛋的好戏。一时间，所有人都不吃饭了，刘姥姥成了焦点，笑声一拨接一拨，连续不断。午饭时的行令就是这种笑声的延续。想那刘姥姥一介村妇，大字不识一个，喝酒行令乃是文人雅事，她如何玩得来？刘姥姥为了不扫大家的兴，极具娱乐精神，愣是参与到这场游戏中来，且不负众望，她具有浓厚乡村生活气息的酒令再次给大家带来前所未有的笑声，书中是这样写的：

鸳鸯笑道："左边'四四'是个人。"刘姥姥听了，想了半日，说道："是个庄家人罢。"众人哄堂笑了。……鸳鸯道："中间'三四'绿配红。"刘姥姥道："大火烧了毛毛虫。"……鸳鸯道："右边'幺四'真好看。"刘姥姥道："一个萝葡一头蒜。"众人又笑了。鸳鸯笑道："凑成便是一枝花。"刘姥姥两只手比着，说道："花儿落了结个大倭瓜。"众人大笑起来。

大观园是为元春省亲建造的，想当年元春回家也没如此热闹，眼泪多于欢笑。刘姥姥走进大观园，则带来了一串串笑声，她献出老脸，洋相百出，誓将娱乐进行到底，空前活跃了太太小姐们的单调生活。

二进大观园的刘姥姥已七十五岁高龄，比贾母还大好几岁，为了得到这个群体的接纳，密切与她们的联系，从而傍上这棵大树，她就像马戏团的小丑一样，甘做大家的笑料。凤姐等人的取笑戏弄并无恶意，但每读这一回，还是为刘姥姥心酸。人穷志短，人微无尊，刘姥姥的遭遇，都是贫贱卑下造的孽。

第四十一回　耐人琢磨的妙玉

在金陵十二钗中，"气质美如兰，才华阜比仙"的妙玉最后一个出场，她也是唯一一个跟贾府没有任何血缘及亲戚关系的人。

妙玉的身世很奇妙，充满疑惑。妙玉这个名字第一次出现于林之孝家之口，她回王夫人说从南方买了十个小尼姑，另外还有一个带发修行的十八岁的苏州姑娘，法名叫妙玉。据林之孝家的介绍，妙玉出身读书仕宦之家，极通文墨，因自小多病而出家，如今父母俱亡。听说长安都中有观音遗迹并贝叶遗文，所以她去年和师父来了。后来师父圆寂，她本欲扶灵回乡，无奈师父临寂遗言："衣食起居不宜回乡，在此静居，后来自然有你的结果。"妙玉因此留下来。王夫人听罢，让人下帖子请妙玉，安排在栊翠庵。

妙玉正面出场在第四十一回。贾母带着二进大观园的刘姥姥各处走走，顺路来到栊翠庵。妙玉亲自捧了海棠花式雕漆填金云龙献寿的小茶盘与贾母，里面放了一个成窑五彩小盖钟，泡的是老君眉。贾母吃了半盏就递给了刘姥姥。就因为刘姥姥用过，后来道婆收拾茶具时，妙玉便让把这个小盖钟扔了。宝玉觉得可惜，请求妙玉把盖钟送给刘姥姥。"妙玉听了，想了一想，点头说道：'这也罢了。幸而那杯子是我没吃过的，若是我吃过的，我就砸碎了也不能给他。'"对妙玉这话，很多人认为是她洁癖过度的缘故，其实，又不全是。如果妙玉真的很洁癖，她自己的东西就

不会轻易给别人用，且不说那个时代提倡男女授受不亲，即便在今天，一个女子也不会随便把自己用的杯子给一个不相干的男人用。而就是这个极度嫌恶刘姥姥的妙玉，接下来却"仍将前番自己常日吃茶的那只绿玉斗来斟与宝玉"。妙玉带黛玉、宝钗到耳房吃体己茶，给这二人用的杯子虽也是稀世珍品，但并不是自己平日用的。妙玉是出家人，以洁癖著称，宝玉又是个异性，可妙玉竟将自己日常使用的杯子给他，令人匪夷所思。作者在这里虽只是一句带过，并未多用笔墨，但阅读时不能忽略这个细节，妙玉此举，一来表明她高看宝玉不止一眼，二来她的洁癖是有选择性的，看人下菜碟，并非真洁癖。

除此，这回还有一个不容忽视的现象，即妙玉请大家喝茶用的茶具。老祖宗用的是成窑五彩小盖钟，宝钗用的是瓟斝，黛玉用的是点犀䀉，宝玉用的是绿玉斗，这些都是有名有款的古玩宝贝，即便是其他人，用的也都是一色官窑脱胎填白的盖碗。一个出家小女子，茶具如此珍稀高档，让宝、钗、黛这些见过世面的人都感到无比新奇。妙玉还说宝玉"只怕你家里未必找的出这么一个俗器来呢"。这些描写都让人感到妙玉出身不同凡响，很多研究者猜测她是落难的贵族小姐，绝非子虚乌有。

妙玉，真是一块奇妙的玉，她身上有太多疑团，耐人琢磨。

第四十二回　蘅芜潇湘并芬芳

对宝钗、黛玉二人，不喜宝钗者，大都因其循规蹈矩，城府太深；不喜黛玉者，大都因其尖酸刻薄，爱使小性儿。第四十二回，宝钗和黛玉分别展现了或可敬或可爱的一面，无论先前对她们喜欢与否，读这回，或许都会喜欢她们。

宝钗在这回的表现有两点让人欣赏，一是对读书的见识，二是对绘画的见识。前一回黛玉在行酒令时暗用了《牡丹亭》和《西厢记》的语句，别人没听出来，宝钗发现了。从宝钗的自述可知，她不是天生就乖，小时也淘气读过这些被大人藏着掖着的书，只是后来严格的家教把她给禁锢，所以变成现在的样子。宝钗谈到自己对读书的见解时，说：

"男人们读书不明理,尚且不如不读书的好,何况你我。就连作诗写字等事,这不是你我分内之事,究竟也不是男人分内之事。男人们读书明理,辅国治民,这便好了。只是如今并不听见有这样的人,读了书倒更坏了。这是书误了他,可惜他也把书糟踏了,所以竟不如耕种买卖,倒没有什么大害处。你我只该做些针黹纺织的事才是,偏又认得了字,既认得了字,不过拣那正经的看也罢了,最怕见了些杂书,移了性情,就不可救了。"

宝钗的理论让一向爱对她找碴的黛玉都不得不"心下暗伏,只有答应'是'"。宝钗认为,无论男女读书认字本都是好事,但如果不用在正道上,去寻了那些不正经的书看,反倒是害己害人,也亵渎了书籍本身。开卷并非都有益,开好卷有益,开坏卷则无益,不如不开。

接下来,书中写了宝钗和黛玉对惜春即将画大观园图发表的各自言论。宝钗作诗与黛玉不相上下,但在这之前,不知道她对绘画竟也如此精通。

作者通过宝钗和黛玉的语言描写进行对照,黛玉说的多为戏谑调侃语,不是内行,宝钗说的句句在点子上,很专业,尤其在构图设计、画纸选择以及其他画图所需物品的安排上,讲得头头是道,说她是个绘画专家不为过。

黛玉在这一回足足表现了她可爱的一面。黛玉眼高不服软,当宝钗说她行酒令胡言乱语时,黛玉想起自己失于检点,但没恼怒,上来搂着宝钗,甜言蜜语,一口一个好姐姐求宝钗不要告诉别人,还谦虚地让宝钗好好教她,以后都改了等。如此求人,求的又是宝钗,于黛玉实属罕见。还有,当黛玉听宝钗说绘画需购买的物品中有水缸、箱子一类东西时,她拉着探春悄悄说:"你瞧瞧,画个画儿又要这些水缸箱子来了。想必他糊涂了,把他的嫁妆单子也写上了。"探春当即揭发黛玉,宝钗过来把她按在炕上,便要拧她的脸,黛玉这时的嘴巴比抹了蜜还甜:"好姐姐,饶了我罢!颦儿年纪小,只知说,不知道轻重,作姐姐的教导我。姐姐不饶我,还求谁去?"宝钗手下留情,黛玉笑道:"到底是姐姐,要是我,再不饶人的。"这样的话出自黛玉之口,绝对让宝钗熨帖,所以她也拿黛玉没辙了,不仅没舍得拧她的脸,还主动要求把她弄乱的头发拢一拢。钗黛如此

和谐的场面把一旁的宝玉看呆了。

"蘅芜君兰言解疑癖，潇湘子雅谑补余香。"宝钗、黛玉和平共处并芬芳，是大观园中难得一见的美景。

第四十三回 多情公子祭芳魂

读者对第四十三回贾宝玉一大早到水仙庵祭奠金钏一事颇有争议：有说这一天是金钏的生日，有说是忌日，还有说是百日等。关于这点，其实没有争论的必要，在第四十四回作者点明了缘由："今日是金钏儿的生日，故一日不乐。"原来那天是金钏的生日。

阴历九月初二不仅是金钏的生日，还是王熙凤的生日。为了给凤姐庆生，老祖宗亲自出马，召集荣、宁二府有头有脸的女眷们聚在一起开会，让大家都出份子，好给凤姐举办一场盛大的生日宴。无论平日跟凤姐关系好的，还是关系不好想巴结她的，都在这档儿表明心意。何况还有老太太撑腰，谁敢不买账？

宝玉和凤姐的关系自不必说，两人都是贾母眼中的红人儿，宝玉之母王夫人又是凤姐的亲姑姑。在一般人看来，凤姐的生日绝对少不了宝玉，书中通过描写众人对宝玉未能及时参加宴会的反应也证明了这点。当李纨派去通知宝玉的丫鬟回来说他一早就出门了时，大家的反应"都诧异"，并说"再没有出门之理。这丫头糊涂，不知说话"。于是又命翠墨去，翠墨回来也说的确出门了，去给北静王的小妾吊丧。探春反驳道："断然没有的事。凭他什么，再没今日出门之理。"依旧不信，又叫袭人来，结果袭人来后也说宝玉"今儿一早起有要紧的事到北静王府里去"了。李纨等纷纷对此发表不满："今儿凭他有什么事，也不该出门。头一件，你二奶奶的生日，老太太都这等高兴，两府上下众人来凑热闹，他倒走了；第二件，又是头一社的正日子，他也不告假，就私自去了！"贾母听了袭人的回话后也"不乐"，"便命人去接"。宝玉回来后，贾母、王夫人都说他"不知好歹"，还两次拿出贾政恐吓他，说"再私自出门，不先告诉我们"，就告诉贾政打他，足见事情的严重性。

上述描写是为了反衬宝玉对金钏的一片真情,是作者匠心独运所在。在宝玉心中,凤姐虽高高在上,但身份低微的金钏同样尊贵。宝玉不顾凤姐生日,独自跑到郊外祭奠金钏,一是对金钏之死心怀愧疚,二是对金钏年轻美好的生命含冤陨落深为痛惜。宝玉这一行为再次表明他不慕权贵、敬重生命、怜香惜玉的品质。

同一天,两个女子的生日,却是阴阳两重天。凤姐这边热热闹闹,笑语盈天;金钏那边只有宝玉和妹妹玉钏为之垂泪,冷冷清清。恐怕贾府其他人早已忘记投井的金钏了。一喜一丧,一乐一哀,一闹一静,凤姐过生日和宝玉祭奠金钏形成鲜明对比。

第四十四回 忍气吞声的平儿

扫码读原著

在贾府丫鬟中,无父无母无兄弟姐妹的平儿最是难得。想那贾琏之俗、凤姐之威,平儿整日周旋在这两个人之间,还能做到周全妥帖,该是何等伶俐聪明!尽管如此,平儿处在这样的环境下,委屈自然少不了。第四十四回就写了这样一件事——平儿平白无故惨遭凤姐、贾琏两口子"荼毒"。

凤姐在她的生日宴上,因为多吃了几杯祝贺酒,自觉酒沉,就瞅人不备往家走,想回去歇歇。平儿很有眼色,看到主子离席,也跟了过来。真是应了那句老话,"要想人不知,除非己莫为",贾琏以为大家为凤姐过生日,她一定不会提前退席,就色胆包天把素日相好的鲍二家的叫家里来鬼混。这事原本与平儿无关,是贾琏、凤姐、鲍二家的三人间的纠葛。可因为凤姐在窗外听到鲍二家的说凤姐死了就把平儿扶正,以及贾琏说"平儿也是一肚子委曲不敢说",凤姐便醋意大发,认为平儿背地里发牢骚说她坏话,问也不问,转身对着平儿就是狠狠的两巴掌打过去。这还不算,妒火中烧的凤姐随后一脚将门踢开,一边"撕打"鲍二家的,一边连着平儿一起骂,说她们是"淫妇忘八一条藤儿",边说边又对平儿大打出手。

平儿无故被打骂,气不过,于是指责鲍二家的胡说一气,并厮打起来。一旁的贾琏见此情景,正对凤姐撒泼满腹怨气无处可出,顺势拿平儿开刀，把所有的怒火都发向平儿，对她又踢又骂。平儿害怕贾琏，不敢再打鲍二家的，住了手，站在那里干哭。凤姐一看平儿心怯，不敢打鲍二家的，更加生气，冲过来又把平儿打了一顿，而且逼着平儿再去打鲍二家的。可怜的平儿，夹在两个怒气冲冲的主子中间，一边是贾琏不让打，一边是凤姐命令打，两边都是受气包，逼得平儿只好找刀子寻死。如果不是尤氏等一群人恰巧过来，平儿是死是活还真不好说。

　　同样是受了委屈，凤姐可以跑到贾母、王夫人、邢夫人面前又哭又闹，不依不饶；而无依无靠、无亲无故的平儿只能忍着，谁让自己是个卑贱的丫鬟呢。相对于鲍二家的含羞自尽后凤姐的冷漠至极，平儿的待遇还算好的，毕竟第二天凤姐两口子向她赔了不是。在别人屋檐下，平儿还能怎样？给台阶就得下，至于身心所受的伤害，除了她自己，恐怕也只有天知地知了。

第四十五回　闲制秋窗风雨夕

　　秋天一到，黛玉的老顽疾咳嗽就又犯了，因此她很少离开潇湘馆去找姊妹们玩。这一日宝钗来看黛玉，二人说了很多体己话。宝钗看黛玉身体虚弱，说送她燕窝熬粥滋补，临走时还答应晚上再来陪她。

　　遗憾的是，天公不作美，傍晚时分外面下起雨来。秋日黄昏，暮雨霖霖，又兼西风冷冷，使多愁善感的林黛玉顿生伤感。自古逢秋悲寂寥，黛玉触景生情，百感交集之际，恰巧手中的书页又翻到《秋闺怨》《别离怨》等与眼前情境极其吻合的辞章。一时间，她文思泉涌，提笔而就，写下了那首《秋窗风雨夕》。

　　全诗紧扣题目，突出"秋""风雨""夕"的特点，用语雅丽清新，含蓄蕴藉，营造了凄清孤寂的氛围，抒发了愁思百转难以消解的情绪。一个临窗独立、泪洒秋风的闺中女子形象跃然而出，楚楚动人。

　　因为下雨，虽先前有约，但黛玉"知宝钗不能来"。果然宝钗爽约，人未至但东西未忘，她派一个婆子给黛玉送来一大包上等燕窝，还有一包雪花洋糖。和黛玉有约的宝钗没来，无约的宝玉却冒着秋风秋雨来了。曹雪芹这样写绝不是简单的巧合，更不是信"笔"由缰，这是他苦心经营的产物。秋风秋雨秋夜，这样的时刻，只有宝玉最放心不下病中的黛玉，只有他最知黛玉那颗孤独的心，最知敏感的她会因窗外的风雨触景生情。宝玉的到来，给黛玉带来了笑声，带来了温暖。这样的宝玉，怎会不深深驻扎在黛玉的心里呢？

文中有一个细节，宝玉看到案上的诗，拿过来看，不禁叫好，"黛玉听了，忙起来夺在手内，向灯上烧了"。这就是林黛玉，也许只有她才能做出这样的举动。如果黛玉主动把自己刚写的《秋窗风雨夕》让宝玉看，那就不是黛玉了。我手写我心，黛玉写诗是写自己的心情，与别人无关，她不会在宝玉面前卖弄才华，更不会以此取悦宝玉。

秋窗风雨夕，宝钗派人给黛玉送来可以养身的燕窝珍品，宝玉则亲自给黛玉送来可以养心的浓情厚意。

第四十六回 十恶不赦的贾赦

贾赦第一次说话（第三回），就让人反感。那是林黛玉辞父进京入贾府的第一天，黛玉和贾母、王夫人等见过面后，贾母让她去拜见两个舅舅——大舅舅贾赦、二舅舅贾政。贾政斋戒去了，没见到正常；贾赦在家，黛玉由邢夫人引领来到他的住处，但贾赦却没露面，派人回了一通冠冕堂皇、虚头巴脑的话：

"……连日身上不好，见了姑娘彼此倒伤心，暂且不忍相见。劝姑娘不要伤心想家，跟着老太太和舅母，即同家里一样。姊妹们虽拙，大家一处伴着，亦可以解些烦闷。或有委屈之处，只管说得，不要外道才是。"

什么叫"见了彼此伤心"？什么叫"不忍相见"？外甥女丧母后远道而来，投奔其门下，初次见面，他竟不打照面，见都不见，未免太让人寒心了！

"贾赦至于那么忙吗，连见个面的时间都没有？"这样的疑惑，曾在脑中一闪而过，觉得贾赦过于冷漠无情。读到第四十六回才对贾赦在第三回中的表现似有所悟。

第四十六回几乎都围绕"贾赦讨鸳鸯做妾"展开。那时大户人家的大老爷三妻四妾不稀奇，想讨自家的丫鬟当妾也正常，但贾赦这一行径却招来贾府许多人的抱怨，可见其素日行为早已让大家看不顺眼。当邢夫人跟王熙凤提起这事时，凤姐的反应很强烈，她先是转述贾母平常说的话："老太太常说，老爷如今上了年纪，作什么左一个小老婆右一个小老婆放在屋里，没的耽误了人家。放着身子不保养，官儿也不好生作去，成日家和小老婆喝酒。"接着表明自己的立场："老爷如今上了年纪，行事不妥，太太该劝才是。比不得年轻，作这些事无碍。如今兄弟、侄儿、儿子、孙子一大群，还这么闹起来，怎样见人呢？"凤姐旗帜鲜明地表达了贾母和自己的态度：老爷要自重，娶鸳鸯做妾行不通。果真如凤姐所言，当贾母知道这件事后，气得浑身乱抖，不分青红皂白，把眼前一干人大骂一顿。

本回最无耻最恶心的是贾赦。他厚颜无耻地逼着邢夫人为自己向老太太讨鸳鸯，得知鸳鸯不愿意，就让儿子贾琏把鸳鸯的父母从南京叫回来，全无羞耻之心。当贾琏回说鸳鸯的父亲病危、母亲是个聋子后，贾赦又气急败坏地叫来鸳鸯的哥哥金文翔，让他去做鸳鸯的思想工作，还威胁恐吓他：

"我这话告诉你，叫你女人向他说去，就说我的话'自古嫦娥爱少年'，他必定嫌我老了。大约他恋着少爷们，多半是看上了宝玉，只怕也有贾琏。果有此心，叫他早早歇了心。我要他不来，此后谁还敢收？此是一件。第二件，想着老太太疼他，将来自然往外聘作正头夫妻去。叫他细想，凭他嫁到谁家去，也难出我的手心。除非他死了，或是终身不嫁男人，我就服了他！若不然时，叫他趁早回心转意，有多少好处。"

这些话真叫人七窍生烟，可见贾赦简直是一个十足的流氓无赖！自己都已经儿孙满堂，胡子一大把了，还癞蛤蟆想吃天鹅肉，吃不到就恶语相加，凶相毕露，着实可恶至极！

最可气最无情的是鸳鸯的哥哥、嫂子。由于畏惧、贪慕贾家权势，他们竟帮着贾赦夫妇劝说鸳鸯，完全不顾妹妹羊入狼口，跌入苦海。

最悲哀最可笑的是邢夫人。贾赦纳妾最痛苦的该是邢夫人，她却成为这件事最积极的撮合人，又是找凤姐，又是找鸳鸯，又是找鸳鸯的嫂子，又是找老太太……让人感到可笑的同时，又替她悲哀，为了保全自己，对贾赦，她除了顺从还是顺从，而这种顺从，只能是助纣为虐。

最可敬最可赞的是鸳鸯。有多少丫鬟希望通过做主子的妾成为主子，享受荣华富贵，但她不。无论面对邢夫人、老太太，还是平儿、袭人这些姐妹，她的态度始终坚决：不答应。逼急了，她就当众发誓："若说我不是真心，暂且拿话来支吾，日后再图别的，天地鬼神，日头月亮照着嗓子，从嗓子里头长疔烂了出来，烂化成酱在这里！"她从袖子里掏出一把剪子，边说边打开头发要铰，表现出强烈的反抗精神。

面对贾赦的兽行，忽然明白当初他为什么不见黛玉了。回看第三回，其实作者通过黛玉之眼对贾赦的好色隐约有交代。书中写道，黛玉来到贾赦的院落，"进入正室，早有许多盛妆丽服之姬妾丫鬟迎着"，这时的贾赦已是花团锦簇，妻妾成群。"成日家和小老婆喝酒"的他只顾花天酒地，纸醉金迷，哪有时间接见一个外甥女呢？

六亲不认、见色忘本、十恶不赦的贾赦，对他，只有嗤之以鼻！

第四十七回　罪有应得呆霸王

提起薛蟠，就让人鄙夷。一母所生，妹妹宝钗那么可人，而哥哥却如此不肖。薛蟠是个典型的流氓公子哥，为了争夺香菱打死冯渊，人命关天，他却一走了之。在他眼里，没有是非王法，他就是真理王道。

小说中像薛蟠这样好色的男人有很多，但像他色得如此低俗的却不多。第二十八回，贾宝玉、冯紫英、蒋玉菡、薛蟠等在一起喝酒，席间行酒令助兴，薛蟠出语庸俗。同一个酒令，宝玉念出"女儿悲，青春已大守空闺。女儿愁，悔教夫婿觅封侯。女儿喜，对镜晨妆颜色美。女儿乐，秋千架上春衫薄"这样的诗句，唱出"滴不尽相思血泪抛红豆，开不完春柳春花满画楼"这样高雅脱俗的红豆心曲。而薛蟠作的诗粗鄙至极——"女儿悲，嫁了个男人是乌龟。女儿愁，绣房蹿出个大马猴……"唱的歌更是连三岁的孩子都不如，什么"一个蚊子哼哼哼，两个苍蝇嗡嗡嗡……"众人的耳朵实在不堪他这般骚扰，齐齐打断了他，不愿再听。这不是有没有

文化的问题，而是品位修养问题。

就是这么个下作粗鄙、讨人厌的家伙，贪恋女色尤嫌不足，还打起柳湘莲的主意。但这次他选错了对象，年纪轻轻、外貌俊美的柳湘莲不是软骨头，跟他更不是一路人。第四十七回，柳湘莲在赖大家的聚会听到薛蟠乱嚷乱叫找他的时候，他"火星乱迸，恨不得一拳打死"薛蟠，刚烈性格昭然而示。薛蟠却色迷心窍，不知好歹，丑态百出：见了柳湘莲，如获珍宝般迎上去，手脚还不老实，言语也过分热情，暧昧腻烦。血气方刚的七尺男儿柳湘莲忍无可忍，决定惩罚薛蟠。他骗薛蟠说过会儿趁人不备去外面单独聊，薛蟠听罢心花怒放，盼时机快到。酒席之上，"那薛蟠难熬，只拿眼看湘莲，心内越想越乐，左一壶右一壶，并不用人让，自己便吃了又吃，不觉酒已八九分了"。看这副丑态，不教训他一下天理难容，柳湘莲暴打他真乃大快人心！

第四十八回 功夫不负有心人

扫码读原著

封建社会不提倡女子读书，别说丫鬟，就是小姐能识文断字的也少。香菱能学会写诗的确不简单，让人佩服。分析她成功的原因，有以下几方面。

第一，香菱有强烈的学习愿望。 薛蟠一走，香菱便有机会和宝钗做伴，于是第一时间就求宝钗教她作诗。但宝钗却笑她"得陇望蜀"，没把她的话放在心上。香菱看宝钗不愿意，进大观园后当晚就去潇湘馆找黛玉，求黛玉教她："好歹教给我作诗，就是我的造化了。"香菱这种学习的积极主动性，是学会写诗的前提，以及动力所在。

第二，香菱学习投入且刻苦。 香菱和黛玉一番交谈后，她回到蘅芜苑，连夜按照黛玉的要求读《王摩诘全集》，到了废寝忘食的地步："诸事不顾，只向灯下一首一首的读起来。宝钗连催他数次睡觉，他也不睡。"宝钗见她这么用功，也只好随她去。读完王维的诗，她接着读杜甫的，整日"茶饭无心，坐卧不定"，满心除了诗歌，似乎再没有其他。宝钗笑她"越发弄成个呆子了"。进入写诗阶段后，香菱越发痴迷，"越性连房也不入，只在池边树下，或坐在山石上出神，或蹲在地下抠土……"

宝钗笑道："这个人定要疯了！"

香菱写诗不仅写疯了，而且到了走火入魔的程度。为了改诗，她"挖心搜胆，耳不旁听，目不别视"，一心一意，专心致志。探春看她如此辛苦，提醒她闲闲。香菱听了，答曰"'闲'字是十五删的，你错了韵了"。风马牛不相及，可见她的心思全集中在作诗上，诗牵动着她每一根神经。宝钗笑称她："可真是诗魔了。"

应该是太用心的缘故，香菱竟夜不成寐，有一天直到五更才蒙眬睡去。日有所思，夜有所梦。睡梦中她居然笑出声，还说梦话："可是有了，难道这一首还不好？"宝钗连忙叫醒她，说她"诚心都通了仙了"。一日，香菱忽于梦里得了八句诗，得到众人好评。香菱学诗成功，并成为海棠诗社的一员。

从"呆子"到"疯子"，再到"诗魔"和"诗仙"，作者通过宝钗对香菱学诗不同阶段的评价，从侧面表现出香菱苦学的情状和进步的飞快。

第三，香菱天资聪颖，有悟性。 她看完第一本王维的诗后，黛玉让她谈谈感受，她就说得头头是道，且举了王维的《塞上》《送邢桂州》和《辋川闲居赠裴秀才迪》三首诗加以分析，连黛玉也夸她说得有意思，宝玉、探春也对她给予褒奖，这可是香菱第一次谈诗呢。

最后还有一点， 香菱幸运地遇到了一个好老师。香菱初学写诗有恐惧心理，黛玉善于鼓励，告诉她写诗不难，人人都可；黛玉学识渊博，指导有方。如果没有明确的学习方法和具体内容，让一个初学者去大海捞针，那会走很多弯路，枉费很多功夫。有了黛玉的引领，香菱便走上了终南捷径。

"天下无难事，只怕有心人。"香菱以实际行动践行了这句话。

第四十九回 钗黛闲谈读书观

宝钗不仅是美女，还是才女，在大观园中除了黛玉，她的才情无人能及。不过文采斐然的宝钗对读书似乎没有黛玉热心，她常挂在嘴边的是"女子无才便是德"。小说中常有黛玉一个人在潇湘馆读书写诗的描写，却少有宝钗在蘅芜苑做这些事的景象。文中写到她，大都是做针线，或是

和母亲、丫鬟等说话谈笑，写诗只是在诗社笔会的时候。宝钗入诗社，似乎也是不得已而为之，因为如果不加入，她这个"外来户"会和众姐妹渐渐疏远，所以只能"随波逐流"，和大家一起风雅风雅。

像宝钗这样才情满腹的人，心里一定喜欢读书，只是她审时度势，当然更有家庭教育的缘故，才会选择顺应社会并与之"同流合污"，努力做个"好女孩"。比如贾母就对女孩读书不感兴趣，黛玉初来时，贾母问她念何书，黛玉说《四书》，又问姊妹们读何书，贾母说："读的是什么书，不过是认得两个字，不是睁眼的瞎子罢了！"所以才有后来当宝玉问黛玉可曾读书时，黛玉答："不曾读，只上了一年学，些须认得几个字。"黛玉尚如此，善察言观色的宝钗定会投长辈所好，不会标榜自己是个爱学习的女孩。

因而当香菱向宝钗提出学诗时，宝钗说她"得陇望蜀"，未答应。所谓的"得陇望蜀"，宝钗之意是薛蟠去南方做生意让香菱和她住一起，这就是"陇"；而香菱竟还要学诗，这是"蜀"。香菱学诗愈发投入，寝食难安，宝钗对此颇有微词，她说："何苦自寻烦恼。都是颦儿引的你，我和他算帐去。你本来呆头呆脑的，再添上这个，越发弄成个呆子了。"学诗怎么是自寻烦恼，香菱明明乐在其中，都乐不思蜀了。"读史使人明智，读诗使人灵秀"，宝钗却说学诗会让原本呆头呆脑的香菱更呆，这简直是危言耸听。宝钗"气势汹汹"想找黛玉算账，仿佛黛玉是始作俑者，把香菱拉进了万丈深渊。

宝钗对香菱学写诗持这样的态度使香菱"不敢十分罗唣"。第四十九回，史湘云来了，住在蘅芜苑。满心满意只想作诗的香菱，这回终于找到知音，她开始向湘云请教，"没昼没夜高谈阔论起来"。宝钗对此大发感慨："我实在聒噪的受不得了。一个女孩儿家，只管拿着诗作正经事讲起来，叫有学问的人听了，反笑话说不守本分的。""聒噪""不守本分"，两个词用语甚重。诗词妙音在宝钗心里是噪音，而且她都快承受不住了；又说一个女孩子"不守本分"，这可是人品问题，不能不让人感觉到宝钗对女子读书深恶痛绝，否则怎会如此出言不逊，恶语相向？黛玉就不会这样，对香菱极尽耐心，极尽鼓励。

同样是读书，宝钗认为男人就该天经地义地做，她对自己没有文化的哥哥薛蟠很少有好脸子，对宝玉也经常或苦口婆心地教训，或冷嘲热讽地挖苦。宝玉赞香菱的学诗精神，宝钗就回了他一句："你能够像他这苦心就好了，学什么有个不成的。"宝玉为什么厚黛薄钗，不是没有原因，黛玉就没说过"这种混账话"，否则宝玉也早和她生分了。

"萝卜白菜，各有所爱"，无须为钗黛孰是孰非下定论。"种瓜得瓜，种豆得豆"，走什么样的人生路，最终都是自己的选择。

第五十回 超级男闺蜜宝玉

封建社会强调"男女授受不亲"，但贾宝玉是个特例。由于贾母的偏爱，他从小就生活在女孩儿堆里。第三回林黛玉进贾府后，贾母在安排黛玉住宿时这样说："今将宝玉挪出来，同我在套间暖阁儿里，把你林姑娘暂安置碧纱橱里。"宝玉听了不愿意，说："好祖宗，我就在碧纱橱外的床上很妥当，何必又出来闹的老祖宗不得安静。"宝玉并不是怕吵闹到老祖宗，而是想和黛玉住得近些。男女有别，按理宝玉和黛玉不能住在一个屋檐下，贾母想了想，最后还是答应了宝玉的请求。于是黛玉睡在碧纱橱内，宝玉就睡在碧纱橱外的大床上，贾母在无意中给他们创造了青梅竹马的条件。

后来，为了不让元春的省亲别墅大观园闲置，贾母让姑娘们住了进去，大观园成为女儿国，男人到这里要止步，但贾宝玉再一次享有特权，也被允许住进大观园的怡红院，成为快乐的怡红公子。对贾宝玉整天混在女儿圈里这种行为，很多读者颇有微词，但换个角度看，大观园的女孩们也都欢迎宝玉的加入，如若没有他这个绿叶，大观园会减少许多色彩呢。

第五十回，宝琴、李纹、李绮、邢岫烟也加入海棠诗社。一天，他们起社作诗，大家争联即景诗，最后李纨逐句评了去，宝玉又是倒数第一。在此之前，几乎每次写诗宝玉都是最后一名。他写的诗真有这么差吗？其实未必。女孩儿聚在一起写诗本就是图一乐，李纨作为执行官，要评个一二三，不让唯一的男子汉宝玉倒数第一还能让其他女孩不成？宝玉并不

计较，每次宣布结果，他都笑着接受，还谦虚地说自己就是水平不行。姐妹们拿他取笑，他也不恼，乐在其中。

这一次宝玉又得了倒数第一，李纨提议罚他，让他去栊翠庵找不好说话的妙玉要一枝红梅，"众人都道这罚的又雅又有趣"，宝玉也欣然应允。他冒着风雪高兴而去，又高兴地抱着一大枝红梅而归。只要为女孩们做事，宝玉这个素日衣来伸手饭来张口、需要一大堆丫鬟嬷嬷服侍的公子哥就没有丝毫怨言，辛苦并快乐着。

要来红梅的宝玉没有因此被女孩们放过，大家要求他赋诗一首——《访妙玉乞红梅》。看湘云起的这题目，就是故意捉弄宝玉。为了看宝玉出丑，湘云还拿了一支铜火箸击着手炉，笑道："若鼓绝不成，又要罚的。"宝玉在这样的催促中，又被大家围观看热闹，也不急不恼，从头到尾一直笑着完成了众人期待的"乞梅诗"，博得笑声连连，把气氛推向最高潮，乃至这欢乐的气氛，把老祖宗都引来了。贾母一进门，大呼"怎么这等高兴"，她不知道，这些欢笑都是宝玉制造出来的。

垫底的，跑腿的，解闷的，逗趣的……贾宝玉非常具有奉献精神，他是大观园里最大的开心果，是姑娘们的超级男闺蜜。

第五十一回 贾宝玉的女儿经

即便把贾宝玉放在今天，他也一定会得到许多女孩子的喜欢，且不说他风流倜傥的外表和与生俱来的豪门身份，单他对女孩子的无微不至，就足以让人感动难忘。

第五十一回，袭人因母亲病重回家，凤姐安排大丫鬟晴雯和麝月晚上伺候宝玉。半夜宝玉想喝水，麝月忙起来，穿着单衣要去倒茶。宝玉急忙提醒她穿上自己起夜披的暖袄，当心着凉。麝月伺候完宝玉，出去方便，淘气的晴雯不顾宝玉劝，穿着小袄跟在麝月后面去吓唬她，结果受凉，第二天就病了。按贾府规矩，为了避免传染给主子，贴身丫鬟病了，会被暂时打发出去，回家养息。宝玉担心晴雯被太太撵回去受罪，嘱咐大家不要声张，并派人悄悄请大夫从后门进来给晴雯瞧病。

大夫看过后，开了方子。宝玉不放心，拿来方子亲自看。平日他自己的事也不会如此上心，但他认为女孩的事是大事，所以格外在意。多亏他这份仔细，药方果然有问题。书中写宝玉看了方子后生气地说道："该死，该死，他拿着女孩儿们也像我们一样的治，如何使得！凭他有什么内滞，这枳实、麻黄如何禁得。谁请了来的？快打发他去罢！再请一个熟的来。"

宝玉立即又让茗烟把贾府常用的王太医请来，看了王太医的药方，他满意了，喜道："这才是女孩儿们的药，虽然疏散，也不可太过。旧年我病了，却是伤寒内里饮食停滞，他瞧了，还说我禁不起麻黄、石膏、枳实等狼虎药。"宝玉对前后两个大夫一恼一喜的不同态度，表现出他对晴雯的关心。他没有把晴雯（其实他也没有把任何一个丫鬟）当作低贱的下人，而是把她们当作自己的姐妹。

在宝玉眼里，女孩是世间最圣洁尊贵的。他对麝月说："我和你们一比，我就如那野坟圈子里长的几十年的一棵老杨树，你们就如秋天芸儿进我的那才开的白海棠，连我禁不起的药，你们如何禁得起。"宝玉自轻自贱，把自己比喻成荒郊野外坟地里皮糙肉厚的老杨树，引得一旁的麝月等都笑了。麝月说，即便在坟场里也还有松柏，杨树是大笨树，叶子只一点点，没风也乱响，比作它多少有些下流。宝玉却一本正经地回答说自己是断不敢自比松柏的，理由是孔子说过"岁寒，然后知松柏之后凋也"，可知松柏甚为高雅。宝玉一向认为男人是泥做的，包括自己，粗鄙不堪，所以他不敢与松柏"混比"。

海棠素有"国艳"的美誉，陆游以诗句"虽艳无俗姿，太皇真富贵"赞誉海棠美艳高雅；苏东坡也为海棠倾倒，有"只恐夜深花睡去，故烧高烛照红妆"句，因此海棠有"解语花"之雅号。贾芸把珍贵稀少的白海棠送给贾宝玉，暗含宝玉是女儿们的知音之意；而宝玉把女儿们比作白海棠，意指她们是他红尘中的最爱和知己。

"半卷湘帘半掩门，碾冰为土玉为盆。偷来梨蕊三分白，借得梅花一缕魂。"冰清玉洁，超凡脱俗，这是林黛玉眼中的白海棠，也是贾宝玉心中的女儿魂。

第五十二回 嘴巴抹蜜的凤姐

第五十二回，贾母对王夫人、薛姨妈等夸王熙凤，说妯娌姑嫂中没有比凤姐考虑事情更周到的。薛姨妈、李婶、尤氏等听了，齐笑说："真个少有。别人不过是礼上面子情儿，实在他是真疼小叔子小姑子。就是老太太跟前，也是真孝顺。"贾母听罢，点头叹息，说凤丫头太伶俐，这样恐怕不是好事。俗话说："枪打出头鸟，木秀于林，风必吹之。"凡事都有反正面，聪明有时也不都是好事。贾母这样讲，大家无言以对，默不作声。王熙凤却别开思路，说出下面这段精彩的话来：

"这话老祖宗说差了。世人都说太伶俐聪明，怕活不长。世人都说得，人人都信，独老祖宗不当说，不当信。老祖宗只有伶俐聪明过我十倍的，怎么如今这样福寿双全的？只怕我明儿还胜老祖宗一倍呢！我活一千岁后，等老祖宗归了西，我才死呢。"

王熙凤这段话一共六句，句句有深意，熟谙说话之道。第一句是一枚重磅炮弹，她说贾母说错了。贾母是贾府的最高领导，人人敬畏，她说话谁敢反驳，凤姐开头一句"说差了"吊足了大家的胃口。接下来第二句她肯定了贾母聪明寿短的观点，这又让人费解，既然前面说贾母错了，言此又怎解？第三句有答案，原来凤姐是为了突出贾母与众不同，世人都能说能信的，唯独贾母不能。第四句一箭三雕，既夸赞了贾母聪明异常，又夸赞她福寿双全，同时还否定了包括贾母在内的世俗看法：聪明伶俐的人不长"寿"。

既然伶俐人也可以像贾母一样长寿，那我王熙凤为什么不能呢？所以第五句"只怕我明儿还胜老祖宗一倍"自然成立。只是大家听了这句话，都会为王熙凤捏一把汗：怎么能说自己的寿命比贾母长一倍？长幼尊卑都忘了，这是该打嘴的。王熙凤就是王熙凤，就在大家为她"出言不逊"还没回过神儿来时，她瞬间抖开最后一个包袱：我活一千岁后，等老祖宗归了西，我才死呢。王熙凤要是活一千岁，贾母不是活得更长吗？而且王熙凤还信誓旦旦地表孝心：我之所以不能早死，是因为要好好照顾您老人家呀。

王熙凤的风趣机智逗笑了在场的所有人，她出色的口才实在让人佩服！

第五十三回 一件慧纹耐琢磨

扫码读原著

第五十三回描写了荣、宁二府过年的盛况，从年前的准备，到除夕的祭祖，再到合族大大小小的新年宴请，让读者充分见识了贾家的奢华富盛。文中贾珍虽提及如今已大不如先前，但他们这过年的情形只会让读者联想到贾家在鼎盛时该是何等富裕。都说瘦死的骆驼比马大，贾家再走下坡路，毕竟还是家大业大，根基深厚，非一般达官贵人可比。本回有一个细节，可以说明这一点。

正月十五晚上，贾母在自家大花厅摆了十来桌酒席，宴请荣、宁二府的子侄孙男孙媳等。这是普通的家宴，作者对美酒佳肴着墨不多，但对宴会上琳琅满目的饰品描写甚详，其中一套十六扇的璎珞非常耀眼。书中说这套刺绣是贾母的最爱，视若珍宝，平时只放在自己房中，高兴时摆酒赏玩，若是请外来的客人，绝对不用，那些人连眼福都没有。这套璎珞名叫慧纹，但这不是它最初的名字，它原叫慧绣，因为这是一个叫慧娘的姑娘绣的。慧娘乃姑苏人氏，出生于书香宦门，是个大小姐。由于慧娘精于书画，所以她的刺绣不同于一般绣娘的作品，花鸟虫鱼，诗词歌赋，皆典雅灵动。慧娘本不是以此获利谋生，只是出于个人爱好，因此天下人虽知，得之者却甚少。更为遗憾的是，慧娘十八岁死了，留下的作品屈指可数。物以稀为贵，慧娘死后，一些人为了私利，开始模仿其作品。有一干翰林人士感慨慧绣之佳，又叹"绣"字不能尽其妙，于是换成"纹"字。在时人看来，一件慧纹真迹"价则无限"，难以估量。

然而，这样价值连城的刺绣珍品，贾府曾经拥有三件。天下都是皇帝的，能入皇帝眼的东西本就不多，而贾府却把其中两件慧纹作为礼物献给了皇帝，可见慧纹之珍稀。作者通过这一侧面描写，传递给读者贾家兴盛之况——贾家一度富可敌国。

第五十四回 强作笑话的凤姐

　　王熙凤虽不识字，却能言善辩，尤擅长讲笑话，这一点荣、宁二府无人不知，无人不晓。正月十五晚上，酒过三巡，王熙凤见贾母高兴，提议击鼓传花，花落谁手谁就讲个笑话。大家都知道王熙凤"素日善说笑话，最是他肚内有无限的新鲜趣谈"。一时间，在席的，地下服侍的，还有小丫头们都忙出去叫来看热闹的，挤了一屋子，都是为了听凤姐讲笑话。可这次她让大家失望了。

　　事情是这样的。击鼓传花，第一支花自然喜落贾母手中。按规矩，贾母喝了一杯酒，然后讲了一个笑话：

　　"一家子养了十个儿子，娶了十房媳妇。唯有第十个媳妇伶俐，心巧嘴乖，公婆最疼，成日家说那九个不孝顺。这九个媳妇委屈，便商议说：'咱们九个心里孝顺，只是不像那小蹄子嘴巧，所以公公婆婆老了，只说他好，这委屈向谁诉去？'……九个人听了，就求说：'大圣发个慈悲，我们就好了。'孙行者笑道：'这却不难。那日你们姐娌十个托生时，可巧我到阎王那里去的，因为撒了泡尿在地下，你那小婶子便吃了。你们如今要伶俐嘴乖，有的是尿，再撒泡你们吃了就是了。'"

　　贾母这个笑话应该没有恶意，逗大家一笑而已。但说者无心，听者有意。在场的人自然会把伶俐万分、心巧嘴乖的凤姐和故事中喝了猴子尿的小媳妇联系到一起。凤姐当然明白大家会这样想，为了撇清自己，她第一个张口点评："好的，幸而我们都笨嘴笨腮的，不然也就吃了猴儿尿了。"这无疑是此地无银三百两，欲盖弥彰，尤氏、娄氏等接着就毫不客气地揭露她："咱们这里谁是吃过猴儿尿的，别装没事人儿。"被尤氏等嘲笑，让众人看了笑话，一向要强的凤姐哪里吃过这种亏，但这亏又不得不吃，因为是贾母给的，她不买谁的账也得买贾母的。

　　就是贾母这个笑话，让凤姐的好心情一落千丈，没了情绪。第二轮击鼓传花，不出意外，花落在凤姐手中。满屋子人期待着最会讲笑话的她引爆大家的笑点。但凤姐让大家失望了：

"一家子也是过正月半，合家赏灯吃酒，真真的热闹非常，祖婆婆、太婆婆、婆婆、媳妇、孙子媳妇、重孙子媳妇、亲孙子、侄孙子、重孙子、灰孙子、滴滴搭搭的孙子、孙女儿、外孙女儿、姨表孙女儿、姑表孙女儿，……嗳哟哟，真好热闹！"

王熙凤说了半天，不过是耍嘴皮子说了一串称呼，没有什么值得发笑的。贾母问底下怎么样，凤姐说"底下就团团的坐了一屋子，吃了一夜酒就散了"。这种笑话根本不能体现凤姐的正常水平，大家也觉得"冰冷无味"。

王熙凤为刚才贾母那个笑话正闹心呢，自己笑不出来，哪有心情哄别人。但场不能这样冷着，于是她又讲了一个："几个人抬着个房子大的炮仗往城外放去，引了上万的人跟着瞧去。有一个性急的人等不得，便偷着拿香点着了。只听'噗哧'一声，众人哄然一笑都散了。这抬炮仗的人抱怨卖炮仗的扦的不结实，没等放就散了。"

湘云听罢，急着问难道他本人没听见响，王熙凤道："这本人原是聋子。"王熙凤这个笑话是说给大家的：什么猴子尿不猴子尿的，你们放你们的"炮仗"，我是聋子——没听见。

第五十五回 令人心痛的亲情

第五十五回，因为王熙凤小产不能理事，王夫人一个人打理不过来府里上上下下的事务，于是让李纨、探春、宝钗帮忙料理。

这一日，有人回赵姨娘的兄弟死了。探春按照贾府旧例，赏银二十两。赵姨娘闻知不高兴，来找探春理论。在这之前袭人死了母亲，因她曾是老太太身边的人，还赏了四十两银子。赵姨娘是贾政的妾，却连个丫鬟都不如，心里怎能舒服，发点牢骚也能理解。要是往日王熙凤主事，赵姨娘想必不敢来争执，这次她觉得探春是自己的亲生女儿，总能替她说话吧，所以赵姨娘一见探春就哭道："这屋里的人都踩下我的头去还罢了。姑娘你也想一想，该替我出气才是。"

由于妾这样卑微的身份，贾府没几个人拿赵姨娘当回事。丈夫贾政不

是她的依靠，儿子贾环年幼不争气，探春倒是出落得很优秀，但让人痛心的是，探春跟她界限分明，没有多少母女亲情。面对亲娘的委屈和质问，探春板起面孔，"大义灭亲"。二人你一言我一语，针锋相对，互不退让。探春按规矩办事没有错，但她以这种方式对待自己的母亲，总让人感到有些冷酷、残忍。

"依我说，太太不在家，姨娘安静些养神罢了，何苦只要操心。太太满心疼我，因姨娘每每生事，几次寒心。"称自己的亲生母亲是姨娘，让自己的母亲老实点、少惹事，这样的话竟出自亲生女儿之口！被其如此抢白，做母亲的该多寒心啊！

赵姨娘自然很生气，说探春你如今管事了，太太又疼你，你应该拉扯拉扯我才是。探春反击道："我拉扯谁？谁家姑娘们拉扯奴才了？他们的好歹，你们该知道，与我什么相干。"探春这话很过分，明摆着瞧不起自己的母亲。在她眼里，赵姨娘和丫鬟一样是奴才，她是贾府的大小姐，哪有小姐拉扯奴才的？而"与我什么相干"，语气冷冰冰的，把母女情面一扫而光。赵姨娘听了探春的话能不生气吗？她说你舅舅死了，你多给几两银子太太还能不依吗？探春对赵姨娘的要求可以不答应，但她错在她的回答太伤一个母亲的心了，她说："谁是我舅舅？我舅舅年下才升了九省检点，那里又跑出一个舅舅来？"在探春心中，王夫人才是她母亲，那刚升了官的王夫人的兄弟王子腾才是她舅舅，而刚死的赵姨娘的兄弟赵国基跟她没关系。

嫡出，庶出，天上地下，封建社会中这点很重要。元春嫡出，入宫为妃；探春庶出，只能远嫁。宝玉嫡出，众星捧月；贾环庶出，无人看重。探春对待赵姨娘的言行，固然有其无奈，但无论如何，是赵姨娘怀胎十月给了她生命。血脉相连，骨肉亲情，探春对赵姨娘只讲理不讲情着实令人心痛。

第五十六回　甄贾宝玉迷人眼

第二回通过冷子兴和贾雨村，第一次提到小说中的两个人物——贾宝玉、甄宝玉。冷子兴自然是冷眼看社会，他把贾宝玉作为一个奇人讲给贾雨村听。这时的贾宝玉才七八岁，淘气异常，聪明乖觉，说话奇怪，诸如"女儿是水作的骨肉，男人是泥作的骨肉。我见了女儿，我便清爽；见了男子，便觉浊臭逼人"等。

贾雨村听完，也对冷子兴讲了一个奇人。他说此人是金陵甄家的公子，但没说叫什么，这个孩子也很怪异，读书时必须有两个女孩相伴，这样心里才清楚。不仅如此，他还常对小厮们说："这女儿两个字，极尊贵、极清净的，比那阿弥陀佛、元始天尊的这两个宝号还更尊荣无对的呢！你们这浊口臭舌，万不可唐突了这两个字要紧。但凡要说时，必须先用清水香茶漱了口才可；设若失错，便要凿牙穿腮等事。"这样一个暴虐浮躁、顽劣憨痴的人，对待女儿们却极温厚和平。每每淘气被打吃不消时，便叫"姐姐妹妹"，说这样可以解疼。显然，贾雨村口中这个孩子和冷子兴说的贾宝玉很相像。

第二回后，贾宝玉成为全书的主要人物，几乎每回都有他的身影，金陵那个宝玉好像消失了踪迹，直到第五十六回才再次出现，但也没有现身，依旧是通过外人介绍。书中说金陵甄家奉旨进京，于是借机拜访世交贾家。甄家的几个女人在和贾母谈话中谈到自家的公子哥，说他也叫宝玉。贾母当即叫来贾宝玉，甄家人发现贾宝玉和甄宝玉的模样相仿，而且通过贾母介绍，二人的性格脾气竟然也很像。贾宝玉对此感到异常惊喜，他一直觉得自己是孤独的，除了黛玉，无人能理解他。没想到在这个世界上，不仅有人和自己形似，神也似。想到金陵还有另一个自己，贾宝玉心里便放不下。果然，入睡的贾宝玉在梦里看到了甄宝玉。作者写的这个梦境也很有意思，是梦中梦。贾宝玉在梦中来到甄宝玉的住处，而此时甄宝玉正在和丫鬟说他刚才做的梦，梦见贾宝玉了。甄宝玉说的话和贾宝玉如出一辙，甄贾二玉，四目相对，甄宝玉说这可不是在梦里，贾宝玉却说这如何是梦。假作真时真亦假，古有庄生晓梦迷蝴蝶，今有贾宝玉迷失在梦里。

面对贾宝玉的迂阔呆痴，史湘云说得有理，她说这没什么奇怪的，"单丝不成线，独木不成林"。曹雪芹塑造"甄贾"两个宝玉自有深意，

像贾宝玉这样离经叛道的人在那个时代虽然少，但不止一个。贾宝玉、甄宝玉，南北各一，真假难辨；你中有我，我中有你。他们是那个没落时代的星星之火，是即将到来的新时代的希望之星。

第五十七回 薛姨妈情辞试黛玉

紫鹃情辞试宝玉，试出了宝玉对黛玉的炽热深情。宝玉这次生病，严重到几乎不中用，这一切皆因黛玉。通过这件事，宝玉爱黛玉就不再是秘密了。别人还好说，宝钗母女首先坐不住了。第五十七回，二人不约而同先后来到潇湘馆。

宝钗和薛姨妈都来看黛玉，但不是一起来的，而且两个人事先没通气。书中写道，宝钗走进潇湘馆，"正值他母亲也来瞧黛玉，正说闲话呢"。宝钗笑问："妈多早晚来的？我竟不知道。"可见，薛姨妈来看黛玉，是背着宝钗的。住在一块儿的母女看望同一个人，完全可以同步，她们为什么要单独行动呢？如果仅仅是来问候黛玉的身体，这是人之常情，没有隐瞒的必要；之所以不说，是因为另有目的。

宝玉因为紫鹃一句黛玉要回老家就要死要活，这对宝钗母女冲击极大。薛家势力衰败，薛蟠不学无术，腹内草莽，撑不起薛家未来的大厦。薛姨妈寄托于宝钗选秀，带她进京，但这一愿望随着薛蟠犯了人命官司而破灭。宝钗选秀无望，就只剩下一条路——嫁个好人家，这样对她个人和家族都有益。

宝钗嫁给谁最理想呢？套用薛姨妈说宝玉那段话："你宝兄弟老太太那样疼他，他又生的那样，若要外头说去，老太太断不中意。不如竟把你林妹妹定与他，岂不四角俱全？"话说的是宝玉，但也表明了薛姨妈的儿女婚姻观，她把邢岫烟介绍给薛蝌就是一例。自己的宝贝女儿人见人爱，没有不夸的，老太太那样疼她，又生得花容月貌，若要外头说去，薛姨妈一定不放心，断不中意。贾府不是外头，举目四望，贾府哪个子弟最和宝钗相配且"四角俱全"？不用多想，外貌英俊、温和多情的宝玉最合适，非他莫属。而且，宝玉有美玉，宝钗有金锁，金玉良缘，薛姨妈当然懂。

母亲爱自己的孩子，伟大而自私。薛姨妈不至于大方到把自己最中意的姑爷拱手让给别人家的女孩，所以她当着黛玉的面说出的"不如竟把你林妹妹定与他，岂不四角俱全"的话，不能不让人对其真诚画个问号。这是薛姨妈在试探黛玉，看看她对宝玉的态度。

就在头天晚上，紫鹃还劝黛玉，趁老太太硬朗，"作定了大事要紧"。薛姨妈的话说中了黛玉心事，她一下"红了脸"。黛玉没有反驳薛姨妈的话，只是不好意思地拉着宝钗笑道："我只打你！你为什么招出姨妈这些老没正经的话来？"女孩子喜欢正话反说，黛玉说薛姨妈的话"老没正经"，潜台词是这话最正经。宝钗对黛玉的表现感到奇怪，说："这可奇了！妈说你，为什么打我？"宝钗不明白，黛玉怎么可能打薛姨妈呢，薛姨妈要是真的做媒，黛玉满心感激还来不及呢。

然而，薛姨妈是不会做这个媒的，黛玉犯傻，丫鬟紫鹃也很天真，听了薛姨妈的话，忙跑来笑道："姨太太既有这主意，为什么不和太太说去？"的确，既然宝玉喜欢黛玉，黛玉也喜欢宝玉，二人又都是老祖宗的心肝肉，只要薛姨妈主动提出此事，"宝黛"不就成了吗？问题在于，薛姨妈这样说只是为试探黛玉，她不可能牺牲宝钗的幸福和薛家的利益去成全黛玉。但说出去的话如泼出去的水，面对紫鹃的问话她怎么收场呢？姜还是老的辣，但见薛姨妈先是哈哈大笑，接着给了紫鹃一句脸羞心臊的话："你这孩子，急什么，想必催着你姑娘出了阁，你也要早些寻一个小女婿去了。"堵得紫鹃只能抹了一鼻子灰，一溜烟去了。

紫鹃情辞试宝玉，试出了宝玉心之所在；薛姨妈情辞试黛玉，试出了黛玉情之所归。看似好事，实则不佳。多少有情人难成眷属，宝玉和黛玉也难逃此劫。

第五十八回 讨人厌的婆子们

贾宝玉认为女人最尊贵，是指未出嫁的女孩，而不是那些结了婚的婆子。他在生活中，多次目睹园子里的婆子们恶毒势利的丑陋行径。第五十八回就描写了这样两件事。

第一件事：藕官园里烧纸钱，宝玉路过解围。

贵体稍安的宝玉去看林妹妹，途中发现被分到黛玉房中的藕官在园里烧纸钱，但贾府里面忌讳做这种事。就在宝玉询问藕官时，"忽见一婆子恶狠狠走来拉藕官，口内说道：'我已经回了奶奶们了，奶奶气的了不得。'"突然出现的"恶狠狠"的婆子吓了宝玉和藕官一跳，"拉"这个动作写出了婆子的粗暴，而那句"奶奶气的了不得"让人想见婆子在主子面前搬弄是非的可恶嘴脸。藕官不肯跟婆子走，婆子便连训带骂，根本不考虑藕官是个小姑娘家。宝玉为藕官解围，说："他并没烧纸钱，原是林妹妹叫他来烧那烂字纸的。你没看真，反错告了他。"藕官听宝玉这样讲，顺势说是这样。婆子依旧不依不饶，"亦发狠起来，便弯腰向纸灰中拣那不曾化尽的遗纸，拣了两点在手内，说道：'你还嘴硬，有据有证在这里。我只和你厅上讲去！'说着，拉了袖子，就拽着要走"。一言一行，面目可憎！宝玉忙把藕官拉住，用拄杖敲开那婆子的手，说是他求黛玉替他烧钱祝赞冲病的，让藕官回老太太是这婆子故意来冲神祇，保佑他早死。婆子听了宝玉的话老实了，态度来了一百八十度大转弯，又是赔笑又是央告，奴颜婢膝，欺软怕硬，丑态百出。

第二件事：怡红院芳官洗头闹风波。

宝玉看完黛玉回到怡红院，家里正乱作一团。芳官因干娘让她用其女儿洗过的水洗头说了句偏心，干娘便恼羞成怒，对芳官破口大骂："不识抬举的东西！怪不得人人说戏子没一个好缠的。凭你甚么好人，入了这一行，都弄坏了。这一点子尿崽子，也挑幺挑六，咸嘴淡舌，咬群的骡子似的！"这样辱骂一个姑娘，太过分了！袭人看不下去，到屋里取了瓶花露油并些鸡卵、香皂、头绳之类，叫芳官另去要水洗头。那婆子一看更恼怒，骂芳官没良心，一边骂一边打芳官。被打骂的芳官不敢还口还手，只有哭。晴雯指责婆子苛刻芳官不说，还不让别人对芳官好，那婆子立即针锋相对，反击晴雯："一日叫娘，终身是母。他排场我，我就打得！"是她拿走了芳官所有的月钱，是她偏心恶待芳官，现在却倒咬一口说芳官"排场"她。无理赖三分，说的就是她这样的妇人！

这样的婆子，这样的女人，在她们身上哪里还能找到一点女孩的纯洁、善良和温柔？没有了这些，女人的可爱、可敬也就无从谈起。对她们，只有两个字：可恶。

第五十九回 狠毒食子的女人

扫码读原著

《红楼梦》中对不同女性的称呼是不一样的：未结婚的称女孩，有身份地位的称小姐、姑娘，服侍主子的大都被称为丫鬟、丫头；结了婚的女，年老且有身份地位的，称老太太、老夫人、老祖宗，年轻些的就称夫人、奶奶，从小喂养、伺候过主子的称奶妈、嬷嬷，至于那些打杂干粗活的女人，年轻点的叫媳妇，年老的叫婆子。

贾宝玉说女人是水做的，男人是泥做的。他所说的男人指所有男人，不分老少，包括他自己；但他说的女人，是指未结婚的女孩。第五十九回，作者借丫鬟春燕传达了宝玉对不同阶段的女子的评价："女孩儿未出嫁，是颗无价之宝珠；出了嫁，不知怎么就变出许多的不好的毛病来，虽是颗珠子，却没有光彩宝色，是颗死珠了；再老了，更变的不是珠子，竟是鱼眼睛了。""无价宝珠""无光之珠""鱼眼睛"，分明是一个人，怎么就变成了三个样？贾宝玉这样评价女人，尤其后两个未免刻薄，但他有理由：女子生来冰清玉洁，结婚后和男人在一起，慢慢被他们熏坏，沾染了许多毛病，变得不再美好。

关于结了婚的女人的可恶，第五十八回也描写过，第五十九回继续用大量篇幅描写，这两次描写不是简单的重复，二者有区别：五十八回写的是婆子们对别人女儿的凶狠，五十九回则写婆子们对自家女孩儿的恶毒。曹雪芹通过这两回反复说明一些结了婚的女人唯利是图，失去了善的本质，莫说对外人，对自家人也如此。就像本回，宝钗的丫鬟莺儿和藕官在柳叶渚折柳条编花篮，春燕过来发现了，告诉莺儿最好别折，这片地如今归她妈和姑姑管，两个人严着呢。正说间，春燕的姑姑来了，看到莺儿折柳条，虽不高兴，但碍于宝钗房里平日并不要这些花草的，所以不好意思对莺儿说什么。于是就拿春燕出气。莺儿只说了句玩笑话——都是春燕折的柳条让我给她编篮子，这句话让唯利是命、心中正不舒服的婆子找到了

发泄口,"便以老卖老,拿起拄杖来向春燕身上去了几下",也许这还不解气,她竟破口大骂:"小蹄子,我说着你,你还和我强嘴儿呢。你妈恨的牙根痒痒,要撕你的肉吃呢。你还来和我强梆子似的。"打得春燕又愧又急,哭了起来。

说曹操曹操就到,春燕娘因为找春燕干活也来了。她姑姑恶人先告状,说春燕排揎她,还带人糟蹋她的东西。春燕娘听了满心怒火,她正为昨天和芳官吵架而春燕不听她的话生气呢,于是走过来对着春燕就打耳刮子,拿起柳条抽春燕的脸,骂的话更是不堪入耳:"小娼妇,你能上去了几年?你也跟那起轻狂浪小妇学,怎么就管不得你们了?……既是你们这起蹄子到的去的地方我到不去,你就该死在那里伺候,又跑出来浪汉。"这场母女风波,从柳叶渚一直打到怡红院,最后搬出平儿才算了结。

人说虎毒不食子,可这些婆子,其毒猛于虎,连子也食。

第六十回 如见如闻跃于纸

扫码读原著

阅读《红楼梦》这样的古典名著要有耐心,一目十行的泛读不可取,想体会它更多的精彩,精读最要紧。

第六十回写了一件事,贾环去探望宝玉,看到春燕给芳官一包蔷薇硝,他也想要。芳官不愿把好友送给自己的东西再给别人,就想另拿些给贾环。可她找了半天,宝玉房里没有蔷薇硝,麝月说随便给他点东西打发就算了。于是,芳官包了茉莉粉打发了贾环。

贾环兴高采烈回到家,正好彩云在和赵姨娘闲谈,他拿出"蔷薇硝"给彩云,彩云一看便说这不是蔷薇硝,是茉莉粉。贾环听了并不在意,只说都是好东西,便留着用吧,总比外面买的强。但赵姨娘不愿意,认为连那些丫头也敢欺负他们娘俩,就让贾环去闹。贾环虽被赵姨娘大骂,但还是不敢回怡红院找芳官算账,他甩手对赵姨娘说:

"你这么会说,你又不敢去,支使了我去闹。倘或往学里告去捱了打,你敢自不疼呢?遭遭儿调唆了我闹去,闹出了事来,我捱了打骂,你一般也低了头。这会子又调唆我和毛丫头们去闹。你不怕三姐姐,你敢去，我就服你。"

这话强烈激发了赵姨娘的斗志，成为她大闹怡红院的催化剂。曹雪芹的精彩之笔就在这里出现了——"只这一句话，便戳了他娘的肺，便喊说：'我肠子里爬出来的，我再怕不成！这屋里越发有得说了。'一面说，一面拿了那包子，便飞也似往园中去。"

"戳"这个动词，一字击中要害，相当有力，足见贾环的话对赵姨娘的震动之大。作者不说"戳心"而言"戳肺"，颇有意趣。中医认为心主血、肺主气，想那赵姨娘被贾环激起的是满腔气愤，不说"戳心"说"戳肺"其实更准确更新鲜；文中用"喊"修饰"说"，而不单纯地"说"，更精准地写出赵姨娘当时心中的怒火之盛，人在生气时声调会随之提高，"喊"给人竭尽全力之感，赵姨娘的愤怒可想而知；"一面……一面……"两个行为，传达出赵姨娘盛怒之下行动之敏捷迅速，而"飞也似往园中去"非常传神，赵姨娘乘着怒气扶摇而上，像孙悟空一样腾云驾雾，飞向她心中的战场——怡红院，大耍威风去了。

脂砚斋评说曹雪芹描写人物"如见如闻，活现于纸上之笔，好看煞"，阅读此回，再度感叹其果不虚言！

第六十一回 贾府衰败始于内

贾府的衰败始于内部，莫说主子（主要是男主子）大都不务正业，花天酒地，胡作非为，下人惹是生非的也大有人在。第六十一回便写了这样两件事情。

第一件事是鸡蛋羹风波。迎春的贴身大丫鬟司棋打发小丫头莲花到厨房要一碗鸡蛋羹，厨房负责人柳家的听了，说最近鸡蛋紧张，没有，别吃了。莲花不信，动手去找，果然从一个菜箱子里翻出十几个鸡蛋。面对眼前的鸡蛋，柳家的却说这鸡蛋留着有他用，不能给司棋。莲花觉得柳家的是在欺负她们，就和她理论起来。从二人你来我往的争吵中可以看出，柳家的见钱眼开，看人下菜碟。前儿探春和宝钗想吃油盐炒枸杞芽，派人带五百钱找柳家的，柳家的不仅做了菜，还把钱送回了。贾府等级森严，仆

以主贵，晴雯作为宝玉的大丫鬟，单独点菜要得；而司棋是老实巴交的迎春的丫鬟，就没有这么大面子了。面对柳家的势利，不仅莲花生气，厉害的司棋更咽不下这口气。随后司棋带着一群小丫头把厨房里的东西一顿乱翻乱扔，闹得鸡飞狗跳。

第二件事是茯苓霜风波。一波未平，一波又起，柳家的和司棋吵完后，就把刚从她嫂子那里得到的茯苓霜交给体弱多病的女儿五儿。这茯苓霜的来路也不正，是柳家的哥哥在门上当班，粤东的官儿来贾府拜望时，带了两小篓子，这两篓中的一篓被当班的下人瓜分了。五儿念及芳官给过自己玫瑰露，同时也为了巴结芳官，让她在宝玉面前给自己说好话，以便有机会到怡红院做丫头，吃喝不愁还体面。傍晚，五儿趁黄昏人稀时悄悄进入大观园，顺利把茯苓霜送给了芳官，在返回的路上却不巧遇上了管家婆子林之孝家的。面对盘问，五儿支支吾吾，"辞钝色虚"，联系到最近王夫人房中丢了一些东西，林之孝家的就把五儿抓起来交给了平儿。

王夫人房里丢的东西当然不是五儿偷的，但却由这件事牵扯出了真正的偷窃者——彩云。彩云之所以这样做，是受赵姨娘的唆使。贾府家大业大，主仆众多，没规矩难成方圆，这些下人不老实，和管理不到位密切相关。当病中的王熙凤知道这件事后，对平儿说要严惩这些人，平儿却劝道：

"何苦来操这心！'得放手时须放手。'什么大不了的事，乐得不施恩呢。依我说，纵在这屋里操上一百分的心，终久咱们是那边屋里去的。没的结些小人仇恨，使人含怨。"

王熙凤听了，非但没责怪平儿，反而笑了，默认了她的建议。凤姐于是按平儿说的"得放手时须放手"，明哲保身，也不去得罪人。茯苓霜事件最后竟被宝玉承担下来，而真正的偷窃者却逍遥于家法之外。

不难想象，如此处理必会助长不正之风，贾府将更加混乱，长此以往，再大的骆驼也会撑不住的。

第六十二回 芍药美人史湘云

果见湘云卧于山石僻处一个石凳子上,业经香梦沉酣,四面芍药花飞了一身,满头脸衣襟上皆是红香散乱,手中的扇子在地下,也半被落花埋了,一群蜂蝶闹穰穰的围着他,又用鲛帕包了一包芍药花瓣枕着。……

这段描写出自第六十二回,也是小说的经典片段之一。头枕花瓣枕,身覆花瓣被,蜂蝶团团舞,美人醉梦酣。史湘云在宝玉、平儿、宝琴、岫烟四人的生日宴会上纵情豪饮,怎奈娇弱不胜,本想独自寻个凉爽处清净一会,没想到竟睡着了。

史湘云热情爽快,说话大大咧咧、直来直去,做事雷厉风行、无所顾忌。古代对女子言行有约束,站坐皆不能随心所欲,而史湘云却不在意这些繁文缛节:不仅喝醉酒,还随意躺在石头上睡觉,身为女孩子,实在有伤风雅,不成体统。就连史湘云被人叫醒后,也"心中反觉自愧",不好意思。但这件事却从另一个角度展现了湘云的主要性格特征:率真、豪爽、可爱。

史湘云性格豪爽但不粗心,本回有一个细节。平儿来给宝玉拜寿,袭人在一旁说今天也是平儿生日。这时湘云拉着宝琴和岫烟说,她们俩也是今天的生日。那么多人都不知道宝琴、岫烟和宝玉同一天生日,只有湘云记得,这不是细心是什么?

史湘云还是个开心果,有她的地方就不乏笑声。生日宴会上,同样是作酒底酒面诗,黛玉写得文绉绉的,一本正经:"落霞与孤鹜齐飞,风急江天过雁哀,却是一只折足雁,叫的人九回肠,这是鸿雁来宾。"酒底是"榛子非关隔院砧,何来万户捣衣声"。看史湘云的:"奔腾而砰湃,江间波浪兼天涌,须要铁锁缆孤舟,既遇着一江风,不宜出行。"前三句很高雅,后两句很通俗,雅俗共赏,博得众人大笑。接下来的酒底更见湘云的诙谐幽默,只见她"吃了酒,拣了一块鸭肉呷口,忽见碗内有半个鸭头,遂拣了出来吃脑子。众人催他,'别只顾吃,到底快说了。'湘云便用箸子举着说道:'这鸭头不是那丫头,头上那讨桂花油。'众人越发笑

起来"。"越发"一词用得好，表明湘云这次作的诗较之先前更上一层楼。曹雪芹这样写，看似信手拈来，实则让黛玉和湘云构成一组对比。大观园的才女中，史湘云的才气不在黛玉、宝钗之下，每次作诗，她都是又快又多，是可以和钗黛抗衡的。

同样是才女，同样是大家闺秀，同样是无父无母，同样是寄人篱下，同样是贾府的座上宾，同样处在花样年华……黛玉和湘云的性格却迥然不同。

第六十三回 怡红公子情独钟

贾府美女云集，贾宝玉整天在大观园里和美人厮混，表面看像是个花花公子，实际上他专情得很，他心之所向，只有一个人——林黛玉。

第六十三回，贾宝玉生日这天晚上，袭人、晴雯等丫头在怡红院又为他准备生日酒宴。本来只是房中的小型私人聚会，由于占花名时袭人说人少没趣，小燕便提议叫林姑娘和宝姑娘来。结果来的不止钗、黛二人，探春、李纨、宝琴、香菱也都来了。面对请来的六个客人，宝玉忙道："林妹妹怕冷，过这边靠板壁坐。"宝玉对黛玉的关心不避人，一个"忙"字写出宝玉看到黛玉来了关心之急切。他不仅让黛玉坐在一个最暖和的地方，而且也应是一个最舒服的地方，因为他们的聚餐是在炕上围桌而坐，黛玉坐的这个地方有板壁可以靠着。不仅如此，宝玉想得更周到，想那板壁一定硬，就拿来一个靠背给林妹妹垫上，真是关怀备至。

本回还有一个细节，是在次日早上。宝玉起床后，发现了砚台下压着的昨日妙玉派人送来的生日帖子。宝玉想给妙玉回帖，但看到妙玉自称"槛外人"时，"自己竟不知回帖上回个什么字样才相敌"。宝玉提笔出神，想了半天还是想不出一个合适的称呼，心想："若问宝钗去，他必又批评怪诞，不如问黛玉去。"这里宝玉无意间对宝钗和黛玉进行了比较，然后毫不犹豫地做出了选择。遇到难题，宝玉首先想到的是宝钗和黛玉，说明他认可二人的才华。就才学而言，他的难题这二人都能帮其解决，然而宝玉最后选了黛玉，理由是：若找宝钗，她"必又批评怪诞"。"必"

字表明事情一定会发生，"又"字表明同样的事情已经不是第一次了，"批评怪诞"则再次点出宝钗常教训宝玉不好好读书、不热心仕途等不合时宜之举。谁会闲着没事主动送上门去讨"批评"？

"人世间有百媚千红，唯独你是我情之所钟。"贾宝玉若把这句话送给林黛玉，送之无愧。

第四节　美中不足今方信　人非物换意难平

——第六十四回至九十八回

第六十四回　潇湘馆五美寄情

扫码读原著

春秋战国时期，文论家说"诗言志"，"志"是指思想、抱负、志向。到汉代，人们普遍认为"志"指思想、情感，著名的《毛诗序》言"诗者，志之所之也，在心为志，发言为诗，情动于中而形于言"，是典型以情、志并提论诗的。

第六十四回写到黛玉的《五美吟》，从"言为心声"和"诗言志"看，这五首诗寄托了她怎样的思想感情？关于这一点，黛玉对宝钗是这样解释的：

"我曾见古史中有才色的女子，终身遭际令人可欣可羡可悲可叹者甚多。今日饭后无事，因欲择出数人，胡乱凑几首诗以寄感慨，可巧探丫头来会我瞧凤姐姐去，我也身上懒懒的没同他去。才将做了五首，一时困倦起来，撂在那里，不想二爷来了就瞧见了。其实给他看也倒没有什么，但只我嫌他是不是的写给人看去。"

黛玉明确表示，这几首诗是"以寄感慨"的，虽然她谦虚说是"胡乱凑"，但她强调的只是语言，而语言背后的思想感情不是随意而为。"其实给他看也倒没有什么，但只我嫌他是不是的写给人看去。"黛玉之所以说宝玉看看没什么，是因为她的心声是写给宝玉的，也只有宝玉最理解。黛玉为什么怕宝玉给外人看？她对自己的语言有自信，她担心的是自己在

诗中表达的真实情感被人看穿。

这被宝钗盛赞为"命意新奇，别开生面"的《五美吟》，到底寄托了黛玉怎样的思想情感？让我们欣赏一下这五首诗歌：

西 施

一代倾城逐浪花，吴宫空自忆儿家。

效颦莫笑东村女，头白溪边尚浣纱。

第一首写的是战国美女西施。关于西施的结局，有两种说法比较流行，一说她跟范蠡泛舟江湖，不知所终；一说她在吴国灭亡后，沉水而死。黛玉的诗显然取的是后者。黛玉认为随着浪花消失的西施还不如东施，因为东施白头尚且能到溪头浣纱，寿终正寝，而西施却被范蠡辜负了。

虞 姬

肠断乌骓夜啸风，虞兮幽恨对重瞳。

黥彭甘受他年醢，饮剑何如楚帐中。

第二首写的是项羽的爱妾虞姬。"大王意气尽，贱妾何聊生？"西楚霸王英才盖世，最后也没有保护好自己心爱的女人，虞姬帐中自刎，为爱而死。

明 妃

绝艳惊人出汉宫，红颜命薄古今同。

君王纵使轻颜色，予夺权何畀画工？

第三首写的是汉代出塞和亲的王昭君。王昭君的悲剧在于没有遇到一个真正赏识自己的人。出塞那天，汉元帝看到王昭君的美貌后后悔不已，乃至杀了贪赃舞弊的画师毛延寿，这也并不是因为他多么爱王昭君其人，只是贪恋其美貌而已。红颜易老，王昭君即便不出塞，留在汉宫，就那样一个好色的汉元帝，也给不了她真正的爱情。

绿 珠

瓦砾明珠一例抛，何曾石尉重娇娆。

都缘顽福前生造，更有同归慰寂寥。

第四首写的是晋代石崇的侍妾绿珠。绿珠为石崇跳楼而死，但石崇并不看重她，把她当作瓦砾一般。绿珠为这样的人死，太不值得。

红　拂

> 长揖雄谈态自殊，美人具眼识穷途。
>
> 尸居余气杨公幕，岂得羁縻女丈夫。

第五首写的是隋朝的传奇女子红拂。红拂慧眼识英雄，身为隋朝大臣杨素的侍女，她却看好处于穷途中的李靖。她毅然离开杨府，与李靖私奔，找到了属于自己的爱情和幸福，留下千古佳话。

黛玉通过《五美吟》表达了自己的爱情观。西施、王昭君、绿珠的爱情可悲可叹，不是她想要的；虞姬的爱情可叹可欣，但她没有和项羽终老一生，还是让人遗憾；最让黛玉欣赏赞叹的是红拂，红拂敢于主动追求自己的爱情，这和黛玉的叛逆精神是吻合的。

遗憾的是，自古红颜多薄命，红拂的人生是罕见的。黛玉虽心向往之，但最终没有得到红拂那样的尘世幸福，她的结局倒有些像虞姬——为爱而死。

第六十五回　兴儿趣评众姑娘

第六十五回有一段尤二姐和小厮兴儿的对话，内容是尤二姐向兴儿打听贾府里的那些人事。兴儿是贾琏的小厮，有更多机会接近主子。他说王熙凤"嘴甜心苦，两面三刀；上头一脸笑，脚下使绊子；明是一盆火，暗是一把刀：都占全了"。这和林黛玉进贾府第一次看到王熙凤时的印象完全一致："一双丹凤三角眼，两弯柳叶吊梢眉，身量苗条，体格风骚。粉面含春威不露，丹唇未启笑先闻。"作为贾琏的心腹，兴儿对贾琏、王熙凤夫妻俩的私事无疑知道得多些。他说王熙凤爱吃醋，说她"是醋罐子"，"是醋缸醋瓮"，这也不是故意夸大其词，他举了丫头多看贾琏一眼就被打成烂羊头和平儿的事，表明自己的话有根有据，不是搬弄口舌，无中生有。

兴儿更有趣的评论在后面。他称李纨是"大菩萨"，迎春是"二木头"，探春是"玫瑰花"，黛玉是"多病西施"，宝钗是"雪堆出来

的"。这些诨名应该不是兴儿起的，一定是贾府里那些下人闲着没事，背地里对主子评头论足时的戏谑之语，他们的语言是鲜活的。

菩萨温和善良，少言寡语，总是慈悲地看着众生，说李纨是"大菩萨"很恰当。

对元、迎、探、惜这四春，兴儿的评价也中肯。"我们大姑娘不用说，但凡不好也没这段大福了。"大姑娘指元春，元春是皇妃，她的好无须赘言，不出色能被选入宫中吗？"四姑娘小，他正经是珍大爷的亲妹子，因自幼无母，老太太命太太抱过来养这么大，也是一位不管事的。"四姑娘惜春年龄最小，又是宁府的，她不可能管荣国府的事。迎春是个老实孩子，身边的仆人都敢欺负她，甚至偷拿她的东西，她知道后也不言语。在姑娘们的聚会中，很少能听到她的声音，她总是"温柔沉默"，安静得像个木头人，排行又老二，叫她"二木头"，实至名归。而"俊眼修眉，顾盼神飞，文彩精华，见之忘俗"的探春和迎春不同，她脱俗美丽，聪明泼辣，爱憎分明，一般人不敢惹她；"又红又香，无人不爱的，只是刺戳手"，探春是一朵带刺的玫瑰花，可远观而不可亵玩焉。

最有趣的还当属兴儿对钗黛二人的评论。"多病西施"，一针见血抓住了林黛玉病态美的特质，"多"字更突出了她的体弱多病，一年四季离不开药罐子。"雪堆出来的"，形容宝钗十分恰切。薛宝钗有着冰雪一样的肌肤，贾宝玉虽和她志不同道不合，但也曾被她露出的一段白莲藕般的胳膊看呆了。

兴儿对尤二姐介绍这"天上少有，地下无双"的二人时，语言格外生动幽默："每常出门或上车，或一时院子里瞥见一眼，我们鬼使神差，见了他两个，不敢出气儿。"尤二姐没听懂这话的意思，接过话碴说："你们大家规矩，虽然你们小孩子进的去，然遇见小姐们，原该远远藏开。"她以为兴儿说的"不敢出气儿"是因为大户人家的规矩。

对尤二姐的误解，兴儿笑着解释："不是，不是。那正经大礼，自然远远的藏开，自不必说。就藏开了，自己不敢出气，是生怕这气大了，吹倒了姓林的；气暖了，吹化了姓薛的。"兴儿的回答很风趣，不敢出大气是因为她们两个一个弱不禁风，一个雪人儿般，喘气要是把握不好分寸，太大或太热就会给两个美人儿带来"灭顶之灾"。这里运用夸张手法，再次凸显宝钗、黛玉的个体特征，给读者留下了很深的印象。

第六十六回　为爱殉情尤三姐

词典中的"尤物"多指美丽的女人。曹雪芹对尤二姐、尤三姐的姓氏应是刻意挑选的，这两个女人的确是"尤物"。

在女子普遍没有地位的时代，尤三姐算是个非常有个性的人。面对贾珍、贾琏的戏弄，她表现的不是软弱顺从，而是豪放潇洒，使两个风月场上的老手都望而却步，一时不知如何是好。"自己高谈阔论，任意挥霍洒落一阵，拿他弟兄二人嘲笑取乐，竟真是他嫖了男人，并非男人淫了他。"这样的女子，真是少见！不过，这样的女子谁敢娶？贾琏、贾珍发现尤三姐性子刚烈，驾驭不了，就想尽快找个人家把她嫁出去。

在婚姻大事上，尤三姐也没有听从贾琏等摆布，她亲自择婿，说只有这样自己才会改变。尤三姐说到做到，自从决定要嫁给柳湘莲后，就换了个人似的，每天安安稳稳，再不胡闹。对于爱情，她很执着——"这人一年不来，他等一年；十年不来，等十年；若这人死了再不来了，他情愿剃了头当姑子去，吃长斋念佛，以了今生"。她认定了柳湘莲，为他生，为他死。然而，当柳湘莲从贾宝玉那里得知尤三姐是贾珍的妻妹时，脸色大变，叫苦不迭。宁府的淫乱早臭名昭著，正如柳湘莲所言："你们东府里除了那两个石头狮子干净，只怕连猫儿狗儿都不干净。"尤三姐在东府那样一个地方，能干净得了吗？柳湘莲说"我不做这剩忘八"，坚决要退婚。

尤三姐本以为，既然柳湘莲已经给自己信物了，婚事应该没问题。沉浸在对未来美好憧憬中的她没想到柳湘莲竟找上门来索要信物，她明白一定是柳湘莲听到风言风语，"嫌自己淫奔无耻之流，不屑为妻"。这对尤三姐是致命的打击。原想即便此人不来，她也可以苦等一生，甚至出家；现在人来了，却看不上自己，嫌自己肮脏。尤三姐的人生被彻底否定，活着再没有意义，只有以死明志，让柳湘莲知其一片真心，于是拔剑自刎。

谁该为尤三姐的死负责？她自己先前不检点是一个重要原因，一失

足成千古恨，她应为自己的死负责；贾珍、贾琏、贾蓉都不是好东西，见色起意，好好的良家女子被他们污染了，难辞其咎；对柳湘莲不应过多责备，毕竟他有选择妻子的自由，他不想娶一个名声不好的女子没什么错；但素来以怜香惜玉著称的贾宝玉对待这件事的态度耐人寻味，尤三姐的死他也脱不了干系。

事情是这样。贾琏给柳湘莲做媒，说尤三姐是个出色的女子，其他情况没有过多介绍。真正让柳湘莲了解情况的是贾宝玉。贾宝玉对他说："他是珍大嫂子的继母带来的两位小姨。我在那里和他们混了一个月，怎么不知？真真一对尤物，他又姓尤。"柳湘莲听了深感意外，怪不得贾琏没说尤三姐的身份。宁府乌七八糟，尤三姐在那里肯定自身难保。但柳湘莲没有立即反悔，他问宝玉："你好歹告诉我，他品行如何？"看来他希望尤三姐是干净的，抱着一线希望。如果这时宝玉能为尤三姐美言几句，哪怕说不很了解等话，柳湘莲也许还会再考虑一下，给尤三姐一个机会，但贾宝玉却笑道："你既深知，又来问我作甚么？连我也未必干净了。"这样的回答，无疑让柳湘莲更坚信了自己的认识：宁府里没有一个人是干净的。柳湘莲是信任贾宝玉的，连贾宝玉自己都这样说了，还能好吗？谁愿意找个水性杨花的女人做老婆？可以说，贾宝玉这句话最终让柳湘莲下定决心退婚。

"揉碎桃花红满地，玉山倾倒再难扶。"爱恨就在一瞬间，尤三姐的死让人猝不及防。她年轻的生命就像烟花一样，璀璨华丽，转瞬即逝。

第六十七回　冷面冷心薛宝钗

薛宝钗貌美如花，看似知书达理，温柔可亲，其实她骨子里很冷酷。第三十二回中对待金钏之死体现了这点，第六十七回，在尤三姐自尽、柳湘莲出家这件事上，再次体现。

薛蟠出门做生意，路遇匪徒，多亏柳湘莲不计前嫌，出手相救，保住其性命和货物。薛姨妈为了报答柳湘莲的救命之恩，听说他要娶尤三姐，"正是高高兴兴要打算替他买房子，治家伙"。当薛姨妈听到尤三姐因情自尽、柳湘莲悔而出家的噩耗时，叹息不已，正巧薛宝钗来了，她问宝钗知道这件事吗，宝钗的回答十分冷漠。且不说柳湘莲是自己哥哥的大恩人，这是两条鲜活的生命啊，面对一死一出家的悲剧，薛宝钗轻描淡写，还说这都是命，由他们去吧。她认为对这些死了的、走了的，都不要再浪费心思感情了，现实点，抓紧请请活在眼前这些对咱家先前乃至以后继续有用的人吧。

相对薛宝钗的无情无义，薛蟠有情有义的一面却很突出。薛宝钗正和薛姨妈说柳湘莲这件事，薛蟠进来了，"眼中尚有泪痕"，可见他得知柳湘莲的事后痛哭过，伤得眼泪一直未干。薛姨妈劝他，你们是好朋友，该各处找找才是。薛蟠回答一听说这事，"就连忙带了小厮们在各处寻找，连一个影儿也没有。又去问人，都说没看见"。薛蟠讲情义，第一时间就已经采取行动了。不仅如此，事情过了多日后，薛蟠宴请同自己外出做生意的人。宴会上众人问他有没有找到柳湘莲，他说城里城外没找到，还哭了一场。在这次聚会上，众人发现薛蟠"只是长吁短叹无精打彩的，不像往日高兴"。显然薛蟠还没有从柳湘莲的悲惨遭遇中走出来，一直为他难过着。

两相对照，让人觉得，起码在这一回中，几乎人人嫌恶的薛蟠要比几乎人见人爱的薛宝钗可爱一些。

第六十八回　巧言令色，鲜以仁

扫码读原著

《红楼梦》第三回和第六十八回都集中描写了王熙凤的外貌，虽是同一人，差别却很大。

【第三回：林黛玉进贾府初见王熙凤】

这个人打扮与众姑娘不同：彩绣辉煌，恍若神妃仙子。头上戴着金丝八宝攒珠髻，绾着朝阳五凤挂珠钗；项上戴着赤金盘螭璎珞圈；裙边系着豆绿宫绦双衡比目玫瑰珮；身上穿着缕金百蝶穿花大红洋缎窄裉袄，外罩五彩刻丝石青银鼠褂；下着翡翠撒花洋绉裙。一双丹凤三角眼，两弯柳叶吊梢眉，身量苗条，体格风骚。粉面含春威不露，丹唇未启笑先闻。

【第六十八回：酸凤姐初会尤二姐】

只见头上皆是素白银器，身上月白缎袄，青缎披风，白绫素裙。眉弯柳叶，高吊两梢，目横丹凤，神凝三角。俏丽若三春之桃，清素若九秋之菊。

前者是林黛玉眼中的王熙凤，披金戴银，彩绣辉煌，高调奢华，贵气十足，显示出凤姐在贾府特殊的身份地位。后者是尤二姐眼中的王熙凤，素衣素装饰，低调内敛，俏丽素雅，这和她从别人口中得知的王熙凤判若两人。两处描写虽然形（服饰）不同，但神一致，都是吊梢眉、丹凤眼，暗示着凤姐的狡黠阴毒。

王熙凤知道贾琏背着她偷娶尤二姐后，怒火中烧，但怒火没有让她丧失理智。尤二姐毕竟不是什么多姑娘、鲍二家的，贾琏这样的男人娶个三房四妾也正常，王熙凤若明目张胆地闹，只能让人说她不贤惠，留下笑柄。她权衡再三，分析利弊，决定趁贾琏远行之际，用"软刀子"对付尤二姐。她深谙人际交往之道，明白如果像接待林黛玉那样华丽出场，非吓着尤二姐不可，后面的计划就不好实施了。于是她低调出行，见了尤二姐，又是赔笑又是还礼，还主动携着尤二姐的手一同入室，做出一副亲如姐妹的模样。不仅如此，她对尤二姐说的话更为动人：

"皆因奴家妇人之见，一味劝夫慎重，不可在外眠花卧柳，恐惹父母担忧。此皆是你我之痴心，怎奈二爷错会奴意。眠花宿柳之事瞒奴或可；今娶姐姐二房之大事亦人家大礼，亦不曾对奴说。奴亦曾劝二爷早行此礼，以备生育。不想二爷反以奴为那等嫉妒之妇，私自行此大事，并不说知。使奴有冤难诉，唯天地可表。前于十日之先奴已风闻，恐二爷不乐，遂不敢先说。今可巧远行在外，故奴家亲自拜见过，还求姐姐下体奴心，起动大驾，挪至家中。……"

凤姐的话尽显"大家风范"，很有排场，说到动情处还"呜呜咽咽哭将起来"，哭得尤二姐也滴下泪来。这尤二姐毕竟年轻，涉世不深，王熙凤一番巧言令啬后，不到半个时辰，尤二姐"竟把凤姐认为知己"了。于是她乖乖听从王熙凤的安排，住进了大观园，跳进一个精心布下的陷阱，走上自己的死亡之路。

第三章　读写一体策略——轻叩红楼

人前一把火，人后一把刀。王熙凤对尤二姐，当面一套背后一套。她私下里吩咐众人："都不许在外走了风声，若老太太、太太知道，我先叫你们死。"凤姐"又变法将他的丫头一概退出，又将自己的一个丫头送他使唤"。尤二姐在贾府已成孤家寡人，和家人也中断了联系。凤姐派来的丫鬟善姐十分不善，她一定是授意于凤姐的，否则给她个胆儿，她也不敢为了头油那样尖刻地训斥尤二姐，也不敢不及时送饭，而且送的还是剩饭。

尤二姐受了委屈，无处可诉，王熙凤隔三岔五来一次，依旧是"和容悦色，满嘴里姐姐不离口"，又说："倘有下人不到之处，你降不住他们，只管告诉我，我打他们。"还骂丫头媳妇："我深知你们，软的欺，硬的怕，背开我的眼，还怕谁。倘或二奶奶告诉我一个不字，我要你们的命。"王熙凤先发制人，弄得尤二姐有苦说不出，只能一味地忍。

"巧言令色，鲜以仁。"说的就是王熙凤这样的人。

第六十九回　天妒红颜薄命女

尤二姐和尤三姐是一对姊妹花，天生丽质，但性格迥异。二姐柔弱如水，三姐刚烈如火。尤二姐的柔弱让她在遇到问题时往往优柔寡断，忍字当先；尤三姐的刚烈让她在遇到问题时，快刀斩乱麻，不拖泥带水。在洞察世事上，尤二姐也不如尤三姐成熟老练。

第六十九回，尤二姐被王熙凤花言巧语骗进大观园后，生活每况愈下。而王熙凤却借此赚得了贤惠的美名，实际上她借刀杀人，坐山观虎斗——她把秋桐当枪使，纵容她肆意辱骂尤二姐。在饮食起居上，凤姐等对尤二姐极尽苛刻，每日送去的茶饭都是不堪之物。与此同时，秋桐和凤姐还时不时在贾母、王夫人等面前"点眼药"，说尤二姐的坏话，使一向慈悲的老祖宗说出"人太生娇俏了，可知心就嫉妒。凤丫头倒好意待他，他倒这样争锋吃醋的。可是个贱骨头"这样的话，并因此不待见尤二姐。尤二姐苦不堪言，要生不能，要死不得，气结于心，一病不起。一夜她梦见尤三姐对她说：

"姐姐，你一生为人心痴意软，终吃了这亏。休信那妒妇花言巧语，

外作贤良，内藏奸狡，他发恨定要弄你一死方罢。若妹子在世，断不肯令你进来，即进来时，亦不容他这样。此亦系理数应然，你我生前淫奔不才，使人家丧伦败行，故有此报。你依我将此剑斩了那妒妇，一同归至警幻案下，听其发落。不然，你则白白的丧命，且无人怜惜。"

曹雪芹借尤三姐之口，对造成尤二姐悲剧的原因做了深刻剖析。马善被人骑，人善被人欺。软弱善良的性格，使尤二姐在处处充满诡诈的贾府不能安身立命。尤二姐单纯不谙世故，没看出王熙凤含威不露、狠毒狡诈的阴险本色，以至羊入虎口，到头来只能任其宰割。这里，尤三姐有两点认识让人佩服，一是她能正视姐妹俩当初行为的不检点，认可"善有善报、恶有恶报"，且"天网恢恢、疏而不漏"的古训，表明要为自己曾经犯下的过错埋单；二是她是非分明，疾恶如仇，对王熙凤的恶行，她主张以牙还牙，哪怕同归于尽也绝不能忍气吞声白白冤死。面对强权，尤三姐是勇于大胆反抗的。

自古红颜多薄命，无论是温柔的尤二姐，还是刚烈的尤三姐，最后的结局一样凄惨，让人扼腕叹息。

"春恨秋悲皆自惹，花容月貌为谁妍。""厚地高天，堪叹古今情不尽；痴男怨女，可怜风月债难偿。"重温第五回这些警示之语，既伤感那些美好生命的消逝，更感叹作者以如椽大笔为我们留下的这份难得的文学瑰宝。

第七十回 惺惺相惜两心知

真心相爱的人，心是相通的，能感觉到彼此的喜怒哀乐，阴晴冷暖；他们能与对方共享风和日丽，寒潮雨露。第七十回，初春时节，被搁置许久的诗社又热闹了起来。湘云打发翠缕叫宝玉来沁芳亭瞧好诗，宝玉应邀来到时，发现大家正在称赞《桃花行》一诗。宝玉看了，没有和大家一样叫好，而是悄然泪下。

贾宝玉读懂了这首《桃花行》，体会到了其中的忧愁伤悼，并产生共鸣，因而神伤。宝琴让宝玉猜谁写的，宝玉笑答："自然是潇湘子稿。"

宝琴说是自己写的，宝玉不信。宝钗这时也替宝琴说话，但宝玉仍然坚持此诗为黛玉所作，因为这哀伤之音，非黛玉莫属。知黛玉者，宝玉也。

知宝玉者，亦黛玉也。本回写贾政派人送信来，说即将回府。袭人劝宝玉抓紧补习功课，贾政在外三四年，他只写了五六十篇字，委实太少，根本无法向贾政交差。贾母担心宝玉赶任务累出病，于是探春、宝钗说帮忙写。探春、宝钗每天临一篇楷书给宝玉，宝玉自己也努力"赶工"。尽管如此，到贾政回府之际，还欠五十余篇。就在这时，紫鹃来了，"送了一卷东西与宝玉"。注意，这里没有具体数字，只说"一卷"，可见数目之大。宝玉打开一看，临的是清一色的钟繇和王羲之的蝇头小楷。黛玉临的钟、王小楷一定比探春、宝钗临摹的楷书难度大，数量更多，这从宝玉喜不自禁的表情可以看出。更可贵的是，黛玉的字迹和宝玉十分相似。如此种种，都说明黛玉在这件事上非常用心，她没有像探春、宝钗那样在贾母面前明说，而是以实际行动暗中相助。

还是这一回，宝玉和大观园的姑娘们一起放风筝，玩到最后，大家要把自己的风筝放掉，这叫放晦气。文中有一个细节，雪雁率先剪断了黛玉的风筝，就在大家仰面眺望并大呼"有趣"时，宝玉却道：

"可惜不知落在那里去了。若落在有人烟处，被小孩子得了还好；若落在荒郊野外无人烟处，我替他寂寞。想起来把我这个放去，教他两个作伴儿罢。"

别人都在为黛玉的风筝断线后越飞越远欢呼雀跃，唯宝玉在为她的风筝而担忧，心之所念与众不同。宝玉"爱屋及乌，爱人及物"，他怕黛玉的风筝会像黛玉一样孤寂，就剪断了自己的风筝，让它去追随黛玉的风筝，陪伴它去了。此事不大，还带有孩童般的幼稚，但谁也不能否认，在这一细节中展现出的宝玉对黛玉的无限怜惜关爱。

惺惺相惜两心知，得一知音死不辞。宝黛之恋，古今典范。

第七十一回　树大招风惹嫌怨

扫码读原著

王熙凤仗着贾母的宠爱做事一向招摇，她这种为人处世的态度，许多

人都看不顺眼。虽然大家明里都惧怕她，但只要逮着机会，一些人就暗地里报复她。

　　第七十一回就发生一件让威风八面的凤姐吃瘪的事。两个婆子因对宁府尤氏的丫鬟出言不逊，惹恼了尤氏。凤姐知道后，命人把这两个不懂礼数的婆子捆起来，准备交给尤氏处置。这两个婆子，有一个是邢夫人陪房费婆子的亲家，费婆子知道后去找邢夫人，请求放人。这个费婆子经常狗仗人势，倚老卖老，后因贾母渐渐不待见邢夫人才老实些，她早就看王熙凤以及她手下的人整天吆五喝六的不舒服了，趁着这事，她在邢夫人面前煽风点火，说尽了凤姐的坏话——"只哄着老太太喜欢了他好就中作威作福，辖治着琏二爷，调唆二太太，把这边的正经太太倒不放在心上"。

　　本来邢夫人因为贾母不喜欢自己，还让自己的儿媳妇凤姐越俎代庖掌管贾府就很生气，费婆子这么一调唆，再次点燃她心中的怒火。多年的媳妇熬成了婆，可她这个婆婆竟输给儿媳妇，处处被压一头，颜面尽失。贾母不喜欢自己，自己的女儿也跟着不受欢迎，前几日南安太妃要见姐妹们，贾母叫探春而不叫迎春去……邢夫人越想越生气，费婆子的话像针一样，字字刺痛她的心。

　　这下邢夫人终于逮着了教训王熙凤的机会，在族人给贾母过生日的晚宴结束后，当着大家的面，她笑着开口了：

　　"我听见昨儿晚上二奶奶生气，打发周管家的娘子捆了两个老婆子，可也不知犯了什么罪。论理我不该讨情，我想老太太好日子，发狠的还舍钱舍米，周贫济老，咱们家先倒折磨起人家来了。不看我的脸，权且看老太太，竟放了他们罢。"

　　邢夫人色厉内荏，拿老太太说事，切入点抓得准。老太太过生日是个大喜日子，为了积善长寿，应做好事，凤姐却捆绑抓人，这不是给老太太添堵，折她老人家的寿吗？邢夫人貌似向凤姐求情，实则在示威，给凤姐下通牒：赶快放人。邢夫人说完，没容凤姐解释，"上车去了"，扔下"又羞又气，一时抓寻不着头脑，憋得脸紫涨"的凤姐站在那里，难堪不已。

　　威风八面的王熙凤也有如此灰头土脸的时候，"凤姐由不得越想越气越愧，不觉的灰心转悲，滚下泪来。因赌气回房哭泣，又不使人知觉"。

王熙凤虽不是吃气的人，但邢夫人这顿气只能受，谁让自己是人家的儿媳妇呢。跟婆婆顶撞，只能让别人说自己目无尊长，不懂规矩，给那些排挤她的人留下话柄。

第七十二回 物盛则衰月满亏

"贾不贾，白玉为堂金作马。"贾家辉煌过，如今却渐趋衰落。第七十二回通过接二连三的几件琐事，让读者看到贾府内部的虚空。

本回先写鸳鸯来探望凤姐，正巧贾琏也回来了。贾琏好言好茶招待鸳鸯后，说他有一事相求：

"这两日因老太太的千秋，所有的几千两银子都使了。几处房租地税通在九月才得，这会子竟接不上。明儿又要送南安府里的礼，又要预备娘娘的重阳节礼，还有几家红白大礼，至少还得三二千两银子用，一时难去支借。俗语说'求人不如求己'。说不得，姐姐担个不是，暂且把老太太查不着的金银家伙偷着运出一箱子来，暂押千数两银子支腾过去。"

贾母过生日，虽说用了几千两银子，但接下来几桩需用三二千两银子的事贾琏就无法应付，拿不出来银子了。他出此下策，想里应外合，让鸳鸯悄悄运出一箱贾母的金银家伙。要不是囊中实在羞涩，贾琏也不至于这么不孝，要去偷自己奶奶的东西换银子。

鸳鸯刚走，旺儿媳妇又来了。凤姐在和她的对话中无意说到另一件事："前儿老太太生日，太太急了两个月，想不出法儿来，还是我提了一句，后楼上现有些没要紧的大铜锡家伙四五箱子，拿去弄了三百银子，才把太太遮羞礼儿搪过去了。我是你们知道的，那一个金自鸣钟卖了五百六十两银子。没有半个月，大事小事倒有十来件，白填在里头。"因为缺钱，王夫人和凤姐也只好变卖东西。在外人看来，以这二人的身份，别说三五百两银子，三五千两也不是事儿，但现在她们也要以物换钱贴补费用。

凤姐这边正向旺儿媳妇诉苦，外面要钱的又找上门来——夏太府打发一个小太监来借一二百两银子。凤姐让平儿押了自己的两件首饰，才打发

掉这个理直气壮借钱的太监。凤姐这样做，一方面有意让太监看看，贾府现在也缺钱，让他们别再狮子大开口了；另一方面也说明贾府的确不能像过去那样挥金如土了，否则为了一二百两银子，哪有必要当物。

而接下来林之孝对贾琏提出的一个建议更是耐人寻味：

"人口太重了。不如拣个空日回明老太太老爷，把这些出过力的老家人用不着的，开恩放几家出去。一则他们各有营运，二则家里一年也省些口粮月钱。再者里头的姑娘也太多。俗语说'一时比不得一时'，如今说不得先时的例了，少不得大家委屈些，该使八个的使六个，该使四个的便使两个。若各房算起来，一年也可以省得许多月米月钱。"

看来不仅贾琏、凤姐这些主子，连林之孝这些仆人也看得出贾府在资金运转上的艰涩。为了节省费用，减少口粮月钱，林之孝提出裁人，八个丫鬟的变成六个，四个丫鬟的变成两个。过去大家族有其规矩，仆人、丫鬟的多少是富贵与否的象征。林之孝的裁人计划直指主子，可见贾府已窘迫到何等程度。

"日中则移，月满则亏。物盛则衰，天地之常数也。"贾府江河日下，到了捉襟见肘的境地，这一切都昭示贾家已经要走下坡路了。

第七十三回 懦弱小姐贾迎春

迎春第一次出场是在第三回："第一个肌肤微丰，合中身材，腮凝新荔，鼻腻鹅脂，温柔沉默，观之可亲。"相由心生，这句话将迎春少言寡语、温柔可亲的性格跃然纸上。对于女子，温柔是美好的，但要有度，否则过于温柔，有时遇事会懦弱。迎春就是这样一个典型。

第七十三回，贾母下令查那些头家赌家，结果查得三人，一个是迎春的乳母，另外两个是林之孝家的亲戚和柳家媳妇的妹妹。围绕这件事，可以看出迎春的"好脾气"给自己带来的恶果，这是她为温柔付出的代价。

打狗还要看主人，如果这个聚众赌博的乳母的主子不是迎春，是宝玉、黛玉、宝钗等，老祖宗也许会另当别论。对迎春，贾母一向不是特别喜欢，不如探春可人，会讨人欢心。迎春和探春其实出身一样，都是庶出，关于这一点，邢夫人说得很清楚：

"我想，天下的事也难较定，你是大老爷跟前人养的，这里探丫头也是二老爷跟前人养的，出身一样。如今你娘死了，从前看来，你两个的娘，只有你娘比如今赵姨娘强十倍的，你该比探丫头强才是，怎么反不及他一半！"

为什么迎春不及探春一半？一方面，子因母贵，探春跟着王夫人，而迎春跟着邢夫人，贾母喜欢王夫人不喜欢邢夫人，所以才会厚此薄彼；另一方面，她们的性格也决定了两人的命运，探春外向，迎春内向，在喜欢热闹的老祖宗面前，开朗善谈的探春更容易比沉默寡言的迎春受宠。因此，当黛玉、宝钗等为迎春求情时遭到拒绝，贾母还说自己正想拿一个人作法，迎春的乳母正好撞到了枪口上。

乳母获罪，迎春在贾母处弄得很无趣，心中正不自在，邢夫人随后过来，又把她劈头盖脸骂了一顿："你这么大了，你那奶妈子行此事，你也不说说他。如今别人都好好的，偏咱们的人做出这事来，什么意思。"本来邢夫人在贾母那里就不受待见，迎春乳母这一惹事，又添口舌，让她也跟着丢人现眼。面对邢夫人的教训，迎春嗫嗫嚅嚅，半晌才说自己说过乳母，可她不听。邢夫人一听更生气，一句"胡说"让人仿佛看到她的咄咄逼人。

刚吃过邢夫人的气，迎春乳母的子媳王住儿媳妇又来了，让迎春去给她婆婆求情。迎春不答应，这时丫鬟绣桔说话了，让王住儿媳妇抓紧把被她婆婆偷去当了的迎春的攒珠累丝金凤赎回来。这媳妇一听恼羞成怒，欺负迎春老实，当着她面就大声训斥绣桔，指桑骂槐，说给迎春听。话里话外的意思是，作为迎春的乳母，她婆婆真够倒霉的，不仅没沾半点主子的光，反倒白添了很多银子在里头。面对此状，绣桔、司棋气不过，便和那媳妇理论。而迎春呢，一看"劝止不住，自拿了一本《太上感应篇》来看"，真让人哀其不幸，怒其不争。而随后进来的探春与迎春的作为形成反衬，三下五除二，就灭了那欺软怕硬的媳妇的威风。

性格有时决定命运，迎春最后被孙绍祖欺凌致死，和她这种懦弱的性格有必然的联系。

第七十四回 抄检大观园风波

由于在大观园发现了"春意香袋",王夫人气愤惊恐。第七十四回,她让凤姐和王善保家的带人突查大观园。抄检中,园中几个女子的表现给人印象深刻。

第一个是晴雯。宝玉是大观园中唯一常住的男性,王夫人最不放心的是他,所以抄检的第一站就是怡红院。袭人等丫鬟虽然也被这种夜袭搞得莫名其妙,但还是老老实实地把自己的箱子打开,接受检查。唯独晴雯,她没跟大家同步,当问到最后一只未打开的箱子是谁的时,"只见晴雯挽着头发闯进来,豁啷一声将箱子掀开,两手捉着底子朝天,往地下尽情一倒,将所有之物尽都倒出"。"闯进来""掀开""捉着底子""尽情一倒",一连串的动作,把疾恶如仇、蔑视权威的晴雯刻画得入木三分。

第二个是探春。抄检针对的是大观园里的丫头们,不是主子。但在探春看来,怀疑她的人有问题就是对自己的侮辱,她冷笑道:"我们的丫头,自然都是些贼,我就是头一个窝主。既如此,先来搜我的箱柜,他们所有偷了来的都交给我藏着呢。"探春此举,一方面表达了自己对抄检大观园的不满,另一方面也表现她的自尊和对身边亲近之人的保护。凤姐对探春的愤怒无可奈何,只有赔着笑脸。在这次交锋中,写了探春四次冷笑、一次落泪、一次大怒,还有一次喝命,一系列表现,让探春自尊自强、泼辣豪爽、高瞻远瞩的特点更深入人心。

第三个是惜春。面对检查,宝玉、迎春等没言语,探春是极力维护丫鬟,而惜春和他们都不一样。本回之前小说对惜春的描写很少,但这回对她的描写却很多。惜春的丫鬟入画被查出有一大包金银锞子、一副玉带板子并一包男人衣物,这些东西无疑是禁物,入画哭诉它们都是贾珍赏给哥哥,然后寄存在她这里的。入画的解释后来也被尤氏证实,东西的来路的确清白,当然私传物件也是贾府不允许的,但罪责要比偷东西、暗藏男人物品轻得多。作为主子,惜春非但不帮入画解释求情,还表现得格外绝情。她先是对凤姐说要打要骂你尽管带走,别让她听见就行。连素以苛刻著称的凤姐都说如果入画所言是实就饶了她，惜春却依旧说不能饶她。惜春果然说到做到，次日就派人请尤氏来，要求带走入画，她冷酷地对尤氏说："或打，或杀，或卖，我一概不管。"小小的惜春对自己的丫鬟如此无情，着实令人惊讶。尤氏忍着怒为入画说情，但惜春铁了心要撵走入画，还说"我清清白白的一个人，为什么教你们带累坏了我"这样寒心的话。尤氏一气之下说以后少和你亲近，省了带累了你，惜春竟说"若果然不来，倒也省了口舌是非，大家倒还清净"，简直是六亲不认了。难怪尤氏骂她是"心冷口冷心狠意狠的人"。这样一个人最后看破红尘、遁入空门似乎也能接受，是个"自了汉"。

第四个是迎春的丫鬟司棋。周瑞家的在司棋的箱子里发现了男人的鞋袜、一个同心如意和一张纸条。男人的东西是抄检的重点，司棋不仅有这些，还有一张写满浓情蜜意的爱的纸条。铁证如山，司棋这回摊上大事了，但她"低头不语，也并无畏惧惭愧之意"，连凤姐也对她的镇静感到惊异，唯恐她出事，忙唤两个婆子把她监守起来。司棋敢作敢当，爱就爱了，她对表哥潘又安一片真心，她因爱才这样无所畏惧。

曹雪芹擅长通过对日常生活的描写塑造人物性格，抄检大观园就是一个很好的例子。晴雯、探春、惜春、司棋，这几个女子在本回中的表现叫人过目难忘。

第七十五回　祸起萧墙敌乃己

第七十五回，宝钗对李纨、尤氏、探春等说自己要离开大观园到外面陪母亲住几日，李纨、尤氏听了挽留她，探春却说："很好。不但姨妈好了还来的，就便好了不来也使得。"探春的话听起来很冷漠，不懂人之常情。尤氏说她怎么撵起亲戚来了，探春冷笑道："正是呢，有叫人撵的，不如我先撵。亲戚们好，也不在必要死住着才好。咱们倒是一家子亲骨肉呢，一个个不像乌眼鸡似的，恨不得你吃了我，我吃了你！"探春的冷笑和这几句话听起来特别耳熟，让人想起前一回抄检大观园时她怒斥凤姐等人的情形：

"你们别忙,自然连你们抄的日子有呢!你们今日早起不曾议论甄家,自己家里好好的抄家,果然今日真抄了。咱们也渐渐的来了。可知这样大族人家,若从外头杀来,一时是杀不死的,这是古人曾说的'百足之虫,死而不僵',必须先从家里自杀自灭起来,才能一败涂地!"

探春说完,"不觉流下泪来"。探春为什么言辞如此激烈且泪流满面?这是探春与大观园其他女孩不同的地方,她的远见卓识甚至可以说超过了贾府的许多男人。探春认为家门最大的不幸还不是像甄家那样被官府抄检,而是这种来自内部的尔虞我诈,自相残杀。

探春这样讲不是危言耸听、无根无据,贾府的男人们大都不务正业,花天酒地;女人们也是各怀心事,钩心斗角。凡此种种使贾府的管理日益混乱,"春意香袋"出现在不该出现的大观园就是一例。邢夫人作为长房媳妇,没有悄悄解决这件见不得人的事,反而唯恐天下不乱,为了发泄不被重用的怨气,把香袋甩给管事的王夫人,向她兴师问罪。而主张抄检大观园的王善保家的,是邢夫人的陪房,也是其得力助手。"这王善保家正因素日进园去那些丫鬟们不大趋奉他,他心里大不自在,要寻他们的故事又寻不着,恰好生出这事来,以为得了把柄。又听王夫人委托,正撞在心坎上。"由此可见,王善保家的也是出于私心才在王夫人面前极力撺掇,煽风点火,这样不良的初衷自然会导致后面那些恶果的出现。

"礼之用,和为贵。"和衷共济,家和万事兴。探春说得对,贾府这样的大家族,外因是不至于一下子杀死它的,最怕的是家族内部争名夺利,斗来斗去,这才最具杀伤力。于国于家于个人,最大的敌人不是外人,而是祸起萧墙。

第七十六回 孤女冷月葬花魂

三五中秋夕,清游拟上元。
撒天箕斗灿,匝地管弦繁。
几处狂飞盏,谁家不启轩。

…… ……

第三章 读写一体策略——轻叩红楼

> 有兴悲何继，无愁意岂烦。
> 芳情只自遣，雅趣向谁言。
> 彻旦休云倦，烹茶更细论。

这是第七十六回中的一首诗。贾母带着阖家老小在凸碧山赏月，就在众人团坐一起兴致勃勃欣赏中秋夜的美景，聆听悠悠笛韵时，黛玉和湘云却悄悄离开，去了与凸碧山遥遥相对的凹晶馆。

中秋月圆之夜，阖家团聚，多愁善感的林黛玉又被眼前贾府欢度中秋的景象勾起了内心的无限情愁。湘云懂黛玉，但同样是寄人篱下，湘云比黛玉乐观豁达很多，为了转移黛玉的忧伤，她提议即景联诗。于是，就有了她和黛玉从开头到"寒塘渡鹤影，冷月葬花魂"的诗句。纵观全诗，黛玉的语言大都凌厉悲凉，湘云相对要柔和温婉。"冷月葬花魂"是这首诗中最美最出彩也最凄凉的一句，这样的诗句可以与第二十七回中她的《葬花吟》相媲美。

就在二人沉浸在"冷月葬花魂"的凄美中时，作者安排久未露面的妙玉突然出现。妙玉觉得这首诗美虽美，但过于凄凉，于是为它续了一个稍微明亮的尾巴——"彻旦休云倦，烹茶更细论"，以此收束，给人一种超凡脱俗的高雅情致，一扫先前黛玉和湘云的沉郁阴霾，提升了全诗的境界。黛玉和湘云赞赏不已，直呼"诗仙在此"。

曹雪芹让黛玉、湘云、妙玉在中秋夜联诗，而非他人，是看中了她们有着相似的境遇。"孤女冷月葬花魂"，黛玉是孤女，湘云是，妙玉也是。同是天涯沦落人，相逢更兼又相知！相似的身世，让她们有相似的人生体验。三人珠联璧合，谱就佳作，读来竟若出自一人之手，这充分说明她们的才情、思想是高度一致的。

中秋月圆人团圆，同样是寄居在贾府，薛宝钗却能和母亲、哥哥共度良宵。这样想来，忽然觉得如果读者只看到了这三个女子的才华，而没有发现才华横溢背后是作者对她们遭际的伤感与同情，则会辜负曹公在这里的苦心了。

第七十七回 泄密内鬼花袭人

第七十七回，王夫人亲自坐镇怡红院，冷面无情地赶走晴雯、四儿、芳官。理由如下：晴雯妖里妖气像个妖精，专勾引宝玉；和宝玉同日生的四儿说过"同日生日就是夫妻"；芳官则是"调唆宝玉要柳家的丫头五儿"。王夫人认为这几个丫头留着都是祸害，会把宝玉带坏的。

王夫人这次也不是白眉赤脸地来找碴，她说得有理有据，让人哑口无言。问题是，宝玉平日和丫鬟的玩笑话，怎么住在园外的王夫人知道得一清二楚呢？明眼人都知道一定有王夫人的眼线。宝玉怀疑袭人：为什么王夫人不挑你、麝月、秋纹的毛病？"袭人听了这话，心内一动，低头半日，无可回答。"宝玉的话触到了袭人敏感的神经，所以她才心有所动半晌答不出话来。她自己也不否认晴雯她们三个平常和宝玉有一些"孟浪处"。最后袭人只能自我开脱说："若论我们也有顽笑不留心的孟浪去处，怎么太太竟忘了？想是还有别的事，等完了再发放我们，也未可知。"这话骗得了别人骗不过宝玉，他当下就更明白告密者定是袭人，接下来他的话直指袭人，不留余地：

"你是头一个出了名的至善至贤之人，他两个又是你陶冶教育的，焉得还有孟浪该罚之处！只是芳官尚小，过于伶俐些，未免倚强压倒了人，惹人厌。四儿是我误了他，还是那年我和你拌嘴的那日起，叫上来作些细活，未免夺占了地位，故有今日。只是晴雯也是和你一样，从小儿在老太太屋里过来的，虽然他生得比人强，也没甚妨碍去处。就只是他的性情爽利，口角锋芒些，究竟也不曾得罪你们。想是他过于生得好了，反被这好所误。"

丫鬟们争风吃醋，这是晴雯、四儿、芳官被撵走的又一个重要原因。看似老实巴交的袭人成为告密者并不突然，第三十三回已有铺垫。宝玉挨打后，王夫人让找一个宝玉身边的丫鬟来问事，来的就是袭人。这是袭人第一次单独和王夫人见面，她当然不能错过这千载难逢的机会。在很多人都对宝玉被贾政打得半死而难过时，作为唯一一个和宝玉有过肌肤之亲的贴身丫鬟，袭人却对王夫人说，宝玉该打，贾政打得对，早该这样"教训两顿"了，否则不知道会出什么乱子。袭人的话说到了王夫人心坎上，宝玉惹乱子是王夫人最担心的事，那样一来，不仅宝玉难保，自己在贾府的地位也岌岌可危。袭人对王夫人说的掏心窝子的话，感动得王夫人不仅管她叫了一声"我的儿"，而且还滚下泪来。袭人一看王夫人的反应，更为大胆地建议，找个机会让宝玉搬出大观园，以防夜长梦多出事故："二爷一生的声名品行岂不完了，二则太太也难见老爷。"王夫人听了，更是感激："……难为你成全我娘儿两个声名体面，真真我竟不知道你这样好。罢了，你且去罢，我自有道理。只是还有一句话：你今既说了这样的话，我就把他交给你了，好歹留心，保全了他，就是保全了我。我自然不辜负你。"话到此，王夫人和袭人已经达成默契，并完成了一笔交易，她们各取所需，达到了各自的目的。

从此，"笨手笨脚"的花袭人成为王夫人的眼线。王夫人的确需要一个对宝玉死心塌地又对她忠心耿耿的人作为耳目留在怡红院，以便监视宝玉及其身边人的一举一动，然后及时向她汇报，这样她日夜悬着的心才能放下来。

第七十八回　举足轻重王夫人

贾母曾对王夫人做过这样的评价：木头人似的。就是这样一个话不多、看似"可怜见的"、每天吃斋念佛的王夫人，其实城府很深，心狠手辣，逼死金钏，抄检大观园，等等，为恶不少。王夫人自作主张，把晴雯等撵了出去，这事是不能瞒的，贾母迟早会知道。何况晴雯跟别人不同，当年是贾母身边的人，贾母就是因为特别喜欢她才给了宝玉的。王夫人赶走晴雯，老祖宗定会追究。于是王夫人恶人先告状，说了晴雯一大堆不是：

"宝玉屋里有个晴雯，那个丫头也大了，而且一年之间，病不离身；我常见他比别人分外淘气，也懒；前日又病倒了十几天，叫大夫瞧，说是女儿痨，所以我就赶着叫他下去了。若养好了也不用叫他进来，就赏他家配人去也罢了。"

王夫人的话说得轻松，实则给晴雯扣了很大的帽子：淘气、懒惰、多病。女儿痨，这是王夫人恶意编造的，她知道淘气、懒惰都不足以让贾母同意赶走晴雯，只有这痨病要命，得了这种病的人非但自己好不了，还会传染身边的人。贾母最心疼宝玉，他的丫鬟得了小病都要搬出怡红院，痊愈了方能进来，何况这种治不好的传染病呢？即使不是王夫人，她也会在第一时间给撵出去的。

　　从贾母的叙述中可以看出，她非常看中晴雯："我的意思这些丫头的模样爽利言谈针线多不及他，将来只他还可以给宝玉使唤得。"贾母说的晴雯这些优点恰是王夫人讨厌晴雯的理由。在宝玉的婚姻上，贾母最初的选择应是妻为黛玉、妾为晴雯，而王夫人中意的却是宝钗和袭人。王夫人在打击晴雯的同时，顺势推出取代晴雯的最佳人选——袭人，只见她慢条斯理地对贾母说：

　　"老太太挑中的人原不错。只是他命里没造化，所以得了这个病。俗语又说'女大十八变'。况且有了本事的人，未免就有些调歪。老太太还有什么不曾经验过的。三年前我也就留心这件事。先只取中了他，我便留心。冷眼看去，他色色虽比人强，只是不大沉重。若说沉重知大礼，莫若袭人第一。……"

　　王夫人说得语重心长，处处为宝玉着想，贾母听完，当然不会反对。贾母说袭人不言不语，像没嘴的葫芦，这跟她说王夫人像木头一样。一个呆木头，一个闷葫芦，王夫人和袭人是一家人进一家门，太像了！

　　王夫人举足轻重的一句话，就可以让晴雯、袭人的命运发生翻天覆地的改变，不可小觑。

第七十九回　迎春的终身大事

扫码读原著

　　第七十九回，写到迎春的婚事。当贾赦把迎春即将许配给孙绍祖一事告诉贾母时，书中写道："贾母心中却不十分称意，想来拦阻亦恐不听，儿女之事自有天意前因，况且他是亲父主张，何必出头多事，为此只说'知道了'三字，余不多及。"

第三章　读写一体策略——轻叩红楼

贾母心中对这桩婚事虽不满意，但也没有出面阻拦。这段话已经说出了贾母这样做的理由：婚姻之事天注定，且又是迎春的父亲做主，有父母之命自己不便多管闲事。但这只是理由之一。贾母对迎春的婚事不愿多问，还有两个原因：一是贾母对迎春素来不太喜欢；二是知子莫若母，贾赦认准了这件事，很难改变。先前因讨要鸳鸯为妾被拒，贾赦就不舒服，这次若再不同意迎春的婚事，母子关系会更紧张。因此她也就隔代不管隔代事了。

这一回没有直接说明贾母为什么不看好迎春的婚事，但从贾政的反应看，这桩婚事的确不合适。贾政为了这件事"劝谏过两次"，理由是"虽是世交，当年不过是彼祖希慕荣宁之势，有不能了结之事才拜在门下的，并非诗礼名族之裔"。贾政觉得孙家并非书香门第，当年的世交情意也不纯粹，乃权势所致，建立在这种关系基础上的般配不牢靠，不是真正的门当户对。

贾母、贾政都不看好的婚事，为什么作为父亲的贾赦偏偏坚持？迎春是他的亲生女儿，从小失去母亲，甚为可怜，作为父亲，在决定女儿幸福的婚姻大事上应慎之又慎，贾赦的行为叫人匪夷所思。贾赦人品不佳，口碑不好。作为长子，他不管正事，且为老不尊，年纪一大把，姬妾丫鬟一大群，仍嫌不够，好色至极。不过虎毒不食子，贾赦对迎春婚事的态度到底为哪般？所有这些疑惑在第八十回中有答案：

迎春已来家好半日……哭哭泣泣的在王夫人房中诉委曲，说孙绍祖"一味好色，好赌酗酒，家中所有的媳妇丫头将及淫遍。略劝过两三次，便骂我是'醋汁子老婆拧出来的'。又说老爷曾收着他五千银子，不该使了他的。如今他来要了两三次不得，他便指着我的脸说道：'你别和我充夫人娘子，你老子使了我五千银子，把你准折卖给我的。好不好，打一顿撵在下房里睡去。当日有你爷爷在时，希图上我们的富贵，赶着相与的。论理我和你父亲是一辈，如今强压我的头，卖了一辈。又不该作了这门亲，倒没的叫人看着赶势利似的。'"

孙绍祖好色酗酒，品行恶劣，跟贾赦有一拼，属一丘之貉。谈及两家关系，贾政说过孙绍祖的祖上当年有难事求到贾家，而孙绍祖却对迎春

· 167 ·

说，是你们贾家人攀上孙家的。他认为娶迎春不划算，不仅五千两银子打了水漂，自己还因此降了一辈，本该称兄道弟的贾赦成了岳父。迎春又是个木讷人，不善言语，不会主动讨好人，可以想象孙绍祖不会太喜欢她，可能连起码的尊重都没有。迎春是贾府的大小姐，却沦落到被孙绍祖指着脸又骂又损的地步，十分可怜！如此看来，贾母和贾政的反对是有道理的，孙绍祖的为人他们一定有所耳闻。孙绍祖不是好东西，但更不是东西的还是贾赦。为了五千两银子就把自己的亲闺女卖了，明知孙家是火坑还把迎春往里推。

男怕入错行，女怕嫁错郎。面对迎春的悲剧，心绪难平。

第八十回 名里暗藏的玄机

曹雪芹在小说中使用了很多谜语一样的谐音词，对这些词，不能只看其表面，而要着重审视其背后的寓意。比如《红楼梦》第一回出现过一个三岁的小孩儿——甄英莲。甄英莲——"真应怜"，意即这个孩子的命运真可怜，此外还有另一层意思在里边：莲的谐音字"怜"，在古代除了作"可怜、可惜"讲，还作"可爱"的意思。杜牧《睦州四韵》中有"州在钓台边，溪山实可怜"，《孔雀东南飞》中有"东家有好女，自名秦罗敷。可怜体无比，阿母为汝求"，两首诗中的"可怜"都是"可爱"之意。第一回作者这样描写过英莲："士隐见女儿越发生得粉妆玉琢，乖觉可喜。"这里着墨虽不多，但"粉妆玉砌""乖觉"二词带给甄士隐的是"可喜"，带给读者的是"可爱"。如癞头和尚所言，可爱的英莲命不好，属"生于末世运偏消"类。英莲五岁时被人贩子抱走，第四回再出现时已十二三岁，是一则命案中的人物。人贩子把她先卖给冯渊，又卖给薛蟠，然后卷钱跑了，剩下冯、薛二人为了争夺她大打出手。

薛蟠打死了冯渊，带着英莲来到贾府，纳其为妾。跟了薛蟠的英莲，不再叫英莲，薛宝钗给她起了一个新名字：香菱。"根并荷花一茎香"，莲花、菱花长在一起，暗示读者"英莲""香菱"是一个人。其实菱不同于莲，二者不能相提并论。莲花高洁，是超凡脱俗的花中仙子；菱花普通，充其量是花中丫鬟。在薛蟠娶夏金桂之前，苦命的香菱跟着薛姨妈过了几年快乐的日子。不仅薛姨妈母女喜欢她，园中的小姐丫鬟对她也都不薄。曹雪芹刻意安排香菱学诗这一情节，最后她学诗成功，还加入海棠诗社，从这些可以看出，香菱不像丫鬟，更像小姐。因此，她被称为"香菱"，还蕴含了她这段生活有滋有味、活色生香之意。

然而，好景不长，香菱命途多舛，老天不厚爱她。自从薛蟠娶了河东狮子夏金桂，香菱的命运开始走下坡路。夏金桂从小和寡母相依为命，被骄纵宠溺长大，心胸狭隘，为人霸道。婚后，她先是软硬兼施，挟制住了薛蟠，后又想挟制薛姨妈和薛宝钗。没想到薛宝钗不好惹，"久察其不轨之心，每随机应变，暗以言语弹压其志"。夏金桂明着不敢和宝钗冲撞，但暗中仍伺机找碴，一次她问香菱名字是谁起的，香菱答姑娘起的。夏金桂一听就冷笑，说这个名字根本不通，没听说菱还香，于是赐香菱一"秋"字，"香菱"从此成为"秋菱"。

"秋"在古人心中是悲戚伤感的，夏金桂把"香"改为"秋"，意味香菱的人生之秋到了。夏金桂整天吃醋拈酸，容不下人。香菱长得漂亮，在她之前跟了薛蟠，薛姨妈和宝钗又很喜欢她，所以她便视香菱为眼中钉、肉中刺，于是百般寻事，极尽苛责恶毒之能事。

"惯养娇生笑你痴，菱花空对雪澌澌。""自从两地生孤木，致使香魂返故乡。"作者在前五回已为甄家这个小姐的命运做了安排，英莲、香菱、秋菱，这三个看似平淡无奇的名字，其实包含了曹雪芹的大智慧。

第八十一回 若合一契的知己

第八十一回有一处细节描写，是关于宝玉的："憋着一肚子闷气无处可泄，走到园中，一径往潇湘馆来。"这里有一个关键词：一径。"一径"就是"直接"，表明做事没有任何犹豫，想都不想，近乎下意识的行为，是施动者听从自己心底召唤的自主选择。

宝玉是贾府的宠儿，身边不乏关心他的人，贾母、王夫人、凤姐、宝钗、探春、袭人等，上上下下，长幼尊卑，关心他的人实在太多。然而，

当宝玉"憋了一肚子闷气"后，第一个想到的能让他发泄情绪和得到安慰的地方就是潇湘馆，因为那里有林妹妹。

宝玉因为迎春在孙家受气而闷闷不乐，他向王夫人建议以老太太的名义把迎春接回来，再也不让她回去遭罪。王夫人听了却笑起来，不仅没答应，还说他发呆混说，之后又发表了一大堆"封建社会的婚姻学说"，什么"大凡做了女孩儿，终久是要出门子的，嫁到人家去，娘家那里顾得，也只好看他自己的命运，碰得好就好，碰得不好也就没法儿。你难道没听见人说'嫁鸡随鸡，嫁狗随狗'……"之类的言论。王夫人所言和宝玉心中所想背道而驰，宝玉始终认为，女儿最尊贵，自然她们应拥有美好幸福的生活，女子也要把握自己的命运，不能听天由命，任人摆布；"嫁鸡随鸡，嫁狗随狗"这种旧思想更为他所不容，是他坚决抵制的。

但王夫人不容宝玉分辩，把他说了一通，最后还严肃地警告他，关于迎春的事不许在老太太面前提一个字，否则她知道了是不依的。其实，就算宝玉跟老祖宗提这件事，也没用。老祖宗会像王夫人一样，认为宝玉太孩子气，不会同意他的想法。迎春的婚姻不幸福，这本在老祖宗意料之中。这件事她一开始就抱着婚姻大事由父母做主、自己少管闲事的态度，嫁出去的女儿正如泼出去的水，她不会答应宝玉把迎春接回来，那样的话成何体统？

事已至此，宝玉知道对迎春的事无能为力，只能眼睁睁地看着她继续受苦。面对迎春的遭遇，联想到近来大观园中发生的悲欢离合，宝玉非常痛心。这时候，能理解他，抚慰他，让他暂得喘息的只有青梅竹马的林黛玉，所以他离开王夫人后，没有回自己的怡红院，而是"一径"奔向潇湘馆。此时宝玉见到黛玉的情状，本回是这样描述的：

刚进了门，便放声大哭起来。黛玉正在梳洗才毕，见宝玉这个光景，倒吓了一跳，问："是怎么了？和谁怄了气了？"连问几声。宝玉低着头，伏在桌子上，呜呜咽咽，哭的说不出话来。

黛玉就是贾宝玉的红尘知己，若合一契的精神伴侣。虽说男儿有泪不轻弹，但在这里，宝玉的泪水可以尽情地流淌。

第八十二回 林黛玉梦魇惊魂

第八十二回中，当探春、湘云得知黛玉咳得吐血而惊慌失措时，惜春却冷静地说了句耐人琢磨的话："林姐姐那样一个聪明人，我看他总有些瞧不破，一点半点儿都要认起真来。天下事那里有多少真的呢。"惜春年龄虽小，看问题有时却很理智成熟。黛玉就因为太较真，看不破，才会烦恼丛生，伤及自己。

只因白天宝钗打发过来送蜜饯荔枝的婆子说了些"怨不得我们太太说这林姑娘和你们宝二爷是一对儿，原来真是天仙似的"，"这样好模样儿，除了宝玉，什么人擎受的起"之类的话，黛玉就认真起来，心里又放不下，醒时思来想去，睡时也带进梦中。"一年三百六十日，风刀霜剑严相逼。"当局者也有不迷的，黛玉就很清楚自己的处境。她对宝玉的感情有自信，但对宝玉背后的家族没把握，虽然那些人也都是她的至亲。贾府，是黛玉身体的栖居之地，也是她心灵的皈依之所，是无父无母无家的她在尘世唯一的港湾，她不能也不愿离开这里。对黛玉而言，离开贾府，离开宝玉，她就是无根之萍、无水之鱼。黛玉的梦就是这种情绪长期压抑在心底的反映。

在梦里，老家来人要接黛玉回去，父亲娶了后妈，她也要给人做续弦。除了黛玉，大家对这件事都很开心，邢夫人、王夫人、凤姐等几乎所有人都前来道喜送别。独黛玉不信，邢夫人和王夫人便与众人冷笑而去，没人管她伤心。她去求平时最疼她的老祖宗，可老祖宗却冷冷的，很不耐烦，最后竟让鸳鸯把她弄了出去。

走投无路时，贾宝玉出现了。出乎意料的是，宝玉对她的离去，不仅不难过，反而也笑嘻嘻地给她道喜。当黛玉又气又恼，哭着对宝玉说"好哥哥，你叫我跟了谁去"，宝玉才说让她留下。宝玉拍着胸脯向黛玉发誓，说到激动处，竟用刀划开胸口，声称要拿出自己的心让黛玉看，可找了半天也没找到，他大呼"不好了，我的心没有了，活不得了"，遂倒身于地。

失去宝玉的爱，黛玉也将失去活下去的动力。噩梦醒来，敏感的黛玉依旧惊魂未定，一时无法从梦中走出来。急火攻心，她的病又加重了。

梦非梦，黛玉这个噩梦预示着她真正的人生梦魇即将到来。

第八十三回 只恨嫁入帝王家

元春嫁入皇宫，使贾家成为名正言顺的皇亲国戚。世袭着祖上的功德，加之元春带来的荣耀，贾家风光无限。

元春给自己的家族带来荣光的同时，自己快乐吗？她在小说中正面出场的次数不多，每次亮相少有欢喜的表情，尤其和家人见面，基本都是浸泡在泪水中。第八十三回，元春病了，宫中传令贾府的人去探视。如果是寻常百姓家，出嫁的女儿病了，父母、亲人大可以随便前去探望。但元春不同，她嫁给帝王成为贵妃，从她进宫的那天起就已经成为皇帝的私有财产，她的一切都归属于皇帝，她个人及贾家的荣衰生死都一并掌握在皇帝手里。

"前日这里贵妃娘娘有些欠安。昨日奉过旨意，宣召亲丁四人进里头探问。许各带丫头一人，余皆不用。亲丁男人只许在宫门外递个职名，请安听信，不得擅入。准于明日辰巳时进去，申酉时出来。"今天看来，这样的诏书太不近人情，但在那个时代却没什么不正常，侯门都深似海，何况这是皇帝的门？皇帝的女人和其他男人是不能轻易见面的，即便是父亲、弟兄，所以，亲丁男人一个不许进宫，亲丁女性也不能跟赶大集似的，只能进四个。

"走至元妃寝宫，只见奎壁辉煌，琉璃照耀。"再金碧辉煌的地方，如果缺少爱和温暖，也只能是安身之所，不是家。亲人相见，要按宫中的规矩，元妃虽是小字辈，但因贵为妃子，所以皇家的身份不能失。话语的主动权也都在元妃一边，元妃问一句，别人答一句，答话时别说母亲王夫人要毕恭毕敬地站起来，就连年事已高的贾母也得"颤颤巍巍站起来"才行。父亲贾政以及其他族人就更可怜了，根本没有见面的机会，只能递个折子让元妃看看上面的"职名"。

"元妃看时，就是贾赦贾政等若干人。那元妃看了职名，眼圈儿一红，止不住流下泪来。"元妃的眼泪让人心痛，虽富贵已极，又能怎样？一介布衣可以随时享受的天伦之乐对她而言，却是千难万难，可望而不可即。"父女弟兄，反不如小家子得以常常亲近。"元妃含泪说出的话，让人深深感受到她的痛苦无奈。

"凡鸟变成金凤凰，只为当年一念差。本是俗世一女子，只恨嫁入帝王家。"如果有来生，如果能对自己的人生做主，贾元春也许不会再做出今生这样的抉择。

第八十四回 身陷危机的黛玉

扫码读原著

第八十四回，贾母、贾政母子闲聊，贾母第一次提及宝玉的婚事："如今他也大了，你们也该留神看一个好孩子给他定下。这也是他终身的大事。也别论远近亲戚，什么穷啊富的，只要深知那姑娘的脾性儿好模样儿周正的就好。"对于宝玉的择偶标准，贾母强调的是——两家关系远近、穷点富点无所谓，重要的是脾气好、长得漂亮。第一感觉应该是黛玉，稍一品又不对，黛玉的坏脾气在贾府可是出了名的。最符合这些条件的，是宝钗。贾母之后对薛姨妈说的一段话也印证了这点。

薛姨妈进园子看望贾母，聊起被儿媳夏金桂弄得鸡犬不宁的家事，自然提到宝钗，贾母这时又当着众人夸奖她："我看宝丫头性格儿温厚和平，虽然年轻，比大人还强几倍。前日那小丫头子回来说，我们这边还都赞叹了他一会子。都像宝丫头那样心胸儿脾气儿，真是百里挑一的。不是我说句冒失话，那给人家作了媳妇儿，怎么叫公婆不疼，家里上上下下的不宾服呢。""温厚平和"，这不正是贾母对贾政说的"脾性儿好"吗？在贾母眼里，年纪轻轻的宝钗做人行事比那些成熟稳重的大人都要强，"百里挑一"，是难得的好姑娘。

在亲戚的女孩中，能和黛玉抗衡争夺宝玉的首数宝钗。如果说贾母上面的话是人之常情，是当着薛姨妈的面的缘故，但接下来她拿宝钗和黛玉比较，这可不是信口开河，黛玉毕竟是她的亲外孙女，宝钗还远些，如果

不是她觉得宝钗确实比黛玉好的话，没必要褒宝钗的同时抑黛玉："林丫头那孩子倒罢了，只是心重些，所以身子就不大很结实了。要赌灵性儿，也和宝丫头不差什么；要赌宽厚待人里头，却不济他宝姐姐有耽待、有尽让了。"贾母的态度很明确，她认为黛玉的聪明机灵不输宝钗，但她的身体、心胸不如宝钗。贾母把钗、黛分了高低上下，在这二人之间给宝玉选媳妇，答案显而易见。

对宝玉婚事能起重大作用的，除了贾母，还有贾政、王夫人，当然也不能小觑凤姐的威力。从文中描写看，贾政对黛玉、宝钗似乎没太放在心上，原因有二：一是贾母提到该给宝玉留意婚事并说出那几个条件时，贾政并没有一下子想到宝钗和黛玉，只说别让宝玉耽误了人家好姑娘；二是当门客提出张家有一好女想给宝玉提亲时，他满口答应下来，还让王夫人去回贾母，并向邢夫人了解这个跟邢家有点亲戚关系的张姑娘的情况。由此可见，宝钗和黛玉当时都没在贾政的考虑范围之内，否则有人提亲，他可以回绝的。

王夫人和薛姨妈是姐妹，宝钗是其外甥女，且王夫人不止一次表扬宝钗性格好，在宝钗和黛玉之间，王夫人当然首选宝钗。王夫人、薛姨妈是王熙凤的亲姑姑，凤姐同宝钗是表姐妹，当然比和黛玉的关系近得多。何况见风使舵的凤姐看出贾母喜欢宝钗，更是投其所好，所以在这一回中凤姐首次向贾母提出"金玉良缘"，还说这是"天配的姻缘"。

仅这一回，从贾母、王夫人、凤姐的态度上就可发现，黛玉要想成为宝玉的妻子，困难重重，支持她的人实在太少。黛玉已身陷危机之中，虽然表面风平浪静，但她已经身不由己地被置于宝玉婚姻的旋涡中。

第八十五回 暗流涌动的贾府

宝玉爱的是黛玉，大家都知道，所以给宝玉定亲宝钗的事，暂时只能暗中操作。宝钗不是宝玉的意中人，虽然她爱宝玉。第八十五回写到薛蟠出命案，王夫人派人打听情况时，文中说"宝钗虽心知自己是贾府的人了"。看来，宝钗此时已知自己即将许配给宝玉。

第三章 读写一体策略——轻叩红楼

按古时规矩，没过门的媳妇不能随便与未来夫君及婆家人见面，因此宝钗就不再到贾府这边来。本回有两件事涉及这一点：

第一件事是贾政升迁。所有人都前来贾府道贺贾政升迁之喜，宝玉从家塾回来，走进贾母房中，看到黛玉、湘云、探春、惜春等一干姐妹都在，只不见宝钗、宝琴、迎春三人。迎春已出嫁，宝琴待嫁，这二人没来正常；宝钗没出现，在尚不知情的宝玉看来就不正常。

第二件事是黛玉生日。作者不仅通过宝玉写出了宝钗的微妙变化，还通过黛玉写了她的改变。黛玉生日这天来了很多人，包括薛姨妈，但黛玉留神一看，独不见宝钗，于是问："宝姐姐可好么？为什么不过来？"薛姨妈说宝钗要看家，所以没来。薛姨妈的回答显然是敷衍。黛玉接着问家里那么多人，又添了大嫂子，怎么宝姐姐却看起家来。原来贾府这边只要有事，宝钗母女必是同时过来，现在她家里多了个媳妇，宝钗反倒要看家不能来，真是令人匪夷所思。黛玉说自己挺想宝钗的，薛姨妈虚伪地说宝钗也想她们，改天叫宝钗过来叙叙。至于改到哪一天，却不得而知，薛姨妈显然是在搪塞黛玉。

贾母、王夫人、邢夫人、薛姨妈、凤姐等心知肚明，只宝玉和黛玉被蒙在鼓里，像两个傻瓜，闹着笑话。宝玉煞有介事地跟贾母讲前夜睡觉时自己戴的通灵玉竟大放红光，"邢、王二夫人抿着嘴笑"。这二人为什么发笑？是因为她们认为这是好兆头——宝玉将有喜事发生，正应了定亲之事。心直口快的凤姐一语点破："这是喜信发动了。"宝玉不懂，问凤姐："什么喜信？"凤姐笑而不答。贾母说宝玉不懂，打发他回去歇着。

宝玉直到看了贾芸的贺信，才第一次隐约知道定亲的事。小说没有明写贾芸在信里说了什么，但从宝玉看信后的一系列反应不难推测。第二天贾政升了郎中，宝玉碰到了贾芸，贾芸说："叔叔乐不乐？叔叔的亲事要再成了，不用说是两层喜了。"由此可见，贾芸派人送的信跟宝玉的亲事相关。

听到定亲风声的不只是贾芸，还有袭人，但她不敢问宝玉，以免"招出他多少呆话来，所以故作不知，自己心上却也是头一件关切的事"。袭人最清楚宝玉的心事：宝玉第一次对黛玉表露心迹，火辣辣的情话说完

后，一看眼前站着的不是黛玉而是袭人。在宝玉的婚事上，袭人和贾母等人的观点是一致的，她希望宝玉的妻子是易相处的宝钗，而不是难相处的黛玉。宝玉的亲事关系袭人的命运，于是第二天她到潇湘馆探听动静，但一无所获。

面对贾芸的信，宝玉"皱一回眉，又笑一笑儿，又摇摇头儿，后来光景竟大不耐烦起来"。贾芸在信中提到宝玉定亲这件事，但一定没说是定亲何人。宝玉之所以又喜又悲，是因为一方面他希望定亲，那么他和黛玉就有希望了；另一方面又怕定亲，怕定亲对象不是黛玉。

但宝玉似乎还是自信的，贾母、王夫人等那么疼他，也疼黛玉，怎么可能不促成他们？在给贾政升官道喜时，凤姐面对宝玉和黛玉你来我往客客气气问候时，就笑着说："你两个那里像天天在一处的，倒像是客一般，有这些套话，可是人说的'相敬如宾'了。""相敬如宾"是用于夫妻之间的，因此黛玉听了先自脸红，凤姐也立即意识到自己失言。这个词对宝玉和黛玉如今不合适，她想岔开这个话题却没来得及，宝玉就冒出一句："林妹妹，你瞧芸儿这种冒失鬼。"黛玉听不懂，其他人也不懂，但宝玉懂：贾芸没胡说，凤姐开我和林妹妹的玩笑，不就是认为我们俩是一对吗？既如此，定亲的对象一定是林妹妹。

宝玉和黛玉，痴痴地沉浸在美好的憧憬中，以为好事将近。殊不知，他们的爱情已经在劫难逃。

第八十六回 琴说花语黛玉心

第八十六回，宝玉到潇湘馆看黛玉，正巧黛玉在看琴书，宝玉不懂，就让黛玉讲给他。黛玉讲到古人学琴说："孔圣人尚学琴于师襄，一操便知其为文王；高山流水，得遇知音。"说到这儿，黛玉突然停了下来，文中写了她的一个细节："眼皮儿微微一动，慢慢的低下头去。""眼皮儿微微一动"，这是黛玉内心受到震动的外在体现，本是说琴，但"高山流水，得遇知音"一经说出，敏感的她立即想到自己，想到眼前的宝玉，想到了她和宝玉的关系。"慢慢的低下头去"，既表现了黛玉少女的羞涩，也包含她对和宝玉的未来不能把握的忧郁。

忧郁是黛玉气质的核心,她的愁绪总是骤然而至,即便前一刻还开心着。说琴刚结束,秋纹带着小丫头来送一小盆兰花。"黛玉看时,却有几枝双朵儿的,心中忽然一动,也不知是喜是悲,便呆呆的呆看。"目之所及,勾起心之所念,看到成双成对的兰花,黛玉一定又联系到自己——花且并蒂,自己却形单影只。她期待能和宝玉比翼齐飞,永结连理,但她知道这件事她不能做主,宝玉也不能,他们的命运掌握在别人手里。命运无常,前途未卜,所以她既悲又喜,悲喜交集,不知说什么好,只能看着兰花发呆。

宝玉不解黛玉,因为他的心思还停留在琴上。他说有了兰花,妹妹就可以奏《猗兰操》曲了。黛玉听了,心里却开始不舒服。宝玉走后,黛玉思前想后,暗自落泪。一旁的紫鹃见此光景,也想不明白:"方才宝玉在这里那么高兴,如今好好的看花,怎么又伤起心来。"

《猗兰操》又名《幽兰操》,是擅长琴技的孔子用来抒发生不逢时的情怀的,乃感伤之作。宝玉说时无心,黛玉听时却有意。孔子以其大智慧,最终也没有实现自己的人生理想,《猗兰操》无疑引发了多愁善感的林黛玉对自己未来的无限感伤。

"草木当春,花鲜叶茂,想我年纪尚小,便像三秋蒲柳。若是果能随愿,或者渐渐的好来,不然,只恐似那花柳残春,怎禁得风催雨送。"面对柔弱的兰花,黛玉感物伤怀。而不解风情的宝玉还让她奏《猗兰操》,这让愁思萦怀的黛玉情何以堪呢?

第八十七回 解语何妨话片时

扫码读原著

宝钗虽已知道自己即将许配给宝玉,但也高兴不起来,个中原因很多:母亲年岁渐老;哥哥薛蟠胸无大志,常惹是非;嫂子夏金桂不孝顺,常无理取闹。更重要的是,饱读诗书的她也清楚强扭的瓜不甜,她知道宝玉真正爱的是黛玉,即便自己成为他的妻子,也得不到他的真心,而且还会因此失去黛玉的姐妹情。

第八十七回,宝钗派人给黛玉送去一封信,信中所叙自身遭际堪比黛

玉。文末，她触景生情的仿古四章，引起黛玉的心灵共鸣，令其"不胜感伤"。

黛玉正为宝钗的诗感慨，探春等人的到来打断了她的思绪。但宝钗的诗对黛玉内心的触动很大，探春走后，黛玉再次看了两遍，依旧感慨啧啧："境遇不同，伤心则一。"黛玉是典型的诗人气质，性情中人，为了答谢宝钗的知遇之恩，"便叫雪雁将外边桌上笔砚拿来，濡墨挥毫，赋成四叠。又将琴谱翻出，借他《猗兰》《思贤》两操，合成音韵"。

高鹗在这里并没有直接写出黛玉的"四叠"诗，这是他巧用笔墨之所在，能激起读者的好奇心——黛玉的才气不比宝钗弱，她的诗应更精彩。带着这样的心理，读者自然急于读下去。

黛玉的诗是酬谢宝钗的，但她情思的真正寄托人却是宝玉。所以，作者在下文就让宝玉的出现带出这首诗。遗憾的是，宝玉没有听懂黛玉的琴声，倒是跟宝玉偶遇的妙玉听懂了黛玉的弦外之音。

风萧萧兮秋气深，美人千里兮独沉吟。

望故乡兮何处，倚栏杆兮涕沾襟。

山迢迢兮水长，照轩窗兮明月光。

耿耿不寐兮银河渺茫，罗衫怯怯兮风露凉。

子之遭兮不自由，予之遇兮多烦忧。

之子与我兮心焉相投，思古人兮俾无尤。

人生斯世兮如轻尘，天上人间兮感夙因。

感夙因兮不可惙，素心如何天上月。

妙玉听到第三节，言黛玉"何忧思之深也"！听到最后一节，妙玉竟"呀然失色"，说"音韵可裂金石矣。只是太过"。宝玉不解妙玉之语，问过又如何？妙玉答曰："恐不能持久。"果如妙玉所言，就在他们议论间，黛玉的琴弦突然发出断裂声。妙玉被这不吉的情形惊住了，站起来就走，留下一头雾水的宝玉在那里。

妙玉回到栊翠庵，当晚行为便出现异常，开始坐卧不安、胡言乱语，大夫说她可能是因打坐走火入魔。其实更重要的原因是黛玉的琴曲刺激了妙玉，作为一个正值青春年华的妙龄女子，她不甘心就这样在青灯古佛前消耗自己的人生。白天她在惜春处看到宝玉，几度羞涩脸红；晚上看到猫儿闹春，她想到"日间宝玉之言"，心跳耳热，魂不守舍……这一切说明她和黛玉、宝钗一样是凡世俗人，她虽身在佛门，却尘缘未了。妙玉的现实处境和内心追求是相悖的，她挣扎而痛苦，纠结而无奈，越是极力隐藏真实的自己，那个真实的"我"反而愈加鲜明。她做不到"一念不生，万缘俱寂"，心病难除，走火入魔并不意外。

"休言举世无谈者，解语何妨片语时。"感时伤怀，古今一也。宝钗、妙玉、黛玉，还有大观园中的许多女子，都是迟放的秋菊，凌风傲霜，美丽着，忧伤着……

第八十八回 不祥之兆费思量

扫码读原著

第八十八回，作者一如既往平静地叙述着，但这回写到的几件事，却有不祥之兆。

第一件事是周瑞和鲍二吵架。"奴才在这里经管地租庄子，银钱出入每年也有三五十万来往，老爷太太奶奶们从没有说过话的，何况这些零星东西。若照鲍二说起来，爷们家里的田地房产都被奴才们弄完了。"从周瑞这番话可以看出，鲍二怀疑周瑞作为管家，自做手脚，为自己捞了很多油水。常言道"无风不起浪"，鲍二的话自有其道理。贾府家大业大，主子们疏于管理，只顾个人享乐，这就给周瑞等下人以营私舞弊的机会。比如本回中庄头送果子一事，贾珍既不细看，也不清点账单，只是交给周瑞处理，自己落得清闲。又如，当鲍二和周瑞大打出手闹得翻江倒海时，贾珍不是问清缘由再做处理，而是不分青红皂白、简单粗暴地把打架双方叫来，一顿棍棒了事。以这样的方式解决问题，势必留下后患。

第二件事是发生在水月庵的肮脏之事。"四五天了，前儿夜里因那些小沙弥小道士里头有几个女孩子睡觉没有吹灯，他说了几次不听。那一夜看见他们三更以后灯还点着呢，他便叫他们吹灯，个个都睡着了，没有人答应，只得自己亲自起来给他们吹灭了。回到炕上，只见有两个人，一男一女，坐在炕上。他赶着问是谁，那里把一根绳子往他脖了上一套，他

· 179 ·

便叫起人来。众人听见，点上灯火一齐赶来，已经躺在地下，满口吐白沫子，幸亏救醒了。"这里的"他"指水月庵的师父，她因为这场惊吓而一病不起。水月庵又叫馒头庵，是一座尼姑庵，由贾府供养着，里面住的都是女性。本是一个佛门清净之地，却发生了玷污净土的龌龊勾当。庵里的尼姑不守清规戒律，和外面的男子有染，事情败露了，想要杀人灭口。

　　第三件事是贾府"闹鬼"。凤姐的丫鬟声称晚上撞到鬼了："我才刚到后边去叫打杂儿的添煤，只听得三间空屋子里哗喇哗喇的响，我还道是猫儿耗子，又听得嗳的一声，像个人出气儿的似的。我害怕，就跑回来了。"凤姐不相信丫鬟的鬼话，气得大骂。那空屋子里闹腾的一定不是鬼，也不是什么猫儿耗子，应是贾府那些丫鬟小厮夜晚趁人不备谈情说爱呢。在自己的眼皮底下，有人竟敢做出如此"大逆不道"的事情，凤姐听了自然会急。想当初，王夫人因为一个"春意香袋"就找凤姐兴师问罪，抄检大观园，最后还赶走晴雯等几个丫头。如果这件"闹鬼"的事被她知道，那还了得！

　　"将近三更，凤姐似睡不睡，觉得身上寒毛一乍，自己惊醒了，越躺着越发起渗来，因叫平儿秋桐过来作伴。"凤姐怎么会平白无故被吓得睡不着觉呢？大概是睡前听了丫鬟的"鬼话"受刺激了，担心会闹出乱子。凤姐折腾半天，等到再睡着时，"只听得远远的鸡叫了"。次日早上起床，"凤姐因夜中之事，心神恍惚不宁"。凤姐的忧心不是多余，一些人胆大妄为，不顾家规和礼教，这样从内里先乱起来，贾府就离倾覆之日不会太远了。

第八十九回 一样伤心两不知

　　十月中旬，宝玉在学房上课，因突然刮起大风，焙茗便拿出带来的一件衣服让宝玉穿上，"宝玉不看则已，看了时神已痴了"。眼前这件衣服不同一般，乃当日晴雯在病中为他补过的雀金裘。人亡物在，睹物思人，宝玉一时神情恍惚，"呆呆的对着书坐着"，灵魂似乎已被晴雯带走。晚间放学时，他跟贾代儒告假，第二天不来上学。

回到怡红院，宝玉闷闷不乐，饭还没吃就躺下了，但翻来覆去，折腾了一夜也没睡好。第二天，他把自己关在晴雯生前住的房子里，燃香设祭，给晴雯写了一首词用香焚化了，以托哀思。

府中先后离去的女孩不止晴雯一个，但让宝玉如此怀念的不多。因为一件衣服，宝玉就这样做，可见晴雯在他心中的分量之重。宝玉难忘晴雯，不仅因晴雯漂亮，更重要的是在她身上具有难得的率真个性和反抗精神。了解这一点，才能理解宝玉面对雀金裘为什么如此伤感。宝玉喜欢和女孩在一起，但不是完全以貌取人，晴雯是个例子，黛玉也是。黛玉和宝钗相比，客观地说，宝钗是健康之美，黛玉是病态之美。宝玉之所以爱黛玉不爱宝钗，就是因为在他看来，黛玉虽疾病缠身但精神健康，宝钗虽身体健康但精神病态。

袭人、麝月对宝玉的这些行为并不理解，只觉得好笑，尽管宝玉那么伤心。她们不是宝玉的知己，对宝玉的关心更多停留在衣食住行上，生活的保姆而已。晴雯死后，在怡红院养尊处优的宝玉，灵魂常是孤独的。宝玉视黛玉为知己，所以，郁闷的他来到潇湘馆。黛玉最近身体不佳，又兼前几日噩梦惊扰，心也惶惶。两个各怀忧思的人果然话不投机，当宝玉向黛玉请教前几天听到的琴韵时，黛玉答曰："这是人心自然之音，做到那里就到那里，原没有一定的。"黛玉就琴论琴。宝玉接道："原来如此。可惜我不知音，枉听了一会子。"而黛玉仍在说琴："古来知音人能有几个？"话怕反复讲，一来二去，越说越让人心寒。宝玉和黛玉两小无猜，彼此的心思都清楚，现在却都向对方说世间没有知音。他们自己也马上意识到这一点，可又不知该如何化解。于是宝玉"讪讪的站起来"，走了，剩下黛玉"闷闷的坐着"，心中对宝玉的忽冷忽热、吞吞吐吐更为疑惑起来。

黛玉的疑惑更在偷听到紫鹃和雪雁的对话后得到验证：宝玉定亲了。这对黛玉的打击无疑是致命的，"如同将身撂在大海里一般"，绝望之至。一时间，"千愁万恨，堆上心来"，黛玉被击垮了，生活没了动力，她开始拼命糟蹋自己，不吃不喝，不添衣盖被，只求速死。而这些，宝玉并不知道。

一样伤心两不知。人世间最痛苦的是什么？不是两个人痛苦地爱着，而是爱的痛苦把本是相爱的两个人越推越远。

第九十回 话说姜是老的辣

黛玉自打从雪雁和紫鹃那里偷听到宝玉要定亲后，便一心求死。就在黛玉自绝米粒气息奄奄之际，她无意间又偷听到雪雁和侍书的对话，得知原先宝玉定亲只是一说，议而未成，并且她还听侍书说"老太太的主意亲上作亲，又是园中住着的"。黛玉似乎在茫茫大海中又看到了灯塔：老太太说的不就是自己吗？亲上加亲，园子里住着，宝玉是贾母的孙子，自己是外孙女，天作之合。"心病终须心药治，解铃还是系铃人。"侍书的话一扫黛玉的绝望，把她从死亡边缘拉了回来。

第九十回，面对黛玉突然病重又突然好转的情状，大家都不明白黛玉因何死去活来的，但贾母明白，经常吵吵闹闹被她称为冤家的宝玉和黛玉，他们之间的感情已超出表兄妹之情，黛玉深陷其中，难以自拔，而宝玉一旦知道定亲宝钗，也会闹得天翻地覆。为了让宝玉的婚事沿着既定的轨道顺利进行，贾母第一时间在王夫人、邢夫人、凤姐面前把黛玉和宝玉的事挑明："我正要告诉你们，宝玉和林丫头是从小儿在一处的，我只说小孩子们，怕什么？以后时常听得林丫头忽然病，忽然好，都为有了些知觉了。所以我想他们若尽着搁在一块儿，毕竟不成体统。你们怎么说？"

紧接着，贾母表明了她的取舍："林丫头的乖僻，虽也是他的好处，我的心里不把林丫头配他，也是为这点子。况且林丫头这样虚弱，恐不是有寿的。只有宝丫头最妥。"贾母说得十分清楚，黛玉性格乖僻不随和，身体多病不能长寿，而宝钗的性格、脾气、身体都好。虽然黛玉是贾母的亲外孙女，但在她心里亲孙子宝玉是她的命根子，更重要。当王夫人提议先给黛玉找个人家，以免她的存在坏了宝玉和宝钗的婚事，贾母断然否定：

"自然先给宝玉娶了亲，然后给林丫头说人家，再没有先是外人后是自己的。况且林丫头年纪到底比宝玉小两岁。依你们这样说，倒是宝玉定亲的话不许叫他知道倒罢了。"

当宝玉和黛玉的利益发生冲突时，贾母首先牺牲掉的是黛玉。"再没有先是外人后是自己的"，原来在贾母心中宝玉是自己人，黛玉是外人，因为她姓林不姓贾。为了更加稳妥,贾母说宝玉定亲的事绝不能让黛玉知道,凤姐立即吩咐众丫头们:"你们听见了,宝二爷定亲的话,不许混吵嚷。若有多嘴的,提防着他的皮。"

自此,以贾母为中心,由王夫人、邢夫人、凤姐还有薛姨妈组成的宝玉婚事指挥小组达成一致:宝玉定亲一事要对宝玉和黛玉守口如瓶。林黛玉刚从死亡线上回来,重新燃起了生的希望,她以为贾母说做主宝玉的婚事就一定是她呢,她以为她是贾母的亲外孙女,贾母就疼她和疼宝玉一样呢,她以为符合"亲上加亲,在园子里住"这个条件的只有她一个呢……一梦成谶,第八十二回中黛玉的噩梦俨然成为现实。

第九十一回 宝黛谈禅现真心

第九十一回,第一次正面写王夫人和贾政商量宝玉和宝钗的婚事。贾政对王夫人说:"今冬且放了定,明春再过礼,过了老太太的生日,就定日子娶。你把这番话先告诉薛姨太太。"父母之命,三言两语,宝玉的婚姻大事就被安排完了,而他自己却还毫不知情。

宝钗是知情的,唯有宝玉和黛玉还蒙在鼓里。不过宝玉对最近发生的一些事开始疑惑,比如,宝钗病了,荣宁二府很多人去探望,宝玉却不知道,后来知道了,但"老太太不叫我去,太太也不叫我去,老爷又不叫我去",这在从前是绝对不会有的;而且,原来梨香院和贾府这边有一道小门通着,现在也莫名其妙地堵上了。更让宝玉困惑的是,薛姨妈现在见了他不太答言,不像先前那么亲热了。

黛玉从侍书、雪雁那里偷听到宝玉要定亲的事,误以为定亲之人是自己,所以反倒踏实下来,不仅病好了,也不再疑神疑鬼。宝玉对薛姨妈的变化很敏感,黛玉则不。当宝玉对她说出自己的不解时,黛玉反宽慰他,劝他不要多心等。黛玉的单纯让人心疼。王夫人在前一回对贾母说:"林姑娘是个有心计儿的。至于宝玉,呆头呆恼,不避嫌疑是有的,看起外面,却还都是个小孩儿形象。"无论对黛玉还是对宝玉,王夫人的评价都不够客观,黛玉不是一个工于心计的人,尤其和宝钗比;甚至在洞察世事

方面，她有时还赶不上宝玉。宝玉也不是那么呆头呆脑，像个小孩儿。

"宝姐姐和你好你怎么样？宝姐姐不和你好你怎么样？宝姐姐前儿和你好，如今不和你好你怎么样？今儿和你好，后来不和你好你怎么样？你和他好他偏不和你好你怎么样？你不和他好他偏要和你好你怎么样？"

黛玉看似一大堆的提问，实则是在委婉地问宝玉到底在乎谁。宝玉这次没有被问倒，且不"呆头呆脑"，他忽然明白，没有必要为薛姨妈和宝钗的忽冷忽热纠结，"任凭弱水三千，我只取一瓢饮"。自己只爱黛玉，宝钗跟他有什么关系呢？纵有三千弱水又怎样，对于自己，一瓢足够；大观园的女孩再多又怎样，对于自己，一个林妹妹足矣。

"黛玉道：'瓢之漂水奈何？'宝玉道：'非瓢漂水，水自流，瓢自漂耳！'黛玉道：'水止珠沉，奈何？'宝玉道：'禅心已作沾泥絮，莫向春风舞鹧鸪。'黛玉道：'禅门第一戒是不打诳语的。'宝玉道：'有如三宝。'"黛玉问得明白，宝玉答得明确：你是我最爱的那个人，我对你坚贞不渝。

面对宝玉的回答，"黛玉低头不语"，这是她想要的答案。宝玉的誓言让黛玉的心更为踏实，以至檐外的老鸹呱呱地叫了几声也不以为意。古人对老鸹的叫声其实是忌讳的，认为是不祥之兆，作者在这里写它不是闲笔，宝玉对此便脱口而出："不知主何吉凶。"黛玉却平静地说："人有吉凶事，不在鸟音中。"一向敏感的黛玉，此时完全沉浸在宝玉的誓言中，直把老鸹当喜鹊了。

第九十二回 我为司棋点个赞

《红楼梦》描写了很多性格不同的女子，她们对待生活的态度不尽相同，结局却大同小异：万艳同悲。

薛宝钗得到了自己想要的婚姻，但遗憾的是贾宝玉心有所属，两人同床异梦，她成了门当户对的封建婚姻的牺牲品；元春嫁入宫中，成为皇妃，但这样的婚姻在给她的家族带来荣耀和权势的同时，并没有给她个人带来更多的快乐和幸福，"皇宫是一个不得见人的去处"，一句话道出元春的辛酸苦痛；迎春的丈夫孙绍祖，是一个忘恩负义的中山狼，嫁给他，莫说幸福，迎春连命都没保住，婚姻变成埋葬她的坟墓；探春远嫁他乡，"把骨肉家园齐来抛闪"，用自己的青春年华替家族完成了一项政治使命；惜春看破红尘，最后遁入空门，她的生命里没有盛开过爱情的花朵；李纨是个苦命人，她对婚姻爱情的所有憧憬都随着贾珠的早逝而消失；王熙凤权倾贾府，但也不得不忍受贾琏一而再再而三的寻花问柳；秦可卿，贾府第一美女，却成为贾珍、贾蓉父子二人的玩物，红颜命薄；妙玉带发修行，注定了爱情只能是深夜无声的叹息，长期的压抑使其终"走火入魔"；尤二姐被贾琏诱惑，自以为找到了人生的归宿，却被王熙凤借刀杀人，吞金而死；其余如史湘云、薛宝琴、邢岫烟等，她们的爱情也无从谈起，不过是遵照父母之命，按部就班走完各自一生而已。

　　小说中有反抗精神，敢于大胆追求爱情的女子有几个，像林黛玉、尤三姐、鸳鸯、司棋等，她们是作者讴歌的对象。但细考究，她们也有不同。黛玉追求至纯至美的爱情，重精神轻物质，她的爱情几乎不食人间烟火，属于柏拉图式的。这样超凡脱俗的爱情自然不属于尘世，所以她倾尽一生的眼泪，也没有和她的宝哥哥走进婚姻的殿堂。尤三姐在爱情的追求与表达上最直接热烈，但她遇人不淑，爱上了一个并不真正了解自己的人——柳湘莲没有珍惜她的一片痴情，说她"水性杨花"，致使尤三姐拔剑自刎。鸳鸯面对贾赦的淫威，宁可削发为尼，虽然摆脱了贾赦这个恶魔，但她最终也没有找到自己的真爱。司棋和她们都不一样，她和表哥潘又安两情相悦，自由恋爱。他们冲破清规戒律，在戒备森严的大观园里偷偷约会，私传信物和情书，享受过爱情的美好和甜蜜。抄检大观园时，司棋的信物和情书当场被发现，她一人做事一人当，没有惧怕，倒是那个潘又安吓得逃走了，没有男子汉气魄。

　　司棋说道："一个女人配一个男人。我一时失脚上了他的当，我就是他的人了，决不肯再失身给别人的。我恨他为什么这样胆小，一身作事一身当，为什么要逃。就是他一辈子不来了，我也一辈子不嫁人的。妈要给我配人，我原拼着一死的。今儿他来了，妈问他怎么样。若是他不改心，我在妈跟前磕了头，只当是我死了，他到那里，我跟到那里，就是讨饭吃

也是愿意的。"他妈气得了不得，便哭着骂着说："你是我的女儿，我偏不给他，你敢怎么着。"那知道那司棋这东西糊涂，便一头撞在墙上，把脑袋撞破，鲜血直流，竟死了。

这是司棋在书中最后一次出现，但不是正面出场，而是通过第三者的转述，属侧面描写。司棋被赶出贾府后，痴心不改，她"终日啼哭"，不是因为失去了贾府的工作，而是为潘又安扔下她独自离去而伤心。潘又安回来后，司棋态度很明确，只要他没变心就愿意跟他去，天涯海角，心甘情愿。当她母亲坚决反对他们在一起时，性情刚烈的司棋义无反顾地选择了宁为玉碎不为瓦全的决绝。

司棋殉情，可悲可泣。也许，黄泉之下她亦可感到欣慰，她爱的人没有辜负她的深情，潘又安安排好她的后事后，也殉情而去。

第九十三回　贾府的不肖子弟

"水滴石穿非一日之功，冰冻三尺非一日之寒"，贾府的衰败也不是如大厦般骤然倾覆。第九十三回，高鹗写了几件贾府混乱无序的事情，它们就像蠹虫一样，时刻啃噬着贾府。

两个管屯里租子的家人来见贾政，贾政却只问了下他们是哪个庄的便了事，也不问他们来有什么事情。甚至不等他们汇报，就转头和贾赦说话去了。贾赦、贾政本应担起管理贾府的重任，可这二位谁也不管，自顾清闲。有这样的不肖子孙，长此以往，贾府能不衰败吗？其实那家人来是有大事禀告的，他们收租子的车被抢走了。贾琏一听倒急了，下令快叫大管家周瑞，结果周瑞不在家；又叫旺儿，结果旺儿中午出去了也没回来。显然，这些人在工作时间都擅离职守，干私事去了。正因为平时缺乏严格的管理，所以才会出现用人时找不到人的情况。贾琏找不到人，气得大骂，但他也没有因为找不到人自己另想办法，或亲自去官府解决问题，只是说"快给我找去"，然后自己回屋睡觉去了。

车子被抢，钱物俱失，如果说不是大事，那么贾府的名望、声誉而言可是大事。一日，有人在贾府的大门上贴帖子："西贝草斤年纪轻，水月庵里管尼僧。一个男人多少女，窝娼聚赌是陶情。不肖子弟来办事，荣国府内出新闻。"帖子上的内容照应了第八十八回水月庵师父被打一事。水月庵是尼姑庵，竟出现一个男人和众多女子在一起窝娼聚赌的事，这不仅是新闻，更是丑闻。这个伤风败俗的"不肖子弟"是谁呢？帖子第一句已经告诉大家，他是年纪轻轻的"西贝草斤"。"西贝草斤"是个字谜，用的是拆字法，合起来就是派去管理水月庵的——贾芹。

贾芹做出这等丢人现眼、伤天害理的事，按家法应严格处理。然而，负责过问此事的贾琏却一怕贾政生气自己也会被责，二怕这种事闹出去不好听，三怕闹大了让贴帖子的人遂了心愿长了志气，于是他决定大事化小、小事化了，竟教贾芹撒谎："就是老爷打着问你，你也一口咬定没有才好。"不仅如此，他还和赖大联手，共同包庇贾芹。为了蒙混过关，他也教赖大说谎："只说是芹哥儿在家里找来的。你带了他去，只说没有见我。"这样的主子怎能带出好奴才，又怎能继承祖业、兴旺家族？

这一回写了甄家仆人因甄家被抄前来投奔贾府一事，也非无用之笔，这告诉读者甄家大势已去，暗示贾府的败落为时不远了。

第九十四回　赏海棠众说纷纭

寒冬时节，怡红院的海棠竟开花了。面对这一反常现象，众说纷纭。阅读第九十四回这段描写不难看出，高鹗抓住了每个人物的身份地位和性格特点，恰如其分地运用语言和心理描写，再次彰显了众多人物的个性特征。

面对开花的海棠，第一个开口的自然是贾母。贾母年纪最长，性格开朗乐观，爱热闹，她最大的心愿就是贾府昌盛、儿孙幸福，因此凡事爱往好处想："这花儿应在三月里开的，如今虽是十一月，因节气迟，还算十月，应着小阳春的天气，这花开因为和暖是有的。"老祖宗当然知道海棠正常开放的时节，所以她先说海棠三月开；但为什么现在又开了呢？她解释遇上小阳春的缘故，为大家扫除疑虑。贾母首先为海棠开花的古怪事定下了调子：正常。

接着发言的是王夫人。王夫人虽然是贾母的二儿媳,但由于她是贾政的妻、宝玉的母,贾母喜欢她,所以她能在不受待见的大儿媳邢夫人之前发言:"老太太见的多,说得是。也不为奇。"王夫人一则逢迎了贾母,让老太太开心;二则海棠跟他的宝贝儿子有关,她当然希望这是正常的事。

王夫人抢了先,又拍了马屁,老大媳妇邢夫人未必舒服。但也没办法,谁让自己的老公不争气,谁让自己没有背景、不是来自四大家族的女人,谁让自己没生个元春、宝玉那样有出息的儿女。邢夫人心里不痛快,但不敢莽撞,然而她也不会像王夫人那样顺着贾母说,她绵里藏针来了句不阴不阳的话:"我听见这花已经萎了一年,怎么这回不应时候儿开了,必有个原故。"邢夫人没有明说海棠开花不好,但大家明白她的潜台词是什么,而这正是贾母、王夫人最忌讳的。

见此情景,李纨反应比较快:"老太太与太太说得都是。据我的糊涂想头,必是宝玉有喜事来了,此花先来报信。"李纨是个老好人,谁也不得罪,只好先说你们说的都有道理。但李纨毕竟跟贾母、王夫人更近,所以她也不会按邢夫人的思路走。既接了话碴,就要作答,她很谦虚,称自己的想法是"糊涂想头","宝玉有喜"这个解释,正中贾母、王夫人下怀。

探春是个理智聪明的人:"此花必非好兆。大凡顺者昌,逆者亡。草木知运,不时而发,必是妖孽。"她认为这不是件好事,但无论从哪方面想,她都不会说出让大家扫兴甚至惊恐的话,她希望宝玉无事,贾府无事。作者在这里通过心理描写来表现探春的思想活动,非常可取。

独有黛玉听说是喜事,心里触动,便高兴说道:"当初田家有荆树一棵,三个弟兄因分了家,那荆树便枯了。后来感动了他弟兄们仍旧在一处,那荆树也就荣了。可知草木也随人的。如今二哥哥认真念书,舅舅喜欢,那棵树也就发了。"人逢喜事精神爽,黛玉自以为她和宝玉的好事将近,被幸福冲昏了头脑,所以她大发感慨,还引经据典证明自己的观点。她不好意思说宝玉的婚事是喜事,而是找了个她先前不会用的理由——"二哥哥认真念书,舅舅喜欢。"她的话博得了贾母、王夫人的喜欢;

"林姑娘比方得有理，很有意思。"

贾赦是长子，说话直截了当，无所顾忌："据我的主意，把他砍去，必是花妖作怪。"贾政处事谨慎，委婉中庸："见怪不怪，其怪自败。不用砍他，随他去就是了。"兄弟俩都不认为海棠开花是好事，但处理方式不同。贾母显然不爱听，生气道："谁在这里混说！人家有喜事好处，什么怪不怪的。若有好事，你们享去；若是不好，我一个人当去。你们不许混说。"老祖宗就是老祖宗，说话大气有担当。话说到这份儿上，谁还敢再发表悖谬之论。因此，"贾政听了，不敢言语，讪讪的同贾赦等走了出来"。

生病的凤姐没来赏花，但贾府发生这种大事自是离不开她，她不能亲临就委托平儿来了。平儿当着大家的面，送上两匹红绫作为贺礼，喜得贾母直夸凤姐"又体面，又新鲜，很有趣儿"。私下里，平儿却叮嘱袭人："奶奶说，这花开得奇怪，叫你铰块红绸子挂挂，便应在喜事上去了。以后也不必只管当作奇事混说。"凤姐对这件事的处理最圆滑周到，既有李纨善解人意的情商，也有探春洞察世事的理智。

最后，还有一个重要人物——宝玉。他对海棠开花悲喜交集。"宝玉看见贾母喜欢，更是兴头。"但转念又想起"晴雯死的那年海棠死的，今日海棠复荣，我们院内这些人自然都好。但是晴雯不能像花的死而复生了"，瞬间"转喜为悲"。"忽又想起前日巧姐提凤姐要把五儿补入，或此花为他而开，也未可知"，想到这儿，"又转悲为喜"。悲悲喜喜，情绪反复不定，宝玉接下来又开始疯癫也就不足为怪了。

第九十五回　失通灵宝玉丢魂

"因讹成实元妃薨逝，以假混真宝玉疯癫"，第九十五回的标题告诉读者，前一回写到的海棠逆时开花，乃不祥之兆：元妃暴死，宝玉发疯。这姐弟二人，都是贾府的骄傲和顶梁柱，元春关系着贾府当下的命运，宝玉则是贾府未来的接班人。如今一死一疯，对于贾府，可以说是灭顶之灾。

贾宝玉因赏海棠莫名其妙丢失了通灵宝玉。通灵宝玉是贾宝玉的命根子，丢了它，宝玉一开始"只是怔怔的，不言不语，没心没绪的"，后来就"懒怠走动，说话也糊涂了"，"有人叫他去请安，便去；没人叫他，他也不动。……每天茶饭，端到面前便吃，不来也不要"。整日失魂落魄，"煎药吃了好几剂，只有添病的，没有减病的。及至问他那里不舒服，宝玉也不说出来。"及贾母等人忙完了元春的丧事，宝玉已经病入膏肓。贾母问他话，"袭人教一句，他说一句，大不似往常，直是一个傻子似的"，贾母惊讶地说他"神魂失散"了。

　　没有了通灵宝玉，贾宝玉也没有了精气神儿，行尸走肉般，只剩一副空皮囊。通灵宝玉是什么？它是无材补天被女娲扔到青埂峰下的顽石，它跟随神瑛侍者降临人间，是贾宝玉的灵魂所在。贾母等单知道通灵宝玉是宝玉的命根子，但并不懂得它的真正意义所在，就连黛玉对通灵宝玉的认识也不到位。宝玉丢了玉，平素恨他的人如赵姨娘、贾环等暗自高兴，关心他的人，如贾母、王夫人、凤姐、袭人等，着急难过。黛玉是个特例，她是爱宝玉的人中唯一感到高兴的。她高兴玉丢了，这就了却她长久以来的一块心病："和尚道士的话真个信不得。果真金玉有缘，宝玉如何能把这玉丢了呢。或者因我之事，拆散他们的金玉，也未可知。""金玉良缘"一直是堵在她心底的一块巨石，如今玉没了，此说自然瓦解。黛玉这样想，"更觉安心，把这一天的劳乏竟不理会，重新倒看起书来"。虽然后来黛玉也在海棠开花和宝玉丢玉这两件事上犹豫不定，但对爱情的热切渴盼很快让她归结到"此花又似应开，此玉又似应失"上。

　　林黛玉不知道，失去通灵宝玉的贾宝玉，也会丧失追求男女平等和自由爱情的叛逆精神，而失去叛逆精神的贾宝玉只能成为任人操纵的玩偶。贾宝玉一旦连自己的命运都不能主宰，又如何还能保护林黛玉并捍卫他们的爱情呢？宝玉大婚之日的掉包计之所以能成功，原因就在这里。作者为了这一情节的合理性，已在这一回提前埋下伏笔。

第九十六回 闻噩耗黛玉丧魂

关于宝玉的婚事，若是站在贾母、王夫人等角度，最初选宝钗不选黛玉，能理解；后来宝玉丢玉后疯疯癫癫，贾母找人算命，"说要娶了金命的人帮扶他，必要冲冲喜才好，不然只怕保不住"，因此决定立即把宝钗娶过门冲喜，也能理解。因为这些都有个前提，就是贾母等虽已知黛玉一次次闹病是因为宝玉，但她们还不十分清楚宝玉的病也跟黛玉密切相关。

不能理解的是，第九十六回当袭人第一次向王夫人等说明真相后她们的表现。袭人最清楚宝黛之间的感情，当她听到贾母等商量宝玉和宝钗的婚事后，开始担心。袭人作为宝玉内定的妾，其实更喜欢宝钗而不是黛玉，但她深知宝玉娶宝钗的后果——会害了三个人。袭人把自己的担忧对王夫人说了，王夫人又转告了贾母和凤姐，然而即便这样，贾母也没有为之所动。为了娶亲那天宝玉不闹事，一切能按照计划进行，凤姐想出歹毒的掉包计，这一计立即得到贾母、王夫人的肯定。不知者不为过，但贾母等已经知道宝黛的心事还要拆散他们，就不能不让人深深遗憾了。

当黛玉无意间从傻大姐那里听到宝玉要娶宝钗时，"如同一个疾雷，心头乱跳"。黛玉呆了，她从没想过贾母说的"亲上加亲"指的是宝钗而不是自己，"心里竟是油儿酱儿糖儿醋儿倒在一处的一般，甜苦酸咸，竟说不上什么味儿来了"。傻大姐的话如晴天霹雳，把黛玉完全击垮，"那身子竟有千百斤重的，两只脚却像踩着棉花一般，早已软了"。作者又通过紫鹃的眼睛对黛玉进行了侧面描写："紫鹃取了绢子来，却不见黛玉。正在那里看时，只见黛玉颜色雪白，身子恍恍荡荡的，眼睛也直直的，在那里东转西转。"这几句传神入微，动人心魄。说一个人"颜色雪白"，很是新鲜，乃惊人之笔，形象地表达了黛玉得知这一噩耗后，如同跌进冰窟里，整个人彻底绝望了！"恍恍荡荡""直直的""东转西转"，三个词生动准确地展现了黛玉失魂丧魄的悲惨形象。

黛玉来到宝玉的住处，若在以往，受了委屈的她定会闹脾气，眼泪自不会少。而这次她没有掉眼泪，只是笑，她笑着问袭人，笑着看宝玉。黛玉

的眼泪被笑取代，说明她已经走向更深的绝望。"我要用一生的眼泪报答他。"绛珠仙草（黛玉）把一生的忧伤、牵挂和爱恋用泪水和心血包裹，裹成一个水晶球送给了神瑛侍者（宝玉）。这个爱情的水晶球，晶莹剔透，美丽炫目，遗憾的是它没有诞生在一片适合它的土壤上。在错的时间、错的地点遇到了对的人，这注定是一场悲剧。

林黛玉生而为爱，她铭记着三生石畔曾许下的誓言，执着地爱着贾宝玉，无所保留。贾宝玉是她今生的最爱和归宿，失去他，林黛玉也失去了灵魂的依托和活着的勇气。当爱即将成为往事，在残酷的现实面前，林黛玉沉默了，她不再流泪，也没有哀求，她要给自己留住最后的尊严。

第九十七回 一样悲哀宝黛钗

第九十七回"林黛玉焚稿断痴情，薛宝钗出闺成大礼"，看似一悲一喜两件事，但对于林黛玉、薛宝钗和贾宝玉来说，其实都是悲事。

林黛玉的伤悲不言而喻，她没能成为宝玉的新娘，不能和深爱的人厮守。一个郎才，一个女貌，实乃天作之合，然有情人却不能成为眷属。黛玉明白，这样的结局无法改变，"唯求速死"，她不再伤心流泪，因为泪已干心已死。她用生命的最后一点力量，亲手烧掉了写给宝玉的所有情诗，那上面的每一个字都凝聚了她最饱满丰盈的爱。帕子和诗稿烧掉了，黛玉的心也跟着焚为碎末。

贾宝玉的形象在本回变化很大，十分丰满。开始他以为自己娶的是林黛玉，所以心花怒放。他天真地以为，自己摊上了"从古至今天上人间第一件畅心满意的事了"，"那身子顿觉健旺起来"，乐得手舞足蹈，与病时光景大相径庭。到了成婚这天，他更是喜不自胜，催促袭人赶快给他装扮一新，还嫌时间过得慢，抱怨道："林妹妹打园里来，为什么这么费事，还不来？"花轿到了后，他爱屋及乌，看到伴娘雪雁"竟如见了黛玉的一般欢喜"。他走到盖着盖头的新娘身边，傻傻而又关切地问："妹妹身上好了？"他急着揭盖头，又怕莽撞了爱生气的林妹妹，因此不敢造次。宝玉的心情是复杂的，但主旋律却是欢喜的。

作者采用以乐写悲的手法，越是极力描写贾宝玉的喜悦，就愈加反衬了他后面发现真相后的悲哀。宝玉的喜悦源自他始终认为新娘是黛玉，当他"又歇了一歇，仍是按捺不住，只得上前揭了"盖头时，眼前的情景霎时带走他先前所有的欢喜，一瞬间，他从幸福的峰顶一下跌进悲伤的谷底："宝玉睁眼一看，好像宝钗，心里不信，自己一手持灯，一手擦眼，一看，可不是宝钗么！……宝玉发了一回怔，又见莺儿立在旁边，不见了雪雁。宝玉此时心无主意，自己反以为是梦中了，呆呆的只管站着。众人接过灯去，扶了宝玉仍旧坐下，两眼直视，半语全无。"这段文字尤为形象逼真，写出宝玉发现新娘不是黛玉是宝钗后的难以置信和心灰绝望。

大梦醒来，贾宝玉"旧病陡发，更加昏愦，连饮食也不能进了"。失去了最爱的宝玉，和黛玉一样，似乎只有一死。

本回中相对于宝玉和黛玉的详细描写，作者对宝钗采取了略写，文字少得不能再少。对宝钗的描写有一个地方印象很深，当薛姨妈把成婚一事告诉她时，文中写道："宝钗始则低头不语，后来便自垂泪。"十四个字，前半句写出了宝钗对母亲之命的顺从，后半句写出了她的满腹委屈：第一，元妃刚去世，自己和宝玉此时举行婚礼不合礼仪，也不吉利；第二，尽管自己是明媒正娶却不能正大光明地举行婚礼，感觉这桩婚事见不得人一样；第三，宝玉病成这样，匆忙成亲是为了满足贾母等给他冲喜的愿望。最后，宝钗不傻，她知道宝玉爱的是黛玉，他的病跟黛玉有关，然而自己大婚之时要偷梁换柱，冒充黛玉，等盖头揭开，真相随之大白，姑且不言她将如何面对黛玉，如何去面对未来的丈夫宝玉，前途未卜。想到这些，宝钗如何不垂泪？

作为婚礼上的主角，作者只借宝玉之眼描写了宝钗的外貌，再无其他。虽如此，读者完全可以想象，新娘宝钗面对这场充满阴谋的婚礼，面对宝玉揭开盖头后顿时痴呆疯癫的情形，定是雪上加霜，伤心欲绝。作者不直接描写宝钗的悲，恰是留下更多想象的空间。这样一个被人们交口称赞的大家闺秀，却做了这样一个落魄的新娘，这不是天大的嘲讽吗？

读至本回，无限同情贾宝玉、林黛玉、薛宝钗三个年轻人的命运，他们都是那个时代的受害者，他们的人生遭际都是对那个时代的强烈控诉。

第九十八回 香魂一缕随风散

第九十八回，林黛玉在生命的最后一刻直声叫道："宝玉，宝玉，你好……"文中"直声"一词写出林黛玉已拼尽了全力发出呼叫，给人声嘶力竭之感。人之将死，弥留之际留下的最后一句话，自然是心中最重要的牵挂。作者没有让林黛玉把这句话说完整，"你好……"省略号中的内容留给了读者，让人浮想联翩。黛玉也许能理解宝玉娶宝钗的无奈和无辜，但她对命运、对宝玉是有怨言的。

"香魂一缕随风散，愁绪三更入梦遥！"这边林黛玉在冷冷清清的潇湘馆带着无尽幽怨香消玉殒，魂归离恨天；那边贾宝玉一无所知，正喜滋滋地迎娶薛宝钗。大悲大喜，作者用这样鲜明对比的方式撕碎了贾宝玉和林黛玉的爱情，宝黛之恋至此不复存在。高鹗续写的后四十回中，这一回是最令人称道的！

"花谢花飞飞满天，红消香断有谁怜？游丝软系飘春榭，落絮轻沾扑绣帘……尔今死去侬收葬，未卜侬身何日丧？侬今葬花人笑痴，他年葬侬知是谁？试看春残花渐落，便是红颜老死时。一朝春尽红颜老，花落人亡两不知！"林黛玉应该没有想到，当年一曲《葬花吟》，竟是提前唱给自己的挽歌。

揭下盖头后发现新娘不是林黛玉而是薛宝钗，这已把贾宝玉打击得更加疯癫，几近崩溃，所以薛宝钗再告诉寻死觅活的贾宝玉林黛玉已经亡故的消息，对他更是雪上加霜，致命的一击。文中对此描写得很简略，只写"放声大哭，倒在床上"，之后写了贾宝玉做的一个梦，梦醒后有句描写："正在踌躇，忽听那边有人唤他。回首看时，不是别人，正是贾母、王夫人、宝钗、袭人等围绕哭泣叫着。"这段话透露出很多内容：本来房内没有贾母和王夫人的，如今这些重要人物都在宝玉身边，而且都还哭喊着，可见贾宝玉听到林妹妹的死讯后昏死过去了。

有些读者对此后贾宝玉的一些表现不甚理解：他身体很快好起来，人也不再那么糊涂，对宝钗渐渐接纳等。其实作者在贾宝玉的梦里已经交代了他有这些改变的原因：

"汝寻黛玉，是无故自陷也。且黛玉已归太虚幻境，汝若有心寻访，潜心修养，自然有时相见。如不安生，即以自行夭折之罪囚禁阴司，除父母外，欲图一见黛玉，终不能矣。"

话说得非常明白，如果贾宝玉一味任性地追随林黛玉而去，便犯了"自行夭折"罪，会被打入地狱，而"林黛玉生不同人，死不同鬼，无魂无魄"，她不会下地狱。质本洁来还洁去，林黛玉的归宿是太虚幻境。梦中人警告贾宝玉，想见林黛玉可以，要安生活着、潜心修养，否则永无见面之期。贾宝玉一梦醒来，换了个人似的，应该是他知道今生已失去林黛玉，不能因为自己现世的"不安生"，来世再次失去林黛玉。

"亲戚或余悲，他人亦已歌。死去何所道，托体同山阿。"如果有来生，贾宝玉和林黛玉在西方灵河的三生石畔再度重逢，不知那将是怎样的情景？

说到辛酸处，荒唐愈可悲。由来同一梦，休笑宝黛痴。

第五节　万境归空梦一场　茫茫大地真干净

——第九十九回至一二〇回

第九十九回　歪风邪气心不古

在贾府男人中，贾政不算最坏，他没有贾赦、贾珍等人贪财好色、欺男霸女之恶行，他是封建社会一个忠实的卫道士，爱板着面孔，不苟言笑。不过，他对贾母十分孝顺，对王夫人比较尊重，对宝玉管教严格、寄予厚望。第九十九回，写到贾政离京外任，"只有一心做好官"，从这句话可以看出，他工作态度也不错。

"只有一心做好官"，抱着这样的信念，贾政一上任"便与幕宾商议出示严禁"，致力革除贪污受贿、敲诈勒索之弊。"那些家人跟了这位老爷在都中一无出息，好容易盼到主人放了外任，便在京指着在外发财的

名头向人借贷，做衣裳装体面，心里想着，到了任，银钱是容易的了。不想这位老爷呆性发作，认真要查办起来，州县馈送一概不受。"这段描写耐人寻味，通过家人之口不难看出，贾政在京城是比较清廉的，手下人没有捞到什么油水，便盼着贾政离京后，山高皇帝远，可以肆意妄为，牟取私利。

因为这样的心态，贾政的新政遭到身边随从的反对。先是那些花钱买门路的人不干了，"来了一个多月，连半个钱也没见过。想来跟这个主儿是不能捞本儿的了"。这些人为了得到这份差事而投入的银两赚不回来，于是他们集体告假离开。留下的那些家人，心里也开始不平衡，他们原以为这次跟着贾政出来要发大财，没想到贾政新官上任，政策严明，以致他们在京里添置行头的高利贷也将无法偿还。这群人聚在一起，商议如何齐心协力把贾政拉下水，让他成为他们为非作歹的靠山。

"只是要你们齐心，打伙儿弄几个钱回家受用，若不随我，我也不管了，横竖拼得过你们。"乱世出英雄，李十儿在这种情况下"脱颖而出"，成为这群乌合之众的领头人。李十儿与家人们沆瀣一气，狐假虎威，在前来办事的粮房书办面前指手画脚，大发淫威。他暗中指挥大家怠工，使贾政无法进行正常工作。他怂恿贾政给节度使送礼，拿所谓的民间话蛊惑贾政。手下有李十儿这样的人，实乃倒霉。

李十儿固然可恶，可恨的是，贾政面对他的言行，不仅没有识破其险恶用心，反而没了主见，说了句"我是要保性命的，你们闹出来不与我相干"，撒手不管，随李十儿等人胡作非为了。"李十儿便自己做起威福，钩连内外一气的哄着贾政办事，反觉得事事周到，件件随心。所以贾政不但不疑，反多相信。"这样的官，这样的随从，他们勾结在一起，官场怎能不混乱。更可笑的是，当这些人违法乱纪的行径被揭发上报后，"上司见贾政古朴忠厚，也不查察"。古朴忠厚竟成了作恶者的通行证，上司的姑息养奸、不作为进一步反映了当时官场的黑暗，官官相卫，心照不宣，你好我好大家好，最后不好的是国家。

贾政外任这一回的描写，掀开了当时整个社会腐败黑暗的冰山一角，这样的社会终难长久，因为啃噬它的大小蠹虫实在是太多了。

第一〇〇回　心理扭曲的赵姨娘

第一〇〇回，贾政为了不得罪上司，同时也为了巴结上司，答应了镇海总制的提亲。他派人回京，向贾母禀告。

探春即将远嫁，贾母听到这个消息掉下泪来。王夫人好言相劝，并以迎春为例，阐述嫁得远近不重要，重要的是"孩子们有造化就好"。与贾母不同，王夫人对探春一事表现得较理性，没有伤感，一则她不是探春的亲娘，二则她是站在贾政的立场上，要积极促成此事。果然，在王夫人的"苦口婆心"下，贾母点头应允。

贾母、王夫人讨论这件事时，宝钗也在一旁，但她没有发言权，"只是心里叫苦"。宝钗对探春的遭遇充满同情，回到房中，把这事对袭人说了，"袭人也很不受用"。宝玉对探春的远嫁反应最强烈："宝玉听了，哎呀的一声，哭倒在炕上。"当宝钗问他时，他哭得竟说不出话来。其实，在探春这件事上，无论是王夫人的冷静，还是其他人的难过，都好理解。最匪夷所思的是探春的亲娘——赵姨娘，她的表现叫人大跌眼镜：

却说赵姨娘听见探春这事，反欢喜起来，心里说道："我这个丫头在家忒瞧不起我，我何从还是个娘，比他的丫头还不济。况且洑上水护着别人。他挡在头里，连环儿也不得出头。如今老爷接了去，我倒干净。想要他孝敬我，不能够了。只愿意他像迎丫头似的，我也称称愿。"

探春远走他乡，不是什么好事，赵姨娘听说后，"反欢喜起来"，这是亲娘吗？别人尚且为之伤心难过，她却这样！后面的心理描写让人恍然大悟，原来赵姨娘在幸灾乐祸——探春对自己爱答不理，还常胳膊肘往外拐，向着别人，挤对自己。她嫁得远远的，自己眼不见心不烦，也不用再受她的气了。这样还不够，赵姨娘甚至诅咒探春结婚后也像迎春一样，那她才更称心呢。贾府谁不知道迎春出嫁后的悲惨可怜？也是这一回，作者在前面已埋伏笔，王夫人劝贾母时提到迎春的处境："偏是时常听见他被女婿打闹，甚至不给饭吃。就是我们送了东西去，他也摸不着。近来听见益发不好了，也不放他回来。……老婆子们必要进去，看见我们姑娘这

样冷天还穿着几件旧衣裳。他一包眼泪的告诉婆子们说：'回去别说我这么苦，这也是命里所招，也不用送什么衣服东西来，不但摸不着，反要添一顿打。说是我告诉的。'"金闺花柳质，却过着连贾府丫头都不如的日子，而赵姨娘竟恶狠狠地诅咒自己的亲闺女将来也落得这个下场。

更有甚者，赵姨娘明知探春对这桩婚事一定不满意，面对无法更改的现实，作为母亲她非但不去宽慰女儿，相反，她兴冲冲地跑去给探春道喜，看自己女儿的笑话："姑娘，你是要高飞的人了，到了姑爷那边自然比家里还好。想来你也是愿意的。便是养了你一场，并没有借你的光儿。就是我有七分不好，也有三分的好，总不要一去了把我搁在脑杓子后头。"一字一句，像刀子一样直戳探春的心，话里话外无不传达着阴暗的心理：你也有今天，遭报应了是吧？

看这一回，憎恶赵姨娘的同时也在想，是什么造成了她们母女反目，造成了赵姨娘的冷酷？探春固然是个悲剧，赵姨娘难道就不是吗？

第一〇一回 王熙凤遇鬼求签

扫码读原著

第一〇一回，王熙凤准备到秋爽斋去看望即将远嫁的探春。她本带着丫鬟丰儿和小红，中途因事，二人被她打发去。凤姐一个人继续往前走。眼前的大观园，没了昔日的热闹，树影重重，阴森凄冷。正走着，突然一只瞪着灯光般眼睛的大狗把她吓了一大跳。心跳神移，凤姐惊魂尚未定，就在快到秋爽斋门口的时候，恍恍惚惚中听到身后有人说话，她竟遇见了早已死去的秦可卿。秦氏对她说："婶娘只管享荣华受富贵的心盛，把我那年说的立万年永远之基都付于东洋大海了。"

人之将死，其言也善。秦可卿当日遗言不仅直指贾府隐患，而且为防不测，她还指明一条保全之策。遗憾的是，王熙凤并没有把她的话放在心上，贾府表面的繁华蒙蔽了她的眼睛。当然，被蒙蔽的不只是王熙凤，整个贾府几乎都被蒙蔽了。王熙凤等不是不知道，贾府问题丛生，今非昔比，但"百足之虫，死而不僵"的想法占据了他们的思想，他们做梦也没有想到，贾府正面临着土崩瓦解的危机。秦可卿想到了，她在梦中给王熙凤最后忠告："三春去后诸芳尽，各自须寻各自门。"这两句暗含禅机，王熙凤不懂，秦可卿也不解释，因为天机不可泄露。

同样的天机在这一回又出现了。王熙凤在大观园遇上秦可卿而受惊吓后，本不信鬼神的她为了安神，就到散花寺求签。散花寺的姑子说王熙凤求了个"上上签"，大吉大利。回到家中，贾母、王夫人等问起签来，也都欢喜。半信半疑的凤姐见大家都说好，也就信了。但薛宝钗不信，她说："家中人人都说好的。据我看，这'衣锦还乡'四字里头还有原故，后来再瞧罢了。"说得宝玉跟她争辩："你又多疑了，妄解圣意。'衣锦还乡'四字从古至今都知道是好的，今儿你又偏生看出原故来了。"

到底是怎样一副签呢？原来那签上写着"王熙凤衣锦还乡"。下面还有几行字："去国离乡二十年，于今衣锦返家园。蜂采百花成蜜后，为谁辛苦为谁甜！行人至，音信迟，讼宜和，婚再议。"

"三春去后诸芳尽"，秦可卿说的"三春"，指的是元春、迎春、探春。第一〇一回，元春已死，迎春在婆家备受折磨，探春正要远嫁，王熙凤签中的"婚再议"，应指探春，如果探春再远嫁，那三春归去就不远了。如此，就好理解"衣锦还乡"的意思。"一从二令三人木，哭向金陵事更哀。"这是王熙凤在第五回中的判词，签中"衣锦还乡"应是反语，"哭向金陵"才是真相。

第一〇二回 妖言四起心惶惶

大观园本是元春的省亲别墅，她一死，大观园也就失去其政治意义和荣耀。先前住在园子里的人，相继散去，黛玉死了，迎春和探春出嫁了，宝玉、宝钗成亲后也搬了出去，宝琴回家住了，湘云待嫁也不来了……走的走，亡的亡，园子里少了人气，异常清冷。

贾宝玉好一天歹一天，不像个正常人，凤姐也三日好两日不好的。荣国府这边不安生，宁国府那边也不宁静。第一〇二回中，有一天尤氏因过来送探春"起身"，回去时抄近路，穿园而过，没想到晚上就开始发烧，继而病倒，还胡言乱语起来。过了些日子，贾珍也病了；后贾珍方好，贾

蓉等也跟着接二连三患病。加上这期间住在大观园门口的晴雯嫂子因吃错药横死炕上，荣、宁二府以及外面的人便议论纷纷，说园子里闹鬼，弄得人心惶惶，不可终日。贾母唯恐妖怪作祟，派好些人把宝玉的房子围住，不间断巡逻打更，生怕她的宝贝孙子像传说中那样也被鬼吸了精去。

在一片乱哄哄中，有两个人还算有把持，一个是宝钗，宝玉因谣言天天害怕，宝钗则不，她听见"丫头们混说，便唬吓着要打"；另一个是贾赦，"好好园子，那里有什么鬼怪！"为了消除谣言，他亲自去大观园走一遭。没想到，人们先前的恐惧非但没有因为贾赦这一遭有所减轻，反而加重了。起因是，一个跟他同去的家人"亲眼看见一个黄脸红须绿衣青裳一个妖怪走到树林子后头山窟窿里去了"。那人吓得当场魂飞魄散。贾赦为此向其他人求证时，大家都说看到了，只是硬撑着没敢说。众口一词，贾赦无话可说。这之后越传越邪乎，贾府笼罩在邪风怪气中，人人自危。贾赦无法，只好请人作法事，以驱除妖怪。

佛家讲究心诚则灵，既然作法事，理应严肃对待。贾赦倒是恭恭敬敬，但"贾蓉等小弟兄背地都笑个不住"，他们非但不像贾赦那样虔诚，相反是来看热闹的，说什么"这样的大排场，我打量拿着妖怪给我们瞧瞧到底是些什么东西，那里知道是这样收罗，究竟妖怪拿去了没有"。作为主子，贾蓉等人这样，与贾赦的初衷背道而驰，难怪贾赦听了气得大骂。

而面对法事，"笑个不住"的不仅是贾蓉等人，还有贾府的下人们。"头里那些响动我也不知道，就是跟着大老爷进园这一日，明明是个大公野鸡飞过去了，拴儿吓离了眼，说得活像。我们都替他圆了个谎，大老爷就认真起来。倒瞧了个很热闹的坛场。"这段话把弥漫在贾府的谣言一扫而光，哪里有什么妖怪，那日在园子里看到的"黄脸红须绿衣青裳"的怪物就是一只羽毛鲜艳的恶作剧的大野鸡。而且，此人还说，那天贾赦问大家是否看到妖怪，大家都说看到了，不过是替那个胆小的拴儿圆了个谎罢了。

那些看园的没有了想头，个个要离此处，每每造言生事，便将花妖树怪编派起来，各要搬出，将园门封固，再无人敢到园中。

外面的人因那媳妇子不妥当，便都说妖怪爬过墙吸了精去死的。

岂知那些家人无事还要生事，今见贾赦怕了，不但不瞒着，反添些穿凿，说得人人吐舌。

回头重读零星散布在文中的这些描写，若有所悟，所谓的妖怪，都是一些别有用心的人编造出来的。

祸不单行，这回结束时，又交代了一件事。贾政手下的人"重征粮米，苛虐百姓"，被节度大人参了一本，贾政犯了"失察罪"，被朝廷连降三级。

第一〇三回 多行不义必自毙

扫码读原著

小说第五回香菱的判词有一句："自从两地生孤木，致使香魂返故乡。"言即香菱的命运和夏金桂息息相关。也许正因为如此，曹雪芹在第七十九回是借香菱之口让夏金桂第一次亮相的。说的是，宝玉在园子里偶遇香菱，便邀她去怡红院喝茶，香菱说不能，她找王熙凤有要事，因为薛蟠要定亲了：

"这门亲原是老亲，且又和我们是同在户部挂名行商，也是数一数二的大门户。前日说起来，你们两府都也知道的。合长安城中，上至王侯，下至买卖人，都称他家是'桂花夏家'。"

夏金桂在书中是以反面典型存在的。同样出身商贾之家，同样年少丧父，同样是独女，夏金桂没有受到宝钗那样良好的家庭教育，由于母亲过于溺爱，她养成了唯我独尊、骄横跋扈的性格，而宝钗比她温柔恬静得多，不可同日而语。

《红楼梦》中像夏金桂这样"颇有姿色""具花柳之姿"的女子很多，"亦颇识得几个字"的女子也不少，但读者看不到夏金桂什么时候像黛玉、宝钗、探春、迎春、湘云等那样吟诗作赋，看到的大都是她搬弄口舌，把薛家闹得不得安宁。

作者在第七十九回介绍夏金桂时还说："若论心中的邱壑经纬，颇步熙凤之后尘。"夏金桂哪点可与王熙凤相提并论？王熙凤治家有方，有目共睹，"十个男人不及她"，不仅荣国府离不开她，宁国府缺人手时第一个想到的也是她；相对贾府，薛家家小业小，薛蟠不成器，夏金桂作为大

奶奶，她并没有像凤姐那样撑起一片天。王熙凤尊敬贾母、公婆等长辈，关爱宝玉、黛玉、探春等小字辈；而夏金桂呢？眼里没有婆婆薛姨妈，一结婚想到的是"自为要作当家的奶奶，比不得作女儿时腼腆温柔，须要拿出这威风来，才钤压得住人"，对小姑子宝钗也没个好脸。对待丈夫，王熙凤对贾琏时有温柔的一面，与贾琏的妾平儿、秋桐也能相处得不错；夏金桂一过门见薛蟠气质刚硬，举止骄奢，就下定决心——"若不趁热灶一气炮制熟烂，将来必不能自竖旗帜矣"，她就没想好好过日子，对薛蟠的妾，无论是香菱还是宝蟾，都容不下。

但作者说夏金桂"颇步熙凤之后尘"，也非无中生有，有一点这两人是相似的，就是她们的善妒淫邪。为了对付丈夫身边的女人，她们都很有心机，手段也都残忍。王熙凤借秋桐对付尤二姐，夏金桂借宝蟾对付香菱。夏金桂不守妇德，百般勾引薛蝌；王熙凤虽然对有淫心的贾瑞进行严惩，但她和贾蓉的打情骂俏、眉来眼去在书中也不止一次出现过。王熙凤可以说是善与恶的结合体，所以，读者对其人并非深恶痛绝；而夏金桂绝对是恶的典型，没人喜欢她，除了唾弃还是唾弃。多行不义必自毙，夏金桂害香菱不成，反毒死自己，这是她自取灭亡。虽然高鹗在这一点上违背了曹雪芹的本意——香菱被害死，但这样写没什么不好，更没有因此减弱香菱这一人物的悲剧性，因为香菱已经被夏金桂折磨得不能下床了。

话说回来，即便夏金桂在这一回没有毒死自己，她的结局也不会好，曹雪芹在七十九回已经含蓄地为她安排了后事："因他家多桂花，他小名就唤做金桂。他在家时不许人口中带出金桂二字来，凡有不留心误道一字者，他便定要苦打重罚才罢。他因想桂花二字是禁止不住的，须另换一名，因想桂花曾有广寒嫦娥之说，便将桂花改为嫦娥花，又寓自己身分如此。"夏金桂出阁时把自己的桂花改成了"嫦娥花"，大家想想，广寒宫中的嫦娥过的是什么日子？所以，就是曹雪芹自己写后四十回，夏金桂的命运也一定很凄惨。

夏金桂，"瞎金贵"，徒具花柳姿，是女儿中的败类。

第一〇四回 贾氏宗族是非多

第一〇四回开始就写了贾雨村的一件事。贾雨村外出办事，路上遇到喝醉的倪二。一个酒鬼，喝多了躺在街心，正常人若看他可怜把他扶起送回家可以，若拂袖而去也说得过去。贾雨村都不是，面对此景他和倪二理论，嫌他"知道本府经过，喝了酒不知退避，还敢撒赖"！贾雨村时时不忘自己大老爷的身份，要排场，即便是对一个醉鬼也不放松。倪二趁着酒劲和他辩白："我喝酒是自己的钱，醉了躺的是皇上的地，便是大人老爷也管不得。"一般人，对倪二的醉话一笑了之就算了，但贾雨村不依，在他看来，倪二的话冒犯了他大老爷的尊严，他要让一个酒鬼讲"法纪"。

其实倪二也没违法乱纪，就是自己不嫌脏不嫌凉以地为席而已。就这么点事儿，贾雨村命令手下人把倪二打了一顿。倪二被打后清醒了，跪地求饶，贾雨村还不解气，叫人把他带回衙门，关进大牢。读到这些，让人不能不气愤。贾雨村当官不为民做主，反而欺压百姓，这不就是一个昏官吗？而他之所以敢这样无法无天，仗的不就是贾府的势力吗？

败坏贾府的不仅是贾雨村，还有很多。倪二被贾雨村抓走后，有人建议他的妻女找贾芸求情。贾芸一口应承，且口出狂言："这算不得什么，我到西府里说一声就放了。那贾大人全仗我家的西府里才得做了这么大官，只要打发个人去一说就完了。"小小的贾芸也狗仗人势，狂到这等地步，可以想象贾府那些子侄们该是何等猖狂。难怪这回贾政被参回京后，同僚们安慰他时说："二老爷的人品行事我们都佩服的。就是令兄大老爷，也是个好人。只要在令侄辈身上严紧些就是了。"可见小字辈们的恶行劣迹已是"名声在外"。

说"名声在外"并不为过，倪二被放出后，听妻女说贾芸没有帮忙，就恨恨地说："若说贾二这小子他忘恩负义，我便和几个朋友说他家怎样倚势欺人，怎样盘剥小民，怎样强娶有夫妇女，叫他们吵嚷出来，有了风声到了都老爷耳朵里，这一闹起来，叫你们才认得倪二金刚呢！"贾府子侄的丑事不是什么秘密，早成为别人茶余饭后的谈资了。

"我在监里的时候，倒认得了好几个有义气的朋友，听见他们说起来，不独是城内姓贾的多，外省姓贾的也不少。前儿监里收下了好几个贾家的家人。"倪二说的这件事和后面贾政所说吻合。就在贾珍被参的同时，云南原任太师贾化因私带神枪、浙江湖州籍的现任府尹贾范因纵使家奴强占良民妻女均被缉拿，虽然云南的贾化跟贾府没什么关系，但这贾范却是贾家的远族。天下姓贾的惹事太多，导致皇上对贾氏没了好印象，贾政自己也说："事到不奇，倒是都姓贾的不好。"

种种迹象都在表明，贾府大势将去，危在旦夕间。

第一〇五回 锦衣军查抄二府

第五回，秦可卿的判词这样写道："情天情海幻情身，情既相逢必主淫。漫言不肖皆荣出，造衅开端实在宁。"整部小说，主要人物及其生活环境大都在荣国府，那么，对判词中提到的"造衅开端实在宁"该如何理解呢？这不过是作者取材详略、侧重的问题。贾府走向衰败，固然是荣、宁二府合力所致，但作者认为始作俑者是宁国府。第七回中，焦大醉骂贾珍等人："我要往祠堂里哭太爷去。那里承望到如今生下这些畜牲来！"焦大是二十多年前跟老太爷出生入死过的人，贾家的基业是如何拼出来的，他是参与者，也是见证人。现如今，贾家的后代是如何败坏祖宗基业的，他还是目睹者。焦大酒醉心不醉，借着酒胆，吐的都是真言。贾珍和儿媳秦可卿乱伦，贾蓉也跟老子学，偷鸡摸狗，宁国府被他们弄得乱哄哄，成为藏污纳垢之地。

焦大再次出现，是在第一〇五回。这回锦衣军查抄贾府，文中正面描写的是荣国府，好像宁国府那边没事一样。实际上，宁国府那边也不安宁。作者叙事有主有次，有详有略，宁国府被抄的情形是通过焦大的讲述侧面展现的。书中写到荣国府这边贾赦、贾琏被带走后，贾政正心惊肉跳候旨时，听到外面的守军高声乱嚷，出来一看，是焦大跑来了。原来焦大以为荣国府无事，所以才对抄检宁国府的锦衣军说自己是西府的人，才得以跑到这边来。

"珍大爷蓉哥儿都叫什么王爷拿了去了,里头女主儿们都被什么府里衙役抢得披头散发撺在一处空房里,那些不成材料的狗男女却像猪狗似的拦起来了。所有的都抄出来搁着,木器钉得破烂,磁器打得粉碎。……"

从焦大这段描述可见,宁国府比荣国府更惨,贾珍、贾蓉被带走,女主子被押在空房子里,其他人也暂时没了自由,屋内的东西全部被抢、被砸。而荣国府这边,针对的主要是贾赦,其他人并无大碍。这一点,从打探消息的薛蝌那里再次得到印证,他告诉贾政:"那边东府的事我已听见说,完了。"原来贾珍不仅引诱世家子弟赌博,还强占良民妻女为妾,人家不从,竟凌逼致死,而且这样的事不止一例。

贾府有些人平日做事太张扬霸道,明里暗里得罪了很多人。墙倒众人推,贾家被抄后,那些刚刚还在一起宴饮的亲友,急忙离开,撇清关系,远远地站到一边等消息;更可恨的是,有的本家说出"祖宗掷下的功业,弄出事来了,不知道飞到那个头上,大家也好施威"的话来;至于昔日那些同朝官僚,大都躲藏不迭,唯恐被牵扯进去,看笑话的有,冷眼旁观的有,火上浇油的也有。贾赦就在这时又被李御史参奏一本,说他助平安州包揽词讼,虐害百姓……

"忽喇喇似大厦倾",就在猝不及防的一瞬间。锦衣军的突然到来,使贾府乱作一团:贾母涕泪交流,王熙凤昏死地上,邢夫人、尤氏等如丧家之犬……贾政除了顿足、叹气,"扑簌簌"落泪,此时也无回天之力。

第一○六回 落难之中见人心

扫码读原著

在同一事件中展现不同人物的性格特征,这是《红楼梦》塑造人物形象常用的手法。第一○六回,围绕贾府被抄这件事,作者让许多人再次显露本性。

正当亲友们得知贾府被抄,前来安慰贾政时,门上来报孙姑爷那边打发人来了,但不是来问候的,而是来要银子的。这孙姑爷就是迎春的丈夫孙绍祖。"子系中山狼",说孙绍祖是无情无义的中山狼不为过。贾

赦是孙绍祖的老丈人，老人家家产被抄，人也被打进大牢，作为姑爷，在危难之时不仅没有亲自过来帮忙照应，还冷血地说贾赦欠他的钱要贾政来还这样没人性的话，于情于理他都不是个东西，难怪众人听了骂他"混账"。

冷漠的不只是孙绍祖，还有贾琏。王熙凤管家漏洞百出，而且暗中参与一些伤天害理的事。贾府被抄，她也脱不了干系，她又惧又怕又愧，一病不起。当平儿哭着哀求贾琏请个大夫给凤姐看病时，贾琏毫不顾及凤姐的感受，当着她的面啐道："我的性命还不保，我还管他么！"人说"一日夫妻百日恩"，贾琏的绝情令人心寒。

同样是妾，面对王熙凤，秋桐跟贾琏一样，对王熙凤非但没有安慰照顾，反而抱怨不已，很不厚道；只有忠心耿耿的平儿，不停地劝慰开导凤姐，守在她身边。看着病危中的凤姐，平儿多次流泪，姐妹深情让人动容。

特别让人感动并敬佩的是贾母。耄耋之年，贾母看到贾府被抄，老泪纵横，悲恸欲绝。但见过大风浪的贾母临危不乱，挺起自己暮年的脊梁，拼命支撑着摇摇欲坠的贾府。她心疼凤姐，叫鸳鸯把自己的体己东西拿些过去给她，还拿些银两给平儿，让她好好服侍她的主子；她担心丈夫、儿子都被抓走，家财一无所有的邢夫人，嘱咐王夫人去照顾她；她可怜宁府的尤氏婆媳，派人把她们接过来，给她们房子居住，还给她派去婆子丫头，饮食起居、开销月例跟荣府这边的人无二致；感人至深的是，一日傍晚贾母挣扎坐起，拄着拐到院中焚香拜佛，跪在地上，"磕了好些头"，含泪向苍天祈祷：

"……我贾门数世以来，不敢行凶霸道。我帮夫助子，虽不能为善，亦不敢作恶。必是后辈儿孙骄侈暴佚，暴殄天物，以致合府抄检。现在儿孙监禁，自然凶多吉少，皆由我一人罪孽，不教儿孙，所以至此。我今即求皇天保佑：在监逢凶化吉，有病的早早安身。总有合家罪孽，情愿一人承当，只求饶恕儿孙。若皇天见怜，念我虔诚，早早赐我一死，宽免儿孙之罪。"

贾母深明大义，她没有回避导致贾府衰败的自身问题，作为一家之长，她敢于承担责任，并愿用自己的生命去交换儿孙的安康幸福。

"默默说到此，不禁伤心，呜呜咽咽的哭泣起来。"八旬老母伤心泪，不知这能不能唤回贾赦、贾珍、贾蓉、贾琏等这些浪子的心？

第一〇七回　对比之下的精彩

"我常见他在两府来往，前儿御史虽参了，主子还叫府尹查明实迹再办。你道他怎么样？他本沾过两府的好处，怕人说他回护一家，他便狠狠的踢了一脚，所以两府里才到底抄了。你道如今的世情还了得吗！"这是第一〇七回两个路人说的一段话。贾府被抄，跟李御史参了一本有关，大家都知道；不知道的是，贾家落难时，贾雨村为了保全自己，居然落井下石，用"狠狠的踢了一脚"的方式向朝廷表明自己的立场。

同样是蒙受贾家恩惠，门下包勇得到的好处比贾雨村少多了。贾雨村得到的是仕途的飞黄腾达，而包勇在甄家被抄后，贾府只是收留了他，依旧做仆人。作者在这里没有让别人，而是让包勇听到了路人对贾雨村的议论，让重情重义的包勇和忘恩负义的贾雨村形成对比。

关于包勇的重情义在这一回已有铺垫："府内家人几个有钱的，怕贾琏缠扰，都装穷躲事，甚至告假不来，各自另寻门路。独有一个包勇，虽是新投到此，恰遇荣府坏事，他倒有些真心办事，见那些人欺瞒主子，便时常不忿。"作者在这里还是运用了对比手法，让读者看到新来乍到的包勇比那些有奶便是娘受了贾府多年照顾的下人们强百倍。也正因此，当包勇听到上面路人的对话后特别气愤："天下有这样负恩的人！但不知是我老爷的什么人。我若见了他，便打他一个死，闹出事来我承当去。"知恩图报，敢作敢为，作者给他起名"包勇"，就暗含了"保管勇敢"的赞誉之意。

在很多人因贾府落难而避之唯恐不及之际，包勇看到贾雨村的轿子过来后，却勇敢地迎上去，破口大骂："没良心的男女！怎么忘了我们贾家的恩了。"姑且不论贾府被抄的确事出有因，包勇对贾雨村这等小人的唾弃和鄙视还是令人敬佩的。

文中有一个细节，面对包勇的辱骂，轿内的贾雨村"听得一个'贾'字，便留神观看，见是一个醉汉，便不理会过去了"。这不能不让人想起另外一个类似的情形，在一〇四回，贾雨村也是坐轿子外出，也是在路上遇到了一个醉汉——倪二，那倪二当时只是醉倒在地，并没有张口骂他，只因为挡了他的路，他就命令手下打人，倪二不服，贾雨村便施展威风，把他关进大牢。而这回，面对包勇的破口大骂，他竟一声不吭，甘吃哑巴亏，很有风度似的。只是隔了两回，贾雨村怎么突然就变了呢？

贾雨村前后判若两人，是因为他所处的环境和心境发生了变化。贾雨村对贾府不感恩戴德，关键时候还在背后狠狠地捅了一刀，使昔日的恩人遭此大难，干了亏心事，他心里能无愧吗？所以，贾雨村听到"贾"这个字格外敏感，他不是"不理会"，而是不敢理会，怕越抹越黑，让更多的人戳他的脊梁骨。

作者娓娓道来，通过层层对比，让细心的读者品味到更多的精彩。

第一〇八回 人去楼空情难消

"可怜宝丫头做了一年新媳妇，家里接二连三的有事，总没有给他做过生日。今日我给他做个生日，请姨太太、太太们来大家说说话儿。"第一〇八回这句话告诉读者，时光荏苒，宝玉、宝钗成亲已经一年。当然，这也意味着林黛玉已经去世一年了。

一年，三百六十五天，不算太长，也不能说太短。但对贾宝玉而言，这一年应该很漫长。一年后他的疯病虽见好，和宝钗看起来也是相敬如宾，举案齐眉，但占据他情感最深处的人仍是林黛玉。斯人已去，黛玉的灵魂却如影随形，又如空气般在宝玉的生活里四处弥漫，无孔不入。

这一回贾母为宝钗过生日，席间为了活跃气氛，她让鸳鸯拿来令盘骰子，大家掷个曲牌名赌酒。轮到李纨时，她掷了个"十二金钗"，别人听了都没什么，唯有宝玉敏感的神经一下被触动，"忽然想起十二钗的梦来"，想到十二金钗，便又想到"这十二钗说是金陵的，怎么家里这些人如今七大八小的就剩了这几个"。贾宝玉看看眼前，史湘云在，薛宝钗在，大家说笑喝着，"只是不见了黛玉，一时按捺不住，眼泪便要下来"。昔日玩伴大都在，偏偏少了生命中最重要的那一个，情何以堪？贾宝玉情难自禁，又怕被人看见，于是找了个借口，说身上"躁的很"，离席而去。

贾宝玉当然不会真的回家换什么衣服，触景生情，他又回到从前，满脑子都是回忆，点点滴滴都是黛玉。他直奔早已荒芜的大观园，终点只有一个：潇湘馆。

翠竹青葱，佳人何在？一年来，精神始终处于压抑状态的贾宝玉，再次被往事旧情紧紧缠绕。他神思恍惚，呆呆站立，"似有所见，如有所闻"。"我明明听见有人在内啼哭，怎么没有人！"如果不是伤心愧疚、用情至深，他不会出现这样的幻觉。

"二爷快回去罢。天已晚了，别处我们还敢走走，只是这里路又隐僻，又听得人说这里林姑娘死后常听见有哭声，所以人都不敢走的。"婆子们的话正中贾宝玉下怀，他的幻觉似乎得到了证明，潸然泪下："林妹妹，林妹妹，好好儿的是我害了你了！你别怨我，只是父母作主，并不是我负心。"他知道林黛玉因何而死，其实林黛玉也知道他并不是有意负她，是父母之命难违。贾宝玉"愈说愈痛，便大哭起来"，男儿有泪，弹在伤心时。

读第一〇八回，心情格外沉重。为爱执着却又无力把握爱的贾宝玉，人前人后承受着难言的哀伤。就像这次，面对贾母数落袭人带他去大观园，刚刚还痛哭流涕的宝玉担心袭人受委屈，连忙装作无所谓的样子说"青天白日怕什么。我因为好些时没到园里逛逛，今儿趁着酒兴走走。那里就撞着什么了呢"，为袭人开脱。而转身回到房中的他，又开始"嗳声叹气"，再次暗自神伤。

物是人非事事休，最痛莫过丧知音。

第一〇九回 御夫有术薛宝钗

婚前婚后，薛宝钗始终明白，在贾宝玉心里，林黛玉的地位无可替代。同样是对待丈夫心里有另外一个她，王熙凤和夏金桂的处理如出一辙——一哭二闹要阴招，落得泼妇、妒妇、悍妇的恶名，最后也都死得悲惨。薛宝钗比她俩聪明。第一〇九回，贾宝玉因为去了潇湘馆，又勾起往事，开始思念林妹妹。对此，薛宝钗心里跟明镜似的，她处乱不惊，以四两拨千斤的深厚功力，从容镇定，化险为夷，把贾宝玉这匹一心想要脱缰的野马给驯服了。而这一过程，薛宝钗仅用了三天。

第一天，旁敲侧击，难得糊涂。薛宝钗看到贾宝玉心情黯然，悲戚于色，并没有直接问他为什么，而是悄问袭人。当得知贾宝玉是因为去了潇湘馆而悲伤后，她没有大发醋意，但也没理会、安慰贾宝玉，只是"与袭人假作闲谈"。注意，这里作者说是"假装"，她醉翁之意不在酒："人生在世，有意有情，到了死后各自干各自的去了，并不是生前那样个人死后还是这样。活人虽有痴心，死的竟不知道。况且林姑娘既说仙去，他看凡人是个不堪的浊物，那里还肯混在世上。只是人自己疑心，所以招些邪魔外祟来缠扰了。"薛宝钗表面说给袭人，实则是说给宝玉听的。她以毒攻毒，一出手就下猛药，借用林黛玉活着时说过的话来告诫贾宝玉：人死了和活着是不一样的，再好的感情也抵抗不了死亡的磨蚀；活着的人再痴情也没用，死的人不会知道；林黛玉不是凡人，当然不会再和贾宝玉这等凡夫俗子同流；贾宝玉那些幻听、幻觉是自己胡思乱想出来的，荒诞得很。除此之外，薛宝钗也在暗示贾宝玉：你那点儿心思我都清楚，不跟你一般见识罢了。

当晚贾宝玉提出要和薛宝钗分开，自己去外间睡时，薛宝钗明白，这时的贾宝玉就是一头不撞南墙不回头的倔驴，你越反对他就越叛逆。她没有阻止贾宝玉的行为，却委婉地警告他："你不要胡思乱想。你不瞧瞧，太太因你园里去了急得话都说不出来。若是知道还不保养身子，倘或老太太知道了，又说我们不用心。"贾宝玉最听王夫人和贾母的话，最怕她俩为自己担忧，薛宝钗懂，所以才搬出这两人说事儿。她嘴上说你愿意到外面睡就去吧,心里却放不下,"故意装睡,也是一夜不宁"。

第二天,欲擒故纵,忍痛割爱。贾宝玉原想自己单独在外间睡,无人打扰,就能梦见林黛玉,没想到一夜无梦。早上醒来,独自感叹"悠悠生死别经年,魂魄不曾来入梦"。薛宝钗一夜没睡着,听了贾宝玉的感慨肚子里一定有火,但她没发作,不过也没装聋作哑,而是继续用林黛玉做利剑,刺向贾宝玉:"这句又说荞撞了,如若林妹妹在时,又该生气了。"贾宝玉越怕什么,她就越给他什么,弄得贾宝玉"反不好意思,只得起来搭讪着往里间走来"。这天晚上,贾宝玉不死心,依旧提出睡在外面,薛宝钗依旧保持理智,"想来他那个呆性是不能劝的,倒好叫他睡两夜,索性自己死了心也罢了",只是再次警告贾宝玉"但只不要胡思乱想,招出些邪魔外祟来"。当袭人阻拦时,薛宝钗给她使眼色:让他闹去,依着他。薛宝钗明白,对于宝玉,不可将地自己手中那条无形的绳子牵得太紧。

第三天,转攻为守,见好就收。早晨醒来,一见面,薛宝钗主动出击,单刀直入问贾宝玉:"二爷昨夜可真遇见仙了么?"薛宝钗用这句话挖苦贾宝玉,说得宝玉面露愧色。在薛宝钗这个聪明的女人面前,贾宝玉就像一张白纸,一览无余。到了晚上,不等贾宝玉开口,薛宝钗主动问他是不是还要到外间睡。她清楚贾宝玉的病从痴情起,所以还要从痴情医,不能回避。果然,薛宝钗的大度,让贾宝玉更加羞赧愧疚,说了句"里间外间都是一样的",不好意思再闹了。

"什么'担了虚名',又什么'没打正经主意'。"薛宝钗一点儿不傻,五儿这句话更让她明白,见好就要收,如果一味把贾宝玉往外推,后果不堪设想。林黛玉死了,晴雯死了,但还有五儿、麝月等呢,自己如果总是冷淡他,难保不生事端。因此,当袭人命令丫头把贾宝玉的铺盖抱回里间时,薛宝钗"也不作声",默许了。不仅如此,薛宝钗不计前嫌,主动示好,"假以词色,使得稍觉亲近,以为移花接木之计"。一个是心中愧悔,一个是欲拢人心,贾宝玉、薛宝钗夫妇俩"自过门至今日,方才如鱼得水,恩爱缠绵,所谓二五之精妙合而凝的了"。

自此,一场危机解除,贾宝玉这匹几乎脱缰的野马乖乖回到薛宝钗身边。

第一一〇回 写遗言前呼后应

第一一〇回开篇写贾母的临终遗言，她提到的几个人在这一回的后面都陆续有交代，且交代的内容和遗言相照应。

贾母生前最疼爱的人是贾宝玉，所以第一个想到他。"我的儿，你要争气才好！"贾母一直把宝玉当作贾府的继承人，可宝玉的表现，诸如读书仕途、与人交往、夫妻感情、身体健康等，都还不尽如人意。贾母让其争气，言指他目前还不够优秀。就在这回，贾母去世后，史湘云来吊唁，宝玉却发现"他淡妆素服，不敷脂粉，更比未出嫁的时候犹胜几分"。这个想法一出现，贾宝玉又去观察宝琴、宝钗，果然这些人素服之下都别有风韵，由此他更是展开联想："所以千红万紫终让梅花为魁，殊不知并非为梅花开的早，竟是'洁白清香'四字是不可及的了。但只这时候若有林妹妹也是这样打扮，又不知怎样的丰韵了！"贾母大丧，贾宝玉却开小差，暗自欣赏美人装束，想到林黛玉更是辛酸，于是借题发挥，"趁着贾母的事，不妨放声大哭"。看似贾宝玉痴情黛玉，但站在贾母一面，他又显得何其薄情，辜负了贾母活着时对他的偏爱。

贾母第二个想见的是重孙子贾兰。她嘱咐贾兰："你母亲是要孝顺的，将来你成了人，也叫你母亲风光风光。"作者先前很少描写贾兰。这一回后半部分，却用一大段文字着力描写他的懂事、孝顺和爱读书，照应了贾母的遗言。"妈妈睡罢，一天到晚人来客去的也乏了，歇歇罢。我这几天总没有摸摸书本儿，今儿爷爷叫我家里睡，我喜欢的很，要理个一两本书才好。别等脱了孝再都忘了。"小小年纪，能够体谅母亲的辛苦，实为难得；服丧期间，还想着续书，温习旧知，亦属罕见。当李纨说让他歇歇，等出了殡再看，贾兰便顺从母意，说："妈妈要睡，我也就睡在被窝里头想想也罢了。"在古人看来，顺就是孝，而在孝的同时，贾兰还惦记着在被窝里"想想"书，爱学习到这地步，将来能不以此让母亲风光吗？

贾母对凤姐的遗言直截了当："我的儿，你是太聪明了，将来修修福罢。"聪明本是优点，但若过了头，也会成为负担和罪过，凤姐一辈子就吃了这个亏。贾母所言不假,凤姐还没来得及修福,就遭到了报应。贾母死后,虽然有邢夫人、王夫人在,但由于凤姐素日冒惯了头,所以里头的事又落到她名下。凤姐主持丧事也不是第一次,想当年秦可卿去世,宁国府缺人手,不就把她请去了吗?那次凤姐着实风光了一把。然而如今贾府被抄,大势已去,贾母一归西,凤姐也失去了给她撑腰的人。贾赦不在家,邢夫人是长房长媳,自然大权在握,她把银子攥得紧紧的,尤其防着凤姐、贾琏两口子。没有钱,人们推三阻四,不愿再听凤姐的调遣。可怜的凤姐,求了这个求那个,事情还是办不好。鸳鸯找她闹,邢夫人很不满,王夫人只自保,贾琏也不和她一条心。凤姐满肚子委屈无处说,办起事来别别扭扭,瞻了前就不能顾后。即便这样,邢夫人还说风凉话给她听,气得她"一口气撞上来,往下一咽,眼泪直流,只觉得眼前一黑,嗓子里一甜,便喷出鲜红的血来,身子站不住,就蹲倒在地。幸亏平儿急忙过来扶住。只见凤姐的血吐个不住"。这不就印证了贾母对王熙凤的忧虑吗?

贾母最后提到的三个人都不在眼前:贾赦、贾珍、史湘云。前两人负罪在身,被发配边疆不能回来,老祖宗正话反说,说他俩"在外头乐了",其实她清楚这两人负罪在身,背井离乡,在外面一定吃了不少苦头。而对史湘云,这个唯一的娘家人,不明就里的贾母骂她"最可恶""没良心"。作者通过下文史湘云吊唁时的心理活动给予了交代:"想起贾母素日疼他;又想到自己命苦,刚配了一个才貌双全的男人,性情又好,偏偏的得了冤孽症候,不过捱日子罢了。"读到这里,自然能理解史湘云的苦衷。

《红楼梦》人物繁多,事件错杂,作者采用这种前后勾连、相互照应的记叙方法,使故事更加清晰晓畅,耐人咀嚼。

第一一一回 无出路鸳鸯殉主

鸳鸯是贾母身边的大红人,贾母生前,所有事情几乎都离不开她。如果说凤姐是贾母选定的贾府大管家,那么鸳鸯就是贾母自选的贴身小管家。

仆以主贵。鸳鸯因为贾母的缘故,无论是主子还是下人都对她不得不

高看一眼。书中多次提及，很多和贾母有关的事，凤姐都要先和鸳鸯商量一下，以保稳妥。虽不能说鸳鸯"一人（贾母）之下，众人之上"，但在贾府所有的丫鬟中，她的地位应该是最高的。她的靠山，就是贾母。贾赦自以为是荣国府的长子，可以肆意妄为，他看中鸳鸯想让她做妾，在他看来应该不是什么难事。可鸳鸯就敢反抗，而且还反抗成功了，原因还在于她的反抗有贾母为其撑腰。

"自己跟着老太太一辈子，身子也没有着落。如今大老爷虽不在家，大太太的这样行为我也瞧不上。老爷是不管事的人，以后便乱世为王起来了，我们这些人不是要叫他们摆弄了么。谁收在屋子里，谁配小子，我是受不得这样折磨的，倒不如死了干净。"贾母死了，鸳鸯失去在贾府的依靠。贾母生前对鸳鸯的出路并没有做好安排，虽然她给鸳鸯留下了一些钱财，但银子不能保证鸳鸯一辈子的幸福，更何况，贾母撒手而去，那些银子鸳鸯未必说了算。

鸳鸯的愁苦并非杞人忧天，连最老实的李纨也对人这样说："如今老太太死了，没有了仗腰子的了，我看他倒有些气质不大好了。我先前替他愁，这会子幸喜大老爷不在家才躲过去了，不然他有什么法儿。"贾母死了，鸳鸯今后的处境她自己明白，别人也清楚。大老爷贾赦外放了，大太太邢夫人暂时成了老大。邢夫人对鸳鸯有宿怨，当年就是因为她，贾赦逼着邢夫人到贾母跟前讨要，结果不仅遭到鸳鸯的坚决抵抗，还被贾母好一顿训斥。心胸本就狭窄的邢夫人对鸳鸯能不嫉恨在心吗？二老爷贾政和二太太王夫人不可能成为她的保护伞。贾母死后，鸳鸯从王熙凤身上更是看到了自己凄惨的未来。凤姐是红得发紫的主子，可贾母一死，她也没了靠山，贾母前脚一走，凤姐办起事来就处处遇阻，要人没人，要钱没钱，捉襟见肘，举步维艰。邢夫人开始处处刁难她，王夫人也装傻不帮她。鸳鸯不过是丫鬟一个，谁会再买她的账？

"他算得了死所，我们究竟是一件浊物，还是老太太的儿孙，谁能赶得上他。"贾宝玉这样感叹鸳鸯的死，人们也都认为鸳鸯此举是对老祖宗大恩的报答，是忠于主子的烈女。其实，鸳鸯之死，更重要的是缘于贾母离去后，她失去了生存的依赖，又找不到新的出路，是对生活彻底绝望后的无奈选择。

"倒不如死了干净",也许鸳鸯说得对,一了百了,一根汗巾结束了她对现实和未来的忧恐。"他是殉葬的人,不可作丫头论。你们小一辈都该行个礼。"贾政的话似乎也印证了贾宝玉的话——"他算得了死所"。

第一一二回 惜春苦楚为哪般

大观园女子,有三个比较特殊:林黛玉、薛宝钗、惜春。确切地说,荣国府都不是她们的家,她们都是寄人篱下。不过,同样是寄人篱下,三人的处境又不尽相同。黛玉远离家乡,孤苦伶仃;宝钗有母亲和兄长在身边,温暖最多;惜春是宁国府的,家在眼前却形同虚设,读者看不到惜春对宁国府的依恋,也看不到宁国府对惜春的关爱。

"父母早死,嫂子嫌我,头里有老太太,到底还疼我些,如今也死了,留下我孤苦伶仃,如何了局!"第一一二回写到惜春满腹的苦楚。父亲贾敬跑到庙里炼丹,不问家事,哥哥贾珍不务正业,坏事干绝,嫂子尤氏又不喜欢她。所以,惜春虽贵为小姐,若在宁国府,物质倒不匮乏,但情感一定缺失。贾母当年应是觉得惜春可怜,才把她接到荣国府,和自家的女孩元春、探春、迎春等一起生活,而不仅是书中所说贾母喜欢热闹,喜欢孙辈绕膝享天伦之乐这一个缘故。

小说没有详细交代尤氏为什么不喜欢惜春,读者看到的就是尤氏不止一次对惜春的刻薄。贾母出殡,惜春于情于理都该去,可尤氏硬是撺掇着不让她去,嘴上说是让她留在家里陪生病的王熙凤,其实就是不愿她参与。更过分的是,荣国府遭窃,惜春深感失职,自责不已,觉得有负贾政等的重托。闻讯从外面赶回来的贾政、王夫人都没说什么,独有尤氏说:"姑娘,你操心了,倒照应了好几天!"话里夹枪带棒,根本不顾及惜春的感受,故意让她在众人面前丢脸,弄得惜春"紫涨了脸",其难堪可以想象。

亲嫂子这样,而眼下,哥哥贾珍获罪在外,一直疼着她的贾母也走了。不仅如此,昔日姐妹中,元春、迎春、黛玉死了,探春远嫁他乡,湘

云、宝钗有了自己的家……惜春就像汪洋中的一叶扁舟，在风雨中独自飘摇。祸不单行，包勇到处嚷嚷贾府遭窃事件的那伙盗贼就是当晚找惜春的妙玉引进来的，把惜春推到了风口浪尖上。本来失窃事已让惜春内疚万分，哭了很多次，自觉没法见人，现在包勇又把责任推到她身上，这让她更加难以接受和承担了。

妙玉是惜春唯一的知己，苦闷中的惜春想到了她。惜春渴望自己能像妙玉一样，闲云野鹤般，自由自在。就在惜春担心"妙玉清早去后不知听见我们姓包的话了没有，只怕又得罪了他，以后总不肯来"，并想绞去一半头发出家时，道婆突然带来妙玉被强盗抢走的噩耗。

知己没了，惜春更加绝望，被丫鬟"再三以礼相劝"，勉强笼起一半青丝。这只是暂时的，"惜春心里的死定下一个出家的念头"，去意已决，她的心拉不回来了。

和其他章节一样，这一回作者依旧是以如椽大笔，信手拈来。文字表面风轻云淡，暗地里却把惜春、妙玉、贾府诸多人等的遭遇描写得惊心动魄，荡气回肠。

第一一三回　痴公子情陷孤岛

第一一三回，听说妙玉被抢，贾宝玉神情又开始恍惚，整日长吁短叹。薛宝钗看在眼里，急在心上，她想把贾宝玉引到"正道"上，于是夸奖刻苦读书的贾兰："他是老太太的重孙，老太太素来望你成人，老爷为你日夜焦心，你为闲情痴意糟踏自己，我们守着你如何是个结果！"宝钗指责宝玉辜负了老祖宗和老爷的厚望，连晚辈都不如，跟着他都为未来忧虑。

话不投机半句多。贾宝玉辩白"我那管人家的闲事，只可叹咱们家的运气衰颓"，立即招来薛宝钗的又一顿教训："可又来，老爷太太原为是要你成人，接续祖宗遗绪。你只是执迷不悟，如何是好。"宝玉这回被抢白得不说话，一边靠着桌子打盹去了。

薛宝钗很聪明，却始终没有真正弄明白贾宝玉为什么对林黛玉念念不忘。她最大的错误在于总把自己当作救世主，试图改变贾宝玉。贾宝玉人在薛宝钗身边，心却常游离。生活中很多人、事、物、景，都易让他想起与之志趣相投的林黛玉，这次也不例外。悲伤中的贾宝玉没有从薛宝钗那得到理解与安慰，于是，林黛玉再次出现在他脑海里。贾宝玉有个心结，这个心结致使他经常出现疯癫症状。黛玉因他而死，死在他大婚时，贾宝玉连跟她解释的机会都没有。黛玉死了，贾宝玉的情感世界渐渐苍白，无论宝钗还是袭人，都不是他心灵的陪伴者和引导者。

苦闷中的贾宝玉想到了一个人，黛玉的贴身丫鬟紫鹃。看到紫鹃，他就像看到黛玉一般。紫鹃也许比袭人更了解宝玉与黛玉的感情，但自从黛玉走后，她对宝玉一直很冷淡，她和黛玉一样，在怨恨宝玉。贾宝玉带着求和的真诚，连夜去找紫鹃，希望能消除与紫鹃之间的隔阂。没想到屋内的紫鹃听到他来了，即便他强调只想和她说一句心里话，紫鹃还是说："二爷有什么话，天晚了，请回罢，明日再说罢。"一副拒人千里之外的口气，让门外的贾宝玉顿时"寒了半截"。

"是走了，还是傻站着呢？有什么又不说，尽着在这里恼人。已经恼死了一个，难道还要恼死一个么！这是何苦来呢！"

"二爷就是这个话呀，还有什么？若就是这个话呢，我们姑娘在时我也跟着听俗了！若是我们有什么不好处呢，我是太太派来的，二爷倒是回太太去，左右我们丫头们更算不得什么了。"

屋内的紫鹃边哭边数落宝玉，屋外的宝玉急得直跺脚，也跟着呜咽起来，就在他想为自己解释时，麝月来了："你叫谁替你说呢？谁是谁的什么？自己得罪了人自己央及呀，人家赏脸不赏在人家，何苦来拿我们这些没要紧的垫喘儿呢。"麝月一番话让宝玉脸上没趣，不好继续留下去，更别说再跟紫鹃解释什么，只好跟着麝月回去了。

"罢了，罢了！我今生今世也难剖白这个心了！唯有老天知道罢了！"伴随这句话而出的滔滔泪水道出了贾宝玉深隐内心的悲苦。紫鹃能理解他，但就是不愿原谅他；回到屋后，薛宝钗装睡不理他；袭人倒是理他，却也和麝月一样，数落他黑灯瞎火自找没趣瞎胡闹。此时的贾宝玉，再次陷入感情的孤岛。

第一一四回　凡鸟末世遭炎凉

　　王熙凤是个亦正亦邪的人物，她集真善美、假恶丑于一身，有可爱、可亲的一面，也有可恶、可恨的一面。正因此，从她身上体现出的世态炎凉格外分明。王熙凤和平儿亲如姐妹，她们之间主仆的痕迹相对要淡些。王熙凤素日待平儿不薄，所以她生病其间，平儿寸步不离，悉心伺候。第一一四回，王熙凤死后，贾琏为了办丧事四处筹钱，着急上火，还是平儿主动拿出自己积攒的一些值钱东西，给贾琏解困。当贾琏说等有了银子就还给她时，平儿说："我的也是奶奶给的，什么还不还，只要这件事办的好看些就是了。"平儿重情重义、不吝钱财，着实让人敬佩。

　　相对于平儿的情深义重，贾琏对王熙凤的所作所为却让人寒心。一日夫妻百日恩，王熙凤即便有千般不是，没有功劳还有苦劳。本该是男人顶起的大梁，王熙凤一个女人却替他们支撑着。王熙凤病重时，作为丈夫，贾琏并未尽心尽力，"竟像不与他相干的"，"回来也没有一句贴心的话"，形同陌路，十分冷漠。而"邢、王二夫人回家几日，只打发人来问问，并不亲身来看"，婆婆邢夫人、姑妈王夫人在王熙凤病重时的表现，也很冷酷。这两人都是贾母的儿媳妇，贾府若需要女人管事，首先应该是她们，可她俩躲在后面享清福，王熙凤吃苦在前，最后却落得如此下场。如果说邢夫人因怨恨王熙凤不心疼她，那么王夫人则不该把和自己始终站在一起的亲侄女抛诸脑后。

　　王家不仁义的除了王夫人，还有王熙凤的哥哥王仁。王仁者，亡仁也。在王家，"已闹的六亲不和"的王仁，来到贾府为妹妹奔丧，不说为妹妹的死难过，来了就挑三拣四，怨东怨西。更可气的是，王仁在年龄尚小的外甥女巧姐面前搬弄是非，公开挑拨人家的父女关系。当巧姐没有按照他说的把老太太赏的东西拿出来时，王仁气愤不已，觉得凤姐一定攒了不少值钱东西，虽说抄了家，银子不会少。"必是怕我来缠他们，所以也帮着这么说，这小东西儿也是不中用的。"当舅舅的这样想，不仅辜负了巧姐，更辜负了王熙凤生前对他的好，连巧姐都知道："我妈妈在时舅舅不知拿了多少东西去，如今说得这样干净。"

王熙凤临终前，给她温暖的除了平儿，还有刘姥姥。刘姥姥两进大观园，王熙凤对她不错，不过为了讨好贾母和众姐妹，她也把刘姥姥当猴耍过。刘姥姥只念凤姐当初对她的周济，看到她病了，真心实意着急难过。她说屯子里的什么菩萨灵，什么庙有感应，凤姐给她一只金镯子让她替自己回去祷告祷告，刘姥姥坚决不要，说不用那个，太贵重，祷个告花上几百钱就够。知恩图报，为人厚道，刘姥姥的淳朴善良让王熙凤感受到人世间最后一缕温暖的阳光。

凡鸟偏从末世来，人情冷暖遭炎凉。

第一一五回　冰炭不投失同类

扫码读原著

《红楼梦》里真真假假，虚虚实实，作者故意虚构甄府和贾府、甄宝玉和贾宝玉，一明一暗两条线索，既遥相呼应，又互为补充，使故事情节如梦如幻，让读者看得如醉如痴。

贾宝玉从小就知道南边甄府有个甄宝玉，且这个甄宝玉不仅长相、性格脾气和自己相似，想法观点特别是他的女儿观、读书观都与自己一致，贾宝玉早把这个未曾谋面的甄宝玉当作了知己。

第一一五回，贾宝玉和甄宝玉初次相见的情景让人立即联想到宝黛初次相见。两次描写，前者是曹雪芹，后者是高鹗，作者不同，但高鹗深谙曹雪芹本意，按照他的思路和设计完成，尽管他们在文字表达上不尽相同，但却是异曲同工，主旨一致。

"黛玉一见，便吃一大惊，心下想道：'好生奇怪，倒像在那里见过一般，何等眼熟到如此！'""宝玉看罢，因笑道：'这个妹妹我曾见过的。'贾母笑道：'可又是胡说，你又何曾见过他？'宝玉笑道：'虽然未曾见过他，然我看着面善，心里就算是旧相识，今日只作远别重逢，亦未为不可。'"这是第三回中曹雪芹对宝玉和黛玉初次相见给时对方留下的第一印象的描写，黛玉觉得宝玉眼熟，像见过一样，宝玉也觉得黛玉亲切，似旧友重逢。

· 219 ·

这一回，甄宝玉和贾宝玉相见时，高鹗是这样写的："宝玉听命，穿了素服，带了兄弟侄儿出来，见了甄宝玉，竟是旧相识一般。那甄宝玉也像那里见过的，两人行了礼，然后贾环贾兰相见。"他们从未见过，但贾宝玉觉得甄宝玉像旧相识，甄宝玉也觉得贾宝玉像见过一样。

如果说，贾宝玉把林黛玉看作红尘中的异性知音，他则把甄宝玉当作了红尘中的同性知己。书中写到贾宝玉看到甄宝玉异常兴奋，"以为得了知己"。失去林黛玉后，贾宝玉一直很孤独，无人再能理解他的"行为偏僻性乖张"，他希望突然而至的甄宝玉能像黛玉一样，成为自己的知音。可让贾宝玉大失所望的是，眼前的甄宝玉不是他心中原有的样子，谈起话满口都是自己厌恶的文章经济和为忠为孝，和自己的人生追求大相径庭。如今，他们二人只是形似，神早已相距十万八千里，甄宝玉变得和其他男人一样，也成了急功近利的禄蠹之辈。

了解这些，才能更好地理解为什么好好的贾宝玉见了甄宝玉后，又开始犯病发呆，且症状一天比一天厉害，渐渐"神魂失所"，后来"更糊涂了，甚至于饭食不进"，再后来，竟"人事不醒"，大夫也"不肯下药，只好预备后事"。这样的情形，贾宝玉前面出现过，那是他失去林黛玉的时候，现在，又一个被他视为知己的人——甄宝玉也"死"了，他受不了这样的打击，所以旧病复发，再度陷入人生的绝境。

第一一六回　重游幻境悟玄机

第一一六回是《红楼梦》倒数第五回，这回标题中的"得通灵幻境悟仙缘"和第五回标题中的"游幻境指迷十二钗"无论在形式还是内容上都做到了前呼后应。说这是纯属巧合不太可信，应该是高鹗在创作时的刻意所为。

曹雪芹在第五回通过贾宝玉梦游太虚幻境设置了很多悬念，到第一一六回故事已接近大结局，这些悬念也到了解开的时候。高鹗让灵魂出窍的贾宝玉重游幻境，通过他把在第五回谜语式的玄机含蓄地做了解释，给人恍然大悟之感。

第三章　读写一体策略——轻叩红楼

　　第五回，贾宝玉在梦中来到一个先有牌楼后有宫门的地方，第一一六回也是。虽然牌楼和宫门上的对联不一样，但地方应该还是那个地方，文字上的变化反映了贾宝玉在人间经历悲欢离合后认识上的改变。在第一一六回的"真如福地"，贾宝玉见到了大观园里离他而去的尤三姐、鸳鸯、晴雯、林黛玉、王熙凤、秦可卿、迎春等。写林黛玉，关于绛珠仙草的描写令人印象较深。绛珠仙草是林黛玉的前生，第一回对其外形介绍很少，只说是西方灵河畔的一株仙草，具体是何模样并未详写，只重点写了她的精神特质——"后来既受天地精华，复得雨露滋养，遂得脱却草胎木质，得换人形，仅修成个女体，终日游于离恨天外，饥则食蜜青果为膳，渴则饮灌愁海水为汤。只因尚未酬报灌溉之德，故其五内便郁结着一段缠绵不尽之意"——多愁善感。这一回，对第一回中没有交代的绛珠仙草的外形做了补充，满足了读者先前的好奇心。"绛"是"赤红"的意思，文中说这棵极为"矜贵"的仙草"叶头上略有红色"，印证了"绛珠仙草"这个名字；而"微风动处，那青草已摇摆不休，虽说是一枝小草，又无花朵，其妩媚之态，不禁心动神怡，魂消魄丧"的描写，暗合贾宝玉第一次见到林黛玉时"闲静时如姣花照水，行动处似弱柳扶风"的印象。

　　第五回的贾宝玉由于年龄尚小，没有看懂金陵十二钗正册、副册、又副册等。这回不同，他懂得了"玉带林中挂，金簪雪里埋"是说林黛玉和薛宝钗；懂得了"可叹停机德，堪怜咏絮才"中"叹"和"怜"字"不好"；知道了"虎兕相逢大梦归"写的是元春；后来当惜春对他说起佛门时，他立即和正册中"青灯古佛前"的判词对上了号；看到又副册中"堪羡优伶有福，谁知公子无缘"和那上面"花席的影子"时，他"大惊痛哭起来"，知道今生与花袭人无缘，因此当他醒来后见到袭人，"不觉又流下泪来"。重游幻境，贾宝玉终于明白"过去未来，莫谓智贤能打破；前因后果，须知亲近不相逢"的道理，人生的走向都有其前因后果，人事往往不能为人力左右，个人的命运在前生已注定，今生无法更改。

　　幻境中看透了儿女情长，看透了生死，悟得了这些玄机的贾宝玉虽然死而复生，但家人发现，复生后看起来神清气爽的贾宝玉"竟换了一

・221・

种"，"不但厌弃功名仕进，竟把那儿女情缘也看淡了好些"。作者在这一回结束时写到紫鹃的抱怨："宝玉无情，见他林妹妹的灵柩回去并不伤心落泪，见我这样痛哭也不来劝慰，反瞅着我笑。这样负心的人，从前都是花言巧语来哄着我们！"还写到五儿的抱怨："头里听着宝二爷女孩子跟前是最好的，我母亲再三的把我弄进来。岂知我进来了，尽心竭力的服侍了几次病，如今病好了，连一句好话也没有剩出来，如今索性连眼儿也都不瞧了。"这些都是作者精心安排的，就是为了照应"竟换了一种"的贾宝玉。

第一一七回　贾宝玉茅塞顿开

通灵宝玉是贾宝玉的护身符，命根子。玉在，康且健；玉失，疯且癫。因为这块玉，贾宝玉不止一次死去活来，他人生的大悲大喜大都和它相关。

第一一六回，生命垂危的贾宝玉因为癞头和尚及时送来了玉得以死而复生。第一一七回，当这个和尚再次来到贾府索要一万两银子时，在幻境已被点化的贾宝玉知道是师父来了，而且知道他真正的目的不是要银子，是来为自己指点迷津的。当贾宝玉从床边取了玉准备给和尚送去时，袭人不解，死命抱住他不撒手。在袭人看来，没了玉，宝玉又要犯病，又要没命了。"上回丢了玉，几乎没有把我的命要了！刚刚儿的有了，你拿了去，你也活不成，我也活不成了！你要还他，除非是叫我死了！"袭人为了保护玉，以死相要挟。要在从前，别说死，袭人为了让贾宝玉听话，随便说个要回家或出园子嫁人什么的，他就会束手就擒，放弃胡闹。而这次，面对坐在地上哭喊的袭人，贾宝玉非但不为所动，还说出"你死也要还，你不死也要还"这样绝情的话，且边说边"狠命的把袭人一推，抽身要走"。贾宝玉的言行举止，与先前判若两人，这到底为何？

其实，答案贾宝玉已经对袭人说了："如今不再病的了，我已经有了心了，要那玉何用！"从幻境回来的他，悟得很多玄机，他的心不再迷茫

第三章　读写一体策略——轻叩红楼

纠结。取玉前他与和尚的对话，更让他对幻境的经历确信无疑，他所有的人生疑惑和痛苦都到了即将了断的时候，他漂泊的灵魂将结束漂泊，心灵找到了归宿，那块玉对他已经没有任何意义，就是一块石头而已。

贾宝玉对袭人的薄情也缘于幻境中他先知先觉了袭人最终不会属于自己，她自有她的人生归宿，命运早为她做好了安排，无须他再自作多情，为她挂念怜惜。

由于王夫人和薛宝钗的出现，贾宝玉放弃了把玉给和尚玉的想法，但他说还是要与和尚见见才好。接下来的描写十分精彩，文中没有正面描写宝玉与和尚见面的情景，而是采取侧面描写的手法，通过外面小厮和丫头的传话把二人见面的内容点到为止，给人神龙见首不见尾之感。

贾宝玉与和尚言谈甚欢，和尚讲明了玉的来历以及贾宝玉的前世今生，他终于弄清自己从何处来，又该向何处去了。文中说贾宝玉"闲来倒与惜春闲讲"，而且"两个人讲得上了"，因为如今他们有了一致的去处：出家。

第一一八回　一语惊醒梦中人

扫码读原著

贾宝玉素来厌恶文章经济，这种厌恶从小说开篇一直延续到第一一七回。阅读第一一八回，发现贾宝玉开始对此"热衷"起来。

在这回，贾宝玉破天荒让麝月、秋纹、莺儿等把自己平时爱不释手的一些道家书，像《庄子》《参同契》《元命苞》《五灯会元》之类，都搁在一边。不仅如此，他还让她们给他收拾一间静室，"把那些语录名稿及应制诗之类都找出来搁在静室中，自己却当真静静的用起功来"。在第一一五回，甄宝玉来到贾府，交谈中贾兰说起文章经济，贾宝玉听了十分反感。而在这回，当贾兰拿着贾政的信送给贾宝玉，说信中让他俩好生念书时，贾宝玉竟笑着说："我也要作几篇熟一熟手，好去诓这个功名。"接下来，叔侄二人兴致勃勃地谈了一回文，十分融洽。

贾宝玉的变化令身边人兴奋不已，薛宝钗觉得宝玉终于"醒悟过来了"，虽然她对宝玉如此迅速的转变也心存疑虑，但看到他此后每天的确

· 223 ·

是在认真用功，心便放了下来。袭人更是欣喜，她是看着宝玉长大的，宝玉的表现，她"真是闻所未闻，见所未见"。"王夫人听见他这番光景，那一种欣慰之情，更不待言了。"望子成龙是所有父母的期待，为了贾宝玉这个"孽根祸胎""混世魔王"，贾政、王夫人操碎了心，现在他终于走上"正道"，怎不叫人喜悦欣慰。"太太说了，二爷这一用功，明儿进场中了出来，明年再中了进士，作了官，老爷太太可就不枉了盼二爷了。"丫鬟莺儿转述王夫人的话，从侧面再次表明贾宝玉的改变给王夫人带来的欣慰和憧憬。而"真要二爷中了，那可是我们姑奶奶的造化了"这句话，是莺儿的祈盼，更是薛宝钗和袭人等多年的祈盼。

贾宝玉天翻地覆的改变，表面看来是因为宝钗的劝告，袭人对此佩服不已，她恭维宝钗："到底奶奶说话透彻，只一路讲究，就把二爷劝明白了。"婚前婚后，薛宝钗多次苦口婆心劝过贾宝玉，没有一次奏效，那么，这次到底是什么打动了冥顽不化的宝玉？宝玉真的是因为宝钗就"痛改前非"，立志要像甄宝玉那样从此做个国家的"栋梁之材"？先看薛宝钗劝贾宝玉的两段话："当此圣世，咱们世受国恩，祖父锦衣玉食；况你自有生以来，自去世的老太太以及老爷太太视如珍宝。你方才所说，自己想一想是与不是。"见宝玉"不答言"，宝钗又劝道："你既理屈词穷，我劝你从此把心收一收，好好的用用功。但能博得一第，便是从此而止，也不枉天恩祖德了。"宝钗打的是感情牌，让宝玉好好读书，考取功名，以报答浩荡皇恩和祖辈父辈的恩情。

面对宝钗的老生常谈，已萌生去意的贾宝玉没有了先前的反感，他知道很多事情都是命中注定要经历的，自己之所以还不能斩断尘缘，就是因为尚有未了的心愿。如宝钗所言，今生他享受了太多富贵与宠爱，都没有回报。而报答的方式，就是完成这些人对他的期待：考取功名，光宗耀祖。如果这件事完成了，他就可以放下尘世的一切，做自己想做的事情去了。

"一第呢，其实也不是什么难事，倒是你这个'从此而止，不枉天恩祖德'却还不离其宗。"宝钗对宝玉说的这话不甚理解，不明白到底是什么意思。宝钗不知道，正是她这句"从此而止，也不枉天恩祖德"点醒了正在入世和出世间徘徊的贾宝玉，让他明白只有先报恩偿还感情债，才可以无所挂碍脱离这个让他痛苦的红尘。他说的"宗"，不是三纲五常，不是儿女情长，而是他遵循心底的声音所追求的人生宗旨。

第一一九回 把悲伤留给亲人

第一一九回写了很多让人高兴的事：贾宝玉、贾兰同去参加科举，双双金榜题名，宝玉"中了第七名举人"，贾兰小小年纪"中了一百三十名"；皇上"圣明仁德"，怜惜贾氏功勋，下旨"大老爷的罪名免了，珍大爷不但免了罪，仍袭了宁国三等世职。荣国世职仍是老爷袭了，俟丁忧服满，仍升工部郎中。所抄家产，全行赏还"；贾琏探望生病的贾赦回来了，家中大小事有了主心骨；远嫁的探春随夫进京，即将与家人团聚；巧姐和平儿结束了在乡下避难的生活，被接回贾府；一度把贾府闹得乱糟糟的贾环、贾芸、贾蔷、王仁、邢大舅等老实了，不再瞎折腾；邢夫人在巧姐这件事上自觉理亏，收敛很多，和王夫人彼此相安相容……

好事连连，所有这一切，似乎尽扫贾家被抄检、贾母去世后的阴霾，众人感慨贾家又要兴旺起来，回到从前。但阅读这一回，在这些欢喜的文字背后，一种难以掩饰的悲伤却在暗中流淌。

这种悲伤在本回开篇就铺垫得很充分。

参加科举，本是一件大喜事，但贾宝玉离家赴考却成了一场生离死别："只见宝玉一声不哼，待王夫人说完了，走过来给王夫人跪下，满眼流泪，磕了三个头，说道：'母亲生我一世，我也无可答报，只有这一入场用心作了文章，好好的中个举人出来。那时太太喜欢喜欢，便是儿子一辈的事也完了，一辈子的不好也都遮过去了。'"声泪俱下，这是贾宝玉留给母亲王夫人的别言。

"老太太见与不见，总是知道的，喜欢的，既能知道了，喜欢了，便不见也和见了的一样。只不过隔了形质，并非隔了神气啊。"这是贾宝玉给过世祖母贾母的别言。

"嫂子放心。我们爷儿两个都是必中的。日后兰哥还有大出息，大嫂子还要带凤冠穿霞帔呢。"这是贾宝玉留给嫂子李纨的别言。

"只要有了个好儿子能够接续祖基，就是大哥哥不能见，也算他的后事完了。"这是贾宝玉给已故兄长贾珠的别言。

"姐姐，我要走了，你好生跟着太太听我的喜信儿罢。"这是贾宝玉留给妻子薛宝钗的别言。

"四妹妹和紫鹃姐姐跟前替我说一句罢，横竖是再见就完了。"这是贾宝玉留给惜春和紫鹃的别言。

"走了，走了！不用胡闹了，完了事了！"这是贾宝玉留给众人的别言，也是他告别尘世的宣言。

"走求名利无双地，打出樊笼第一关。"此时贾宝玉内心主意已定，他人生最大的愿望即将实现，漂泊的灵魂即将回到久别的家园。面对宝玉一会儿哭一会儿笑疯疯癫癫的告别，大家觉得好笑，但王夫人、宝钗、李纨等听出了其中的不祥，她们被宝玉惊得目瞪口呆，却又深感无力扭转。

贾宝玉中举后果然绝尘而去，从此远离苦海。他是彻底解脱了，却把悲伤留给了至爱的亲人。

第一二〇回 真真假假梦一场

现在流行的《红楼梦》一百二十回本，由曹雪芹原创的前八十回和高鹗续写的后四十回构成，虽然后人对高鹗的续写颇多异议，但不能否认，在所有续本中，高鹗的最佳。仁者见仁，智者见智，文学作品本就不是一加一只能等于二这么绝对，它有多样性、丰富性、创造性。硬要在鸡蛋里挑骨头，那也没办法。

我喜欢高鹗的续写，与喜欢曹雪芹的原创一样。高鹗在最大程度上遵循了曹雪芹的创作本意和文学风格，读最后一回，更是深有感触。

"甄士隐详说太虚情，贾雨村归结红楼梦"，看最后一回的题目，让人仿佛又回到第一回——"甄士隐梦幻识通灵，贾雨村风尘怀闺秀"。高鹗在小说的构思上，无论内容还是形式，都努力做到和前八十回前呼后应。曹雪芹以甄士隐、贾雨村、一僧一道、青埂峰下的顽石开篇，高鹗也是以它们来收尾。此外，像第一回提到的绛珠仙草和神瑛侍者之间的纠葛、甄英莲（香菱）的人生际遇，以及曹雪芹写作这部奇书的缘起也都做了进一步的补充说明，其中让我印象最深的是关于写作缘起。

曹雪芹在第一回首句曾言："作者自云：因曾历过一番梦幻之后，故将真事隐去，而借'通灵'之说，撰此《石头记》一书也。"曹公在这里说得很明确，《红楼梦》是他经历了"梦幻"般的悲欢离合、大起大落后，假借所谓"通灵宝玉"的神话故事，从而把真实的社会和人生呈现于笔端。他还指出创作过程中的异常艰辛："于悼红轩中披阅十载，增删五次"。这是曹雪芹的心声，实写。

最后一回，再次提到《红楼梦》的创作缘起，高鹗采取了虚写手法。文中说，顽石（通灵宝玉）历经世事沧桑后又回到青埂峰下，当空空道人再次经过这里，细读石头上的文字，不禁感叹："我从前见石兄这段奇文，原说可以闻世传奇，所以曾经抄录，但未见返本还原。不知何时复有此一佳话，方知石兄下凡一次，磨出光明，修成圆觉，也可谓无复遗憾了。只怕年深日久，字迹模糊，反有舛错，不如我再抄录一番，寻个世上清闲无事的人，托他传遍，知道奇而不奇，俗而不俗，真而不真，假而不假。……"于是，空空道人又重新抄录一遍，后来他找到草庵中昏睡的贾雨村，希望他能把《石头记》传诸世人。这个建议遭到贾雨村的拒绝，不过，贾雨村给他推荐了另一个人——某年某月某日某时悼红轩中的曹雪芹先生。

又过了几世几劫，空空道人终于等来了悼红轩中的曹雪芹，当他把贾雨村的话讲过，并把《石头记》给他看时，有这样一段描述——

那雪芹先生笑道："果然是'贾雨村言'了！"空空道人便问："先生何以认得此人，便肯替他传述？"曹雪芹先生笑道："说你空，原来你肚里果然空空。既是假语村言，但无鲁鱼亥豕以及背谬矛盾之处，乐得与二三同志，酒余饭饱，雨夕灯窗之下，同消寂寞，又不必大人先生品题传世。似你这样寻根究底，便是刻舟求剑，胶柱鼓瑟了。"那空空道人听

了，仰天大笑，掷下抄本，飘然而去。一面走着，口中说道："果然是敷衍荒唐！不但作者不知，抄者不知，并阅者也不知。不过游戏笔墨，陶情适性而已！"

高鹗为曹雪芹代言，再次郑重声明，《红楼梦》来自虚无缥缈的神话故事，来自"假语村言"，不过是文字游戏，最多陶情适性罢了，大可不必寻根究底，非要揣摩创作之深意。人生本就一场梦，姑且看之，把它当作酒余饭后打发无聊时光的谈资即可。

"满纸荒唐言，一把辛酸泪！都云作者痴，谁解其中味！"这是第一回曹雪芹写给自己的无奈；"说到辛酸处，荒唐愈可悲。由来同一梦，休笑世人痴！"这是最后一回高鹗写给曹雪芹的理解。无论在文学创作还是在为人处世上，高鹗也许都可以成为曹雪芹的人生知己。

笔者不才，斗胆模仿曹雪芹、高鹗两位文字巨擘的诗句，亦题四言：

痴语荒唐言，红烛不解味。

楼阁辛酸苦，梦里人未归。

后　记

一场幽梦同谁近

"满纸荒唐言，一把辛酸泪。都云作者痴，谁解其中味？"这首诗出现在《红楼梦》第一回。许多读者第一次翻开《红楼梦》，面对第一回，也会产生"满纸荒唐言"的感觉。对此，我也深有同感。

《红楼梦》是我自己购买的第一部经典，那是在1988年，我刚上大二。当我满怀喜悦打开这部被誉为中国古典小说的巅峰之作后，失望取代了之前的热盼，它没有我想象中那么有趣，那么有吸引力。因此，第一次阅读《红楼梦》，我是断断续续完成的。

后来，随着时间的流逝和生活阅历的不断丰富，我对《红楼梦》的理解也渐渐加深。因为理解，所以喜爱。《红楼梦》是唯一一部让我从大学一直读到现在的经典，而且仍会继续读下去。

因为《红楼梦》，我懂得了柴米油盐不是人生的全部。在很多人的意识中，古代女子不读书认字，整天"大门不出，二门不迈"，守在闺房做女红，最后凭父母之命媒妁之言嫁人了事。而《红楼梦》告诉我，不完全这样，第三十七回在探春提议下成立的"海棠诗社"，就是一个有力的证据。大观园里青春飞扬的女孩子，她们与自然同步，观景、聚宴、写诗、下棋、赏画、猜谜……展现了古代女子最美好最优雅最富有品质的生活方式。她们一月觅诗烹茶，二月寻梅猜谜，三月闲厅对弈，四月荡千嬉戏，五月韵华斗艳，六月池畔赏鱼，七月泛舟采莲，八月桐下乞巧，九月楼台赏月，十月深秋赏菊，十一月闺阁刺绣，十二月围炉博古。这些深深吸引了我，影响了我，使我因此爱上了读书、写作、旅游、品茶等。漫长的人

生旅途上，它们不仅丰富了我的生活，还让我学会如何享受独处的时光，了解自己，认识自己，不断地完善自己，也让我在自己的职业生涯中更加从容自信，游刃有余。

2014年1月，为了鼓励我的学生在寒假阅读名著并提高其写作能力，我对学生承诺，将和他们共同完成这项作业，我每天读一回《红楼梦》，写一篇随笔，而且开学后还会继续，直到把一百二十回读完、写完。和我一起完成这次阅读之旅的还有我的女儿。从这个意义上讲，我由衷感谢2013级3、4班的学生和亲爱的女儿！同时也非常感谢我的爱人，感谢他多年如一日无怨无悔的理解和支持！

同样要深深感谢的，还有济南出版社的宋涛主任、明天出版社的张玲主任和济南市教研院的万福成老师，没有他们一直以来的帮助、指导和鼓励，就不会有《〈红楼梦〉整本书阅读策略》这本书的诞生。

2015年，《我们一起读红楼（上、下册）》（与女儿合著）由济南出版社出版，该书在2017年荣获"第二十八届北方十五省、市、自治区哲学社会科学优秀图书奖"。作为红迷，同时作为一名中学语文教师，推广经典阅读，我责无旁贷。自2015年《我们一起读红楼》出版以来，我先后在潍坊医学院、淄博师范学院、淄博职业学院、山东商职学院、天津中医药大学、山东师范大学附属小学、山东师范大学附属中学、山东大学附属小学、济钢高级中学、平阴一中、长清一中、济南市教研室、济南市新华书店、山东省女企业家协会、青岛"三三书社"、济南新闻广播、济南故事广播，以及东营、济宁、泗水、曲阜等地做了30余场专题讲座，社会反响较大，对推广《红楼梦》阅读、亲子阅读以及读写一体化贡献了自己的微薄之力。

无论阅读还是写作，更多时候还是一个人的独行。它是寂寞的，也是充实的；它是清冷的，也是温暖的；它是短暂的，也是永恒的。2014年12月14日晚上，当我坐在电脑前想对历时一年的《红楼梦》阅读点评作一个小结时，心潮翻滚，五味杂陈。那一刻，我对曹雪芹的"满纸荒唐言，一把辛酸泪"忽然有了更深的领悟。曹雪芹的祖先是汉族，后来加入满族正白旗。满族最初没有自己的语言，满语在形成过程中受到蒙古语的影响。想

后　记

到此，我突生灵感，于是借用蒙古民歌《乌兰巴托之夜》的旋律，填写了一首名为《读红楼的人不许掉眼泪》的歌词。以此作结，也以此献给伟大的文学家曹雪芹，献给所有热爱《红楼梦》的读者：

　　有一个地方很远很远，

　　　那里有情有义有奇缘。

　　　水做的女儿玉洁冰清，

　　　泥做的男儿也有痴恋。

　　　大观园里的阴晴圆缺，

　　　那么虚，那么幻，

　　　曲儿缓缓唱，梦儿缓缓醒；

　　　大观园里的离合悲欢，

　　　那么忧，那么叹，

　　　写红楼的人不许掉眼泪……

　　有一个地方很远很远，

　　　那里有一生最深的眷念。

　　　女娲的后代生生不息，

　　　亘古的爱情恒久缠绵。

　　　大观园里的阴晴圆缺，

　　　那么虚，那么幻，

　　　你近在咫尺又远在天边；

　　　大观园里的离合悲欢，

　　　那么忧，那么叹，

　　　读红楼的人不许掉眼泪……

"在你现在的气质里，藏着你走过的路、读过的书和爱过的人。"一个人的阅读史，也是一个人的精神成长史。我们每个人在生活中所经历的，都不会成为过眼烟云，它们会以不同的方式融进血液里，为我们生命的精彩绽放提供源源不断的能源与动力。

　　一场幽梦同谁近，以自己的方式，再次致敬经典！

李美瑛
2022年5月

红楼梦

悦读笔记

开谈不说红楼梦
读尽诗书也枉然

山东城市出版传媒集团·济南出版社

我们这样读红楼

"满纸荒唐言，一把辛酸泪。都云作者痴，谁解其中味！"打开《红楼梦》，很多读者会产生走进迷宫的感觉。如何解读个中滋味？古往今来，可谓见仁见智，没有定规。

《红楼梦》是皇皇巨著，无论是八十回还是一百二十回，都无法在课堂上完成逐回学习的任务。根据整本书阅读和语文学科的特点，我尝试了课上课下相结合的"读写一体化"的阅读方式，收效比较理想。

课上教学时，把重点放在前十五回（根据课时，选择详略），精读、精讲、精写；课下预习时，自读原著，完成侧批。课上以问题为导引，边读边赏析；每一回讲完后，结合所学和个人的阅读思考，完成不少于800字的"阅读随笔"。

为带动对整本书的阅读，培养阅读兴趣，提高阅读的积极主动性，课前三分钟以抽签方式，举行"话说红楼"讲故事活动。准备工作一律在课下进行，这里所提供的"元春省亲"等20个经典情节仅供参考，可以自由选择自己喜欢的其他章回内容。鉴于学生的阅读和写作能力存在个体差异，作业可分层次布置，可以是摘抄加点评，可以复述故事情节，可以写读后感，可以写文学鉴赏等，无论选择哪一种，均不少于800字。这一环节，提倡"百花齐放，百家争鸣"，不过分拘泥于形式，只要认真读，认真思，认真写，就能在不同程度上获得属于个人的最佳阅读效果。积土成山，积水成渊，假以时日，相信大家都能从《红楼梦》这座丰饶的艺术殿堂中挖出令人惊喜的宝藏。

《红楼梦》故事会，《红楼梦》知识竞赛，《红楼梦》课本剧展演，《红楼梦》阅读赏析作文比赛，《红楼梦》影视作品配音大赛……整本书阅读教学接近尾声时，这些活动将给大家提供"八仙过海——各显其能"的大舞台。

痴语荒唐言，红烛不解味。楼阁辛酸苦，梦里人未归。愿徜徉在缤纷多彩的《红楼梦》世界中的你，少一点案牍劳烦，多一点怡情悦性，锲而不舍，精思附会，如鱼得水，不虚此行。

李美瑛

目　录

【精读红楼】

第一回　　甄士隐梦幻识通灵　　贾雨村风尘怀闺秀　/ 1

第二回　　贾夫人仙逝扬州城　　冷子兴演说荣国府　/ 12

第三回　　贾雨村夤缘复旧职　　林黛玉抛父进京都　/ 20

第四回　　薄命女偏逢薄命郎　　葫芦僧乱判葫芦案　/ 31

第五回　　游幻境指迷十二钗　　饮仙醪曲演红楼梦　/ 39

第六回　　贾宝玉初试云雨情　　刘姥姥一进荣国府　/ 50

第七回　　送宫花贾琏戏熙凤　　宴宁府宝玉会秦钟　/ 60

第八回　　比通灵金莺微露意　　探宝钗黛玉半含酸　/ 70

第九回　　恋风流情友入家塾　　起嫌疑顽童闹学堂　/ 79

第十回　　金寡妇贪利权受辱　　张太医论病细穷源　/ 87

第十一回　庆寿辰宁府排家宴　　见熙凤贾瑞起淫心　/ 94

第十二回　王熙凤毒设相思局　　贾天祥正照风月鉴　/ 102

第十三回　秦可卿死封龙禁尉　　王熙凤协理宁国府　/ 108

第十四回　林如海捐馆扬州城　　贾宝玉路谒北静王　/ 115

第十五回　王凤姐弄权铁槛寺　　秦鲸卿得趣馒头庵　/ 122

【话说红楼】

1. 元春省亲（第十七、十八回）　/ 129

2. 耗子精故事（第十九回）　/ 130

3. 共读西厢（第二十三回）　/ 131

4. 宝钗扑蝶（第二十七回） / 132

5. 黛玉葬花（第二十七回） / 133

6. 晴雯撕扇（第三十一回） / 134

7. 宝黛互诉衷肠（第三十二回） / 135

8. 宝玉挨打（第三十三、三十四回） / 136

9. 刘姥姥二进大观园（第三十九、四十回） / 137

10. 鸳鸯剪发明誓（第四十六回） / 138

11. 香菱学诗（第四十八回） / 139

12. 探春理家（第五十六回） / 140

13. 湘云醉卧芍药裀（第六十二回） / 141

14. 尤三姐殉情（第六十六回） / 142

15. 抄检大观园（第七十四回） / 143

16. 晴雯之死（第七十七回） / 144

17. 调包计（第九十六回） / 145

18. 黛玉焚稿（第九十七回） / 146

19. 黛玉之死（第九十八回） / 147

20. 宝玉出家（第一二〇回） / 148

第一回　甄士隐梦幻识通灵
　　　　贾雨村风尘怀闺秀

此开卷第一回也。作者自云：因曾历过一番梦幻之后，故将真事隐去，而借"通灵"之说，撰此《石头记》一书也。故曰"甄士隐"云云。但书中所记何事何人？自又云："今风尘碌碌，一事无成，忽念及当日所有之女子，一一细考较去，觉其行止见识，皆出于我之上。何我堂堂须眉，诚不若彼裙钗哉？实愧则有余，悔又无益之大无可如何之日也！当此，则自欲将已往所赖天恩祖德，锦衣纨袴之时，饫甘餍肥之日，背父兄教育之恩，负师友规训之德，以至今日一技无成、半生潦倒之罪，编述一集，以告天下人：我之罪固不免，然闺阁中本自历历有人，万不可因我之不肖，自护己短，一并使其泯灭也。虽今日之茅椽蓬牖，瓦灶绳床，其晨夕风露，阶柳庭花，亦未有妨我之襟怀笔墨者。虽我未学，下笔无文，又何妨用假语村言，敷演出一段故事来，亦可使闺阁昭传，复可悦世之目，破人愁闷，不亦宜乎？"故曰"贾雨村"云云。

此回中凡用"梦"用"幻"等字，是提醒阅者眼目，亦是此书立意本旨。

列位看官：你道此书从何而来？说起根由虽近荒唐，细按则深有趣味。待在下将此来历注明，方使阅者了然不惑。

原来女娲氏炼石补天之时，于大荒山无稽崖炼成高经十二丈、方经二十四丈顽石三万六千五百零一块。娲皇氏只用了三万六千五百块，只单单剩了一块未用，便弃在此山青埂峰下。谁知此石自经煅炼之后，灵性已通，因见众石俱得补天，独自己无材不堪入选，遂自怨自叹，日夜悲号惭愧。

一日，正当嗟悼之际，俄见一僧一道远远而来，生得骨格不凡，丰神迥异，说说笑笑来至峰下，坐于石边高谈快论。先是说些云山雾海神仙玄幻之事，后便说到红尘中荣华富贵。此石听了，不

精点经典

觉打动凡心，也想要到人间去享一享这荣华富贵；但自恨粗蠢，不得已，便口吐人言，向那僧道说道："大师，弟子蠢物，不能见礼了。适闻二位谈那人世间荣耀繁华，心切慕之。弟子质虽粗蠢，性却稍通；况见二师仙形道体，定非凡品，必有补天济世之材，利物济人之德。如蒙发一点慈心，携带弟子得入红尘，在那富贵场中、温柔乡里受享几年，自当永佩洪恩，万劫不忘也。"二仙师听毕，齐憨笑道："善哉，善哉！那红尘中有却有些乐事，但不能永远依恃；况又有'美中不足，好事多魔'八个字紧相连属，瞬息间则又乐极悲生，人非物换，究竟是到头一梦，万境归空，倒不如不去的好。"

这石凡心已炽，那里听得进这话去，乃复苦求再四。二仙知不可强制，乃叹道："此亦静极思动，无中生有之数也。既如此，我们便携你去受享受享，只是到不得意时，切莫后悔。"石道："自然，自然。"那僧又道："若说你性灵，却又如此质蠢，并更无奇贵之处。如此也只好踮脚而已。也罢，我如今大施佛法助你助，待劫终之日，复还本质，以了此案。你道好否？"石头听了，感谢不尽。那僧便念咒书符，大展幻术，将一块大石登时变成一块鲜明莹洁的美玉，且又缩成扇坠大小的可佩可拿。那僧托于掌上，笑道："形体倒也是个宝物了！还只没有实在的好处，须得再镌上数字，使人一见便知是奇物方妙。然后携你到那昌明隆盛之邦，诗礼簪缨之族，花柳繁华地，温柔富贵乡去安身乐业。"石头听了，喜不能禁，乃问："不知赐了弟子那几件奇处，又不知携了弟子到何地方？望乞明示，使弟子不惑。"那僧笑道："你且莫问，日后自然明白。"说着，便袖了这石，同那道人飘然而去，竟不知投奔何方何舍。

后来，又不知过了几世几劫，因有个空空道人访道求仙，忽从这大荒山无稽崖青埂峰下经过，忽见一大块石上字迹分明，编述历历。空空道人乃从头一看，原来就是无材补天，幻形入世，蒙茫茫大士、渺渺真人携入红尘，历尽离合悲欢炎凉世态的一段故事。后面又有一首偈云：

无材可去补苍天，枉入红尘若许年。
此系身前身后事，倩谁记去作奇传？

诗后便是此石坠落之乡，投胎之处，亲自经历的一段陈迹故事。其中家庭闺阁琐事，以及闲情诗词倒还全备，或可适趣解闷；然朝代年纪，地舆邦国却反失落无考。

空空道人遂向石头说道："石兄，你这一段故事，据你自己说有些趣味，故编写在此，意欲问世传奇。据我看来，第一件，无朝代年纪可考；第二件，并无大贤大忠理朝廷治风俗的善政，其中只不过几个异样女子，或情或痴，或小才微善，亦无班姑、蔡女之德能。我纵抄去，恐世人不爱看呢。"石头笑答道："我师何太痴耶！若云无朝代可考，今我师竟假借汉唐等年纪添缀，又有何难？但我想，历来野史，皆蹈一辙，莫如我这不借此套者，反倒新奇别致，不过只取其事体情理罢了，又何必拘拘于朝代年纪哉！再者，市井俗人喜看理治之书者甚少，爱适趣闲文者特多。历来野史，或讪谤君相，或贬人妻女，奸淫凶恶，不可胜数。更有一种风月笔墨，其淫秽污臭，屠毒笔墨，坏人子弟，又不可胜数。至若佳人才子等书，则又千部共出一套，且其中终不能不涉于淫滥，以致满纸潘安、子建、西子、文君，不过作者要写出自己的那两首情诗艳赋来，故假拟出男女二人名姓，又必旁出一小人其间拨乱，亦如剧中之小丑然。且鬟婢开口即者也之乎，非文即理。故逐一看去，悉皆自相矛盾、大不近情理之话，竟不如我半世亲睹亲闻的这几个女子，虽不敢说强似前代书中所有之人，但事迹原委，亦可以消愁破闷；也有几首歪诗熟话，可以喷饭供酒。至若离合悲欢，兴衰际遇，则又追踪蹑迹，不敢稍加穿凿，徒为供人之目而反失其真传者。今之人，贫者日为衣食所累，富者又怀不足之心，纵一时稍闲，又有贪淫恋色、好货寻愁之事，那里去有工夫看那理治之书？所以我这一段故事，也不愿世人称奇道妙，也不定要世人喜悦检读，只愿他们当那醉淫饱卧之时，或避事去愁之际，把此一玩，岂不省了些寿命筋力？就比那谋虚逐妄，却也省了口舌是非之害，腿脚奔忙之苦。再者，亦令世人换新眼目，不比那些胡牵乱扯忽离忽遇，满纸才人淑女、子建文君红娘小玉等通共熟套之旧稿。我师意为何如？"

空空道人听如此说，思忖半晌，将《石头记》再检阅一遍，因见上面虽有些指奸责佞贬恶诛邪之语，亦非伤时骂世之旨；及至

精点经典

君仁臣良父慈子孝，凡伦常所关之处，皆是称功颂德，眷眷无穷，实非别书之可比。虽其中大旨谈情，亦不过实录其事，又非假拟妄称，一味淫邀艳约、私订偷盟之可比。因毫不干涉时世，方从头至尾抄录回来，问世传奇。从此空空道人因空见色，由色生情，传情入色，自色悟空，遂易名为情僧，改《石头记》为《情僧录》。东鲁孔梅溪则题曰《风月宝鉴》。后因曹雪芹于悼红轩中披阅十载，增删五次，纂成目录，分出章回，则题曰《金陵十二钗》。并题一绝云：

满纸荒唐言，一把辛酸泪。
都云作者痴，谁解其中味！

出则既明，且看石上是何故事。按那石上书云：

当日地陷东南，这东南一隅有处曰姑苏，有城曰阊门者，最是红尘中一二等富贵风流之地。这阊门外有个十里街，街内有个仁清巷，巷内有个古庙，因地方窄狭，人皆呼作葫芦庙。庙旁住着一家乡宦，姓甄，名费，字士隐。嫡妻封氏，情性贤淑，深明礼义。家中虽不甚富贵，然本地便也推他为望族了。因这甄士隐禀性恬淡，不以功名为念，每日只以观花修竹、酌酒吟诗为乐，倒是神仙一流人品。只是一件不足：如今年已半百，膝下无儿，只有一女，乳名唤作英莲，年方三岁。

一日，炎夏永昼，士隐于书房闲坐，至手倦抛书，伏几少憩，不觉朦胧睡去。梦至一处，不辨是何地方。忽见那厢来了一僧一道，且行且谈。

只听道人问道："你携了这蠢物，意欲何往？"那僧笑道："你放心，如今现有一段风流公案正该了结，这一干风流冤家，尚未投胎入世。趁此机会，就将此蠢物夹带于中，使他去经历经历。"那道人道："原来近日风流冤孽又将造劫历世去不成？但不知落于何方何处？"那僧笑道："此事说来好笑，竟是千古未闻的罕事。只因西方灵河岸上三生石畔，有绛珠草一株，时有赤瑕宫神瑛侍者，日以甘露灌溉，这绛珠草始得久延岁月。后来既受天地精华，复得雨露滋养，遂得脱却草胎木质，得换人形，仅修成个女体，终日游于离恨天外，饥则食蜜青果为膳，渴则饮灌愁海水为汤。只因尚未酬报灌溉之德，故其五内便郁结着一段缠绵不尽之意。恰近日这神瑛侍者凡心偶炽，乘此昌明太平朝世，意欲下凡造历幻缘，已在警幻仙子案前挂了号。警幻亦曾问及，灌溉之情未偿，趁此倒可了结的。那绛珠仙子道：'他是甘露之惠，我并无此水可还。他既下世为人，我也去下世为人，但把我一生所有的眼泪还他，也偿还得过他了。'因此一事，就勾出多少风流冤家来，陪他们去了结此案。"

那道人道："果是罕闻。实未闻有还泪之说。想来这一段故事，比历来风月事故更加琐碎细腻了。"那僧道："历来几个风流人物，不过传其大概以及诗词篇章而已；至家庭闺阁中一饮一食，总未述记。再者，大半风月故事，不过偷香窃玉、暗约私奔而已，并不曾将儿女之真情发泄一二。想这一干人入世，其情痴色鬼、贤愚不肖者，悉与前人传述不同矣。"那道人道："趁此何不你我也去下世度脱几个，岂不是一场功德？"那僧道："正合吾意，你且同我到警幻仙子宫中，将蠢物交割清楚，待这一干风流孽鬼下世已完，你我再去。如今虽已有一半落尘，然犹未全集。"道人道："既如此，便随你去来。"

却说甄士隐俱听得明白，但不知所云"蠢物"系何东西。遂不禁上前施礼，笑问道："二仙师请了。"那僧道也忙答礼相问。士隐因说道："适闻仙师所谈因果，实人世罕闻者。但弟子愚浊，不能洞悉明白，若蒙大开痴顽，备细一闻，弟子则洗耳谛听，稍能警省，亦可免沉沦之苦。"二仙笑道："此乃玄机不可预泄者。到那时不要忘我二人，便可跳出火坑矣。"士隐听了，不便再问。因笑道："玄机不可预泄，但适云'蠢物'，不知为何，或可一见否？"那僧道："若问此物，倒有一面之缘。"说着，取出递与士隐。士隐接了看时，原来是块鲜明美玉，上面字迹分明，镌着"通灵宝玉"四字，后面还有几行小字。正欲细看时，那僧便说已到幻境，便强从手中夺了去，与道人竟过一大石牌坊，上书四个大字，乃是"太虚幻境"。两边又有一幅对联，道是：

　　假作真时真亦假，无为有处有还无。

士隐意欲也跟了过去，方举步时，忽听一声霹雳，有若山崩地陷。士隐大叫一声，定睛一看，只见烈日炎炎，芭蕉冉冉，所梦之事便忘了大半。又见奶母正抱了英莲走来。士隐见女儿越发生得粉

精点经典

精点经典

妆玉琢，乖觉可喜，便伸手接来，抱在怀内，逗他顽耍一回，又带至街前，看那过会的热闹。

方欲进来时，只见从那边来了一僧一道：那僧则癞头跣脚，那道则跛足蓬头，疯疯癫癫，挥霍谈笑而至。及至到了他门前，看见士隐抱着英莲，那僧便大哭起来，又向士隐道："施主，你把这有命无运、累及爹娘之物，抱在怀内作甚？"士隐听了，知是疯话，也不去睬他。那僧还说："舍我罢，舍我罢！"士隐不耐烦，便抱女儿撤身要进去，那僧乃指着他大笑，口内念了四句言词道：

　　惯养娇生笑你痴，菱花空对雪澌澌。
　　好防佳节元宵后，便是烟消火灭时。

士隐听得明白，心下犹豫，意欲问他们来历。只听道人说道："你我不必同行，就此分手，各干营生去罢。三劫后，我在北邙山等你，会齐了同往太虚幻境销号。"那僧道："最妙，最妙！"说毕，二人一去，再不见个踪影了。士隐心中此时自忖：这两个人必有来历，该试一问，如今悔却晚也。

这士隐正痴想，忽见隔壁葫芦庙内寄居的一个穷儒——姓贾名化、字表时飞、别号雨村者走了出来。这贾雨村原系湖州人氏，也是诗书仕宦之族，因他生于末世，父母祖宗根基已尽，人口衰丧，只剩得他一身一口，在家乡无益，因进京求取功名，再整基业。自前岁来此，又淹蹇住了，暂寄庙中安身，每日卖字作文为生，故士隐常与他交接。

当下雨村见了士隐，忙施礼陪笑道："老先生倚门伫望，敢街市上有甚新闻否？"士隐笑道："非也。适因小女啼哭，引他出来作耍，正是无聊之甚，兄来得正妙，请入小斋一谈，彼此皆可消此永昼。"说着，便令人送女儿进去，自与雨村携手来至书房中。小童献茶。方谈得三五句话，忽家人飞报："严老爷来拜。"士隐慌的忙起身谢罪道："恕诳驾之罪，略坐，弟即来陪。"雨村忙起身亦让道："老先生请便。晚生乃常造之客，稍候何妨。"说着，士隐已出前厅去了。

这里雨村且翻弄书籍解闷。忽听得窗外有女子嗽声，雨村遂起身往窗外一看，原来是一个丫鬟，在那里撷花，生得仪容不俗，眉目清明，虽无十分姿色，却亦有动人之处。雨村不觉看的呆了。

那甄家丫鬟撷了花，方欲走时，猛抬头见窗内有人，敝巾旧服，虽是贫窘，然生得腰圆背厚，面阔口方，更兼剑眉星眼，直鼻权腮。这丫鬟忙转身回避，心下乃想："这人生的这样雄壮，却又这样褴褛，想他定是我家主人常说的什么贾雨村了，每有意帮助周济，只是没甚机会。我家并无这样贫窘亲友，想定是此人无疑了。怪道又说他必非久困之人。"如此想来，不免又回头两次。雨村见他回了头，便自为这女子心中有意于他，便狂喜不尽，自为此女子必是个巨眼英雄，风尘中之知己也。一时小童进来，雨村打听得前面留饭，不可久待，遂从夹道中自便出门去了。士隐待客既散，知雨村自便，也不去再邀。

一日，早又中秋佳节。士隐家宴已毕，乃又另具一席于书房，却自己步月至庙中来邀雨村。原来雨村自那日见了甄家之婢曾回顾他两次，自为是个知己，便时刻放在心上。今又正值中秋，不免对月有怀，因而口占五言一律云：

　　未卜三生愿，频添一段愁。

　　闷来时敛额，行去几回头。

　　自顾风前影，谁堪月下俦？

　　蟾光如有意，先上玉人楼。

雨村吟罢，因又思及平生抱负，苦未逢时，乃又搔首对天长叹，复高吟一联曰：

　　玉在匵中求善价，钗于奁内待时飞。

恰值士隐走来听见，笑道："雨村兄真抱负不浅也！"雨村忙笑道："不过偶吟前人之句，何敢狂诞至此。"因问："老先生何兴至此？"士隐笑道："今夜中秋，俗谓'团圆之节'，想尊兄旅寄僧房，不无寂寥之感，故特具小酌，邀兄到敝斋一饮，不知可纳芹意否？"雨村听了，并不推辞，便笑道："既蒙厚爱，何敢拂此盛情。"说着，便同士隐复过这边书院中来。

须臾茶毕，早已设下杯盘，那美酒佳肴自不必说。二人归坐，先是款斟漫饮，次渐谈至兴浓，不觉飞觥限斝起来。当时街坊上家家箫管，户户弦歌，当头一轮明月，飞彩凝辉，二人愈添豪兴，酒到杯干。雨村此时有七八分酒意，狂兴不禁，乃对月寓怀，口号一绝云：

> 时逢三五便团圆，满把晴光护玉栏。
> 天上一轮才捧出，人间万姓仰头看。

士隐听了，大叫："妙哉！吾每谓兄必非久居人下者，今所吟之句，飞腾之兆已见，不日可接履于云霓之上矣。可贺，可贺！"乃亲斟一斗为贺。雨村因干过，叹道："非晚生酒后狂言，若论时尚之学，晚生也或可去充数沽名，只是目今行囊路费一概无措，神京路远，非赖卖字撰文即能到者。"士隐不待说完，便道："兄何不早言。愚每有此心，但每遇兄时，兄并未谈及，愚故未敢唐突。今既及此，愚虽不才，'义利'二字却还识得。且喜明岁正当大比，兄宜作速入都，春闱一战，方不负兄之所学也。其盘费余事，弟自代为处置，亦不枉兄之谬识矣！"当下即命小童进去，速封五十两白银，并两套冬衣。又云："十九日乃黄道之期，兄可即买舟西上，待雄飞高举，明冬再晤，岂非大快之事耶！"雨村收了银衣，不过略谢一语，并不介意，仍是吃酒谈笑。那天已交了三更，二人方散。

士隐送雨村去后，回房一觉，直至红日三竿方醒。因思昨夜之事，意欲再写两封荐书与雨村带至神都，使雨村投谒个仕宦之家为寄足之地。因使人过去请时，那家人去了回来说："和尚说，贾爷今日五鼓已进京去了，也曾留下话与和尚转达老爷，说'读书人不在黄道黑道，总以事理为要，不及面辞了。'"士隐听了，也只得罢了。

真是闲处光阴易过，倏忽又是元宵佳节矣。士隐命家人霍启抱了英莲去看社火花灯，半夜中，霍启因要小解，便将英莲放在一家门槛上坐着。待他小解完了来抱时，那有英莲的踪影？急得霍启直寻了半夜，至天明不见，那霍启也就不敢回来见主人，便逃往他乡去了。那士隐夫妇，见女儿一夜不归，便知有些不妥，再使几人去寻找，回来皆云连音响皆无。夫妻二人，半世只生此女，一旦失落，岂不思想，因此昼夜啼哭，几乎不曾寻死。看看的一月，士隐先就得了一病；当时封氏孺人也因思女构疾，日日请医疗治。

不想这日三月十五，葫芦庙中炸供，那些和尚不加小心，致使油锅火逸，便烧着窗纸。此方人家多用竹篱木壁者，大抵也因劫数，于是接二连三，牵五挂四，将一条街烧得如火焰山一般。彼时虽有军民来救，那火已成了势，如何救得下？直烧了一夜，方渐渐的熄去，也不知烧了几家。只可怜甄家在隔壁，早已烧成一片瓦砾场了。只有他夫妇并几个家人的性命不曾伤了。急得士隐唯跌足长叹而已。只得与妻子商议，且到田庄上去安身。偏值近年水旱不收，鼠盗蜂起，无非抢田夺地，鼠窃狗偷，民不安生，因此官兵剿捕，难以安身。士隐只得将田庄都折变了，便携了妻子与两个丫鬟投他岳丈家去。

他岳丈名唤封肃，本贯大如州人氏，虽是务农，家中都还殷实。今见女婿这等狼狈而来，心中便有些不乐。幸而士隐还有折变田地的银子未曾用完，拿出来托他随分就价薄置些须房地，为后日衣食之计。那封肃便半哄半赚，些须与他些薄田朽屋。士隐乃读书之人，不惯生理稼穑等事，勉强支持了一二年，越觉穷了下去。封肃每见面时，便说现成话，且人前人后又怨他们不善过活，只一味好吃懒作等语。士隐知投人不着，心中未免悔恨，再兼上年惊唬，急忿怨痛，已有积伤，暮年之人，贫病交攻，竟渐渐的露出那下世的光景来。

可巧这日拄了拐杖挣挫到街前散散心时，忽见那边来了一个跛足道人，疯癫落脱，麻屣鹑衣，口内念着几句言词，道是：

世人都晓神仙好，唯有功名忘不了！
古今将相在何方？荒冢一堆草没了。
世人都晓神仙好，只有金银忘不了！
终朝只恨聚无多，及到多时眼闭了。
世人都晓神仙好，只有娇妻忘不了！
君生日日说恩情，君死又随人去了。
世人都晓神仙好，只有儿孙忘不了！
痴心父母古来多，孝顺儿孙谁见了？

士隐听了，便迎上来道："你满口说些什么？只听见些'好''了''好''了'。"那道人笑道："你若果听见'好''了'二字，还算你明白。可知世上万般，好便是了，了便是好。若不了，便不好；若要好，须是了。我这歌儿，便名《好了歌》。"士隐本是有宿慧的，一闻此言，心中早已彻悟。因笑道："且住！待我将你这《好了歌》解注出来何如？"道人笑道："你

精点经典

精点经典

解，你解。"士隐乃说道：

　　陋室空堂，当年笏满床；衰草枯杨，曾为歌舞场。蛛丝儿结满雕梁，绿纱今又糊在蓬窗上。说什么脂正浓、粉正香，如何两鬓又成霜？昨日黄土陇头送白骨，今宵红灯帐底卧鸳鸯。金满箱，银满箱，展眼乞丐人皆谤。正叹他人命不长，那知自己归来丧！训有方，保不定日后作强梁。择膏粱，谁承望流落在烟花巷！因嫌纱帽小，致使锁枷杠；昨怜破袄寒，今嫌紫蟒长：乱烘烘你方唱罢我登场，反认他乡是故乡。甚荒唐，到头来都是为他人作嫁衣裳！

　　那疯跛道人听了，拍掌笑道："解得切，解得切！"士隐便说一声"走罢！"将道人肩上褡裢抢了过来背着，竟不回家，同了疯道人飘飘而去。当下烘动街坊，众人当作一件新闻传说。封氏闻得此信，哭个死去活来，只得与父亲商议，遣人各处访寻，那讨音信？无奈何，少不得依靠着他父母度日。幸而身边还有两个旧日的丫鬟服侍，主仆三人，日夜作些针线发卖，帮着父亲用度。那封肃虽然日日抱怨，也无可奈何了。

　　这日，那甄家大丫鬟在门前买线，忽听街上喝道之声，众人都说新太爷到任。丫鬟于是隐在门内看时，只见军牢快手，一对一对的过去，俄而大轿抬着一个乌帽猩袍的官府过去。丫鬟倒发了个怔，自思这官好面善，倒像在那里见过的。于是进入房中，也就丢过不在心上。至晚间，正待歇息之时，忽听一片声打的门响，许多人乱嚷，说："本府太爷差人来传人问话。"封肃听了，唬得目瞪口呆，不知有何祸事，且听下回分解。

【阅读随笔】

第二回　贾夫人仙逝扬州城
　　　冷子兴演说荣国府

精点经典

却说封肃因听见公差传唤，忙出来陪笑启问。那些人只嚷："快请出甄爷来！"封肃忙陪笑道："小人姓封，并不姓甄。只有当日小婿姓甄，今已出家一二年了，不知可是问他？"那些公人道："我们也不知什么'真''假'，因奉太爷之命来问，他既是你女婿，便带了你去亲见太爷面禀，省得乱跑。"说着，不容封肃多言，大家推拥他去了。封家人个个都惊慌，不知何兆。

那天约二更时，只见封肃方回来，欢天喜地。众人忙问端的。他乃说道："原来本府新升的太爷姓贾名化，本贯湖州人氏，曾与女婿旧日相交。方才在咱门前过去，因见娇杏那丫头买线，所以他只当女婿移住于此。我一一将原故回明，那太爷倒伤感叹息了一回；又问外孙女儿，我说看灯丢了。太爷说：'不妨，我自使番役务必探访回来。'说了一回话，临走倒送了我二两银子。"甄家娘子听了，不免心中伤感。一宿无话。

至次日，早有雨村遣人送了两封银子、四匹锦缎，答谢甄家娘子；又寄一封密书与封肃，转托问甄家娘子要那娇杏作二房。封肃喜的屁滚尿流，巴不得去奉承，便在女儿前一力撺掇成了，乘夜只用一乘小轿，便把娇杏送进去了。雨村欢喜，自不必说，乃封百金赠封肃，外谢甄家娘子许多物事，令其好生养赡，以待寻访女儿下落。封肃回家无话。

却说娇杏这丫鬟，便是那年回顾雨村者。因偶然一顾，便弄出这段事来，亦是自己意料不到之奇缘。谁想他命运两济，不承望自到雨村身边，只一年便生了一子；又半载，雨村嫡妻忽染疾下世，雨村便将他扶侧作正室夫人了。正是：

　　　　偶因一着错，便为人上人。

原来，雨村因那年士隐赠银之后，他于十六日便起身入都，至大比之期，不料他十分得意，已会了进士，选入外班，今已升了本府知府。虽才干优长，未免有些贪酷之弊；且又恃才侮上，那些官员皆侧目而视。不上一年，便被上司寻了个空隙，作成一本，参他"生情狡猾，擅纂礼仪，且沽清正之名，而暗结虎狼之属，致使地方多事，民命不堪"等语。龙颜大怒，即批革职。该部文书一到，本府官员无不喜悦。那雨村心中虽十分惭恨，却面上全无一点怨色，仍是嘻笑自若；交代过公事，将历年做官积的些资本并家小人属送至原籍，安排妥协，却是自己担风袖月，游览天下胜迹。

那日，偶又游至维扬地面，因闻得今岁鹾政点的是林如海。这林如海姓林名海，字表如海，乃是前科的探花，今已升至兰台寺大夫，本贯姑苏人氏，今钦点出为巡盐御史，到任方一月有余。原来这林如海之祖，曾袭过列侯，今到如海，业经五世。起初时，只封袭三世，因当今隆恩盛德，远迈前代，额外加恩，至如海之父，又袭了一代；至如海，便从科第出身。虽系钟鼎之家，却亦是书香之族。只可惜这林家支庶不盛，子孙有限，虽有几门，却与如海俱是堂族而已，没甚亲支嫡派的。今如海年已四十，只有一个三岁之子，偏又于去岁死了。虽有几房姬妾，奈他命中无子，亦无可如何之事。今只有嫡妻贾氏生得一女，乳名黛玉，年方五岁。夫妻无子，故爱如珍宝，且又见他聪明清秀，便也欲使他读书识得几个字，不过假充养子之意，聊解膝下荒凉之叹。

雨村正值偶感风寒，病在旅店，将一月光景方渐愈。一因身体劳倦，二因盘费不继，也正欲寻个合式之处，暂且歇下。幸有两个旧友，亦在此境居住，因闻得鹾政欲聘一西宾，雨村便相托友力，谋了进去，且作安身之计。妙在只一个女学生，并两个伴读丫鬟，这女学生年又小，身体又极怯弱，工课不限多寡，故十分省力。

堪堪又是一载的光阴，谁知女学生之母贾氏夫人一疾而终。女学生侍汤奉药，守丧尽哀，遂又将辞馆别图。林如海意欲令女守制读书，故又将他留下。近因女学生哀痛过伤，本自怯弱多病的，触犯旧症，遂连日不曾上学。雨村闲居无聊，每当风日晴和，饭后便出来闲步。

这日，偶至郭外，意欲赏鉴那村野风光。忽信步至一山环水旋、茂林深竹之处，隐隐的有座庙宇，门巷倾颓，墙垣朽败，门前有额，题着"智通寺"三字，门旁又有一副旧破的对联，曰：

　　身后有余忘缩手，眼前无路想回头。

精点经典

精点经典

雨村看了，因想到："这两句话，文虽浅近，其意则深。我也曾游过些名山大刹，倒不曾见过这话头，其中想必有个翻过筋斗来的亦未可知，何不进去试试。"想着走入，看时只有一个龙钟老僧在那里煮粥。雨村见了，便不在意。及至问他两句话，那老僧既聋且昏，齿落舌钝，所答非所问。

雨村不耐烦，便仍出来，意欲到那村肆中沽饮三杯，以助野趣，于是款步行来。将入肆门，只见座上吃酒之客有一人起身大笑，接了出来，口内说："奇遇，奇遇。"雨村忙看时，此人是都中在古董行中贸易的号冷子兴者，旧日在都相识。雨村最赞这冷子兴是个有作为大本领的人，这子兴又借雨村斯文之名，故二人说话投机，最相契合。

雨村忙笑问道："老兄何日到此？弟竟不知。今日偶遇，真奇缘也。"子兴道："去年岁底到家，今因还要入都，从此顺路找个敝友说一句话，承他之情，留我多住两日。我也无紧事，且盘桓两日，待月半时也就起身了。今日敝友有事，我因闲步至此，且歇歇脚，不期这样巧遇！"一面说，一面让雨村同席坐了，另整上酒肴来。二人闲谈漫饮，叙些别后之事。

雨村因问："近日都中可有新闻没有？"子兴道："倒没有什么新闻，倒是老先生你贵同宗家，出了一件小小的异事。"雨村笑道："弟族中无人在都，何谈及此？"子兴笑道："你们同姓，岂非同宗一族？"雨村问是谁家。子兴道："荣国府贾府中，可也玷辱了先生的门楣么？"雨村笑道："原来是他家。若论起来，寒族人丁却不少，自东汉贾复以来，支派繁盛，各省皆有，谁逐细考查得来？若论荣国一支，却是同谱。但他那等荣耀，我们不便去攀扯，至今故越发生疏难认了。"

子兴叹道："老先生休如此说。如今的这宁荣两门，也都萧疏了，不比先时的光景。"雨村道："当日宁荣两宅的人口也极多，如何就萧疏了？"冷子兴道："正是，说来也话长。"雨村道："去岁我到金陵地界，因欲游览六朝遗迹，那日进了石头城，从他老宅门前经过。街东是宁国府，街西是荣国府，二宅相连，竟将大半条街占了。大门前虽冷落无人，隔着围墙一望，里面厅殿楼阁，也还都峥嵘轩峻；就是后一带花园子里面树木山石，也还都有翁蔚润润之气，那里像个衰败之家？"冷子兴笑道："亏你是进士出身，原来不通！古人有云：'百足之虫，死而不僵。'如今虽说不及先年那样兴盛，较之平常仕宦之家，到底气象不同。如今生齿日繁，事务日盛，主仆上下，安富尊荣者尽多，运筹谋画者无一；其日用排场费用，又不能将就省俭，如今外面的架子虽未甚倒，内囊却也尽上来了。这还是小事。更有一件大事：谁知这样钟鸣鼎食之家，翰墨诗书之族，如今的儿孙，竟一代不如一代了！"雨村听说，也纳罕道："这样诗礼之家，岂有不善教育之理？别门不知，只说这宁、荣二宅，是最教子有方的。"

子兴叹道："正说的是这两门呢。待我告诉你：当日宁国公与荣国公是一母同胞弟兄两个。宁公居长，生了四个儿子。宁公死后，贾代化袭了官，也养了两个儿子：长名贾敷，至八九岁上便死了，只剩了次子贾敬袭了官，如今一味好道，只爱烧丹炼汞，余者一概不在心上。幸而早年留下一子，名唤贾珍，因他父亲一心想作神仙，把官倒让他袭了。他父亲又不肯回原籍来，只在都中城外和道士们胡羼。这位珍爷倒生了一个儿子，今年才十六岁，名叫贾蓉。如今敬老爹一概不管。这珍爷那里肯读书，只一味高乐不了，把宁国府竟翻了过来，也没有人敢来管他。再说荣府你听，方才所说异事，就出在这里。自荣公死后，长子贾代善袭了官，娶的也是金陵世勋史侯家的小姐为妻，生了两个儿子：长子贾赦，次子贾政。如今代善早已去世，太夫人尚在，长子贾赦袭着官；次子贾政，自幼酷喜读书，祖、父最疼，原欲以科甲出身的，不料代善临终时遗本一上，皇上因恤先臣，即时令长子袭官外，问还有几子，立刻引见，遂额外赐了这政老爹一个主事之衔，令其入部习学，如今现已升了员外郎了。这政老爹的夫人王氏，头胎生的公子，名唤贾珠，十四岁进学，不到二十岁就娶了妻生了子，一病死了。第二胎生了一位小姐，生在大年初一，这就奇了；不想次年又生了一位公子，说来更奇，一落胎胞，嘴里便衔下一块五彩晶莹的玉来，上面还有许多字迹，就取名叫作宝玉。你道是新奇异事不是？"

雨村笑道："果然奇异。只怕这人来历不小。"子兴冷笑道："万人皆如此说，因而乃祖母便先爱如珍宝。那年周岁时，政老爹便要试他将来的志向，便将那世上所有之物摆了无数，与他抓取。

精点经典

谁知他一概不取，伸手只把些脂粉钗环抓来。政老爹便大怒了，说：'将来酒色之徒耳！'因此便大不喜悦。独那史老太君还是命根一样。说来又奇，如今长了七八岁，虽然淘气异常，但其聪明乖觉处，百个不及他一个。说起孩子话来也奇怪，他说：'女儿是水作的骨肉，男人是泥作的骨肉。我见了女儿，我便清爽；见了男子，便觉浊臭逼人。'你道好笑不好笑？将来色鬼无疑了！"雨村罕然厉色忙止道："非也！可惜你们不知道这人来历。大约政老前辈也错以淫魔色鬼看待了。若非多读书识事，加以致知格物之功，悟道参玄之力，不能知也。"

子兴见他说得这样重大，忙请教其端。雨村道："天地生人，除大仁大恶两种，余者皆无大异。若大仁者，则应运而生，大恶者，则应劫而生。运生世治，劫生世危。尧、舜、禹、汤、文、武、周、召、孔、孟、董、韩、周、程、张、朱，皆应运而生者。蚩尤、共工、桀、纣、始皇、王莽、曹操、桓温、安禄山、秦桧等，皆应劫而生者。大仁者，修治天下；大恶者，挠乱天下。清明灵秀，天地之正气，仁者之所秉也；残忍乖僻，天地之邪气，恶者之所秉也。今当运隆祚永之朝，太平无为之世，清明灵秀之气所秉者，上至朝廷，下及草野，比比皆是。所余之秀气，漫无所归，遂为甘露，为和风，洽然溉及四海。彼残忍乖僻之邪气，不能荡溢于光天化日之中，遂凝结充塞于深沟大壑之内，偶因风荡，或被云摧，略有摇动感发之意，一丝半缕误而泄出者，偶值灵秀之气适过，正不容邪，邪复妒正，两不相下，亦如风水雷电，地中既遇，既不能消，又不能让，必至搏击掀发后始尽。故其气亦必赋人，发泄一尽始散。使男女偶秉此气而生者，在上则不能成仁人君子，下亦不能为大凶大恶。置之于万万人中，其聪俊灵秀之气，则在万万人之上；其乖僻邪谬不近人情之态，又在万万人之下。若生于公侯富贵之家，则为情痴情种；若生于诗书清贫之族，则为逸士高人；纵再偶生于薄祚寒门，断不能为走卒健仆，甘遭庸人驱制驾驭，必为奇优名倡。如前代之许由、陶潜、阮籍、嵇康、刘伶、王谢二族、顾虎头、陈后主、唐明皇、宋徽宗、刘庭芝、温飞卿、米南宫、石曼卿、柳耆卿、秦少游，近日之倪云林、唐伯虎、祝枝山，再如李龟年、黄幡绰、敬新磨、卓文君、红拂、薛涛、崔莺、朝云之流，此皆易地则同之人也。"

子兴道："依你说，'成则王侯败则贼'了。"雨村道："正是这意。你还不知，我自革职以来，这两年遍游各省，也曾遇见两个异样孩子。所以，方才你一说这宝玉，我就猜着了八九亦是这一派人物。不用远说，只金陵城内，钦差金陵省体仁院总裁甄家，你可知么？"子兴道："谁人不知！这甄府和贾府就是老亲，又系世交。两家来往，极其亲热的。便在下也和他家来往非止一日了。"

雨村笑道："去岁我在金陵，也曾有人荐我到甄府处馆。我进去看其光景，谁知他家那等显贵，却是个富而好礼之家，倒是个难得之馆。但这一个学生，虽是启蒙，却比一个举业的还劳神。说起来更可笑，他说：'必得两个女儿伴着我读书，我方能认得字，心里也明白；不然我自己心里糊涂。'又常对跟他的小厮们说：'这女儿两个字，极尊贵、极清净的，比那阿弥陀佛、元始天尊的这两个宝号还更尊荣无对的呢！你们这浊口臭舌，万不可唐突了这两个字要紧。但凡要说时，必须先用清水香茶漱了口才可；设若失错，便要凿牙穿腮等事。'其暴虐浮躁，顽劣憨痴，种种异常。只一放了学，进去见了那些女儿们，其温厚和平，聪敏文雅，竟又变了一个人了。因此，他令尊也曾下死笞楚过几次，无奈竟不能改。每打的吃疼不过时，他便'姐姐''妹妹'乱叫起来。后来听得里面女儿们拿他取笑：'因何打急了只管叫姐妹做甚？莫不是求姐妹去说情讨饶？你岂不愧些！'他回答的最妙。他说：'急疼之时，只叫"姐姐""妹妹"字样，或可解疼也未可知，因叫了一声，便果觉不疼了，遂得了秘法：每疼痛之极，便连叫姐妹起来了。'你说可笑不可笑？也因祖母溺爱不明，每因孙辱师责子，因此我就辞了馆出来。如今在这巡盐御史林家做馆了。你看，这等子弟，必不能守祖父之根基，从师长之规谏的。只可惜他家几个姊妹都是少有的。"

子兴道："便是贾府中，现有的三个也不错。政老爹的长女，名元春，现因贤孝才德，选入宫中作女史去了。二小姐乃赦老爹之妾所出，名迎春；三小姐乃政老爹之庶出，名探春；四小姐乃宁府珍爷之胞妹，名唤惜春。因史老夫人极爱孙女，都跟在祖母这边一处读书，听得个个不错。"雨村道："更妙在甄家的

精点经典

风俗，女儿之名，亦皆从男子之名命字，不似别家另外用这些'春''红''香''玉'等艳字的。何得贾府亦落此俗套？"子兴道："不然。只因现今大小姐是正月初一日所生，故名元春，余者方从了'春'字。上一辈的，却也是从弟兄而来的。现有对证：目今你贵东家林公之夫人，即荣府中赦、政二公之胞妹，在家时名唤贾敏。不信时，你回去细访可知。"雨村拍案笑道："怪道这女学生读至凡书中有'敏'字，皆念作'密'字，每每如是；写字遇着'敏'字，又减一二笔，我心中就有些疑惑。今听你说，的是为此无疑矣。怪道我这女学生言语举止另是一样，不与近日女子相同，度其母必不凡，方得其女，今知为荣府外孙，又不足罕矣，可伤上月竟亡故了。"子兴叹道："老姊妹四个，这一个是极小的，又没了。长一辈的姊妹，一个也没了。只看这小一辈的，将来之东床如何呢？"

雨村道："正是。方才说这政公，已有衔玉之儿，又有长子所遗一个弱孙。这赦老竟无一个不成？"子兴道："政公既有玉儿之后，其妾又生了一个，倒不知其好歹。只眼前现有二子一孙，却不知将来如何。若问那赦公，也有二子，长名贾琏，今已二十来往了，亲上作亲，娶的就是政老爹夫人王氏之内侄女，今已娶了二年。这位琏爷身上现捐的是个同知，也是不肯读书，于世路上好机变，言谈去的，所以如今只在乃叔政老爷家住着，帮着料理些家务。谁知自娶了他令夫人之后，倒上下无一人不称颂他夫人的，琏爷倒退了一射之地：说模样又极标致，言谈又爽利，心机又极深细，竟是个男人万不及一的。"

雨村听了，笑道："可知我前言不谬。你我方才所说的这几个人，都只怕是那正邪两赋而来一路之人，未可知也。"子兴道："邪也罢，正也罢，只顾算别人家的帐，你也吃一杯酒才好。"雨村道："正是，只顾说话，竟多吃了几杯。"子兴笑道："说着别人家的闲话，正好下酒，即多吃几杯何妨。"雨村向窗外看道："天也晚了，仔细关了城。我们慢慢的进城再谈，未为不可。"于是，二人起身，算还酒帐。方欲走时，又听得后面有人叫道："雨村兄，恭喜了！特来报个喜信的。"雨村忙回头看时——

【阅读随笔】

精点经典

第三回　贾雨村夤缘复旧职
　　　　　林黛玉抛父进京都

　　却说雨村忙回头看时，不是别人，乃是当日同僚一案参革的号张如圭者。他本系此地人，革后家居，今打听得都中奏准起复旧员之信，他便四下里寻情找门路，忽遇见雨村，故忙道喜。二人见了礼，张如圭便将此信告诉雨村，雨村自是欢喜，忙忙的叙了两句，遂作别各自回家。冷子兴听得此言，便忙献计，令雨村央烦林如海，转向都中去央烦贾政。雨村领其意，作别回至馆中，忙寻邸报看真确了。

　　次日，面谋之如海。如海道："天缘凑巧，因贱荆去世，都中家岳母念及小女无人依傍教育，前已遣了男女船只来接，因小女未曾大痊，故未及行。此刻正思向蒙训教之恩未经酬报，遇此机会，岂有不尽心图报之理。但请放心。弟已预为筹画至此，已修下荐书一封，转托内兄务为周全协佐，方可稍尽弟之鄙诚，即有所费用之例，弟于内兄信中已注明白，亦不劳尊兄多虑矣。"雨村一面打恭，谢不释口，一面又问："不知令亲大人现居何职？只怕晚生草率，不敢骤然入都干渎。"如海笑道："若论舍亲，与尊兄犹系同谱，乃荣公之孙：大内兄现袭一等将军，名赦，字恩侯；二内兄名政，字存周，现任工部员外郎，其为人谦恭厚道，大有祖父遗风，非膏粱轻薄仕宦之流，故弟方致书烦托。否则不但有污尊兄之清操，即弟亦不屑为矣。"雨村听了，心下方信了昨日子兴之言，于是又谢了林如海。如海乃说："已择了出月初二日小女入都，尊兄即同路而往，岂不两便？"雨村唯唯听命，心中十分得意。如海遂打点礼物并饯行之事，雨村一一领了。

　　那女学生黛玉，身体方愈，原不忍弃父而往；无奈他外祖母致意务去，且兼如海说："汝父年将半百，再无续室之意；且汝多病，年又极小，上无亲母教养，下无姊妹兄弟扶持，今依傍外祖母及舅氏姊妹去，正好减我顾盼之忧，何反云不往？"黛玉听了，方洒泪拜别，随了奶娘及荣府几个老妇人登舟而去。雨村另有一只船，带两个小童，依附黛玉而行。

有日到了都中，进入神京，雨村先整了衣冠，带了小童，拿着宗侄的名帖，至荣府的门前投了。彼时贾政已看了妹丈之书，即忙请入相会。见雨村相貌魁伟，言语不俗，且这贾政最喜读书人，礼贤下士，济弱扶危，大有祖风；况又系妹丈致意，因此优待雨村，更又不同，便竭力内中协助。题奏之日，轻轻谋了一个复职候缺，不上两个月，金陵应天府缺出，便谋补了此缺，拜辞了贾政，择日上任去了。不在话下。

且说黛玉自那日弃舟登岸时，便有荣国府打发了轿子并拉行李的车辆久候了。这林黛玉常听得母亲说过，他外祖母家与别家不同。他近日所见的这几个三等仆妇，吃穿用度，已是不凡了，何况今至其家。因此步步留心，时时在意，不肯轻易多说一句话，多行一步路，唯恐被人耻笑了他去。

自上了轿，进入城中，从纱窗向外瞧了一瞧，其街市之繁华，人烟之阜盛，自与别处不同。又行了半日，忽见街北蹲着两个大石狮子，三间兽头大门，门前列坐着十来个华冠丽服之人。正门却不开，只有东西两角门有人出入。正门之上有一匾，匾上大书"敕造宁国府"五个大字。黛玉想道："这必是外祖之长房了。"想着，又往西行，不多远，照样也是三间大门，方是荣国府了。却不进正门，只进了西边角门。那轿夫抬进去，走了一射之地，将转弯时，便歇下退出去了。后面的婆子们已都下了轿，赶上前来。另换了三四个衣帽周全十七八岁的小厮上来，复抬起轿子。众婆子步下围随至一垂花门前落下。众小厮退出，众婆子上来打起轿帘，扶黛玉下轿。林黛玉扶着婆子的手，进了垂花门，两边是抄手游廊，当中是穿堂，当地放着一个紫檀架子大理石的大插屏。转过插屏，小小的三间厅，厅后就是后面的正房大院。正面五间上房，皆雕梁画栋，两边穿山游廊厢房，挂着各色鹦鹉、画眉等鸟雀。台矶之上，坐着几个穿红着绿的丫头，一见他们来了，便忙都笑迎上来，说："刚才老太太还念呢，可巧就来了。"于是三四人争着打起帘笼，一面听得人回话："林姑娘到了。"

黛玉方进入房时，只见两个人搀着一位鬓发如银的老母迎上来，黛玉便知是他外祖母。方欲拜见时，早被他外祖母一把搂入

精点经典

精点经典

怀中,心肝儿肉叫着大哭起来。当下地下侍立之人,无不掩面涕泣,黛玉也哭个不住。一时众人慢慢解劝住了,黛玉方拜见了外祖母。——此即冷子兴所云之史氏太君,贾赦贾政之母也。当下贾母一一指与黛玉:"这是你大舅母;这是你二舅母;这是你先珠大哥的媳妇珠大嫂子。"黛玉一一拜见过。贾母又说:"请姑娘们来。今日远客才来,可以不必上学去了。"众人答应了一声,便去了两个。

不一时,只见三个奶嬷嬷并五六个丫鬟,簇拥着三个姊妹来了。第一个肌肤微丰,合中身材,腮凝新荔,鼻腻鹅脂,温柔沉默,观之可亲。第二个削肩细腰,长挑身材,鸭蛋脸面,俊眼修眉,顾盼神飞,文彩精华,见之忘俗。第三个身量未足,形容尚小。其钗环裙袄,三人皆是一样的妆饰。黛玉忙起身迎上来见礼,互相厮认过,大家归了坐。丫鬟们斟上茶来。不过说些黛玉之母如何得病,如何请医服药,如何送死发丧。不免贾母又伤感起来,因说:"我这些儿女,所疼者独有你母,今日一旦先舍我而去,连面也不能一见,今见了你,我怎不伤心!"说着,搂了黛玉在怀,又呜咽起来。众人忙都宽慰解释,方略略止住。

众人见黛玉年貌虽小,其举止言谈不俗,身体面庞虽怯弱不胜,却有一段自然的风流态度,便知他有不足之症。因问:"常服何药,如何不急为疗治?"黛玉道:"我自来是如此,从会吃饮食时便吃药,到今日未断,请了多少名医修方配药,皆不见效。那一年我三岁时,听得说来了一个癞头和尚,说要化我去出家,我父母固是不从。他又说:'既舍不得他,只怕他的病一生也不能好的了。若要好时,除非从此以后总不许见哭声;除父母之外,凡有外姓亲友之人,一概不见,方可平安了此一世。'疯疯癫癫,说了这些不经之谈,也没人理他。如今还是吃人参养荣丸。"贾母道:"正好,我这里正配丸药呢。叫他们多配一料就是了。"

一语未了,只听后院中有人笑声,说:"我来迟了,不曾迎接远客!"黛玉纳罕道:"这些人个个皆敛声屏气,恭肃严整如此,这来者系谁,这样放诞无礼?"心下想时,只见一群媳妇丫鬟围拥着一个人从后房门进来。这个人打扮与众姑娘不同:彩绣辉煌,恍若神妃仙子。头上戴着金丝八宝攒珠髻,绾着朝阳五凤挂珠钗;项上带着赤金盘螭璎珞圈；裙边系着豆绿宫绦双衡比目玫瑰珮；身上穿着缕金百蝶穿花大红洋缎窄裉袄，外罩五彩刻丝石青银鼠褂；下着翡翠撒花洋绉裙。一双丹凤三角眼，两弯柳叶吊梢眉，身量苗条，体格风骚。粉面含春威不露，丹唇未启笑先闻。黛玉连忙起身接见。贾母笑道："你不认得他，他是我们这里有名的一个泼皮破落户儿，南省俗谓作'辣子'，你只叫他'凤辣子'就是了。"

黛玉正不知以何称呼，只见众姊妹都忙告诉他道："这是琏嫂子。"黛玉虽不识，也曾听见母亲说过，大舅贾赦之子贾琏，娶的就是二舅母王氏之内侄女，自幼假充男儿教养的，学名王熙凤。黛玉忙陪笑见礼，以"嫂"呼之。

这熙凤携着黛玉的手，上下细细打谅了一回，仍送至贾母身边坐下，因笑道："天下真有这样标致的人物，我今儿才算见了！况且这通身的气派，竟不像老祖宗的外孙女儿，竟是个嫡亲的孙女，怨不得老祖宗天天口头心头一时不忘。只可怜我这妹妹这样命苦，怎么姑妈偏就去世了！"说着，便用帕拭泪。贾母笑道："我才好了，你倒来招我。你妹妹远路才来，身子又弱，也才劝住了，快再休提前话。"这熙凤听了，忙转悲为喜道："正是呢！我一见了妹妹，一心都在他身上了，又是喜欢，又是伤心，竟忘记了老祖宗。该打，该打！"又忙携黛玉之手，问："妹妹几岁了？可也上过学？现吃什么药？在这里不要想家，想要什么吃的、什么玩的，只管告诉我；丫头老婆们不好了，也只管告诉我。"一面又问婆子们："林姑娘的行李东西可搬进来了？带了几个人来？你们赶早打扫两间下房，让他们去歇歇。"

说话时，已摆了茶果上来。熙凤亲为捧茶捧果。又见二舅母问他："月钱放过了不曾？"熙凤道："月钱已放完了。才刚带着人到后楼上找缎子，找了这半日，也并没有见昨日太太说的那样的，想是太太记错了？"王夫人道："有没有，什么要紧。"因又说道："该随手拿出两个来给你这妹妹去裁衣裳的，等晚上想着叫人再去拿罢，可别忘了。"熙凤道："这倒是我先料着了，知道妹妹不过这两日到的，我已预备下了，等太太回去过了目好送来。"王夫人一笑，点头不语。

当下茶果已撤，贾母命两个老嬷嬷带了黛玉去见两个母舅。

精点经典

精点经典

时贾赦之妻邢氏忙亦起身，笑回道："我带了外甥女过去，倒也便宜。"贾母笑道："正是呢，你也去罢，不必过来了。"邢夫人答应了一声"是"字，遂带了黛玉与王夫人作辞。大家送至穿堂前。

出了垂花门，早有众小厮们拉过一辆翠幄青绸车，邢夫人携了黛玉，坐在上面，众婆子们放下车帘，方命小厮们抬起，拉至宽处，方驾上驯骡，亦出了西角门，往东过荣府正门，便入一黑油大门中，至仪门前方下来。众小厮退出，方打起车帘，邢夫人搀着黛玉的手，进入院中。黛玉度其房屋院宇，必是荣府中花园隔断过来的。进入三层仪门，果见正房厢庑游廊，悉皆小巧别致，不似方才那边轩峻壮丽；且院中随处之树木山石皆在。一时进入正室，早有许多盛妆丽服之姬妾丫鬟迎着，邢夫人让黛玉坐了，一面命人到外面书房去请贾赦。一时人来回话说："老爷说了：'连日身上不好，见了姑娘彼此倒伤心，暂且不忍相见。劝姑娘不要伤心想家，跟着老太太和舅母，即同家里一样。姊妹们虽拙，大家一处伴着，亦可以解些烦闷。或有委屈之处，只管说得，不要外道才是。'"黛玉忙站起来，一一听了。再坐一刻，便告辞。

邢夫人苦留吃过晚饭去，黛玉笑回道："舅母爱惜赐饭，原不应辞，只是还要过去拜见二舅舅，恐领了赐迟去不恭，异日再领，未为不可。望舅母容谅。"邢夫人听说，笑道："这倒是了。"遂令两三个嬷嬷用方才的车好生送了姑娘过去。于是黛玉告辞。邢夫人送至仪门前，又嘱咐了众人几句，眼看着车去了方回来。

一时黛玉进了荣府，下了车。众嬷嬷引着，便往东转弯，穿过一个东西的穿堂，向南大厅之后，仪门内大院落，上面五间大正房，两边厢房鹿顶耳房钻山，四通八达，轩昂壮丽，比贾母处不同。黛玉便知这方是正经正内室，一条大甬路，直接出大门的。进入堂屋中，抬头迎面先看见一个赤金九龙青地大匾，匾上写着斗大的三个大字，是"荣禧堂"，后有一行小字："某年月日，书赐荣国公贾源"，又有"万几宸翰之宝"。大紫檀雕螭案上，设着三尺来高青绿古铜鼎，悬着待漏随朝墨龙大画，一边是金蜼彝，一边是玻璃㿿。地下两溜十六张楠木交椅，又有一副对联，乃乌木联牌，镶着錾银的字迹，道是：

　　座上珠玑昭日月，堂前黼黻焕烟霞。

· 24 ·

下面一行小字，道是："同乡世教弟勋袭东安郡王穆莳拜手书"。

原来王夫人时常居坐宴息，亦不在这正室，只在这正室东边的三间耳房内。于是老嬷嬷引黛玉进东房门来。临窗大炕上铺着猩红洋罽，正面设着大红金钱蟒靠背，石青金钱蟒引枕，秋香色金钱蟒大条褥。两边设一对梅花式洋漆小几。左边几上文王鼎匙箸香盒；右边几上汝窑美人觚——觚内插着时鲜花卉，并茗碗痰盒等物。地下面西一溜四张椅上，都搭着银红撒花椅搭，底下四副脚踏。椅之两边，也有一对高几，几上茗碗瓶花俱备。其余陈设，自不必细说。

老嬷嬷们让黛玉炕上坐，炕沿上却有两个锦褥对设，黛玉度其位次，便不上炕，只向东边椅子上坐了。本房内的丫鬟忙捧上茶来。黛玉一面吃茶，一面打谅这些丫鬟们，妆饰衣裙，举止行动，果亦与别家不同。茶未吃了，只见一个穿红绫袄青缎掐牙背心的丫鬟走来笑说道："太太说，请林姑娘到那边坐罢。"老嬷嬷听了，于是又引黛玉出来，到了东廊三间小正房内。

正面炕上横设一张炕桌，桌上磊着书籍茶具，靠东壁面西设着半旧的青缎靠背引枕。王夫人却坐在西边下首，亦是半旧的青缎靠背坐褥。见黛玉来了，便往东让。黛玉心中料定这是贾政之位。因见挨炕一溜三张椅子上，也搭着半旧的弹墨椅袱，黛玉便向椅上坐了。王夫人再四携他上炕，他方挨王夫人坐了。王夫人因说："你舅舅今日斋戒去了，再见罢。只是有一句话嘱咐你：你三个姊妹倒都极好，以后一处念书认字学针线，或是偶一顽笑，都有尽让的。但我不放心的最是一件：我有一个孽根祸胎，是家里的'混世魔王'，今日因庙里还愿去了，尚未回来，晚间你看见便知了。你只以后不要睬他，你这些姊妹都不敢沾惹他的。"

黛玉亦常听得母亲说过，二舅母生的有个表兄，乃衔玉而诞，顽劣异常，极恶读书，最喜在内帏厮混；外祖母又极溺爱，无人敢管。今见王夫人如此说，便知说的是这表兄了。因陪笑道："舅母说的，可是衔玉所生的这位哥哥？在家时亦曾听见母亲常说，这位哥哥比我大一岁，小名就唤宝玉，虽极憨顽，说在姊妹情中极好的。况我来了，自然只和姊妹同处，兄弟们自是别院另室的，岂得

精点经典

精点经典

去沾惹之理？"王夫人笑道："你不知道原故：他与别人不同，自幼因老太太疼爱，原系同姊妹们一处娇养惯了的。若姊妹们有日不理他，他倒还安静些，纵然他没趣，不过出了二门，背地里拿着他两个小幺儿出气，咕唧一会子就完了。若这一日姊妹们和他多说一句话，他心里一乐，便生出多少事来。所以嘱咐你别睬他。他嘴里一时甜言蜜语，一时有天无日，一时又疯疯傻傻，只休信他。"

黛玉一一的都答应着。只见一个丫鬟来回："老太太那里传晚饭了。"王夫人忙携黛玉从后房门由后廊往西，出了角门，是一条南北宽夹道。南边是倒座三间小小的抱厦厅，北边立着一个粉油大影壁，后有一半大门，小小一所房室。王夫人笑指向黛玉道："这是你凤姐姐的屋子，回来你好往这里找他来，少什么东西，你只管和他说就是了。"这院门上也有四五个才总角的小厮，都垂手侍立。王夫人遂携黛玉穿过一个东西穿堂，便是贾母的后院了。

于是，进入后房门，已有多人在此伺候，见王夫人来了，方安设桌椅。贾珠之妻李氏捧饭，熙凤安箸，王夫人进羹。贾母正面榻上独坐，两边四张空椅，熙凤忙拉了黛玉在左边第一张椅上坐了，黛玉十分推让。贾母笑道："你舅母你嫂子们不在这里吃饭。你是客，原应如此坐的。"黛玉方告了座，坐了。贾母命王夫人坐了。迎春姊妹三个告了座方上来。迎春便坐右手第一，探春坐左第二，惜春坐右第二。旁边丫鬟执着拂尘、漱盂、巾帕。李、凤二人立于案旁布让。外间伺候之媳妇丫鬟虽多，却连一声咳嗽不闻。

寂然饭毕，各有丫鬟用小茶盘捧上茶来。当日林如海教女以惜福养身，云饭后务待饭粒咽尽，过一时再吃茶，方不伤脾胃。今黛玉见了这里许多事情不合家中之式，不得不随的，少不得一一改过来，因而接了茶。早见人又捧过漱盂来，黛玉也照样漱了口。盥手毕，又捧上茶来，这方是吃的茶。贾母便说："你们去罢，让我们自在说话儿。"王夫人听了，忙起身，又说了两句闲话，方引凤、李二人去了。贾母因问黛玉念何书。黛玉道："只刚念了《四书》。"黛玉又问姊妹们读何书。贾母道："读的是什么书，不过是认得两个字，不是睁眼的瞎子罢了！"

一语未了，只听外面一阵脚步响，丫鬟进来笑道："宝玉来了！"黛玉心中正疑惑着："这个宝玉，不知是怎生个惫懒人物，懵懂顽童？——倒不见那蠢物也罢了。"心中想着，忽见丫鬟话未报完，已进来了一位年轻的公子：

头上戴着束发嵌宝紫金冠，齐眉勒着二龙抢珠金抹额；穿一件二色金百蝶穿花大红箭袖，束着五彩丝攒花结长穗宫绦，外罩石青起花八团倭缎排穗褂；登着青缎粉底小朝靴。面若中秋之月，色如春晓之花，鬓若刀裁，眉如墨画，面如桃瓣，目若秋波。虽怒时而若笑，即瞋视而有情。项上金螭璎珞，又有一根五色丝绦，系着一块美玉。

黛玉一见，便吃一大惊，心下想道："好生奇怪，倒像在那里见过一般，何等眼熟到如此！"只见这宝玉向贾母请了安，贾母便命："去见你娘来。"宝玉即转身去了。一时回来，再看，已换了冠带：头上周围一转的短发，都结成小辫，红丝结束，共攒至顶中胎发，总编一根大辫，黑亮如漆，从顶至梢，一串四颗大珠，用金八宝坠角；身上穿着银红撒花半旧大袄，仍旧带着项圈、宝玉、寄名锁、护身符等物；下面半露松花撒花绫裤腿，锦边弹墨袜，厚底大红鞋。越显得面如敷粉，唇若施脂；转盼多情，语言常笑。天然一段风骚，全在眉梢；平生万种情思，悉堆眼角。看其外貌最是极好，却难知其底细。后人有《西江月》二词，批宝玉极恰，其词曰：

无故寻愁觅恨，有时似傻如狂。纵然生得好皮囊，腹内原来草莽。
潦倒不通世务，愚顽怕读文章。行为偏僻性乖张，那管世人诽谤！
富贵不知乐业，贫穷难耐凄凉。可怜辜负好韶光，于国于家无望。
天下无能第一，古今不肖无双。寄言纨袴与膏粱：莫效此儿形状！

贾母因笑道："外客未见，就脱了衣裳，还不去见你妹妹！"宝玉早已看见多了一个姊妹，便料定是林姑妈之女，忙来作揖。厮见毕归坐，细看形容，与众各别：

两弯似蹙非蹙罥烟眉，一双似泣非泣含露目。态生两靥之愁，娇袭一身之病。泪光点点，娇喘微微。闲静时如姣花照水，行动处似弱柳扶风。心较比干多一窍，病如西子胜三分。

宝玉看罢，因笑道："这个妹妹我曾见过的。"贾母笑道："可又是胡说，你又何曾见过他？"宝玉笑道："虽然未曾见过他，然我看着面善，心里就算是旧相识，今日只作远别重逢，亦未为不可。"贾母笑道："更好，更好，若如此，更相和睦了。"宝

精点经典

精点经典

玉便走近黛玉身边坐下，又细细打量一番，因问："妹妹可曾读书？"黛玉道："不曾读，只上了一年学，些须认得几个字。"宝玉又道："妹妹尊名是那两个字？"黛玉便说了名。宝玉又问表字。黛玉道："无字。"宝玉笑道："我送妹妹一妙字，莫若'颦颦'二字极妙。"探春便问何出。宝玉道："《古今人物通考》上说：'西方有石名黛，可代画眉之墨。'况这林妹妹眉尖若蹙，用取这两个字，岂不两妙！"探春笑道："只恐又是你的杜撰。"宝玉笑道："除《四书》外，杜撰的太多，偏只我是杜撰不成？"又问黛玉："可也有玉没有？"众人不解其语，黛玉便忖度着因他有玉，故问我有也无，因答道："我没有那个。想来那玉是一件罕物，岂能人人有的。"

宝玉听了，登时发作起痴狂病来，摘下那玉，就狠命摔去，骂道："什么罕物，连人之高低不择，还说'通灵'不'通灵'呢！我也不要这劳什子了！"吓的众人一拥争去拾玉。贾母急的搂了宝玉道："孽障！你生气，要打骂人容易，何苦摔那命根子！"宝玉满面泪痕泣道："家里姐姐妹妹都没有，单我有，我说没趣；如今来了这们一个神仙似的妹妹也没有，可知这不是个好东西。"贾母忙哄他道："你这妹妹原有这个来的，因你姑妈去世时，舍不得你妹妹，无法处，遂将他的玉带了去了：一则全殉葬之礼，尽你妹妹之孝心；二则你姑妈之灵，亦可权作见了女儿之意。因此他只说没有这个，不便自己夸张之意。你如今怎比得他？还不好生慎重带上，仔细你娘知道了。"说着，便向丫鬟手中接来，亲与他带上。宝玉听如此说，想一想大有情理，也就不生别论了。

当下，奶娘来请问黛玉之房舍。贾母说："今将宝玉挪出来，同我在套间暖阁儿里，把你林姑娘暂安置碧纱橱里。等过了残冬，春天再与他们收拾房屋，另作一番安置罢。"宝玉道："好祖宗，我就在碧纱橱外的床上很妥当，何必又出来闹的老祖宗不得安静。"贾母想了一想说："也罢哩。"每人一个奶娘并一个丫头照管，余者在外间上夜听唤。一面早有熙凤命人送了一顶藕合色花帐，并几件锦被缎褥之类。

黛玉只带了两个人来：一个是自幼奶娘王嬷嬷，一个是十岁的小丫头，亦是自幼随身的，名唤作雪雁。贾母见雪雁甚小，一团孩气，王嬷嬷又极老，料黛玉皆不遂心省力的，便将自己身边的一个二等丫头，名唤鹦哥者与了黛玉。外亦如迎春等例，每人除自幼乳母外，另有四个教引嬷嬷，除贴身掌管钗钏盥沐两个丫鬟外，另有五六个洒扫房屋来往使役的小丫鬟。当下，王嬷嬷与鹦哥陪侍黛玉在碧纱橱内。宝玉之乳母李嬷嬷，并大丫鬟名唤袭人者，陪侍在外面大床上。

原来这袭人亦是贾母之婢，本名珍珠。贾母因溺爱宝玉，生恐宝玉之婢无竭力尽忠之人，素喜袭人心地纯良，克尽职任，遂与了宝玉。宝玉因知他本姓花，又曾见旧人诗句上有"花气袭人"之句，遂回明贾母，更名袭人。这袭人亦有些痴处：服侍贾母时，心中眼中只有一个贾母；如今服侍宝玉，心中眼中又只有一个宝玉。只因宝玉性情乖僻，每每规谏宝玉不听，心中着实忧郁。

是晚，宝玉李嬷嬷已睡了，他见里面黛玉和鹦哥犹未安息，他自卸了妆，悄悄进来，笑问："姑娘怎么还不安息？"黛玉忙让："姐姐请坐。"袭人在床沿上坐了。鹦哥笑道："林姑娘正在这里伤心，自己淌眼抹泪的说：'今儿才来，就惹出你家哥儿的狂病，倘或摔坏了那玉，岂不是因我之过！'因此便伤心，我好容易劝好了。"袭人道："姑娘快休如此，将来只怕比这个更奇怪的笑话儿还有呢！若为他这种行止，你多心伤感，只怕你伤感不了呢。快别多心！"黛玉道："姐姐们说的，我记着就是了。究竟那玉不知是怎么个来历？上面还有字迹？"袭人道："连一家子也不知来历，上头还有现成的眼儿，听得说，落草时是从他口里掏出来的。等我拿来你看便知。"黛玉忙止道："罢了，此刻夜深，明日再看也不迟。"大家又叙了一回，方才安歇。

次日起来，省过贾母，因往王夫人处来，正值王夫人与熙凤在一处拆金陵来的书信看，又有王夫人之兄嫂处遣了两个媳妇来说话的。黛玉虽不知原委，探春等却都晓得是议论金陵城中所居的薛家姨母之子姨表兄薛蟠，倚财仗势，打死人命，现在应天府案下审理。如今母舅王子腾得了信息，故遣他家内的人来告诉这边，意欲唤取进京之意。

【阅读随笔】

第四回 薄命女偏逢薄命郎
葫芦僧乱判葫芦案

精点经典

却说黛玉同姊妹们至王夫人处，见王夫人与兄嫂处的来使计议家务，又说姨母家遭人命官司等语。因见王夫人事情冗杂，姊妹们遂出来，至寡嫂李氏房中来了。

原来这李氏即贾珠之妻。珠虽夭亡，幸存一子，取名贾兰，今方五岁，已入学攻书。这李氏亦系金陵名宦之女，父名李守中，曾为国子监祭酒，族中男女无有不诵诗读书者。至李守中承继以来，便说"女子无才便有德"，故生了李氏时，便不十分令其读书，只不过将些《女四书》《列女传》《贤媛集》等三四种书，使他认得几个字，记得前朝这几个贤女便罢了，却只以纺绩井臼为要，因取名为李纨，字宫裁。因此这李纨虽青春丧偶，居家处膏粱锦绣之中，竟如槁木死灰一般，一概无见无闻，唯知侍亲养子，外则陪侍小姑等针黹诵读而已。今黛玉虽客寄于斯，日有这般姐妹相伴，除老父外，余者也都无庸虑及了。

如今且说雨村，因补授了应天府，一下马就有一件人命官司详至案下，乃是两家争买一婢，各不相让，以至殴伤人命。彼时雨村即拘原告之人来审。那原告道："被殴死者乃小人之主。因那日买了一个丫头，不想是拐子拐来卖的。这拐子先已得了我家的银子，我家小爷原说第三日方是好日子，再接入门。这拐子便又悄悄的卖与薛家，被我们知道了，去找拿卖主，夺取丫头。无奈薛家原系金陵一霸，倚财仗势，众豪奴将我小主人竟打死了。凶身主仆已皆逃走，无影无踪，只剩了几个局外之人。小人告了一年的状，竟无人作主。望大老爷拘拿凶犯，剪恶除凶，以救孤寡，死者感戴天恩不尽！"

雨村听了大怒道："岂有这样放屁的事！打死人命就白白的走了，再拿不来的！"因发签差公人立刻将凶犯族中人拿来拷问，令他们实供藏在何处；一面再动海捕文书。正要发签时，只见案边立的一个门子使眼色儿，——不令他发签之意。雨村心下甚为疑怪，

精点经典

只得停了手，即时退堂，至密室，侍从皆退去，只留门子服侍。

这门子忙上来请安，笑问："老爷一向加官进禄，八九年来就忘了我了？"雨村道："却十分面善得紧，只是一时想不起来。"那门子笑道："老爷真是贵人多忘事，把出身之地竟忘了。不记当年葫芦庙里之事？"雨村听了，如雷震一惊，方想起往事。原来这门子本是葫芦庙内一个小沙弥，因被火之后，无处安身，欲投别庙去修行，又耐不得清凉景况，因想这件生意倒还轻省热闹，遂趁年纪小蓄了发，充了门子。雨村那里料得是他，便忙携手笑道："原来是故人。"又让坐了好谈。这门子不敢坐。雨村笑道："贫贱之交不可忘。你我故人也；二则此系私室，既欲长谈，岂有不坐之理？"这门子听说，方告了座，斜签着坐了。

雨村因问方才何故有不令发签之意。这门子道："老爷既荣任到这一省，难道就没抄一张本省'护官符'来不成？"雨村忙问："何为'护官符'？我竟不知。"门子道："这还了得！连这个不知，怎能作得长远！如今凡作地方官者，皆有一个私单，上面写的是本省最有权有势、极富极贵的大乡绅名姓，各省皆然；倘若不知，一时触犯了这样的人家，不但官爵不保，只怕连性命还保不成呢！所以绰号叫作'护官符'。方才所说的这薛家，老爷如何惹得他！他这件官司并无难断之处，皆因都碍着情分面上，所以如此。"一面说，一面从顺袋中取出一张抄写的"护官符"来，递与雨村，看时，上面皆是本地大族名宦之家的谚俗口碑。其口碑排写得明白，下面所注的皆是自始祖官爵并房次。石头亦曾抄写了一张，今据石上所抄云：

贾不假，白玉为堂金作马。

阿房宫，三百里，住不下金陵一个史。

东海缺少白玉床，龙王来请金陵王。

丰年好大雪，珍珠如土金如铁。

雨村犹未看完，忽听传点，人报："王老爷来拜。"雨村忙具衣冠出去迎接。有顿饭工夫，方回来细问。这门子道："这四家皆连络有亲，一损皆损，一荣皆荣，扶持遮饰，俱有照应的。今告打死人之薛，就系丰年大雪之'雪'。也不单靠这三家，他的世交亲友在都在外者，本亦不少。老爷如今拿谁去？"雨村听如此说，便笑问门子道："如你这样说来，却怎么了结此案？你大约也深知这凶犯躲的方向了？"

门子笑道："不瞒老爷说，不但这凶犯躲的方向我知道，一并这拐卖之人我也知道，死鬼买主也深知道。待我细说与老爷听：这个被打之死鬼，乃是本地一个小乡绅之子，名唤冯渊，自幼父母早亡，又无兄弟，只他一个人守着些薄产过日子。长到十八九岁上，酷爱男风，最厌女子。这也是前生冤孽，可巧遇见这拐子卖丫头，他便一眼看上了这丫头，立意买来作妾，立誓再不交结男子，也不再娶第二个了，所以郑重其事，必待三日后方过门。谁晓这拐子又偷卖与薛家，他意欲卷了两家的银子，再逃往他省。谁知又不曾走脱，两家拿住，打了个臭死，都不肯收银，只要领人。那薛家公子岂是让人的，便喝着手下人一打，将冯公子打了个稀烂，抬回家去三日死了。这薛公子原是早已择定日子上京去的，头起身两日前，就偶然遇见这丫头，意欲买了就进京的，谁知闹出这事来。既打了冯公子，夺了丫头，他便没事人一般，只管带了家眷走他的路。他这里自有弟兄奴仆在此料理，也并非为此些些小事值得他一逃走的。这且别说，老爷你当被卖之丫头是谁？"雨村道："我如何得知。"门子冷笑道："这人算来还是老爷的大恩人呢！他就是葫芦庙旁住的甄老爷的小姐，名唤英莲的。"雨村罕然道："原来就是他！闻得养至五岁被人拐去，却如今才来卖呢？"

门子道："这一种拐子单管偷拐五六岁的儿女，养在一个僻静之处，到十一二岁，度其容貌，带至他乡转卖。当日这英莲，我们天天哄他顽耍；虽隔了七八年，如今十二三岁的光景，其模样虽然出脱得齐整好些，然大概相貌，自是不改，熟人易认。况且他眉心中原有米粒大小的一点胭脂痣，从胎里带来的，所以我却认得。偏生这拐子又租了我的房舍居住，那日拐子不在家，我也曾问他。他是被拐子打怕了的，万不敢说，只说拐子系他亲爹，因无钱偿债，故卖他。我又哄之再四，他又哭了，只说'我不记得小时之事！'这可无疑了。那日冯公子相看了，兑了银子，拐子醉了，他自叹道：'我今日罪孽可满了！'后又听见冯公子令三日之后过门，他又转有忧愁之态。我又不忍其形景，等拐子出去，又命内人去解释他：'这冯公子必待好日期来接，可知必不以丫鬟相看。况他是个

精点经典

精点经典

绝风流人品，家里颇过得，素习又最厌恶堂客，今竟破价买你，后事不言可知。只耐得三两日，何必忧闷！'他听如此说，方才略解忧闷，自为从此得所。谁料天下竟有这等不如意事，第二日，他偏又卖与薛家。若卖与第二个人还好，这薛公子的混名人称'呆霸王'，最是天下第一个弄性尚气的人，而且使钱如土，遂打了个落花流水，生拖死拽，把个英莲拖去，如今也不知死活。这冯公子空喜一场，一念未遂，反花了钱，送了命，岂不可叹！"

雨村听了，亦叹道："这也是他们的孽障遭遇，亦非偶然。不然这冯渊如何偏只看准了这英莲？这英莲受了拐子这几年折磨，才得了个头路，且又是个多情的，若能聚合了，倒是件美事，偏又生出这段事来。这薛家纵比冯家富贵，想其为人，自然姬妾众多，淫佚无度，未必及冯渊定情于一人者。这正是梦幻情缘，恰遇一对薄命儿女。且不要议论他，只目今这官司，如何剖断才好？"门子笑道："老爷当年何其明决，今日何反成了个没主意的人了！小的闻得老爷补升此任，亦系贾府王府之力；此薛蟠即贾府之亲，老爷何不顺水行舟，作个整人情，将此案了结，日后也好去见贾府王府。"雨村道："你说的何尝不是。但事关人命，蒙皇上隆恩，起复委用，实是重生再造，正当殚心竭力图报之时，岂可因私而废法？是我实不能忍为者。"门子听了，冷笑道："老爷说的何尝不是大道理，但只是如今世上是行不去的。岂不闻古人有云：'大丈夫相时而动'，又曰：'趋吉避凶者为君子'。依老爷这一说，不但不能报效朝廷，亦且自身不保，还要三思为妥。"

雨村低了半日头，方说道："依你怎么样？"门子道："小人已想了一个极好的主意在此：老爷明日坐堂，只管虚张声势，动文书发签拿人。原凶自然是拿不来的，原告固是定要将薛家族中及奴仆人等拿几个来拷问。小的在暗中调停，令他们报个暴病身亡，令族中及地方上共递一张保呈，老爷只说善能扶鸾请仙，堂上设下乩坛，令军民人等只管来看。老爷就说：'乩仙批了，死者冯渊与薛蟠原因夙孽相逢，今狭路既遇，原应了结。薛蟠今已得了无名之病，被冯魂追索已死。其祸皆因拐子某人而起，拐之人原系某乡某姓人氏，按法处治，余不略及'等语。小人暗中嘱托拐子，令其实招。众人见乩仙批语与拐子相符，余者自然也都不虚了。薛家有的是钱，老爷断一千也可，五百也可，与冯家作烧埋之费。那冯家也无甚要紧的人，不过为的是钱，见有了这个银子，想来也就无话了。老爷细想此计如何？"雨村笑道："不妥，不妥。等我再斟酌斟酌，或可压服口声。"二人计议，天色已晚，别无话说。

至次日坐堂，勾取一应有名人犯，雨村详加审问，果见冯家人口稀疏，不过赖此欲多得些烧埋之费；薛家仗势倚情，偏不相让，故致颠倒未决。雨村便徇情枉法，胡乱判断了此案。冯家得了许多烧埋银子，也就无甚话说了。

雨村断了此案，急忙作书信二封，与贾政并京营节度使王子腾，不过说"令甥之事已完，不必过虑"等语。此事皆由葫芦庙内之沙弥新门子所出，雨村又恐他对人说出当日贫贱时的事来，因此心中大不乐意，后来到底寻了个不是，远远的充发了他才罢。

当下言不着雨村。且说那买了英莲打死冯渊的薛公子，亦系金陵人氏，本是书香继世之家。只是如今这薛公子幼年丧父，寡母又怜他是个独根孤种，未免溺爱纵容，遂至老大无成；且家中有百万之富，现领着内帑钱粮，采办杂料。

这薛公子学名薛蟠，字表文起，今年方十有五岁，性情奢侈，言语傲慢。虽也上过学，不过略识几字，终日唯有斗鸡走马，游山玩水而已。虽是皇商，一应经济世事，全然不知，不过赖祖父之旧情分，户部挂虚名，支领钱粮，其余事体，自有伙计老家人等措办。寡母王氏乃现任京营节度使王子腾之妹，与荣国府贾政的夫人王氏，是一母所生的姊妹，今年方四十上下年纪，只有薛蟠一子。还有一女，比薛蟠小两岁，乳名宝钗，生得肌骨莹润，举止娴雅。当日有他父亲在日，酷爱此女，令其读书识字，较之乃兄竟高过十倍。自父亲死后，见哥哥不能依贴母怀，他便不以书字为事，只留心针黹家计等事，好为母亲分忧解劳。

近因今上崇诗尚礼，征采才能，降不世出之隆恩，除聘选妃嫔外，凡仕宦名家之女，皆亲送名达部，以备选为公主郡主入学陪侍，充为才人赞善之职。二则自薛蟠父亲死后，各省中所有的买卖承局、总管、伙计人等，见薛蟠年轻不谙世事，便趁时拐骗起来，京都中几处生意，渐亦消耗。薛蟠素闻得都中乃第一繁华之地，正思一游，便趁此机会，一为送妹待选，二为望亲，三因亲自入部销

精点经典

精点经典

算旧帐，再计新支，——其实则为游览上国风光之意。因此早已打点下行装细软，以及馈送亲友各色土物人情等类，正择日已定起身，不想偏遇见了拐子重卖英莲。薛蟠见英莲生得不俗，立意买他，又遇冯家来夺人，因恃强喝令手下豪奴将冯渊打死。他便将家中事务一一的嘱托了族中人并几个老家人，他便带了母妹竟自起身长行去了。人命官司一事，他竟视为儿戏，自为花上几个臭钱，没有不了的。

在路不记其日。那日已将入都时，却又闻得母舅王子腾升了九省统制，奉旨出都查边。薛蟠心中暗喜道："我正愁进京去有个嫡亲的母舅管辖着，不能任意挥霍挥霍；偏如今又升出去了，可知天从人愿。"因和母亲商议道："咱们京中虽有几处房舍，只是这十来年没人进京居住，那看守的人未免偷着租赁与人，须得先着几个人去打扫收拾才好。"他母亲道："何必如此招摇！咱们这一进京，原该先拜望亲友，或是在你舅舅家，或是你姨爹家。他两家的房舍极是便宜的，咱们先能着住下，再慢慢的着人去收拾，岂不消停些。"薛蟠道："如今舅舅正升了外省去，家里自然忙乱起身，咱们这工夫一窝一拖的奔了去，岂不没眼色。"他母亲道："你舅舅家虽升了去，还有你姨爹家。况这几年来，你舅舅姨娘两处，每每带信捎书，接咱们来。如今既来了，你舅舅虽忙着起身，你贾家姨娘未必不苦留我们。咱们且忙忙收拾房屋，岂不使人见怪？你的意思我却知道，守着舅舅姨爹住着，未免拘紧了你，不如你各自住着，好任意施为。你既如此，你自去挑所宅子去住。我和你姨娘，——姊妹们别了这几年，却要厮守几日。我带了你妹子投你姨娘家去，你道好不好？"薛蟠见母亲如此说，情知扭不过的，只得吩咐人夫一路奔荣国府来。

那时王夫人已知薛蟠官司一事，亏贾雨村维持了结，才放了心。又见哥哥升了边缺，正愁又少了娘家的亲戚来往，略加寂寞。过了几日，忽家人传报："姨太太带了哥儿姐儿，合家进京，正在门外下车。"喜的王夫人忙带了女媳人等，接出大厅，将薛姨妈等接了进去。姊妹们暮年相会，自不必说悲喜交集，泣笑叙阔一番。忙又引了拜见贾母，将人情土物各种酬献了。合家俱厮见过，忙又治席接风。

薛蟠已拜见过贾政，贾琏又引着拜见了贾赦、贾珍等。贾政便使人上来对王夫人说："姨太太已有了春秋，外甥年轻不知世路，在外住着恐有人生事。咱们东北角上梨香院一所十来间房，白空闲着，打扫了，请姨太太和姐儿哥儿住了甚好。"王夫人未及留，贾母也就遣人来说"请姨太太就在这里住下，大家亲密些"等语。薛姨妈正要同居一处，方可拘紧些儿子；若另住在外，又恐他纵性惹祸，遂忙道谢应允。又私与王夫人说明："一应日费供给一概免却，方是处常之法。"王夫人知他家不难于此，遂亦从其愿。从此后薛家母子就在梨香院住了。

原来这梨香院即当日荣公暮年养静之所，小小巧巧，约有十余间房屋，前厅后舍俱全。另有一门通街，薛蟠家人就走此门出入。西南有一角门，通一夹道，出夹道便是王夫人正房的东边了。每日或饭后，或晚间，薛姨妈便过来，或与贾母闲谈，或与王夫人相叙。宝钗日与黛玉迎春姊妹等一处，或看书下棋，或作针黹，倒也十分乐业。

只是薛蟠起初之心，原不欲在贾宅居住者，但恐姨父管约拘禁，料必不自在的；无奈母亲执意在此，且宅中又十分殷勤苦留，只得暂且住下，一面使人打扫出自己的房屋，再移居过去的。谁知自从在此住了不上一月的光景，贾宅族中凡有的子侄，俱已认熟了一半，凡是那些纨袴气习者，莫不喜与他来往，今日会酒，明日观花，甚至聚赌嫖娼，渐渐无所不至，引诱的薛蟠比当日更坏了十倍。虽然贾政训子有方，治家有法，一则族大人多，照管不到这些；二则现任族长乃是贾珍，彼乃宁府长孙，又现袭职，凡族中事，自有他掌管；三则公私冗杂，且素性潇洒，不以俗务为要，每公暇之时，不过看书着棋而已，余事多不介意。况且这梨香院相隔两层房舍，又有街门另开，任意可以出入，所以这些子弟们竟可以放意畅怀的闹，因此遂将移居之念渐渐打灭了。

精点经典

【阅读随笔】

第五回　游幻境指迷十二钗
　　　　　饮仙醪曲演红楼梦

精点经典

　　第四回中既将薛家母子在荣府内寄居等事略已表明，此回则暂不能写矣。

　　如今且说林黛玉自在荣府以来，贾母万般怜爱，寝食起居，一如宝玉，迎春、探春、惜春三个亲孙女倒且靠后；便是宝玉和黛玉二人之亲密友爱处，亦自较别个不同，日则同行同坐，夜则同息同止，真是言和意顺，略无参商。不想如今忽然来了一个薛宝钗，年岁虽大不多，然品格端方，容貌丰美，人多谓黛玉所不及。而且宝钗行为豁达，随分从时，不比黛玉孤高自许，目无下尘，故比黛玉大得下人之心。便是那些小丫头子们，亦多喜与宝钗去顽。因此黛玉心中便有些悒郁不忿之意，宝钗却浑然不觉。那宝玉亦在孩提之间，况自天性所禀来的一片愚拙偏僻，视姊妹弟兄皆出一意，并无亲疏远近之别。其中因与黛玉同随贾母一处坐卧，故略比别个姊妹熟惯些。既熟惯，则更觉亲密；既亲密，则不免一时有求全之毁，不虞之隙。这日不知为何，他二人言语有些不合起来，黛玉又气的独在房中垂泪，宝玉又自悔言语冒撞，前去俯就，那黛玉方渐渐的回转来。

　　因东边宁府中花园内梅花盛开，贾珍之妻尤氏乃治酒，请贾母、邢夫人、王夫人等赏花。是日先携了贾蓉之妻，二人来面请。贾母等于早饭后过来，就在会芳园游顽，先茶后酒，不过皆是宁荣二府女眷家宴小集，并无别样新文趣事可记。

　　一时宝玉倦怠，欲睡中觉，贾母命人好生哄着，歇一回再来。贾蓉之妻秦氏便忙笑回道："我们这里有给宝叔收拾下的屋子，老祖宗放心，只管交与我就是了。"又向宝玉的奶娘丫鬟等道："嬷嬷、姐姐们，请宝叔随我这里来。"贾母素知秦氏是个极妥当的人，生的袅娜纤巧，行事又温柔和平，乃重孙媳中第一个得意之人，见他去安置宝玉，自是安稳的。

　　当下秦氏引了一簇人来至上房内间。宝玉抬头看见一幅画贴

精点经典

在上面,画的人物固好,其故事乃是《燃藜图》,也不看系何人所画,心中便有些不快。又有一副对联,写的是:

世事洞明皆学问,人情练达即文章。

及看了这两句,纵然室宇精美,铺陈华丽,亦断断不肯在这里了,忙说:"快出去,快出去!"秦氏听了笑道:"这里还不好,可往那里去呢?不然往我屋里去吧。"宝玉点头微笑。有一个嬷嬷说道:"那里有个叔叔往侄儿房里睡觉的理?"秦氏笑道:"嗳哟哟,不怕他恼,他能多大呢,就忌讳这些个!上月你没看见我那个兄弟来了,虽然与宝叔同年,两个人若站在一处,只怕那个还高些呢。"宝玉道:"我怎么没见过,你带他来我瞧瞧。"众人笑道:"隔着二三十里,往那里带去,见的日子有呢。"说着大家来至秦氏房中。刚至房门,便有一股细细的甜香袭人而来。宝玉觉得眼饧骨软,连说"好香!"入房向壁上看时,有唐伯虎画的《海棠春睡图》,两边有宋学士秦太虚写的一副对联,其联云:

嫩寒锁梦因春冷,芳气笼人是酒香。

案上设着武则天当日镜室中设的宝镜,一边摆着飞燕立着舞过的金盘,盘内盛着安禄山掷过伤了太真乳的木瓜。上面设着寿阳公主于含章殿下卧的榻,悬的是同昌公主制的联珠帐。宝玉含笑连说:"这里好!"秦氏笑道:"我这屋子大约神仙也可以住得了。"说着亲自展开了西子浣过的纱衾,移了红娘抱过的鸳枕。于是众奶母服侍宝玉卧好,款款散了,只留袭人、媚人、晴雯、麝月四个丫鬟为伴。秦氏便分咐小丫鬟们,好生在廊檐下看着猫儿狗儿打架。

那宝玉刚合上眼,便惚惚的睡去,犹似秦氏在前,遂悠悠荡荡,随了秦氏,至一所在。但见朱栏白石,绿树清溪,真是人迹希逢,飞尘不到。宝玉在梦中欢喜,想道:"这个去处有趣,我就在这里过一生,纵然失了家也愿意,强如天天被父母师傅打呢。"正胡思之间,忽听山后有人作歌曰:

春梦随云散,飞花逐水流;
寄言众儿女,何必觅闲愁。

宝玉听了是女子的声音。歌音未息,早见那边走出一个人来,蹁跹袅娜,端的与人不同。有赋为证:

方离柳坞,乍出花房。但行处,鸟惊庭树;将到时,影度回廊。仙袂乍飘兮,闻麝兰之馥郁;荷衣欲动兮,听环佩之铿锵。靥笑春桃兮,云堆翠髻;唇绽樱颗兮,榴齿含香。纤腰之楚楚兮,回风舞雪;珠翠之辉辉兮,满额鹅黄。出没花间兮,宜嗔宜喜;徘徊池上兮,若飞若扬。蛾眉颦笑兮,将言而未语;莲步乍移兮,待止而欲行。美彼之良质兮,冰清玉润;慕彼之华服兮,闪灼文章。爱彼之貌容兮,香培玉琢;美彼之态度兮,凤翥龙翔。其素若何,春梅绽雪。其洁若何,秋菊被霜。其静若何,松生空谷。其艳若何,霞映澄塘。其文若何,龙游曲沼。其神若何,月射寒江。应惭西子,实愧王嫱。奇矣哉,生于孰地,来自何方;信矣乎,瑶池不二,紫府无双。果何人哉?如斯之美也!

宝玉见是一个仙姑,喜的忙来作揖问道:"神仙姐姐不知从那里来,如今要往那里去?也不知这是何处,望乞携带携带。"那仙姑笑道:"吾居离恨天之上,灌愁海之中,乃放春山遣香洞太虚幻境警幻仙姑是也:司人间之风情月债,掌尘世之女怨男痴。因近来风流冤孽,缠绵于此处,是以前来访察机会,布散相思。今忽与尔相逢,亦非偶然。此离吾境不远,别无他物,仅有自采仙茗一盏,亲酿美酒一瓮,素练魔舞歌姬数人,新填《红楼梦》仙曲十二支,试随吾一游否?"宝玉听说,便忘了秦氏在何处,竟随了仙姑,至一所在,有石牌横建,上书"太虚幻境"四个大字,两边一副对联,乃是:

假作真时真亦假,无为有处有还无。

转过牌坊,便是一座宫门,上面横书四个大字,道是:"孽海情天"。又有一副对联,大书云:

厚地高天,堪叹古今情不尽;
痴男怨女,可怜风月债难偿。

宝玉看了,心下自思道:"原来如此。但不知何为'古今之情',何为'风月之债'?从今倒要领略领略。"宝玉只顾如此一想,不料早把些邪魔招入膏肓了。当下随了仙姑进入二层门内,至两边配殿,皆有匾额对联,一时看不尽许多,唯见有几处写的是:"痴情司""结怨司""朝啼司""夜怨司""春感司""秋悲司"。看了,因向仙姑道:"敢烦仙姑引我到那各司中游玩游玩,

精点经典

精点经典

不知可使得？"仙姑道："此各司中皆贮的是普天之下所有的女子过去未来的簿册，尔凡眼尘躯，未便先知的。"宝玉听了，那里肯依，复央之再四。仙姑无奈，说："也罢，就在此司内略随喜随喜罢了。"宝玉喜不自胜，抬头看这司的匾上，乃是"薄命司"三字，两边对联写的是：

> 春恨秋悲皆自惹，花容月貌为谁妍。

宝玉看了，便知感叹。进入门来，只见有十数个大厨，皆用封条封着。看那封条上，皆是各省的地名。宝玉一心只拣自己的家乡封条看，遂无心看别省的了。只见那边厨上封条上大书七字云："金陵十二钗正册"。宝玉问道："何为'金陵十二钗正册'？"警幻道："即贵省中十二冠首女子之册，故为'正册'。"宝玉道："常听人说，金陵极大，怎么只十二个女子？如今单我家里，上上下下，就有几百女孩子呢。"警幻冷笑道："贵省女子固多，不过择其紧要者录之。下边二厨则又次之。余者庸常之辈，则无册可录矣。"宝玉听说，再看下首二厨上，果然写着"金陵十二钗副册"，又一个写着"金陵十二钗又副册"。宝玉便伸手先将"又副册"厨开了，拿出一本册来，揭开一看，只见这首页上画着一幅画，又非人物，也无山水，不过是水墨滃染的满纸乌云浊雾而已。后有几行字迹，写的是：

> 霁月难逢，彩云易散。心比天高，身为下贱。风流灵巧招人怨。寿夭多因毁谤生，多情公子空牵念。

宝玉看了，又见后面画着一簇鲜花，一床破席，也有几句言词，写道是：

> 枉自温柔和顺，空云似桂如兰；
> 堪羡优伶有福，谁知公子无缘。

宝玉看了不解。遂掷下这个，又去开了副册厨门，拿起一本册来，揭开看时，只见画着一株桂花，下面有一池沼，其中水涸泥干，莲枯藕败，后面书云：

> 根并荷花一茎香，平生遭际实堪伤。
> 自从两地生孤木，致使香魂返故乡。

宝玉看了仍不解。便又掷了，再去取"正册"看，只见头一页上便画着两株枯木，木上悬着一围玉带；又有一堆雪，雪下一股金簪。也有四句言词，道是：

可叹停机德，堪怜咏絮才。

玉带林中挂，金簪雪里埋。

宝玉看了仍不解。待要问时，情知他必不肯泄漏；待要丢下，又不舍。遂又往后看时，只见画着一张弓，弓上挂着香橼。也有一首歌词云：

二十年来辨是非，榴花开处照宫闱。

三春争及初春景，虎兕相逢大梦归。

后面又画着两人放风筝，一片大海，一只大船，船中有一女子掩面泣涕之状。也有四句写云：

才自精明志自高，生于末世运偏消。

清明涕送江边望，千里东风一梦遥。

后面又画几缕飞云，一湾逝水。其词曰：

富贵又何为，襁褓之间父母违。

展眼吊斜晖，湘江水逝楚云飞。

后面又画着一块美玉，落在泥垢之中。其断语云：

欲洁何曾洁，云空未必空。

可怜金玉质，终陷淖泥中。

后面忽见画着个恶狼，追扑一美女，欲啖之意。其书云：

子系中山狼，得志便猖狂。

金闺花柳质，一载赴黄粱。

后面便是一所古庙，里面有一美人在内看经独坐。其判云：

勘破三春景不长，缁衣顿改昔年妆。

可怜绣户侯门女，独卧青灯古佛旁。

后面便是一片冰山，上面有一只雌凤。其判曰：

凡鸟偏从末世来，都知爱慕此生才。

一从二令三人木，哭向金陵事更哀。

后面又是一座荒村野店，有一美人在那里纺绩。其判云：

事败休云贵，家亡莫论亲。

偶因济刘氏，巧得遇恩人。

后面又画着一盆茂兰，旁有一位凤冠霞帔的美人。也有判云：

桃李春风结子完，到头谁似一盆兰。

精点经典

> 如冰水好空相妒，枉与他人作笑谈。

后面又画着高楼大厦，有一美人悬梁自缢。其判云：

> 情天情海幻情身，情既相逢必主淫。
> 漫言不肖皆荣出，造衅开端实在宁。

宝玉还欲看时，那仙姑知他天分高明，性情颖慧，恐把仙机泄漏，遂掩了卷册，笑向宝玉道："且随我去游玩奇景，何必在此打这闷葫芦！"

宝玉恍恍惚惚，不觉弃了卷册，又随了警幻来至后面。但见珠帘绣幕，画栋雕檐，说不尽那光摇朱户金铺地，雪照琼窗玉作宫。更见仙花馥郁，异草芬芳，真好个所在。又听警幻笑道："你们快出来迎接贵客！"一语未了，只见房中又走出几个仙子来，皆是荷袂蹁跹，羽衣飘舞，姣若春花，媚如秋月。一见了宝玉，都怨谤警幻道："我们不知系何'贵客'，忙的接了出来！姐姐曾说今日今时必有绛珠妹子的生魂前来游玩，故我等久待。何故反引这浊物来污染这清净女儿之境？"

宝玉听如此说，便吓得欲退不能退，果觉自形污秽不堪。警幻忙携住宝玉的手，向众姊妹道："你等不知原委：今日原欲往荣府去接绛珠，适从宁府所过，偶遇宁荣二公之灵，嘱吾云：'吾家自国朝定鼎以来，功名奕世，富贵传流，虽历百年，奈运终数尽，不可挽回者。故遗之子孙虽多，竟无可以继业。其中唯嫡孙宝玉一人，禀性乖张，性情怪谲，虽聪明灵慧，略可望成，无奈吾家运数合终，恐无人规引入正。幸仙姑偶来，万望先以情欲声色等事警其痴顽，或能使彼跳出迷人圈子，然后入于正路，亦吾兄弟之幸矣。'如此嘱吾，故发慈心，引彼至此。先以彼家上中下三等女子之终身册籍，令彼熟玩，尚未觉悟；故引彼再至此处，令其再历饮馔声色之幻，或冀将来一悟，亦未可知也。"

说毕，携了宝玉入室。但闻一缕幽香，竟不知其所焚何物。宝玉遂不禁相问。警幻冷笑道："此香尘世中既无，尔何能知！此香乃系诸名山胜境内初生异卉之精，合各种宝林珠树之油所制，名'群芳髓'。"宝玉听了，自是羡慕而已。大家入座，小丫鬟捧上茶来。宝玉自觉清香异味，纯美非常，因又问何名。警幻道："此茶出在放春山遣香洞，又以仙花灵叶上所带之宿露而烹，此茶名曰

'千红一窟'。"宝玉听了,点头称赏。因看房内,瑶琴、宝鼎、古画、新诗,无所不有;更喜窗下亦有唾绒,奁间时渍粉污。壁上也见悬着一副对联,书云:

　　　　幽微灵秀地,无可奈何天。

　　宝玉看毕,无不羡慕。因又请问众仙姑姓名:一名痴梦仙姑,一名钟情大士,一名引愁金女,一名度恨菩提,各各道号不一。少刻,有小丫鬟来调桌安椅,设摆酒馔。真是:琼浆满泛玻璃盏,玉液浓斟琥珀杯。更不用再说那肴馔之盛。宝玉因闻得此酒清香甘洌,异乎寻常,又不禁相问。警幻道:"此酒乃以百花之蕊,万木之汁,加以麟髓之醅、凤乳之麯酿成,因名为'万艳同杯'。"宝玉称赏不迭。

　　饮酒间,又有十二个舞女上来,请问演何词曲。警幻道:"就将新制《红楼梦》十二支演上来。"舞女们答应了,便轻敲檀板,款按银筝,听他歌道是:

　　开辟鸿蒙……

　　方歌了一句,警幻便说道:"此曲不比尘世中所填传奇之曲,必有生旦净末之则,又有南北九宫之限。此或咏叹一人,或感怀一事,偶成一曲,即可谱入管弦。若非个中人,不知其中之妙。料尔亦未必深明此调。若不先阅其稿,后听其歌,翻成嚼蜡矣。"说毕,回头命小丫鬟取了《红楼梦》原稿来,递与宝玉。宝玉接来,一面目视其文,一面耳聆其歌曰:

　　〔红楼梦引子〕开辟鸿蒙,谁为情种?都只为风月情浓。趁着这奈何天,伤怀日,寂寥时,试遣愚衷。因此上,演出这怀金悼玉的《红楼梦》。

　　〔终身误〕都道是金玉良姻,俺只念木石前盟。空对着,山中高士晶莹雪;终不忘,世外仙姝寂寞林。叹人间,美中不足今方信。纵然是齐眉举案,到底意难平。

　　〔枉凝眉〕一个是阆苑仙葩,一个是美玉无瑕。若说没奇缘,今生偏又遇着他;若说有奇缘,如何心事终虚化?一个枉自嗟呀,一个空劳牵挂。一个是水中月,一个是镜中花。想眼中能有多少泪珠儿,怎经得秋流到冬尽,春流到夏!

　　宝玉听了此曲,散漫无稽,不见得好处;但其声韵凄惋,竟能

精点经典

> 销魂醉魄。因此也不察其原委，问其来历，就暂以此释闷而已。因又看下面唱道：
>
> 〔恨无常〕喜荣华正好，恨无常又到。眼睁睁，把万事全抛。荡悠悠，把芳魂消耗。望家乡，路远山高。故向爹娘梦里相寻告：儿命已入黄泉，天伦呵，须要退步抽身早！
>
> 〔分骨肉〕一帆风雨路三千，把骨肉家园齐来抛闪。恐哭损残年，告爹娘，休把儿悬念。自古穷通皆有定，离合岂无缘？从今分两地，各自保平安。奴去也，莫牵连。
>
> 〔乐中悲〕襁褓中，父母叹双亡。纵居那绮罗丛，谁知娇养？幸生来，英豪阔大宽宏量，从未将儿女私情略萦心上。好一似，霁月光风耀玉堂。厮配得才貌仙郎，博得个地久天长，准折得幼年时坎坷形状。终久是云散高唐，水涸湘江。这是尘寰中消长数应当，何必枉悲伤！
>
> 〔世难容〕气质美如兰，才华阜比仙。天生成孤癖人皆罕。你道是啖肉食腥膻，视绮罗俗厌；却不知太高人愈妒，过洁世同嫌。可叹这，青灯古殿人将老；辜负了，红粉朱楼春色阑。到头来，依旧是风尘肮脏违心愿。好一似，无瑕白玉遭泥陷；又何须，王孙公子叹无缘。
>
> 〔喜冤家〕中山狼，无情兽，全不念当日根由。一味的骄奢淫荡贪还构。觑着那，侯门艳质同蒲柳；作践的，公府千金似下流。叹芳魂艳魄，一载荡悠悠。
>
> 〔虚花悟〕将那三春看破，桃红柳绿待如何？把这韶华打灭，觅那清淡天和。说什么，天上夭桃盛，云中杏蕊多。到头来，谁把秋捱过？则看那，白杨村里人呜咽，青枫林下鬼吟哦。更兼着，连天衰草遮坟墓。这的是，昨贫今富人劳碌，春荣秋谢花折磨。似这般，生关死劫谁能躲？闻说道，西方宝树唤婆娑，上结着长生果。
>
> 〔聪明累〕机关算尽太聪明，反算了卿卿性命。生前心已碎，死后性空灵。家富人宁，终有个家亡人散各奔腾。枉费了，意悬悬半世心；好一似，荡悠悠三更梦。忽喇喇似大厦倾，昏惨惨似灯将尽。呀！一场欢喜忽悲辛。叹人世，终难定！
>
> 〔留余庆〕留余庆，留余庆，忽遇恩人；幸娘亲，幸娘亲，积得阴功。劝人生，济困扶穷，休似俺那爱银钱忘骨肉的狠舅奸兄！

正是乘除加减，上有苍穹。

〔晚韶华〕镜里恩情，更那堪梦里功名！那美韶华去之何迅！再休提绣帐鸳衾。只这带珠冠，披凤袄，也抵不了无常性命。虽说是，人生莫受老来贫，也须要阴鹭积儿孙。气昂昂头戴簪缨，气昂昂头戴簪缨；光灿灿胸悬金印；威赫赫爵禄高登，威赫赫爵禄高登；昏惨惨黄泉路近。问古来将相可还存？也只是虚名儿与后人钦敬。

〔好事终〕画梁春尽落香尘。擅风情，秉月貌，便是败家的根本。箕裘颓堕皆从敬，家事消亡首罪宁。宿孽总因情。

〔收尾·飞鸟各投林〕为官的，家业凋零；富贵的，金银散尽；有恩的，死里逃生；无情的，分明报应。欠命的，命已还；欠泪的，泪已尽。冤冤相报实非轻，分离聚合皆前定。欲知命短问前生，老来富贵也真侥幸。看破的，遁入空门；痴迷的，枉送了性命。好一似食尽鸟投林，落了片白茫茫大地真干净！

歌毕，还要歌副曲。警幻见宝玉甚无趣味，因叹："痴儿竟尚未悟！"那宝玉忙止歌姬不必再唱，自觉朦胧恍惚，告醉求卧。警幻便命撤去残席，送宝玉至一香闺绣阁之中，其间铺陈之盛，乃素所未见之物。更可骇者，早有一位女子在内，其鲜艳妩媚，有似乎宝钗，风流袅娜，则又如黛玉。正不知何意，忽警幻道："尘世中多少富贵之家，那些绿窗风月，绣阁烟霞，皆被淫污纨袴与那些流荡女子悉皆玷辱。更可恨者，自古来多少轻薄浪子，皆以'好色不淫'为饰，又以'情而不淫'作案，此皆饰非掩丑之语也。好色即淫，知情更淫。是以巫山之会，云雨之欢，皆由既悦其色、复恋其情所致也。吾所爱汝者，乃天下古今第一淫人也。"

宝玉听了，唬的忙答道："仙姑差了。我因懒于读书，家父母尚每垂训饬，岂敢再冒'淫'字。况且年纪尚小，不知'淫'字为何物。"警幻道："非也。淫虽一理，意则有别。如世之好淫者，不过悦容貌，喜歌舞，调笑无厌，云雨无时，恨不能尽天下之美女供我片时之趣兴，此皆皮肤滥淫之蠢物耳。如尔则天分中生成一段痴情，吾辈推之为'意淫'。'意淫'二字，唯心会而不可口传，可神通而不可语达。汝今独得此二字，在闺阁中，固可为良友，然于世道中未免迂阔怪诡，百口嘲谤，万目睚眦。今既遇令祖宁荣二

精点经典

精点经典

公剖腹深嘱，吾不忍君独为我闺阁增光，见弃于世道，是以特引前来，醉以灵酒，沁以仙茗，警以妙曲，再将吾妹一人，乳名兼美字可卿者，许配于汝。今夕良时，即可成姻。不过令汝领略此仙闺幻境之风光尚如此，何况尘境之情景哉？而今后万万解释，改悟前情，留意于孔孟之间，委身于经济之道。"说毕便秘授以云雨之事，推宝玉入房，将门掩上自去。

那宝玉恍恍惚惚，依警幻所嘱之言，未免有儿女之事，难以尽述。至次日，便柔情缱绻，软语温存，与可卿难解难分。因二人携手出去游顽之时，忽至一个所在，但见荆榛遍地，狼虎同群，迎面一道黑溪阻路，并无桥梁可通。正在犹豫之间，忽见警幻后面追来，告道："快休前进，作速回头要紧！"宝玉忙止步问道："此系何处？"警幻道："此即迷津也。深有万丈，遥亘千里，中无舟楫可通，只有一个木筏，乃木居士掌舵，灰侍者撑篙，不受金银之谢，但遇有缘者渡之。尔今偶游至此，设如堕落其中，则深负我从前谆谆警戒之语矣。"话犹未了，只听迷津内水响如雷，竟有许多夜叉海鬼将宝玉拖将下去。吓得宝玉汗下如雨，一面失声喊叫："可卿救我！"吓得袭人辈众丫鬟忙上来搂住，叫："宝玉别怕，我们在这里！"

却说秦氏正在房外嘱咐小丫头们好生看着猫儿狗儿打架，忽听宝玉在梦中唤他的小名，因纳闷道："我的小名这里从没人知道的，他如何知道，在梦里叫出来？"正是：

　　一场幽梦同谁近，千古情人独我痴。

【阅读随笔】

精点经典

第六回 贾宝玉初试云雨情
刘姥姥一进荣国府

却说秦氏因听见宝玉从梦中唤他的乳名，心中自是纳闷，又不好细问。彼时宝玉迷迷惑惑，若有所失。众人忙端上桂圆汤来，呷了两口，遂起身整衣。袭人伸手与他系裤带时，不觉伸手至大腿处，只觉冰凉一片粘湿，唬的忙退出手来，问是怎么了。宝玉红涨了脸，把他的手一捻。袭人本是个聪明女子，年纪本又比宝玉大两岁，近来也渐通人事，今见宝玉如此光景，心中便觉察一半了，不觉也羞的红胀了脸面，不敢再问。仍旧理好衣裳，遂至贾母处来，胡乱吃毕了晚饭，过这边来。

袭人忙趁众奶娘丫鬟不在旁时，另取出一件中衣来与宝玉换上。宝玉含羞央告道："好姐姐，千万别告诉人。"袭人亦含羞笑问道："你梦见什么故事了？是那里流出来的那些脏东西？"宝玉道："一言难尽。"说着便把梦中之事细说与袭人听了。说至警幻所授云雨之情，羞的袭人掩面伏身而笑。宝玉亦素喜袭人柔媚娇俏，遂强袭人同领警幻所训云雨之事。袭人素知贾母已将自己与了宝玉的，今便如此，亦不为越礼，遂和宝玉偷试一番，幸得无人撞见。自此宝玉视袭人更比别个不同，袭人待宝玉更为尽心。暂且别无话说。

按荣府中一宅人合算起来，人口虽不多，从上至下也有三四百丁；虽事不多，一天也有一二十件，竟如乱麻一般，并无个头绪可作纲领。正寻思从那一件事自那一个人写起方妙，恰好忽从千里之外，芥荳之微，小小一个人家，因与荣府略有些瓜葛，这日正往荣府中来，因此便就此一家说来，倒还是头绪。你道这一家姓甚名谁，又与荣府有甚瓜葛？且听细讲。

方才所说的这小小之家，乃本地人氏，姓王，祖上曾作过小小的一个京官，昔年与凤姐之祖王夫人之父认识。因贪王家的势利，便连了宗认作侄儿。那时只有王夫人之大兄凤姐之父与王夫人随在京中的，知有此一门连宗之族，余者皆不认识。目今其祖已故，只有一个儿子，名唤王成，因家业萧条，仍搬出城外原乡中住去了。王成新近亦因病故，只有其子，小名狗儿。狗儿亦生一子，小名板儿，嫡妻刘氏，又生一女，名唤青儿。一家四口，仍以务农为业。因狗儿白日间又作些生计，刘氏又操井臼等事，青板姊妹两个无人看管，狗儿遂将岳母刘姥姥接来一处过活。这刘姥姥乃是个积年的老寡妇，膝下又无儿女，只靠两亩薄田度日。今者女婿接来养活，岂不愿意，遂一心一计，帮趁着女儿女婿过活起来。

　　因这年秋尽冬初，天气冷将上来，家中冬事未办，狗儿未免心中烦虑，吃了几杯闷酒，在家闲寻气恼，刘氏也不敢顶撞。因此刘姥姥看不过，乃劝道："姑爷，你别嗔着我多嘴。咱们村庄人，那一个不是老老诚诚的，守多大碗儿吃多大的饭。你皆因年小的时候，托着你那老家之福，吃喝惯了，如今所以把持不住。有了钱就顾头不顾尾，没了钱就瞎生气，成个什么男子汉大丈夫呢！如今咱们虽离城住着，终是天子脚下。这长安城中，遍地都是钱，只可惜没人会去拿去罢了。在家跳蹋会子也不中用。"狗儿听说，便急道："你老只会炕头儿上混说，难道叫我打劫偷去不成？"刘姥姥道："谁叫你偷去呢。也到底想法儿大家裁度，不然那银子钱自己跑到咱家来不成？"狗儿冷笑道："有法儿还等到这会子呢。我又没有收税的亲戚，作官的朋友，有什么法子可想的？便有，也只怕他们未必来理我们呢！"

　　刘姥姥道："这倒不然。谋事在人，成事在天。咱们谋到了，看菩萨的保佑，有些机会，也未可知。我倒替你们想出一个机会来。当日你们原是和金陵王家连过宗的，二十年前，他们看承你们还好；如今自然是你们拉硬屎，不肯去亲近他，故疏远起来。想当初我和女儿还去过一遭。他们家的二小姐着实响快，会待人，倒不拿大。如今现是荣国府贾二老爷的夫人。听得说，如今上了年纪，越发怜贫恤老，最爱斋僧敬道，舍米舍钱的。如今王府虽升了边任，只怕这二姑太太还认得咱们。你何不去走动走动，或者他念旧，有些好处，也未可知。要是他发一点好心，拔一根寒毛比咱们的腰还粗呢。"刘氏一旁接口道："你老虽说的是，但只你我这样个嘴脸，怎么好到他门上去的。先不先，他们那些门上的人也未必肯去通信。没的去打嘴现世。"

精点经典

精点经典

　　谁知狗儿利名心最重,听如此一说,心下便有些活动起来。又听他妻子这话,便笑接道:"姥姥既如此说,况且当年你又见过这姑太太一次,何不你老人家明日就走一趟,先试试风头再说。"刘姥姥道:"嗳哟哟!可是说的'侯门深似海',我是个什么东西,他家人又不认得我,我去了也是白去的。"狗儿笑道:"不妨,我教你老人家一个法子:你竟带了外孙子板儿,先去找陪房周瑞,若见了他,就有些意思了。这周瑞先时曾和我父亲交过一件事,我们极好的。"刘姥姥道:"我也知道他的。只是许多时不走动,知道他如今是怎样。这也说不得了,你又是个男人,又这样个嘴脸,自然去不得;我们姑娘年轻媳妇子,也难卖头卖脚的,倒还是舍着我这付老脸去碰一碰。果然有些好处,大家都有益;便是没银子来,我也到那公府侯门见一见世面,也不枉我一生。"说毕,大家笑了一回。当晚计议已定。

　　次日天未明,刘姥姥便起来梳洗了,又将板儿教训了几句。那板儿才五六岁的孩子,一无所知,听见带他进城逛去,便喜的无不应承。于是刘姥姥带他进城,找至宁荣街。

　　来至荣府大门石狮子前,只见簇簇轿马,刘姥姥便不敢过去,且掸了掸衣服,又教了板儿几句话,然后蹭到角门前。只见几个挺胸叠肚指手画脚的人,坐在大板凳上,说东谈西呢。刘姥姥只得蹭上来问:"太爷们纳福。"众人打量了他一会,便问:"那里来的?"刘姥姥陪笑道:"我找太太的陪房周大爷的,烦那位太爷替我请他老出来。"那些人听了,都不瞅睬,半日方说道:"你远远的在那墙角下等着,一会子他们家有人就出来的。"内中有一老年人说道:"不要误他的事,何苦要他。"因向刘姥姥道:"那周大爷已往南边去了。他在后一带住着,他娘子却在家。你要找时,从这边绕到后街上后门上去问就是了。"

　　刘姥姥听了谢过,遂携了板儿,绕到后门上。只见门前歇着些生意担子,也有卖吃的,也有卖顽耍物件的,闹吵吵三二十个小孩子在那里厮闹。刘姥姥便拉住一个道:"我问哥儿一声,有个周大娘可在家么?"孩子们道:"那个周大娘?我们这里周大娘有三个呢,还有两个周奶奶,不知是那一行当的?"刘姥姥道:"是太太的陪房周瑞。"孩子道:"这个容易,你跟我来。"说着，跳蹿蹿的引着刘姥姥进了后门，至一院墙边，指与刘姥姥道："这就是他家。"又叫道："周大娘，有个老奶奶来找你呢，我带了来了。"

周瑞家的在内听说，忙迎了出来，问："是那位？"刘姥姥忙迎上来问道："好呀，周嫂子！"周瑞家的认了半日，方笑道："刘姥姥，你好呀！你说说，能几年，我就忘了。请家里来坐罢。"刘姥姥一壁里走着，一壁笑说道："你老是贵人多忘事，那里还记得我们呢。"说着，来至房中。周瑞家的命雇的小丫头倒上茶来吃着。周瑞家的又问板儿道："你都长这们大了！"又问些别后闲话。又问刘姥姥："今日还是路过，还是特来的？"刘姥姥便说："原是特来瞧瞧嫂子你，二则也请请姑太太的安。若可以领我见一见更好，若不能，便借重嫂子转致意罢了。"

周瑞家的听了，便已猜着几分来意。只因昔年他丈夫周瑞争买田地一事，其中多得狗儿之力，今见刘姥姥如此而来，心中难却其意；二则也要显弄自己的体面。听如此说，便笑说道："姥姥你放心。大远的诚心诚意来了，岂有个不教你见个真佛去的呢。论理，人来客至回话，却不与我相干。我们这里都是各占一样儿：我们男的只管春秋两季地租子，闲时只带着小爷们出门子就完了；我只管跟太太奶奶们出门的事。皆因你原是太太的亲戚，又拿我当个人，投奔了我来，我就破个例，给你通个信去。但只一件，姥姥有所不知，我们这里又不比五年前了。如今太太竟不大管事，都是琏二奶奶管家了。你道这琏二奶奶是谁？就是太太的内侄女，当日大舅老爷的女儿，小名凤哥的。"刘姥姥听了，罕问道："原来是他！怪道呢，我当日就说他不错呢。这等说来，我今儿还得见他了。"周瑞家的道："这自然的。如今太太事多心烦，有客来了，略可推得去的就推过去了，都是凤姑娘周旋迎待。今儿宁可不会太太，倒要见他一面，才不枉这里来一遭。"刘姥姥道："阿弥陀佛！全仗嫂子方便了。"周瑞家的道："说那里话。俗语说的：'与人方便，自己方便。'不过用我说一句话罢了，害着我什么。"说着，便叫小丫头到倒厅上悄悄的打听打听，老太太屋里摆了饭了没有。小丫头去了。这里二人又说些闲话。

刘姥姥因说："这凤姑娘今年大还不过二十岁罢了，就这等

精点经典

53

精点经典

有本事,当这样的家,可是难得的。"周瑞家的听了道:"我的姥姥,告诉不得你呢。这位凤姑娘年纪虽小,行事却比世人都大呢。如今出挑的美人一样的模样儿,少说些有一万个心眼子。再要赌口齿,十个会说话的男人也说他不过。回来你见了就信了。就只一件,待下人未免太严些个。"说着,只见小丫头回来说:"老太太屋里已摆完了饭了,二奶奶在太太屋里呢。"周瑞家的听了,连忙起身,催着刘姥姥说:"快走,快走。这一下来他吃饭是个空子,咱们先赶着去。若迟一步,回事的人也多了,难说话。再歇了中觉,越发没了时候了。"说着一齐下了炕,打扫打扫衣服,又教了板儿几句话,随着周瑞家的,逶迤往贾琏的住处来。

先到了倒厅,周瑞家的将刘姥姥安插在那里略等一等。自己先过了影壁,进了院门,知凤姐未下来,先找着凤姐的一个心腹通房大丫头名唤平儿的。周瑞家的先将刘姥姥起初来历说明,又说:"今日大远的特来请安。当日太太是常会的,今日不可不见,所以我带了他进来了。等奶奶下来,我细细回明,奶奶想也不责备我莽撞的。"平儿听了,便作了主意:"叫他们进来,先在这里坐着就是了。"周瑞家的听了,方出去引他两个进入院来。

上了正房台矶,小丫头打起猩红毡帘,才入堂屋,只闻一阵香扑了脸来,竟不辨是何气味,身子如在云端里一般。满屋中之物都耀眼争光的,使人头悬目眩。刘姥姥此时唯点头咂嘴念佛而已。于是来至东边这间屋内,乃是贾琏的女儿大姐儿睡觉之所。平儿站在炕沿边,打量了刘姥姥两眼,只得问个好让坐。刘姥姥见平儿遍身绫罗,插金带银,花容玉貌的,便当是凤姐儿了。才要称姑奶奶,忽见周瑞家的称他是平姑娘,又见平儿赶着周瑞家的称周大娘,方知不过是个有些体面的丫头了。于是让刘姥姥和板儿上了炕,平儿和周瑞家的对面坐在炕沿上,小丫头子斟了茶来吃茶。

刘姥姥只听见咯当咯当的响声,大有似乎打箩柜筛面的一般,不免东瞧西望的。忽见堂屋中柱子上挂着一个匣子,底下又坠着一个秤砣般一物,却不住的乱幌。刘姥姥心中想着:"这是什么爱物儿?有甚用呢?"正呆时,只听得当的一声,又若金钟铜磬一般,不防倒唬的一展眼。接着又是一连八九下。方欲问时,只见小丫头子们齐乱跑,说:"奶奶下来了。"周瑞家的与平儿忙起身,命刘姥姥"只管等着,是时候我们来请你"。说着,都迎出去了。

刘姥姥屏声侧耳默候。只听远远有人笑声,约有一二十妇人,衣裙窸窣,渐入堂屋,往那边屋内去了。又见两三个妇人,都捧着大漆捧盒,进这边来等候。听得那边说了声"摆饭",渐渐的人才散出,只有伺候端菜的几个人。半日鸦雀不闻之后,忽见二人抬了一张炕桌来,放在这边炕上,桌上碗盘森列,仍是满满的鱼肉在内,不过略动了几样。板儿一见了,便吵着要肉吃,刘姥姥一巴掌打了他去。忽见周瑞家的笑嘻嘻走过来,招手儿叫他。刘姥姥会意,于是带了板儿下炕,至堂屋中,周瑞家的又和他唧咕了一会,方过这边屋里来。

只见门外錾铜钩上悬着大红撒花软帘,南窗下是炕,炕上大红毡条,靠东边板壁立着一个锁子锦靠背与一个引枕,铺着金心绿闪缎大坐褥,旁边有雕漆痰盒。那凤姐儿家常带着秋板貂鼠昭君套,围着攒珠勒子,穿着桃红撒花袄,石青刻丝灰鼠披风,大红洋绉银鼠皮裙,粉光脂艳,端端正正坐在那里,手内拿着小铜火箸儿拨手炉内的灰。平儿站在炕沿边,捧着小小的一个填漆茶盘,盘内一个小盖钟。凤姐也不接茶,也不抬头,只管拨手炉内的灰,慢慢的问道:"怎么还不请进来?"一面说,一面抬身要茶时,只见周瑞家的已带了两个人在地下站着呢。这才忙欲起身犹未起身时,满面春风的问好,又嗔着周瑞家的怎么不早说。刘姥姥在地下已是拜了数拜,问姑奶奶安。凤姐忙说:"周姐姐,快搀起来,别拜罢,请坐。我年轻,不大认得,可也不知是什么辈数,不敢称呼。"周瑞家的忙回道:"这就是我才回的那姥姥了。"凤姐点头。刘姥姥已在炕沿上坐了。板儿便躲在背后,百般的哄他出来作揖,他死也不肯。

凤姐儿笑道:"亲戚们不大走动,都疏远了。知道的呢,说你们弃厌我们,不肯常来;不知道的那起小人,还只当我们眼里没人似的。"刘姥姥忙念佛道:"我们家道艰难,走不起,来了这里,没的给姑奶奶打嘴,就是管家爷们看着也不像。"凤姐儿笑道:"这话没的叫人恶心。不过借赖着祖父虚名,作了穷官儿,谁家有什么,不过是个旧日的空架子。俗语说,'朝廷还有

精点经典

精点经典

三门子穷亲戚'呢，何况你我。"说着，又问周瑞家的回了太太了没有。周瑞家的道："如今等奶奶的示下。"凤姐道："你去瞧瞧，要是有人有事就罢，得闲儿呢就回，看怎么说。"周瑞家的答应着去了。

这里凤姐叫人抓些果子与板儿吃，刚问些闲话时，就有家下许多媳妇管事的来回话。平儿回了，凤姐道："我这里陪客呢，晚上再来回。若有很要紧的，你就带进来现办。"平儿出去了，一会进来说："我都问了，没什么紧事，我就叫他们散了。"凤姐点头。只见周瑞家的回来，向凤姐道："太太说了，今日不得闲，二奶奶陪着便是一样。多谢费心想着。白来逛逛呢便罢；若有甚说的，只管告诉二奶奶，都是一样。"刘姥姥道："也没甚说的，不过是来瞧瞧姑太太、姑奶奶，也是亲戚们的情分。"周瑞家的道："没甚说的便罢；若有话，只管回二奶奶，是和太太一样的。"一面说，一面递眼色与刘姥姥。

刘姥姥会意，未语先飞红的脸，欲待不说，今日又所为何来？只得忍耻说道："论理今儿初次见姑奶奶，却不该说，只是大远的奔了你老这里来，也少不的说了。"刚说到这里，只听二门上小厮们回说："东府里的小大爷进来了。"凤姐忙止刘姥姥："不必说了。"一面便问："你蓉大爷在那里呢？"只听一路靴子脚响，进来了一个十七八岁的少年，面目清秀，身材俊俏，轻裘宝带，美服华冠。刘姥姥此时坐不是，立不是，藏没处藏。凤姐笑道："你只管坐着，这是我侄儿。"刘姥姥方扭扭捏捏在炕沿上坐了。

贾蓉笑道："我父亲打发我来求婶子，说上回老舅太太给婶子的那架玻璃炕屏，明日请一个要紧的客，借了略摆一摆就送过来。"凤姐道："说迟了一日，昨儿已经给了人了。"贾蓉听着，嘻嘻的笑着，在炕沿上半跪道："婶子若不借，又说我不会说话了，又挨一顿好打呢。婶子只当可怜侄儿罢。"凤姐笑道："也没见你们，王家的东西都是好的不成？你们那里放着那些好东西，只是看不见，偏我的就是好的。"贾蓉笑道："那里有这个好呢！只求开恩罢。"凤姐道："若碰一点儿，你可仔细你的皮！"因命平儿拿了楼房的钥匙，传几个妥当人抬去。贾蓉喜的眉开眼笑，说："我亲自带了人拿去，别由他们乱碰。"说着便起身出去了。

这里凤姐忽又想起一事来，便向窗外："叫蓉哥回来。"外面几个人接声说："蓉大爷快回来。"贾蓉忙复身转来，垂手侍立，听阿凤指示。那凤姐只管慢慢的吃茶，出了半日的神，又笑道："罢了，你且去罢。晚饭后你来再说罢。这会子有人，我也没精神了。"贾蓉应了一声，方慢慢的退去。

这里刘姥姥心神方定，才又说道："今日我带了你侄儿来，也不为别的，只因他老子娘在家里，连吃的都没有。如今天又冷了，越想没个派头儿，只得带了你侄儿奔了你老来。"说着又推板儿道："你那爹在家怎么教你来？打发咱们作煞事来？只顾吃果子咧。"凤姐早已明白了，听他不会说话，因笑止道："不必说了，我知道了。"因问周瑞家的："这姥姥不知可用了早饭没有？"刘姥姥忙说道："一早就往这里赶咧，那里还有吃饭的工夫咧。"凤姐听说，忙命快传饭来。一时周瑞家的传了一桌客饭来，摆在东边屋内，过来带了刘姥姥和板儿过去吃饭。

凤姐说道："周姐姐，好生让着些儿，我不能陪了。"于是过东边房里来。又叫过周瑞家的去，问他才回了太太，说了些什么？周瑞家的道："太太说，他们家原不是一家子，不过因出一姓，当年又与太老爷在一处作官，偶然连了宗的。这几年来也不大走动。当时他们来一遭，却也没空了他们。今儿既来了瞧瞧我们，是他的好意思，也不可简慢了他。便是有什么说的，叫奶奶裁度着就是了。"凤姐听了说道："我说呢，既是一家子，我如何连影儿也不知道。"

说话时，刘姥姥已吃毕了饭，拉了板儿过来，醋舌咂嘴的道谢。凤姐笑道："且请坐下，听我告诉你老人家。方才的意思，我已知道了。若论亲戚之间，原该不等上门来就该有照应才是。但如今家内杂事太烦，太太渐上了年纪，一时想不到也是有的。况是我近来接着管些事，都不知道这些亲戚们。二则外头看着虽是烈烈轰轰的，殊不知大有大的艰难去处，说与人也未必信呢。今儿你既老远的来了，又是头一次见我张口，怎好叫你空回去呢。可巧昨儿太太给我的丫头们做衣裳的二十两银子，我还没动呢，你若不嫌少，

精点经典

精点经典

就暂且先拿了去罢。"

那刘姥姥先听见告艰难，只当是没有，心里便突突的；后来听见给他二十两，喜的又浑身发痒起来，说道："嗳，我也是知道艰难的。但俗语说的：'瘦死的骆驼比马大'，凭他怎样，你老拔根寒毛比我们的腰还粗呢！"周瑞家的见他说的粗鄙，只管使眼色止他。凤姐看见，笑而不睬，只命平儿把昨儿那包银子拿来，再拿一吊钱来，都送到刘姥姥的跟前。凤姐乃道："这是二十两银子，暂且给这孩子做件冬衣罢。若不拿着，就真是怪我了。这钱雇车坐罢。改日无事，只管来逛逛，方是亲戚们的意思。天也晚了，也不虚留你们了，到家里该问好的问个好儿罢。"一面说，一面就站了起来。

刘姥姥只管千恩万谢的，拿了银子钱，随了周瑞家的来至外面。周瑞家的道："我的娘啊！你见了他怎么倒不会说了？开口就是'你侄儿'。我说句不怕你恼的话，便是亲侄儿，也要说和软些。蓉大爷才是他的正经侄儿呢，他怎么又跑出这么一个侄儿来了。"刘姥姥笑道："我的嫂子，我见了他，心眼儿里爱还爱不过来，那里还说的上话来呢。"二人说着，又到周瑞家坐了片时。刘姥姥便要留下一块银子与周瑞家孩子们买果子吃，周瑞家的如何放在眼里，执意不肯。刘姥姥感谢不尽，仍从后门去了。正是：

得意浓时易接济，受恩深处胜亲朋。

【阅读随笔】

精点经典

第七回　送宫花贾琏戏熙凤
　　　　　　宴宁府宝玉会秦钟

　　话说周瑞家的送了刘姥姥去后，便上来回王夫人话。谁知王夫人不在上房，问丫鬟们时，方知往薛姨妈那边闲话去了。周瑞家的听说，便转出东角门至东院，往梨香院来。刚至院门前，只见王夫人的丫鬟金钏儿，和一个才留了头的小女孩儿站在台阶坡上顽。见周瑞家的来了，便知有话回，因向内努嘴儿。

　　周瑞家的轻轻掀帘进去，只见王夫人和薛姨妈长篇大套的说些家务人情等语。周瑞家的不敢惊动，遂进里间来。只见薛宝钗穿着家常衣服，头上只散挽着鬟儿，坐在炕里边，伏在小炕桌上同丫鬟莺儿正描花样子呢。见他进来，宝钗才放下笔，转过身来，满面堆笑让："周姐姐坐。"周瑞家的也忙陪笑问："姑娘好？"一面炕沿上坐了，因说："这有两三天也没见姑娘到那边逛逛去，只怕是你宝兄弟冲撞了你不成？"宝钗笑道："那里的话。只因我那种病又发了，所以这两天没出屋子。"周瑞家的道："正是呢，姑娘到底有什么病根儿，也该趁早儿请个大夫来，好生开个方子，认真吃几剂药，一势儿除了根才是。小小的年纪倒作下个病根儿，也不是顽的。"宝钗听了便笑道："再不要提吃药。为这病请大夫吃药，也不知白花了多少银子钱呢。凭你什么名医仙药，从不见一点儿效。后来还亏了一个秃头和尚，说专治无名之症，因请他看了。他说我这是从胎里带来的一股热毒，幸而先天壮，还不相干；若吃寻常药，是不中用的。他就说了一个海上方，又给了一包药末子作引子，异香异气的，不知是那里弄了来的。他说发了时吃一丸就好。倒也奇怪，吃他的药倒效验些。"

　　周瑞家的因问："不知是个什么海上方儿？姑娘说了，我们也记着，说与人知道，倘遇见这样病，也是行好的事。"宝钗见问，乃笑道："不用这方儿还好，若用了这方儿，真真把人琐碎死。东西药料一概都有限，只难得'可巧'二字：要春天开的白牡丹花蕊十二两，夏天开的白荷花蕊十二两，秋天的白芙蓉蕊十二两，冬天

· 60 ·

的白梅花蕊十二两。将这四样花蕊，于次年春分这日晒干，和在药末子一处，一齐研好。又要雨水这日的雨水十二钱，……"周瑞家的忙道："嗳哟！这么说来，这就得三年的工夫。倘或雨水这日竟不下雨，这却怎处呢？"宝钗笑道："所以说那里有这样可巧的雨，便没雨也只好再等罢了。还要白露这日的露水十二钱，霜降这日的霜十二钱，小雪这日的雪十二钱。把这四样水调匀，和了药，再加十二钱蜂蜜，十二钱白糖，丸了龙眼大的丸子，盛在旧磁坛内，埋在花根底下。若发了病时，拿出来吃一丸，用十二分黄柏煎汤送下。"

周瑞家的听了笑道："阿弥陀佛，真巧死人的事儿！等十年未必都这样巧的呢。"宝钗道："竟好，自他说了去后，一二年间可巧都得了，好容易配成一料。如今从南带至北，现在就埋在梨花树底下呢。"周瑞家的又问道："这药可有名字没有呢？"宝钗道："有。这也是那癞头和尚说下的，叫作'冷香丸'。"周瑞家的听了点头儿，因又说："这病发了时到底觉怎么着？"宝钗道："也不觉甚怎么着，只不过喘嗽些，吃一丸下去也就好些了。"

周瑞家的还欲说话时，忽听王夫人问："谁在房里呢？"周瑞家的忙出去答应了，趁便回了刘姥姥之事。略待半刻，见王夫人无语，方欲退出，薛姨妈忽又笑道："你且站住。我有一宗东西，你带了去罢。"说着便叫香菱。只听帘栊响处，方才和金钏顽的那个小丫头进来了，问："奶奶叫我作什么？"薛姨妈道："把匣子里的花儿拿来。"香菱答应了，向那边捧了个小锦匣来。薛姨妈道："这是宫里头的新鲜样法，拿纱堆的花儿十二支。昨儿我想起来，白放着可惜了儿的，何不给他们姊妹们戴去。昨儿要送去，偏又忘了。你今儿来的巧，就带了去罢。你家的三位姑娘，每人一对，剩下的六枝，送林姑娘两枝，那四枝给了凤哥罢。"王夫人道："留着给宝丫头戴罢，又想着他们作什么。"薛姨妈道："姨娘不知道，宝丫头古怪着呢，他从来不爱这些花儿粉儿的。"

说着，周瑞家的拿了匣子，走出房门，见金钏仍在那里晒日阳儿。周瑞家的因问他道："那香菱小丫头子，可就是常说临上京时买的、为他打人命官司的那个小丫头子么？"金钏道："可不就是

精点经典

他。"正说着，只见香菱笑嘻嘻的走来。周瑞家的便拉了他的手，细细的看了一会，因向金钏儿笑道："倒好个模样儿，竟有些像咱们东府里蓉大奶奶的品格儿。"金钏儿笑道："我也是这们说呢。"周瑞家的又问香菱："你几岁投身到这里？"又问："你父母今在何处？今年十几岁了？本处是那里人？"香菱听问，都摇头说："不记得了。"周瑞家的和金钏儿听了，倒反为叹息伤感一回。

一时间周瑞家的携花至王夫人正房后头来。原来近日贾母说孙女儿们太多了，一处挤着倒不方便，只留宝玉黛玉二人这边解闷，却将迎、探、惜三人移到王夫人这边房后三间小抱厦内居住，令李纨陪伴照管。如今周瑞家的故顺路先往这里来，只见几个小丫头子都在抱厦内听呼唤呢。迎春的丫鬟司棋与探春的丫鬟侍书二人正掀帘子出来，手里都捧着茶钟，周瑞家的便知他们姊妹在一处坐着呢，遂进入内房，只见迎春、探春二人正在窗下围棋。周瑞家的将花送上，说明缘故。二人忙住了棋，都欠身道谢，命丫鬟们收了。

周瑞家的答应了，因说："四姑娘不在房里，只怕在老太太那边呢。"丫鬟们道："那屋里不是四姑娘？"周瑞家的听了，便往这边屋里来。只见惜春正同水月庵的小姑子智能儿一处顽耍呢，见周瑞家的进来，惜春便问他何事。周瑞家的便将花匣打开，说明原故。惜春笑道："我这里正和智能儿说，我明儿也剃了头同他作姑子去呢，可巧又送了花儿来；若剃了头，可把这花儿戴在那里呢？"说着，大家取笑一回，惜春命丫鬟入画来收了。

周瑞家的因问智能儿："你是什么时候来的？你师父那秃歪剌往那里去了？"智能儿道："我们一早就来了。我师父见了太太，就往于老爷府内去了，叫我在这里等他呢。"周瑞家的又道："十五的月例香供银子可曾得了没有？"智能儿摇头儿说："我不知道。"惜春听了，便问周瑞家的："如今各庙月例银子是谁管着？"周瑞家的道："是余信管着。"惜春听了笑道："这就是了。他师父一来，余信家的就赶上来，和他师父咕唧了半日，想是就为这事了。"

那周瑞家的又和智能儿劳叨了一会，便往凤姐儿处来。穿夹道

· 62 ·

从李纨后窗下过,隔着玻璃窗户,见李纨在炕上歪着睡觉呢,遂越过西花墙,出西角门进入凤姐院中。走至堂屋,只见小丫头丰儿坐在凤姐房门槛上,见周瑞家的来了,连忙摆手儿叫他往东屋里去。周瑞家的会意,忙蹑手蹑足往东边房里来,只见奶子正拍着大姐儿睡觉呢。周瑞家的悄问奶子道:"姐儿睡中觉呢?也该请醒了。"奶子摇头儿。正说着,只听那边一阵笑声,却有贾琏的声音。接着房门响处,平儿拿着大铜盆出来,叫丰儿舀水进去。平儿便到这边来,一见了周瑞家的便问:"你老人家又跑了来作什么?"周瑞家的忙起身,拿匣子与他,说送花儿一事。平儿听了,便打开匣子,拿了四枝,转身去了。半刻工夫,手里拿出两枝来,先叫彩明吩咐道:"送到那边府里给小蓉大奶奶戴去。"次后方命周瑞家的回去道谢。

周瑞家的这才往贾母这边来。穿过了穿堂,抬头忽见他女儿打扮着才从他婆家来。周瑞家的忙问:"你这会跑来作什么?"他女儿笑道:"妈一向身上好?我在家里等了这半日,妈竟不出去,什么事情这样忙的不回家?我等烦了,自己先到了老太太跟前请了安了,这会子请太太的安去。妈还有什么不了的差事,手里是什么东西?"周瑞家的笑道:"嗳!今儿偏偏的来了个刘姥姥,我自己多事,为他跑了半日;这会子又被姨太太看见了,送这几枝花儿与姑娘奶奶们。这会子还没送清楚呢。你这会子跑了来,一定有什么事。"他女儿笑道:"你老人家倒会猜。实对你老人家说,你女婿前儿因多吃了两杯酒,和人分争,不知怎的被人放了一把邪火,说他来历不明,告到衙门里,要递解还乡。所以我来和你老人家商议商议,这个情分,求那一个可了事呢?"周瑞家的听了道:"我就知道呢。这有什么大不了的事!你且家去等我,我给林姑娘送了花儿去就回家去。此时太太二奶奶都不得闲儿,你回去等我。这有什么,忙的如此。"女儿听说,便回去了,又说:"妈,好歹快来。"周瑞家的道:"是了。小人儿家没经过什么事,就急得你这样了。"说着,便到黛玉房中去了。

谁知此时黛玉不在自己房中,却在宝玉房中大家解九连环玩呢。周瑞家的进来笑道:"林姑娘,姨太太着我送花儿与姑娘戴来了。"宝玉听说,便先问:"什么花儿?拿来给我。"一面早伸手

精点经典

接过来了。开匣看时，原来是宫制堆纱新巧的假花儿。黛玉只就宝玉手中看了一看，便问道："还是单送我一人的，还是别的姑娘们都有呢？"周瑞家的道："各位都有了，这两枝是姑娘的了。"黛玉冷笑道："我就知道，别人不挑剩下的也不给我。"周瑞家的听了，一声儿不言语。宝玉便问道："周姐姐，你作什么到那边去了？"周瑞家的因说："太太在那里，因回话去了，姨太太就顺便叫我带来了。"宝玉道："宝姐姐在家作什么呢？怎么这几日也不过这边来？"周瑞家的道："身上不大好呢。"宝玉听了，便和丫头说："谁去瞧瞧？只说我与林姑娘打发了来请姨太太姐姐安，问姐姐是什么病，现吃什么药。论理我该亲自来的，就说才从学里来，也着了些凉，异日再亲自来看罢。"说着，茜雪便答应去了。周瑞家的自去，无话。

原来这周瑞的女婿，便是雨村的好友冷子兴，近因卖古董和人打官司，故教女人来讨情分。周瑞家的仗着主子的势利，把这些事也不放在心上，晚间只求求凤姐儿便完了。

至掌灯时分，凤姐已卸了妆，来见王夫人回话："今儿甄家送了来的东西，我已收了。咱们送他的，趁着他家有年下进鲜的船回去，一并都交给他们带了去罢？"王夫人点头。凤姐又道："临安伯老太太生日的礼已经打点了，派谁送去呢？"王夫人道："你瞧谁闲着，就叫他们去四个女人就是了，又来当什么正经事问我。"凤姐又笑道："今日珍大嫂子来，请我明日过去逛逛，明日倒没有什么事情。"王夫人道："有事没事都害不着什么。每常他来请，有我们，你自然不便意；他既不请我们，单请你，可知是他诚心叫你散淡散淡，别辜负了他的心，便有事也该过去才是。"凤姐答应了。当下李纨、迎、探等姐妹们亦来定省毕，各自归房无话。

次日凤姐梳洗了，先回王夫人毕，方来辞贾母。宝玉听了，也要跟了逛去。凤姐只得答应，立等着换了衣服，姐儿两个坐了车，一时进入宁府。早有贾珍之妻尤氏与贾蓉之妻秦氏婆媳两个，引了多少姬妾丫鬟媳妇等接出仪门。那尤氏一见了凤姐，必先笑嘲一阵，一手携了宝玉同入上房来归坐。秦氏献茶毕，凤姐因说："你们请我来作什么？有什么好东西孝敬我，就快献上来，我还有事呢。"尤氏秦氏未及答话，地下几个姬妾先就笑说："二奶奶今儿不来就罢，既来了就依不得二奶奶了。"正说着，只见贾蓉进来请安。宝玉因问："大哥哥今日不在家么？"尤氏道："出城与老爷请安去了。可是，你怪闷的，坐在这里作什么？何不也去逛逛。"

秦氏笑道："今儿巧，上回宝叔立刻要见的我那兄弟，他今儿也在这里，想在书房里呢，宝叔何不去瞧一瞧？"宝玉听了，即便下炕要走。尤氏凤姐都忙说："好生着，忙什么？"一面便吩咐好生小心跟着，别委曲着他，倒比不得跟了老太太过来就罢了。凤姐说道："既这么着，何不请进这秦小爷来，我也瞧一瞧。难道我见不得他不成？"尤氏笑道："罢，罢！可以不必见，他比不得咱们家的孩子们，胡打海摔的惯了。人家的孩子都是斯斯文文的惯了，乍见了你这破落户，还被人笑话死了呢。"凤姐笑道："普天下的人，我不笑话就罢了。竟叫这小孩子笑话我不成？"贾蓉笑道："不是这话，他生的腼腆，没见过大阵仗儿，婶子见了，没的生气。"凤姐道："凭他什么样儿的，我也要见一见！别放你娘的屁了。再不带我看看，给你一顿好嘴巴。"贾蓉笑嘻嘻的说："我不敢扭着，就带他来。"

说着，果然出去带进一个小后生来，较宝玉略瘦些，眉清目秀，粉面朱唇，身材俊俏，举止风流，似在宝玉之上，只是怯怯羞羞，有女儿之态，腼腆含糊，慢向凤姐作揖问好。凤姐喜的先推宝玉，笑道："比下去了！"便探身一把携了这孩子的手，就命他身傍坐了，慢慢的问他：几岁了，读什么书，弟兄几个，学名唤什么。秦钟一一答应了。早有凤姐的丫鬟媳妇们见凤姐初会秦钟，并未备得表礼来，遂忙过那边去告诉平儿。平儿知道凤姐与秦氏厚密，虽是小后生家，亦不可太俭，遂自作主意，拿了一匹尺头、两个"状元及第"的小金锞子，交付与来人送过去。凤姐犹笑说太简薄等语。秦氏等谢毕。一时吃过饭，尤氏、凤姐、秦氏等抹骨牌，不在话下。

那宝玉自见了秦钟的人品出众，心中似有所失，痴了半日，自己心中又起了呆意，乃自思道："天下竟有这等人物！如今看来，我竟成了泥猪癞狗了。可恨我为什么生在这侯门公府之家，

精点经典

精点经典

若也生在寒门薄宦之家，早得与他交结，也不枉生了一世。我虽如此比他尊贵，可知锦绣纱罗，也不过裹了我这根死木头；美酒羊羔，也不过填了我这粪窟泥沟。'富贵'二字，不料遭我荼毒了！"秦钟自见了宝玉形容出众，举止不凡，更兼金冠绣服，骄婢佟童，心中亦自思道："果然这宝玉怨不得人溺爱他。可恨我偏生于清寒之家，不能与他耳鬓交接，可知'贫窭'二字限人，亦世间之大不快事。"二人一样的胡思乱想。忽然宝玉问他读什么书。秦钟见问，因而答以实话。二人你言我语，十来句后，越觉亲密起来。

一时摆上茶果，宝玉便说："我两个又不吃酒，把果子摆在里间小炕上，我们那里坐去，省得闹你们。"于是二人进里间来吃茶。秦氏一面张罗与凤姐摆酒果，一面忙进来嘱宝玉道："宝叔，你侄儿倘或言语不防头，你千万看着我，不要理他。他虽腼腆，却性子左强，不大随和此是有的。"宝玉笑道："你去罢，我知道了。"秦氏又嘱了他兄弟一回，方去陪凤姐。

一时凤姐尤氏又打发人来问宝玉："要吃什么，外面有，只管要去。"宝玉只答应着，也无心在饮食上，只问秦钟近日家务等事。秦钟因说："业师于去年病故，家父又年纪老迈，残疾在身，公务繁冗，因此尚未议及再延师一事，目下不过在家温习旧课而已。再读书一事，必须有一二知己为伴，时常大家讨论，才能进益。"宝玉不待说完，便答道："正是呢，我们却有个家塾，合族中有不能延师的，便可入塾读书，子弟们中亦有亲戚在内可以附读。我因业师上年回家去了，也现荒废着呢。家父之意，亦欲暂送我去温习旧书，待明年业师上来，再各自在家里读。家祖母因说：一则家学里之子弟太多，生恐大家淘气，反不好；二则也因我病了几天，遂暂且耽搁着。如此说来，尊翁如今也为此事悬心。今日回去，何不禀明，就往我们敝塾中来，我亦相伴，彼此有益，岂不是好事？"秦钟笑道："家父前日在家提起延师一事，也曾提起这里的义学倒好，原要来和这里的亲翁商议引荐。因这里又事忙，不便为这点小事来聒絮。宝叔果然度小侄或可磨墨涤砚，何不速速的作成，又彼此不致荒废，又可以常相谈聚，又可以慰父母之心，又可以得朋友之乐，岂不是美事？"宝玉道："放心，放心。咱们回来告诉你姐夫姐姐和琏二嫂子。你今日回家就禀明令尊，我回去再禀明祖母，再无不速成之理。"二人计议已定。那天气已是掌灯时候，出来又看他们顽了一回牌。算帐时，却又是秦氏尤氏二人输了戏酒的东道，言定后日吃这道。一面就叫送饭。

吃毕晚饭，因天黑了，尤氏说："先派两个小子送了这秦相公家去。"媳妇们传出去半日，秦钟告辞起身。尤氏问："派了谁送去？"媳妇们回说："外头派了焦大，谁知焦大醉了，又骂呢。"尤氏秦氏都说道："偏又派他作什么！放着这些小子们，那一个派不得？偏要惹他去。"凤姐道："我成日家说你太软弱了，纵的家里人这样还了得了。"尤氏叹道："你难道不知这焦大的？连老爷都不理他的，你珍大哥哥也不理他。只因他从小儿跟着太爷们出过三四回兵，从死人堆里把太爷背了出来，得了命；自己挨着饿，却偷了东西来给主子吃；两日没得水，得了半碗水给主子喝，他自己喝马溺。不过仗着这些功劳情分，有祖宗时都另眼相待，如今谁肯难为他去。他自己又老了，又不顾体面，一味吃酒，吃醉了，无人不骂。我常说给管事的，不要派他差事，全当一个死的就完了。今儿又派了他。"凤姐道："我何曾不知这焦大。倒是你们没主意，有这样的，何不打发他远远的庄子上去就完了。"说着，因问："我们的车可齐备了？"地下众人都应道："伺候齐了。"

凤姐起身告辞，和宝玉携手同行。尤氏等送至大厅，只见灯烛辉煌，众小厮都在丹墀侍立。那焦大又恃贾珍不在家，即在家亦不好怎样他，更可以任意洒落洒落。因趁着酒兴，先骂大总管赖二，说他不公道，欺软怕硬，"有了好差事就派别人，像这等黑更半夜送人的事，就派我。没良心的王八羔子！瞎充管家！你也不想想，焦大太爷跷跷脚，比你的头还高呢。二十年头里的焦大太爷眼里有谁？别说你们这一起杂种王八羔子们！"

正骂的兴头上，贾蓉送凤姐的车出去，众人喝他不听，贾蓉忍不得，便骂了他两句，使人捆起来，"等明日酒醒了，问他还寻死不寻死了！"那焦大那里把贾蓉放在眼里，反大叫起来，赶着贾蓉叫："蓉哥儿，你别在焦大跟前使主子性儿。别说你这样儿的，就是你爹、你爷爷，也不敢和焦大挺腰子！不是焦大一个人，你们就做官儿享荣华受富贵？你祖宗九死一生挣下这家业，到如今了，

精点经典

精点经典

不报我的恩，反和我充起主子来了。不和我说别的还可，若再说别的，咱们红刀子进去白刀子出来！"凤姐在车上说与贾蓉道："以后还不早打发了这个没王法的东西！留在这里岂不是祸害？倘或亲友知道了，岂不笑话咱们，这样的人家连个王法规矩都没有。"贾蓉答应"是"。

众小厮见他太撒野了，只得上来几个，揪翻捆倒，拖往马圈里去。焦大越发连贾珍都说出来，乱嚷乱叫说："我要往祠堂里哭太爷去。那里承望到如今生下这些畜牲来！每日家偷狗戏鸡，爬灰的爬灰，养小叔子的养小叔子，我什么不知道？咱们'胳膊折了往袖子里藏'！"众小厮听他说出这些没天日的话来，唬的魂飞魄散，也不顾别的了，便把他捆起来，用土和马粪满满的填了他一嘴。

凤姐和贾蓉等也遥遥的闻得，便都装作没听见。宝玉在车上见这般醉闹，倒也有趣，因问凤姐道："姐姐，你听他说'爬灰的爬灰'，什么是'爬灰'？"凤姐听了，连忙立眉嗔目断喝道："少胡说！那是醉汉嘴里混嗳，你是什么样的人，不说没听见，还倒细问！等我回去回了太太，仔细捶你不捶你！"唬的宝玉忙央告道："好姐姐，我再不敢了。"凤姐道："这才是呢。等到了家，咱们回了老太太，打发你同你秦家侄儿学里念书去要紧。"说着，却自回往荣府而来。正是：

不因俊俏难为友，正为风流始读书。

【阅读随笔】

第八回　比通灵金莺微露意　探宝钗黛玉半含酸

精点经典

话说凤姐和宝玉回家，见过众人。宝玉先便回明贾母秦钟要上家塾之事，自己也有了个伴读的朋友，正好发奋；又着实的称赞秦钟的人品行事，最使人怜爱。凤姐又在一旁帮着说"过日他还来拜老祖宗"等语，说的贾母喜欢起来。凤姐又趁势请贾母后日过去看戏。贾母虽年老，却极有兴头。至后日，又有尤氏来请，遂携了王夫人林黛玉宝玉等过去看戏。至晌午，贾母便回来歇息了。王夫人本是好清净的，见贾母回来也就回来了。然后凤姐坐了首席，尽欢至晚无话。

却说宝玉因送贾母回来，待贾母歇了中觉，意欲还去看戏取乐，又恐扰的秦氏等人不便，因想起近日薛宝钗在家养病，未去亲候，意欲去望他一望。若从上房后角门过去，又恐遇见别事缠绕，再或可巧遇见他父亲，更为不妥，宁可绕远路罢了。当下众嬷嬷丫鬟伺候他换衣服，见他不换，仍出二门去了。众嬷嬷丫鬟只得跟随出来，还只当他去那府中看戏。谁知到穿堂，便向东向北绕厅后而去。偏顶头遇见了门下清客相公詹光单聘仁二人走来，一见了宝玉，便都笑着赶上来，一个抱住腰，一个携着手，都道："我的菩萨哥儿，我说作了好梦呢，好容易得遇见了你。"说着，请了安，又问好，劳叨半日，方才走开。老嬷嬷叫住，因问："二位爷是从老爷跟前来的不是？"二人点头道："老爷在梦坡斋小书房里歇中觉呢，不妨事的。"一面说，一面走了。说的宝玉也笑了。

于是转弯向北奔梨香院来。可巧银库房的总领名唤吴新登与仓上的头目名戴良，还有几个管事的头目，共有七个人，从帐房里出来，一见了宝玉，赶来都一齐垂手站住。独有一个买办名唤钱华，因他多日未见宝玉，忙上来打千儿请安，宝玉忙含笑携他起来。众人都笑说："前儿在一处看见二爷写的斗方儿，字法越发好了，多早晚儿赏我们几张贴贴。"宝玉笑道："在那里看见了？"众人道："好几处都有，都称赞的了不得，还和我们寻呢。"宝玉笑道:"不值什么,你们说与我的小幺儿们就是了。"一面说,一面前走,众人待他过去,方都各自散了。

闲言少述,且说宝玉来至梨香院中,先入薛姨妈室中来,正见薛姨妈打点针黹与丫鬟们呢。宝玉忙请了安,薛姨妈忙一把拉了他,抱入怀内,笑说:"这们冷天,我的儿,难为你想着来,快上炕来坐着罢。"命人倒滚滚的茶来。宝玉因问:"哥哥不在家?"薛姨妈叹道:"他是没笼头的马,天天忙不了,那里肯在家一日。"宝玉道:"姐姐可大安了?"薛姨妈道:"可是呢,你前儿又想着打发人来瞧他。他在里间不是,你去瞧他,里间比这里暖和,那里坐着,我收拾收拾就进去和你说话儿。"

宝玉听说,忙下了炕来至里间门前,只见吊着半旧的红绸软帘。宝玉掀帘一迈步进去,先就看见薛宝钗坐在炕上作针线,头上挽着漆黑油光的鬏儿,蜜合色棉袄,玫瑰紫二色金银鼠比肩褂,葱黄绫棉裙,一色半新不旧,看去不觉奢华。唇不点而红,眉不画而翠,脸若银盆,眼如水杏。罕言寡语,人谓藏愚;安分随时,自云守拙。宝玉一面看,一面问:"姐姐可大愈了?"宝钗抬头只见宝玉进来,连忙起身含笑答说:"已经大好了,倒多谢记挂着。"说着,让他在炕沿上坐了,即命莺儿斟茶来。一面又问老太太姨娘安,别的姐妹们都好。一面看宝玉头上戴着累丝嵌宝紫金冠,额上勒着二龙抢珠金抹额,身上穿着秋香色立蟒白狐腋箭袖,系着五色蝴蝶鸾绦,项上挂着长命锁、记名符,另外有一块落草时衔下来的宝玉。

宝钗因笑说道:"成日家说你的这玉,究竟未曾细细的赏鉴,我今儿倒要瞧瞧。"说着便挪近前来。宝玉亦凑了上去,从项上摘了下来,递在宝钗手内。宝钗托于掌上,只见大如雀卵,灿若明霞,莹润如酥,五色花纹缠护。这就是大荒山中青埂峰下的那块顽石的幻相。后人曾有诗嘲云:

  女娲炼石已荒唐,又向荒唐演大荒。
  失去幽灵真境界,幻来亲就臭皮囊。
  好知运败金无彩,堪叹时乖玉不光。
  白骨如山忘姓氏,无非公子与红妆。

那顽石亦曾记下他这幻相并癞僧所镌的篆文,今亦按图画于后。但其真体最小,方能从胎中小儿口内衔下。今若按其体画,恐

精点经典

精点经典

字迹过于微细，使观者大废眼光，亦非畅事。故今只按其形式，无非略展些规矩，使观者便于灯下醉中可阅。今注明此故，方无胎中之儿口有多大，怎得衔此狼犺蠢大之物等语之谤。

通灵宝玉正面图式　　　通灵宝玉反面图式

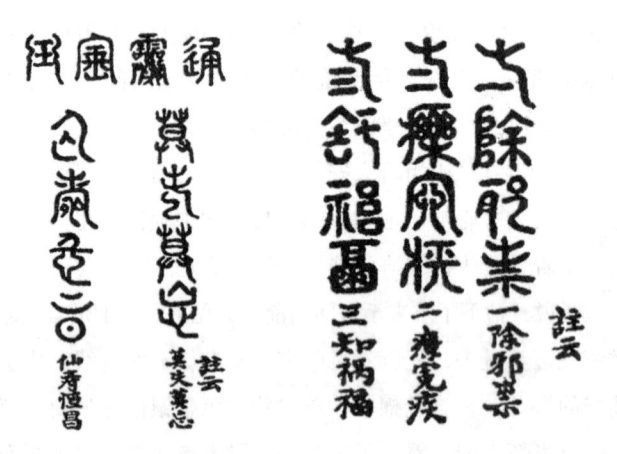

宝钗看毕，又从新翻过正面来细看，口内念道："莫失莫忘，仙寿恒昌。"念了两遍，乃回头向莺儿笑道："你不去倒茶，也在这里发呆作什么？"莺儿嘻嘻笑道："我听这两句话，倒像和姑娘的项圈上的两句话是一对儿。"宝玉听了，忙笑道："原来姐姐那项圈上也有八个字，我也赏鉴赏鉴。"宝钗道："你别听他的话，没有什么字。"宝玉笑央："好姐姐，你怎么瞧我的了呢。"宝钗被缠不过，因说道："也是个人给了两句吉利话儿，所以錾上了，叫天天带着；不然，沉甸甸的有什么趣儿。"一面说，一面解了排扣，从里面大红袄上将那珠宝晶莹黄金灿烂的璎珞掏将出来。宝玉忙托了锁看时，果然一面有四个篆字，两面八字，共成两句吉谶。亦曾按式画下形相：

宝玉看了，也念了两遍，又念自己的两遍，因笑问："姐姐这八个字倒真与我的是一对。"莺儿笑道："是个癞头和尚送的，他说必须錾在金器上——"宝钗不待说完，便嗔他不去倒茶，一面又问宝玉从那里来。

宝玉此时与宝钗就近，只闻一阵阵凉森森甜丝丝的幽香，竟不知系何香气，遂问："姐姐熏的是什么香？我竟从未闻见过这味儿。"宝钗笑道："我最怕熏香，好好的衣服，熏的烟燎火气的。"宝玉道："既如此，这是什么香？"宝钗想了一想，笑道："是了，是我早起吃了丸药的香气。"宝玉笑道："什么丸药这么好闻？好姐姐，给我一丸尝尝。"宝钗笑道："又混闹了，一个药也是混吃的？"

一语未了，忽听外面人说："林姑娘来了。"话犹未了，林黛玉已摇摇的走了进来，一见了宝玉，便笑道："嗳哟，我来的不巧了！"宝玉等忙起身笑让坐，宝钗因笑道："这话怎么说？"黛玉笑道："早知他来，我就不来了。"宝钗道："我更不解这意。"黛玉笑道："要来一群都来，要不来一个也不来；今儿他来了，明儿我再来，如此间错开了来着，岂不天天有人来了？也不至于太冷落，也不至于太热闹了。姐姐如何反不解这意思？"

宝玉因见他外面罩着大红羽缎对衿褂子，因问："下雪了么？"地下婆娘们道："下了这半日雪珠儿了。"宝玉道："取了我的斗篷来不曾？"黛玉便道："是不是，我来了他就该去了。"宝玉笑道："我多早晚儿说要去了？不过拿来预备着。"宝玉的奶母李嬷嬷因说道："天又下雪，也好早晚的了，就在这里同姐姐妹妹一处顽顽罢。姨妈那里摆茶果子呢。我叫丫头去取了斗篷来，说给小幺儿们散了罢。"宝玉应允。李嬷嬷出去，命小厮们都各散去不提。

这里薛姨妈已摆了几样细巧茶果来留他们吃茶。宝玉因夸前日在那府里珍大嫂子的好鹅掌鸭信。薛姨妈听了，忙也把自己糟的取了些来与他尝。宝玉笑道："这个须得就酒才好。"薛姨妈便令人去灌了最上等的酒来。李嬷嬷便上来道："姨太太，酒倒罢了。"宝玉央道："妈妈，我只喝一钟。"李嬷嬷道："不中用！当着老太太、太太，那怕你吃一坛呢。想那日我眼错不见一会，不知是那一个没调教的，只图讨你的好儿，不管别人死活，给了你一口酒吃，葬送的我挨了两日骂。姨太太不知道，他性子又可恶，吃了酒更弄性。有一日老太太高兴了，又尽

精点经典

· 73 ·

精点经典

着他吃,什么日子又不许他吃,何苦我白赔在里面。"薛姨妈笑道:"老货,你只放心吃你的去。我也不许他吃多了。便是老太太问,有我呢。"一面令小丫鬟:"来,让你奶奶们去,也吃一杯搪搪雪气。"那李嬷嬷听如此说,只得和众人去吃些酒水。

这里宝玉又说:"不必温暖了,我只爱吃冷的。"薛姨妈忙道:"这可使不得,吃了冷酒,写字手打飐儿。"宝钗笑道:"宝兄弟,亏你每日家杂学旁收的,难道就不知道酒性最热,若热吃下去,发散的就快;若冷吃下去,便凝结在内,以五脏去暖他,岂不受害?从此还不快不要吃那冷的了。"宝玉听这话有情理,便放下冷酒,命人暖来方饮。

黛玉磕着瓜子儿,只抿着嘴笑。可巧黛玉的小丫鬟雪雁走来与黛玉送小手炉,黛玉因含笑问他:"谁叫你送来的?难为他费心,那里就冷死了我!"雪雁道:"紫鹃姐姐怕姑娘冷,使我送来的。"黛玉一面接了,抱在怀中,笑道:"也亏你倒听他的话。我平日和你说的,全当耳旁风;怎么他说了你就依,比圣旨还快些!"宝玉听这话,知是黛玉借此奚落他,也无回复之词,只嘻嘻的笑两声罢了。宝钗素知黛玉是如此惯了的,也不去睬他。薛姨妈因道:"你素日身子弱,禁不得冷的,他们记挂着你倒不好?"黛玉笑道:"姨妈不知道。幸亏是姨妈这里,倘或在别人家,人家岂不恼?好说就看的人家连个手炉也没有,巴巴的从家里送个来。不说丫鬟们太小心过余,还只当我素日是这等轻狂惯了呢。"薛姨妈道:"你这个多心的,有这样想,我就没这样心。"

说话时,宝玉已是三杯过去。李嬷嬷又上来拦阻。宝玉正在心甜意洽之时,和宝黛姊妹说说笑笑的,那肯不吃。宝玉只得屈意央告:"好妈妈,我再吃两钟就不吃了。"李嬷嬷道:"你可仔细老爷今儿在家,隄防问你的书!"宝玉听了这话,便心中大不自在,慢慢的放下酒,垂了头。黛玉先忙的说:"别扫大家的兴!舅舅若叫你,只说姨妈留着呢。这个妈妈,他吃了酒,又拿我们来醒脾了!"一面悄推宝玉,使他赌气;一面悄悄的咕哝说:"别理那老货,咱们只管乐咱们的。"那李嬷嬷不知黛玉的意思,因说道:"林姐儿,你不要助着他了。你倒劝劝他,只怕他还听些。"林黛玉冷笑道:"我为什么助他?我也不犯着劝他。你这妈妈太小心了，往常老太太又给他酒吃，如今在姨妈这里多吃一口，料也不妨事。必定姨妈这里是外人，不当在这里的也未可定。"李嬷嬷听了，又是急，又是笑，说道："真真这林姐儿，说出一句话来，比刀子还尖。你——这算了什么。"宝钗也忍不住笑着，把黛玉腮上一拧，说道："真真这个颦丫头的一张嘴，叫人恨又不是，喜欢又不是。"薛姨妈一面又说："别怕，别怕，我的儿！来这里没好的你吃，别把这点子东西唬的存在心里，倒叫我不安。只管放心吃，都有我呢。越发吃了晚饭去，便醉了，就跟着我睡罢。"因命："再烫热酒来！姨妈陪你吃两杯，可就吃饭罢。"宝玉听了，方又鼓起兴来。

李嬷嬷因吩咐小丫头子们："你们在这里小心着，我家里换了衣服就来，悄悄的回姨太太，别由着他，多给他吃。"说着便家去了。这里虽还有三两个婆子，都是不关痛痒的，见李嬷嬷走了，也都悄悄去寻方便去了。只剩了两个小丫头子，乐得讨宝玉的欢喜。幸而薛姨妈千哄万哄的，只容他吃了几杯，就忙收过了。作酸笋鸡皮汤，宝玉痛喝了两碗，吃了半碗碧粳粥。一时薛林二人也吃完了饭，又酽酽的沏上茶来大家吃了。薛姨妈方放了心。雪雁等三四个丫头已吃了饭，进来伺候。黛玉因问宝玉道："你走不走？"宝玉乜斜倦眼道："你要走，我和你一同走。"黛玉听说，遂起身道："咱们来了这一日，也该回去了。还不知那边怎么找咱们呢。"说着，二人便告辞。

小丫头忙捧过斗笠来，宝玉便把头略低一低，命他戴上。那丫头便将着大红猩毡斗笠一抖，才往宝玉头上一合，宝玉便说："罢，罢！好蠢东西，你也轻些儿！难道没见过别人戴过的？让我自己戴罢。"黛玉站在炕沿上道："罗唆什么，过来，我瞧瞧罢。"宝玉忙就近前来。黛玉用手整理，轻轻笼住束发冠，将笠沿披在抹额之上，将那一颗核桃大的绛绒簪缨扶起，颤巍巍露于笠外。整理已毕，端相了端相，说道："好了，披上斗篷罢。"宝玉听了，方接了斗篷披上。薛姨妈忙道："跟你们的妈妈都还没来呢，且略等等不迟。"宝玉道："我们倒去等他们，有丫头们跟着也够了。"薛姨妈不放心，到底命两个妇女跟随他兄妹方罢。他二人道了扰，一径回至贾母房中。

贾母尚未用晚饭，知是薛姨妈处来，更加欢喜。因见宝玉吃了酒，遂命他自回房去歇着，不许再出来了。因命人好生看待着。忽想起跟宝

精点经典

精点经典

玉的人来，遂问众人："李奶子怎么不见？"众人不敢直说家去了，只说："才进来的，想有事才去了。"宝玉踉跄回头道："他比老太太还受用呢，问他作什么！没有他只怕我还多活两日。"一面说，一面来至自己的卧室。只见笔墨在案，晴雯先接出来，笑说道："好，好，要我研了那些墨，早起高兴，只写了三个字，丢下笔就走了，哄的我们等了一日。快来与我写完这些墨才罢！"宝玉忽然想起早起的事来，因笑道："我写的那三个字在那里呢？"晴雯笑道："这个人可醉了。你头里过那府里去，嘱咐贴在这门斗上，这会子又这么问。我生怕别人贴坏了，我亲自爬高上梯的贴上，这会子还冻的手僵冷的呢。"宝玉听了，笑道："我忘了。你的手冷，我替你渥着。"说着便伸手携了晴雯的手，同仰首看门斗上新书的三个字。

一时黛玉来了，宝玉笑道："好妹妹，你别撒谎，你看这三个字那一个好？"黛玉仰头看里间门斗上，新贴了三个字，写着"绛云轩"。黛玉笑道："个个都好。怎么写的这们好了？明儿也与我写一个匾。"宝玉嘻嘻的笑道："又哄我呢。"说着又问："袭人姐姐呢？"晴雯向里间炕上努嘴。宝玉一看，只见袭人和衣睡着在那里。宝玉笑道："好，太渥早了些。"因又问晴雯道："今儿我在那府里吃早饭，有一碟子豆腐皮的包子，我想着你爱吃，和珍大奶奶说了，只说我留着晚上吃，叫人送过来的，你可吃了？"晴雯道："快别提。一送了来，我知道是我的，偏我才吃了饭，就放在那里。后来李奶奶来了看见，说：'宝玉未必吃了，拿来给我孙子吃去罢。'他就叫人拿了家去了。"接着茜雪捧上茶来。宝玉因让"林妹妹吃茶。"众人笑说："林妹妹早走了，还让呢。"

宝玉吃了半碗茶，忽又想起早起的茶来，因问茜雪道："早起沏了一碗枫露茶，我说过，那茶是三四次后才出色的，这会子怎么又沏了这个来？"茜雪道："我原是留着的，那会子李奶奶来了，他要尝尝，就给他吃了。"宝玉听了，将手中的茶杯只顺手往地下一掷，豁啷一声，打了个粉碎，泼了茜雪一裙子的茶。又跳起来问着茜雪道："他是你那一门子的奶奶，你们这么孝敬他？不过是仗着我小时候吃过他几日奶罢了。如今逞的他比祖宗还大了。如今我又吃不着奶了，白白的养着祖宗作什么！撵了出去，大家干净！"说着便要去立刻回贾母，撵他乳母。

原来袭人实未睡着,不过故意装睡,引宝玉来怄他顽耍。先闻得说字问包子等事,也还可不必起来;后来摔了茶钟,动了气,遂连忙起来解释劝阻。早有贾母遣人来问是怎么了。袭人忙道:"我才倒茶来,被雪滑倒了,失手砸了钟子。"一面又安慰宝玉道:"你立意要撵他,也好,我们也都愿意出去,不如趁势连我们一齐撵了。我们也好,你也不愁再有好的来服侍你。"宝玉听了这话,方无了言语,被袭人等扶至炕上,脱换了衣服。不知宝玉口内还说些什么,只觉口齿缠绵,眼眉愈加饧涩,忙服侍他睡下。袭人伸手从他项上摘下那通灵玉来,用自己的手帕包好,塞在褥下,次日带时便冰不着脖子。那宝玉就枕便睡着了。彼时李嬷嬷等已进来了,听见醉了,不敢前来再加触犯,只悄悄的打听睡了,方放心散去。

次日醒来,就有人回:"那边小蓉大爷带了秦相公来拜。"宝玉忙接了出去,领了拜见贾母。贾母见秦钟形容标致,举止温柔,堪陪宝玉读书,心中十分欢喜,便留茶留饭,又命人带去见王夫人等。众人因素爱秦氏,今见了秦钟是这般人品,也都欢喜,临去时都有表礼。贾母又与了一个荷包并一个金魁星,取"文星和合"之意。又嘱咐他道:"你家住的远,或有一时寒热饥饱不便,只管住在这里,不必限定了。只和你宝叔在一处,别跟着那些不长进的东西们学。"秦钟一一的答应,回去禀知。

他父亲秦业现任营缮郎,年近七十,夫人早亡。因当年无儿女,便向养生堂抱了一个儿子并一个女儿。谁知儿子又死了,只剩女儿,小名唤可儿,长大时,生的形容袅娜,性格风流。因素与贾家有些瓜葛,故结了亲,许与贾蓉为妻。那秦业至五旬之上方得了秦钟。因去岁业师亡故,未暇延请高明之士,只得暂时在家温习旧课。正思要和亲家去商议送往他家塾中,暂且不致荒废,可巧遇见了宝玉这个机会。又知贾家塾中现今司塾的是贾代儒,乃当今之老儒,秦钟此去,学业料必进益,成名可望,因此十分喜悦。只是宦囊羞涩,那贾家上上下下都是一双富贵眼睛,赞见礼必须丰厚,容易拿不出来,又恐误了儿子的终身大事,说不得东拼西凑的恭恭敬敬封了二十四两赞见礼,亲自带了秦钟,来代儒家拜见了。然后听宝玉上学之日,好一同入塾。正是:

早知日后闲争气,岂肯今朝错读书。

【阅读随笔】

第九回 恋风流情友入家塾
　　　　起嫌疑顽童闹学堂

  话说秦业父子专候贾家的人来送上学择日之信。原来宝玉急于要和秦钟相遇，却顾不得别的，遂择了后日一定上学。"后日一早请秦相公到我这里，会齐了，一同前去。"——打发了人送了信。

  至是日一早，宝玉起来时，袭人早已把书笔文物包好，收拾的停停妥妥，坐在床沿上发闷。见宝玉醒来，只得服侍他梳洗。宝玉见他闷闷的，因笑问道："好姐姐，你怎么又不自在了？难道怪我上学去丢的你们冷清了不成？"袭人笑道："这是那里话。读书是极好的事，不然就潦倒一辈子，终久怎么样呢。但只一件：只是念书的时节想着书，不念的时节想着家些。别和他们一处顽闹，碰见老爷不是顽的。虽说是奋志要强，那工课宁可少些，一则贪多嚼不烂，二则身子也要保重。这就是我的意思，你可要体谅。"袭人说一句，宝玉应一句。袭人又道："大毛衣服我也包好了，交出给小子们去了。学里冷，好歹想着添换，比不得家里有人照顾。脚炉手炉的炭也交出去了，你可着他们添。那一起懒贼，你不说，他们乐得不动，白冻坏了你。"宝玉道："你放心，出外头我自己都会调停的。你们也别闷死在这屋里，长和林妹妹一处去顽笑着才好。"说着，俱已穿戴齐备，袭人催他去见贾母、贾政、王夫人等。宝玉又去嘱咐了晴雯麝月等几句，方出来见贾母。贾母也未免有几句嘱咐的话。然后去见王夫人，又出来书房中见贾政。

  偏生这日贾政回家早些，正在书房中与相公清客们闲谈。忽见宝玉进来请安，回说上学里去，贾政冷笑道："你如果再提'上学'两个字，连我也羞死了。依我的话，你竟顽你的去是正理。仔细站脏了我这地，靠脏了我的门！"众清客相公们都早起身笑道："老世翁何必又如此。今日世兄一去，三二年就可显身成名的了，断不似往年仍作小儿之态了。天也将饭时，世兄竟快请罢。"说着

精点经典

精读红楼

· 79 ·

精点经典

便有两个年老的携了宝玉出去。

　　贾政因问："跟宝玉的是谁？"只听外面答应了两声，早进来三四个大汉，打千儿请安。贾政看时，认得是宝玉的奶母之子，名唤李贵。因向他道："你们成日家跟他上学，他到底念了些什么书！倒念了些流言混语在肚子里，学了些精致的淘气。等我闲一闲，先揭了你的皮，再和那不长进的算帐！"吓的李贵忙双膝跪下，摘了帽子，碰头有声，连连答应"是"，又回说："哥儿已念到第三本《诗经》，什么'呦呦鹿鸣，荷叶浮萍'，小的不敢撒谎。"说的满座哄然大笑起来。贾政也撑不住笑了。因说道："那怕再念三十本《诗经》，也都是掩耳偷铃，哄人而已。你去请学里太爷的安，就说我说了：什么《诗经》古文，一概不用虚应故事，只是先把《四书》一气讲明背熟，是最要紧的。"李贵忙答应"是"，见贾政无话，方退出去。

　　此时宝玉独站在院外屏声静候，待他们出来，便忙忙的走了。李贵等一面掸衣服，一面说道："哥儿听见了不曾？可先要揭我们的皮呢！人家的奴才跟主子赚些好体面，我们这等奴才白陪着挨打受骂的。从此后也可怜见些才好。"宝玉笑道："好哥哥，你别委曲，我明儿请你。"李贵道："小祖宗，谁敢望你请，只求听一句半句话就有了。"说着，又至贾母这边，秦钟早来候着了，贾母正和他说话儿呢。于是二人见过，辞了贾母。宝玉忽想起未辞黛玉，因又忙至黛玉房中来作辞。彼时黛玉才在窗下对镜理妆，听宝玉说上学去，因笑道："好，这一去，可定是要'蟾宫折桂'去了。我不能送你了。"宝玉道："好妹妹，等我下了学再吃饭。和胭脂膏子也等我来再制。"劳叨了半日，方撤身去了。黛玉忙又叫住问道："你怎么不去辞辞你宝姐姐呢？"宝玉笑而不答，一径同秦钟上学去了。

　　原来这贾家之义学，离此也不甚远，不过一里之遥，原系始祖所立，恐族中子弟有贫穷不能请师者，即入此中肄业。凡族中有官爵之人，皆供给银两，按俸之多寡帮助，为学中之费。特共举年高有德之人为塾掌，专为训课子弟。如今宝秦二人来了，一一的都互相拜见过，读起书来。自此以后，他二人同来同往，同坐同起，愈加亲密。又兼贾母爱惜，也时常的留下秦钟，住上三天五日，与自己的重孙一般疼爱。因见秦钟不甚宽裕，更又助他些衣履等物。不上一月之工，秦钟在荣府便熟了。宝玉终是不安本分之人，竟一味的随心所欲，因此又发了癖性，又特向秦钟悄说道："咱们两个人一样的年纪，况又是同窗，以后不必论叔侄，只论弟兄朋友就是了。"先是秦钟不肯，当不得宝玉不依，只叫他"兄弟"，或叫他的表字"鲸卿"，秦钟也只得混着乱叫起来。

原来这学中虽都是本族人丁与些亲戚的子弟，俗语说的好："一龙生九种，九种各别。"未免人多了，就有龙蛇混杂，下流人物在内。自宝、秦二人来了，都生的花朵儿一般的模样，又见秦钟腼腆温柔，未语面先红，怯怯羞羞，有女儿之风；宝玉又是天生成惯能作小服低，赔身下气，情性体贴，话语绵缠，因此二人更加亲厚，也怨不得那起同窗人起了疑，背地里你言我语，诟谇谣诼，布满书房内外。

原来薛蟠自来王夫人处住后，便知有一家学，学中广有青年子弟，不免偶动了龙阳之兴，因此也假来上学读书，不过是三日打鱼，两日晒网，白送些束脩礼物与贾代儒，却不曾有一些儿进益，只图结交些契弟。谁想这学内就有好几个小学生，图了薛蟠的银钱吃穿，被他哄上手的，也不消多记。更又有两个多情的小学生，亦不知是那一房的亲眷，亦未考真名姓，只因生得妩媚风流，满学中都送了他两个外号，一号"香怜"，一号"玉爱"。虽都有窃慕之意，将不利于孺子之心，只是都惧薛蟠的威势，不敢来沾惹。如今宝、秦二人一来，见了他两个，也不免缱绻羡慕，亦因知系薛蟠相知，故未敢轻举妄动。香、玉二人心中，也一般的留情与宝、秦。因此四人心中虽有情意，只未发迹。每日一入学中，四处各坐，却八目勾留，或设言托意，或咏桑寓柳，遥以心照，却外面自为避人眼目。不意偏又有几个滑贼看出形景来，都背后挤眉弄眼，或咳嗽扬声，这也非止一日。

可巧这日代儒有事，早已回家去了，只留下一句七言对联，命学生对了，明日再来上书；将学中之事，又命贾瑞暂且管理。妙在薛蟠如今不大来学中应卯了，因此秦钟趁此和香怜挤眉弄眼，递暗号儿，二人假装出小恭，走至后院说梯己话。秦钟先问他："家里的大人可管你交朋友不管？"一语未了，只听背后咳嗽了一声。

精点经典

精点经典

二人唬的忙回头看时，原来是窗友名金荣者。香怜有些性急，羞怒相激，问他道："你咳嗽什么？难道不许我两个说话不成？"金荣笑道："许你们说话，难道不许我咳嗽不成？我只问你们：有话不明说，许你们这样鬼鬼祟祟的干什么故事？我可也拿住了，还赖什么！先得让我抽个头儿，咱们一声儿不言语，不然大家就奋起来。"秦、香二人急的飞红的脸，便问道："你拿住什么了？"金荣笑道："我现拿住了是真的。"说着，又拍着手笑嚷道："贴的好烧饼！你们都不买一个吃去？"秦钟香怜二人又气又急，忙进去向贾瑞前告金荣，说金荣无故欺负他两个。

原来这贾瑞最是个图便宜没行止的人，每在学中以公报私，勒索子弟们请他；后又附助着薛蟠图些银钱酒肉，一任薛蟠横行霸道，他不但不去管约，反助纣为虐讨好儿。偏那薛蟠本是浮萍心性，今日爱东，明日爱西，近来又有了新朋友，把香、玉二人又丢开一边。就连金荣亦是当日的好朋友，自有了香、玉二人，便弃了金荣。近日连香、玉亦已见弃。故贾瑞也无了提携帮衬之人，不说薛蟠得新弃旧，只怨香、玉二人不在薛蟠前提携帮补他，因此贾瑞金荣等一干人，也正在醋妒他两个。今见秦、香二人来告金荣，贾瑞心中便更不自在起来，虽不好呵叱秦钟，却拿着香怜作法，反说他多事，着实抢白了几句。香怜反讨了没趣，连秦钟也讪讪的各归坐位去了。金荣越发得了意，摇头咂嘴的，口内还说许多闲话，玉爱偏又听了不忿，两个人隔座咕咕唧唧的角起口来。金荣只一口咬定说："方才明明的撞见他两个在后院子里亲嘴摸屁股，一对一肏，撅草棍儿抽长短，谁长谁先干。"金荣只顾得意乱说，却不防还有别人。谁知早又触怒了一个。你道这个是谁？

原来这一个名唤贾蔷，亦系宁府中之正派玄孙，父母早亡，从小儿跟着贾珍过活，如今长了十六岁，比贾蓉生的还风流俊俏。他弟兄二人最相亲厚，常相共处。宁府人多口杂，那些不得志的奴仆们，专能造言诽谤主人，因此不知又有什么小人诟谇谣诼之词。贾珍想亦风闻得些口声不大好，自己也要避些嫌疑，如今竟分与房舍，命贾蔷搬出宁府，自去立门户过活去了。

这贾蔷外相既美，内性又聪明，虽然应名来上学，亦不过虚掩眼目而已。仍是斗鸡走狗，赏花玩柳。总恃上有贾珍溺爱，下有贾蓉匡助，因此族人谁敢来触逆于他。他既和贾蓉最好，今见有人欺负秦钟，如何肯依？如今自己要挺身出来报不平，心中却忖度一番，想道："金荣贾瑞一干人，都是薛大叔的相知，向日我又与薛大叔相好，倘或我一出头，他们告诉了老薛，我们岂不伤和气？待要不管，如此谣言，说的大家没趣。如今何不用计制伏，又止息口声，又伤不了脸面。"想毕，也装作出小恭，走至外面，悄悄的把跟宝玉的书童名唤茗烟者唤到身边，如此这般，调拨他几句。

这茗烟乃是宝玉第一个得用的，且又年轻不谙世事，如今听贾蔷说金荣如此欺负秦钟，连他爷宝玉都干连在内，不给他个利害，下次越发狂纵难制了。这茗烟无故就要欺压人的，如今得了这个信，又有贾蔷助着，便一头进来找金荣，也不叫金相公了，只说"姓金的，你是什么东西！"贾蔷遂跺一跺靴子，故意整整衣服，看看日影儿说："是时候了。"遂先向贾瑞说有事要早走一步。贾瑞不敢强他，只得随他去了。这里茗烟先一把揪住金荣，问道："我们肏屁股不肏屁股，管你肏把相干，横竖没肏你爹去罢了！你是好小子，出来动一动你茗大爷！"唬的满屋中子弟都怔怔的痴望。贾瑞忙吆喝："茗烟不得撒野！"金荣气黄了脸，说："反了！奴才小子都敢如此，我只和你主子说。"便夺手要去抓打宝玉秦钟。尚未去时，从脑后飕的一声，早见一方砚瓦飞来，并不知系何人打来的，幸未打着，却又打在旁人的座上，这座上乃是贾兰贾菌。

这贾菌亦系荣国府近派的重孙，其母亦少寡，独守着贾菌。这贾菌与贾兰最好，所以二人同桌而坐。谁知贾菌年纪虽小，志气最大，极是淘气不怕人的。他在座上冷眼看见金荣的朋友暗助金荣，飞砚来打茗烟，偏没打着茗烟，便落在他桌上，正打在面前，将一个磁砚水壶打了个粉碎，溅了一书黑水。贾菌如何依得，便骂："好囚攮的们，这不都动了手了么！"骂着，也便抓起砚砖来要打回去。贾兰是个省事的，忙按住砚，极口劝道："好兄弟，不与咱们相干。"贾菌如何忍得住，便两手抱起书匣子来，照那边抡了去。终是身小力薄，却抡不到那里，刚到宝玉秦钟桌案上就落了下

精点经典

来。只听哗啷啷一声，砸在桌上，书本纸片等至于笔砚之物撒了一桌，又把宝玉的一碗茶也砸得碗碎茶流。贾菌便跳出来，要揪打那一个飞砚的。

金荣此时随手抓了一根毛竹大板在手，地狭人多，那里经得舞动长板。茗烟早吃了一下，乱嚷："你们还不来动手！"宝玉还有三个小厮：一名锄药，一名扫红，一名墨雨。这三个岂有不淘气的，一齐乱嚷："小妇养的！动了兵器了！"墨雨遂掇起一根门闩，扫红锄药手中都是马鞭子，蜂拥而上。贾瑞急的拦一回这个，劝一回那个，谁听他的话，肆行大闹。众顽童也有趁势帮着打太平拳助乐的，也有胆小藏在一边的，也有直立在桌上拍着手儿乱笑，喝着声儿叫打的。登时间鼎沸起来。

外边李贵等几个大仆人听见里边作起反来，忙都进来一齐喝住。问是何原故，众声不一，这一个如此说，那一个又如彼说。李贵且喝骂了茗烟四个一顿，撵了出去。秦钟的头早撞在金荣的板上，打起一层油皮，宝玉正拿褂襟子替他揉呢，见喝住了众人，便命："李贵，收书！拉马来，我去回太爷去！我们被人欺负了，不敢说别的，守礼来告诉瑞大爷，瑞大爷反倒派我们的不是，听着人家骂我们，还调唆他们打我们。茗烟见人欺负我，他岂有不为我的；他们反打伙儿打了茗烟，连秦钟的头也打破了。还在这里念什么书！茗烟他也是为有人欺侮我的。不如散了罢。"李贵劝道："哥儿不要性急。太爷既有事回家去了，这会子为这点子事去聒噪他老人家，倒显的咱们没理。依我的主意，那里的事那里了结好，何必去惊动他老人家。这都是瑞大爷的不是，太爷不在这里，你老人家就是这学里的头脑了，众人看着你行事。众人有了不是，该打的打，该罚的罚，如何等闹到这步田地还不管？"贾瑞道："我吆喝着都不听。"李贵笑道："不怕你老人家恼我，素日你老人家到底有些不正经，所以这些兄弟才不听。就闹到太爷跟前去，连你老人家也是脱不过的。还不快作主意撕罗开了罢。"宝玉道："撕罗什么？我必是回去的！"秦钟哭道："有金荣，我是不在这里念书的。"宝玉道："这是为什么？难道有人家来的，咱们倒来不得？我必回明白众人，撵了金荣去。"又问李贵："金荣是那一房的亲戚？"李贵想了一想道："也不用问了。若问起那一房的亲戚，更伤了兄弟们的和气。"

茗烟在窗外道："他是东胡同子里璜大奶奶的侄儿。那是什么硬正仗腰子的，也来唬我们。璜大奶奶是他姑娘。你那姑妈只会打旋磨子，给我们琏二奶奶跪着借当头。我眼里就看不起他那样的主子奶奶！"李贵忙断喝不止，说："偏你这小狗肏的知道，有这些蛆嚼！"宝玉冷笑道："我只当是谁的亲戚，原来是璜嫂子的侄儿，我就去问问他来！"说着便要走。叫茗烟进来包书。茗烟包着书，又得意道："爷也不用自己去见，等我到他家，就说老太太有说的话问他呢，雇上一辆车拉进去，当着老太太问他，岂不省事。"李贵忙喝道："你要死！仔细回去我好不好先捶了你，然后再回老爷太太，就说宝玉全是你调唆的。我这里好容易劝哄好了一半了，你又来生个新法子。你闹了学堂，不说变法儿压息了才是，倒要往大里闹！"茗烟方不敢作声儿了。

此时贾瑞也怕闹大了，自己也不干净，只得委曲着来央告秦钟，又央告宝玉。先是他二人不肯。后来宝玉说："不回去也罢了，只叫金荣赔不是便罢。"金荣先是不肯，后来禁不得贾瑞也来逼他去赔不是，李贵等只得好劝金荣说："原是你起的端，你不这样，怎得了局？"金荣强不得，只得与秦钟作了揖。宝玉还不依，偏定要磕头。贾瑞只要暂息此事，又悄悄的劝金荣说："俗语说的好：'杀人不过头点地。'你既惹出事来，少不得下点气儿，磕个头就完事了。"金荣无奈，只得进前来与秦钟磕头。且听下回分解。

精点经典

【阅读随笔】

第十回 金寡妇贪利权受辱
张太医论病细穷源

精点经典

话说金荣因人多势众，又兼贾瑞勒令，赔了不是，给秦钟磕了头，宝玉方才不吵闹了。大家散了学，金荣回到家中，越想越气，说："秦钟不过是贾蓉的小舅子，又不是贾家的子孙，附学读书，也不过和我一样。他因仗着宝玉和他好，他就目中无人。他既是这样，就该行些正经事，人也没的说。他素日又和宝玉鬼鬼祟祟的，只当人都是瞎子，看不见。今日他又去勾搭人，偏偏的撞在我眼睛里。就是闹出事来，我还怕什么不成？"

他母亲胡氏听见他咕咕嘟嘟的说，因问道："你又要争什么闲气？好容易我望你姑妈说了，你姑妈千方百计的才向他们西府里的琏二奶奶跟前说了，你才得了这个念书的地方。若不是仗着人家，咱们家里还有力量请的起先生？况且人家学里，茶也是现成的，饭也是现成的。你这二年在那里念书，家里也省好大的嚼用呢。省出来的，你又爱穿件鲜明衣服。再者，不是因你在那里念书，你就认得什么薛大爷了？那薛大爷一年不给不给，这二年也帮了咱们有七八十两银子。你如今要闹出了这个学房，再要找这么个地方，我告诉你说罢，比登天还难呢！你给我老老实实的顽一会子睡你的觉去，好多着呢。"于是金荣忍气吞声，不多一时他自去睡了。次日仍旧上学去了。不在话下。

且说他姑娘，原聘给的是贾家玉字辈的嫡派，名唤贾璜。但其族人那里皆能像宁荣二府的富势，原不用细说。这贾璜夫妻守着些小的产业，又时常到宁荣二府里去请请安，又会奉承凤姐儿并尤氏，所以凤姐儿尤氏也时常资助资助他，方能如此度日。今日正遇天气晴明，又值家中无事，遂带了一个婆子，坐上车，来家里走走，瞧瞧寡嫂并侄儿。

闲话之间，金荣的母亲偏提起昨日贾家学房里的那事，从头至尾，一五一十都向他小姑子说了。这璜大奶奶不听则已，听了，一时怒从心上起，说道："这秦钟小崽子是贾门的亲戚，难道荣儿不

· 87 ·

精点经典

是贾门的亲戚？人都别趋势利了，况且都作的是什么有脸的好事！就是宝玉，也犯不上向着他到这个样。等我去到东府瞧瞧我们珍大奶奶，再向秦钟他姐姐说说，叫他评评这个理。"这金荣的母亲听了这话，急的了不得，忙说道："这都是我的嘴快，告诉了姑奶奶了，求姑奶奶别去，别管他们谁是谁非。倘或闹起来，怎么在那里站得住。若是站不住，家里不但不能请先生，反倒在他身上添出许多嚼用来呢。"璜大奶奶听了，说道："那里管得许多，你等我说了，看是怎么样！"也不容他嫂子劝，一面叫老婆子瞧了车，就坐上往宁府里来。

到了宁府，进了车门，到了东边小角门前下了车，进去见了贾珍之妻尤氏。也未敢气高，殷殷勤勤叙过寒温，说了些闲话，方问道："今日怎么没见蓉大奶奶？"尤氏说道："他这些日子不知怎么着，经期有两个多月没来。叫大夫瞧了，又说并不是喜。那两日，到了下半天就懒待动，话也懒待说，眼神也发眩。我说他：'你且不必拘礼，早晚不必照例上来，你就好生养养罢。就是有亲戚一家儿来，有我呢。就有长辈们怪你，等我替你告诉。'连蓉哥我都嘱咐了，我说：'你不许累搭他，不许招他生气，叫他静静的养养就好了。他要想什么吃，只管到我这里取来。倘或我这里没有，只管望你琏二婶子那里要去。倘或他有个好和歹，你再要娶这么一个媳妇，这么个模样儿，这么个性情的人儿，打着灯笼也没地方找去。'他这为人行事，那个亲戚，那个一家的长辈不喜欢他？所以我这两日好不烦心，焦的我了不得。偏偏今日早晨他兄弟来瞧他，谁知那小孩子家不知好歹，看见他姐姐身上不大爽快，就有事也不当告诉他，别说是这么一点子小事，就是你受了一万分的委曲，也不该向他说才是。谁知他们昨儿学房里打架，不知是那里附学来的一个人欺侮了他了。里头还有些不干不净的话，都告诉了他姐姐。婶子，你是知道那媳妇的：虽则见了人有说有笑，会行事儿，他可心细，心又重，不拘听见个什么话儿，都要度量个三日五夜才罢。这病就是打这个秉性上头思虑出来的。今儿听见有人欺负了他兄弟，又是恼，又是气。恼的是那群混帐狐朋狗友的扯是搬非、调三惑四的那些人；气的是他兄弟不学好，不上心念书，以致如此学里吵闹。他听了这事，今日索性连早饭也没吃。我听见了，我方到他那边安慰了他一会子,又劝解了他兄弟一会子。我叫他兄弟到那边府里找宝玉去了,我才看着他吃了半盏燕窝汤,我才过来了。婶子,你说我心焦不心焦?况且如今又没个好大夫,我想到他这病上,我心里倒像针扎似的。你们知道有什么好大夫没有?"

金氏听了这半日话,把方才在他嫂子家的那一团要向秦氏理论的盛气,早吓的都丢在爪洼国去了。听见尤氏问他有知道的好大夫的话,连忙答道:"我们这么听着,实在也没见人说有个好大夫。如今听起大奶奶这个来,定不得还是喜呢。嫂子倒别教人混治。倘或认错了,这可是了不得的。"尤氏道:"可不是呢。"正是说话间,贾珍从外进来,见了金氏,便向尤氏问道:"这不是璜大奶奶么?"金氏向前给贾珍请了安。贾珍向尤氏说道:"让这大妹妹吃了饭去。"贾珍说着话,就过那屋里去了。金氏此来,原要向秦氏说说秦钟欺负了他侄儿的事,听见秦氏有病,不但不能说,亦且不敢提了。况且贾珍尤氏又待的很好,反转怒为喜,又说了一会子话儿,方家去了。

金氏去后,贾珍方过来坐下,问尤氏道:"今日他来,有什么说的事情?"尤氏答道:"倒没说什么。一进来的时候,脸上倒像有些着了恼的气色似的,及说了半天话,又提起媳妇这病,他倒渐渐的气色平定了。你又叫让他吃饭,他听见媳妇这么病,也不好意思只管坐着,又说了几句闲话儿就去了,倒没求什么事。如今且说媳妇这病,你到那里寻一个好大夫来与他瞧瞧要紧,可别耽误了。现今咱们家走的这群大夫,那里要得,一个个都是听着人的口气儿,人怎么说,他也添几句文话儿说一遍。可倒殷勤的很,三四个人一日轮流着倒有四五遍来看脉。他们大家商量着立个方子,吃了也不见效,倒弄得一日换四五遍衣裳,坐起来见大夫,其实于病人无益。"贾珍说道:"可是。这孩子也糊涂,何必脱脱换换的,倘再着了凉,更添一层病,那还了得。衣裳任凭是什么好的,可又值什么,孩子的身子要紧,就是一天穿一套新的,也不值什么。我正进来要告诉你:方才冯紫英来看我,他见我有些抑郁之色,问我是怎么了。我才告诉他说,媳妇忽然身子有好大的不爽快,因为不得个好太医,断不透是喜是病,又不知有妨碍无妨碍,所以我这两日心里着实着急。冯紫英因说起他有一个幼时从学的先生,姓张名友士，学问最渊博的，更兼医理极深，且能断人的生死。今年是上京给他儿子来捐官，现在他家住着呢。这么看来，竟是合该媳妇的病在他手里除灾亦未可知。我即刻差人拿我的名帖请去了。今日倘或天晚了不能来，明日想必一定来。况且冯紫英又即刻回家亲自去求他，务必叫他来瞧瞧。等这个张先生来瞧了再说罢。"

尤氏听了，心中甚喜，因说道："后日是太爷的寿日，到底怎么办？"贾珍说道："我方才到了太爷那里去请安，兼请太爷来家来受一受一家子的礼。太爷因说道：'我是清净惯了的，我不愿意往你们那是非场中去闹去。你们必定说是我的生日，要叫我去受众人些头，莫过你把我从前注的《阴骘文》给我令人好好的写出来刻了，比叫我无故受众人的头还强百倍呢。倘或明日后日这两日一家子要来，你就在家里好好的款待他们就是了。也不必给我送什么东西来，连你后日也不必来；你要心中不安，你今日就给我磕了头去。倘或后日你要来，又跟随多少人来闹我，我必和你不依。'如此说了又说，后日我是再不敢去的了。且叫来升来，吩咐他预备两日的筵席。"尤氏因叫人叫了贾蓉来："吩咐来升照旧例预备两日的筵席，要丰丰富富的。你再亲自到西府里去请老太太、大太太、二太太和你琏二嫂子来逛逛。你父亲今日又听见一个好大夫，业已打发人请去了，想必明日必来。你可将他这些日子的病症细细的告诉他。"

贾蓉一一的答应着出去了。正遇着方才去冯紫英家请那先生的小子回来了，因回道："奴才方才到了冯大爷家，拿了老爷的名帖请那先生去。那先生说道：'方才这里大爷也向我说了。但是今日拜了一天的客，才回到家，此时精神实在不能支持，就是去到府上也不能看脉。'他说等调息一夜，明日务必到府。他又说，他'医学浅薄，本不敢当此重荐，因我们冯大爷和府上的大人既已如此说了，又不得不去，你先替我回明大人就是了。大人的名帖实不敢当。'仍叫奴才拿回来了。哥儿替奴才回一声儿罢。"贾蓉转身复进去，回了贾珍尤氏的话，方出来叫了来升来，吩咐他预备两日的筵席的话。来升听毕，自去照例料理。不在话下。

且说次日午间，人回道："请的那张先生来了。"贾珍遂延入大厅坐下。茶毕，方开言道："昨承冯大爷示知老先生人品学问，又兼深通医学，小弟不胜钦仰之至。"张先生道："晚生粗鄙下士，本知见浅陋，昨因冯大爷示知，大人家第谦恭下士，又承呼唤，敢不奉命。但毫无实学，倍增颜汗。"贾珍道："先生何必过谦。就请先生进去看看儿妇，仰仗高明，以释下怀。"

于是，贾蓉同了进去。到了贾蓉居室，见了秦氏，向贾蓉说道："这就是尊夫人了？"贾蓉道："正是。请先生坐下，让我把贱内的病症说一说再看脉如何？"那先生道："依小弟的意思，竟先看过脉再说的为是。我是初造尊府的，本也不晓得什么，但是我们冯大爷务必叫小弟过来看看，小弟所以不得不来。如今看了脉息，看小弟说的是不是，再将这些日子的病势讲一讲，大家斟酌一个方儿，可用不可用，那时大爷再定夺。"贾蓉道："先生实在高明，如今恨相见之晚。就请先生看一看脉息，可治不可治，以便使家父母放心。"于是家下媳妇们捧过大迎枕来，一面给秦氏拉着袖口，露出脉来。先生方伸手按在右手脉上，调息了至数，宁神细诊了有半刻的工夫，方换过左手，亦复如是。诊毕脉息，说道："我们外边坐罢。"

贾蓉于是同先生到外间房里床上坐下，一个婆子端了茶来。贾蓉道："先生请茶。"于是陪先生吃了茶，遂问道："先生看这脉息，还治得治不得？"先生道："看得尊夫人这脉息：左寸沉数，左关沉伏；右寸细而无力，右关需而无神。其左寸沉数者，乃心气虚而生火；左关沉伏者，乃肝家气滞血亏。右寸细而无力者，乃肺经气分太虚；右关需而无神者，乃脾土被肝木克制。心气虚而生火者，应现经期不调，夜间不寐。肝家血亏气滞者，必然肋下疼胀，月信过期，心中发热。肺经气分太虚者，头目不时眩晕，寅卯间必然自汗，如坐舟中。脾土被肝木克制者，必然不思饮食，精神倦怠，四肢酸软。据我看这脉息，应当有这些症候才对。或以这个脉为喜脉，则小弟不敢从其教也。"旁边一个贴身服侍的婆子道："何尝不是这样呢。真正先生说的如神，倒不用我们告诉了。如今我们家里现有好几位太医老爷瞧着呢，都不能的当真切的这么说。有一位说是喜，有一位说是病，这位说不相干，那位说怕冬至，总没有个准话儿。求老爷明白指示指示。"

那先生笑道："大奶奶这个症候，可是那众位耽搁了。要在初次行经的日期就用药治起来，不但断无今日之患，而且此时已全

精点经典

精点经典

愈了。如今既是把病耽误到这个地位,也是应有此灾。依我看来,这病尚有三分治得。吃了我的药看,若是夜里睡的着觉,那时又添了二分拿手了。据我看这脉息:大奶奶是个心性高强聪明不过的人;聪明忒过,则不如意事常有;不如意事常有,则思虑太过。此病是忧虑伤脾,肝木忒旺,经血所以不能按时而至。大奶奶从前的行经的日子问一问,断不是常缩,必是常长的。是不是?"这婆子答道:"可不是,从没有缩过,或是长两日三日,以至十日都长过。"先生听了道:"妙啊!这就是病源。从前若能够以养心调经之药服之,何至于此。这如今明显出一个水亏木旺的症候来。待用药看看。"于是写了方子,递与贾蓉,上写的是:

益气养荣补脾和肝汤

人 参 二钱　　白 术 二钱 土炒　　云 苓 三钱　　熟 地 四钱

归 身 二钱 酒洗　　白 芍 二钱 炒　　川 芎 钱半　　黄 芪 三钱

香附米 二钱 制　　醋紫胡 八分　　怀山药 二钱 炒　　真阿胶 二钱 蛤粉炒

延胡索 钱半 酒炒　　炙甘草 八分

引用建莲子七粒去心　　红枣二枚

贾蓉看了,说:"高明的很。还要请教先生,这病与性命终久有妨无妨?"先生笑道:"大爷是最高明的人。人病到这个地位,非一朝一夕的症候,吃了这药也要看医缘了。依小弟看来,今年一冬是不相干的。总是过了春分,就可望全愈了。"贾蓉也是个聪明人,也不往下细问了。

于是贾蓉送了先生去了,方将这药方子并脉案都给贾珍看了,说的话也都回了贾珍并尤氏了。尤氏向贾珍说道:"从来大夫不像他说的这么痛快,想必用的药也不错。"贾珍道:"人家原不是混饭吃久惯行医的人。因为冯紫英我们好,他好容易求了他来了。既有这个人,媳妇的病或者就能好了。他那方子上有人参,就用前日买的那一斤好的罢。"贾蓉听毕话,方出来叫人打药去煎给秦氏吃。不知秦氏服了此药病势如何,下回分解。

【阅读随笔】

第十一回　庆寿辰宁府排家宴
　　　　　　见熙凤贾瑞起淫心

　　话说是日贾敬的寿辰，贾珍先将上等可吃的东西、稀奇些的果品，装了十六大捧盒，着贾蓉带领家下人等与贾敬送去，向贾蓉说道："你留神看太爷喜欢不喜欢，你就行了礼来。你说：'我父亲遵太爷的话未敢来，在家里率领合家都朝上行了礼了。'"贾蓉听罢，即率领家人去了。

　　这里渐渐的就有人来了。先是贾琏、贾蔷到来，先看了各处的座位，并问："有什么顽意儿没有？"家人答道："我们爷原算计请太爷今日来家来，所以并未敢预备顽意儿。前日听见太爷又不来了，现叫奴才们找了一班小戏儿并一档子打十番的，都在园子里戏台上预备着呢。"

　　次后邢夫人、王夫人、凤姐儿、宝玉都来了，贾珍并尤氏接了进去。尤氏的母亲已先在这里呢。大家见过了，彼此让了坐。贾珍尤氏二人亲自递了茶，因说道："老太太原是老祖宗，我父亲又是侄儿，这样日子，原不敢请他老人家；但是这个时候，天气正凉爽，满园的菊花又盛开，请老祖宗过来散散闷，看着众儿孙热闹热闹，是这个意思。谁知老祖宗又不肯赏脸。"凤姐儿未等王夫人开口，先说道："老太太昨日还说要来着呢，因为晚上看着宝兄弟他们吃桃儿，老人家又嘴馋，吃了有大半个，五更天的时候就一连起来了两次，今日早晨略觉身子倦些。因叫我回大爷，今日断不能来了，说有好吃的要几样，还要很烂的。"贾珍听了笑道："我说老祖宗是爱热闹的，今日不来，必定有个原故，若是这么着就是了。"

　　王夫人道："前日听见你大妹妹说，蓉哥儿媳妇儿身上有些不大好，到底是怎么样？"尤氏道："他这个病得的也奇。上月中秋还跟着老太太、太太们顽了半夜，回家来好好的。到了二十后，一日比一日觉懒，也懒待吃东西，这将近有半个多月了。经期又有两个月没来。"邢夫人接着说道："别是喜罢？"

　　正说着，外头人回道："大老爷、二老爷并一家子的爷们都来了，在厅上呢。"贾珍连忙出去了。这里尤氏方说道："从前大夫也有说是喜的。昨日冯紫英荐了他从学过的一个先生，医道很好，瞧了说不是喜，竟是很大的一个症候。昨日开了方子，吃了一剂药，今日头眩的略好些，别的仍不见怎么样大见效。"凤姐儿道："我说他不是十分支持不住，今日这样的日子，再也不肯不扎挣着上来。"尤氏道："你是初三日在这里见他的，他强扎挣了半天，也是因你们娘儿两个好的上头，他才恋恋的舍不得去。"凤姐儿听了，眼圈儿红了半天，半日方说道："真是'天有不测风云，人有旦夕祸福'。这个年纪，倘或就因这个病上怎么样了，人还活着有什么趣儿！"

正说话间，贾蓉进来，给邢夫人、王夫人、凤姐儿前都请了安，方回尤氏道："方才我去给太爷送吃食去，并回说我父亲在家中伺候老爷们，款待一家子的爷们，遵太爷的话并未敢来。太爷听了甚喜欢，说：'这才是。'叫告诉父亲母亲好生伺候太爷太太们，叫我好生伺候叔叔婶子们并哥哥们。还说那《阴骘文》，叫急急的刻出来，印一万张散人。我将此话都回了我父亲了。我这会子得快出去打发太爷们并合家爷们吃饭。"凤姐儿说："蓉哥儿，你且站住。你媳妇今日到底是怎么着？"贾蓉皱皱眉说道："不好么！婶子回来瞧瞧去就知道了。"于是贾蓉出去了。

这里尤氏向邢夫人、王夫人道："太太们在这里吃饭好，还是在园子里吃去好？小戏儿现预备在园子里呢。"王夫人向邢夫人道："我们索性吃了饭再过去罢，也省好些事。"邢夫人道："很好。"于是尤氏就吩咐媳妇婆子们："快送饭来。"门外一齐答应了一声，都各人端各人的去了。不多一时，摆上了饭。尤氏让邢夫人、王夫人并他母亲都上了坐，他与凤姐儿、宝玉侧席坐了。邢夫人、王夫人道："我们来原为给大老爷拜寿，这不竟是我们来过生日来了么？"凤姐儿说道："大老爷原是好养静的，已经修炼成了，也算得是神仙了。太太们这么一说，这就叫作'心到神知'了。"一句话说的满屋里的人都笑起来了。

于是，尤氏的母亲并邢夫人、王夫人、凤姐儿都吃毕饭，漱了口，净了手；才说要往园子里去，贾蓉进来向尤氏说道："老爷们并众位叔叔哥哥兄弟们也都吃了饭了。大老爷说家里有事，二老爷是不爱听戏又怕人闹的慌，都才去了。别的一家子爷们都被琏二叔并蔷兄

精点经典

弟让过去听戏去了。方才南安郡王、东平郡王、西宁郡王、北静郡王四家王爷,并镇国公牛府等六家,忠靖侯史府等八家,都差人持了名帖送寿礼来,俱回了我父亲,先收在帐房里了,礼单都上上档子了。老爷的领谢的名帖都交给各来人了,各来人也都照旧例赏了,众来人都让吃了饭才去了。母亲该请二位太太、老娘、婶子都过园子里坐着去罢。"尤氏道:"也是才吃完了饭,就要过去了。"

凤姐儿说:"我回太太,我先瞧瞧蓉哥儿媳妇,我再过去。"王夫人道:"很是。我们都要去瞧瞧他,倒怕他嫌闹的慌,说我们问他好罢。"尤氏道:"好妹妹,媳妇听你的话,你去开导开导他,我也放心。你就快些过园子里来。"宝玉也要跟了凤姐儿去瞧秦氏去,王夫人道:"你看看就过去罢,那是侄儿媳妇。"于是尤氏请了邢夫人、王夫人并他母亲都过会芳园去了。

凤姐儿、宝玉方和贾蓉到秦氏这边来了。进了房门,悄悄的走到里间房门口,秦氏见了,就要站起来,凤姐儿说:"快别起来,看起猛了头晕。"于是凤姐儿就紧走了两步,拉住秦氏的手,说道:"我的奶奶!怎么几日不见,就瘦的这么着了。"于是就坐在秦氏坐的褥子上。宝玉也问了好,坐在对面椅子上。贾蓉叫:"快倒茶来,婶子和二叔在上房还未喝茶呢。"

秦氏拉着凤姐儿的手,强笑道:"这都是我没福。这样人家,公公婆婆当自己的女孩儿似的待。婶娘的侄儿虽说年轻,却也是他敬我,我敬他,从来没有红过脸儿。就是一家子的长辈同辈之中,除了婶子倒不用说了,别人也从无不疼我的,也无不和我好的。这如今得了这个病,把我那要强的心一分也没了。公婆跟前未得孝顺一天;就是婶娘这样疼我,我就有十分孝顺的心,如今也不能够了。我自想着,未必熬的过年去呢。"

宝玉正眼瞅着那《海棠春睡图》并那秦太虚写的"嫩寒锁梦因春冷,芳气笼人是酒香"的对联,不觉想起在这里睡晌觉梦到"太虚幻境"的事来。正自出神,听得秦氏说了这些话,如万箭攒心,那眼泪不知不觉就流下来了。凤姐儿心中虽十分难过,但恐怕病人见了众人这个样儿反添心酸,倒不是来开导劝解的意思了。见宝玉这个样子,因说道:"宝兄弟,你忒婆婆妈妈的了。他病人不过是这么说,那里就到得这个田地了?况且能多大年纪的人,略病一病儿就这么想那么想的,这不是自己倒给自己添病了么?"贾蓉道:"他这病也不用别的,只是吃得些饮食就不怕了。"凤姐儿道:"宝兄弟,太太叫你快过去呢。你别在这里只管这么着,倒招的媳妇也心里不好。太太那里又惦着你。"因向贾蓉说道:"你先同你宝叔叔过去罢,我还略坐一坐儿。"贾蓉听说,即同宝玉过会芳园来了。

这里凤姐儿又劝解了秦氏一番,又低低的说了许多衷肠话儿。尤氏打发人请了两三遍,凤姐儿才向秦氏说道:"你好生养着罢,我再来看你。合该你这病要好,所以前日就有人荐了这个好大夫来,再也是不怕的了。"秦氏笑道:"任凭神仙也罢,治得病治不得命。婶子,我知道我这病不过是挨日子。"凤姐儿说道:"你只管这么想着,病那里能好呢?总要想开了才是。况且听得大夫说,若是不治,怕的是春天不好呢。如今才九月半,还有四五个月的工夫,什么病治不好呢?咱们若是不能吃人参的人家,这也难说了;你公公婆婆听见治得好你,别说一日二钱人参,就是二斤也能够吃的起。好生养着罢,我过园子里去了。"秦氏又道:"婶子,恕我不能跟过去了。闲了时候还求婶子常过来瞧瞧我,咱们娘儿们坐坐,多说几遭话儿。"凤姐儿听了,不觉得又眼圈儿一红,遂说道:"我得了闲儿必常来看你。"

于是凤姐儿带领跟来的婆子丫头并宁府的媳妇婆子们,从里头绕进园子的便门来。但只见:

黄花满地,白柳横坡。小桥通若耶之溪,曲径接天台之路。石中清流激湍,篱落飘香;树头红叶翩翩,疏林如画。西风乍紧,初罢莺啼;暖日当暄,又添蛩语。遥望东南,建几处依山之榭;纵观西北,结三间临水之轩。笙簧盈耳,别有幽情;罗绮穿林,倍添韵致。

凤姐儿正自看园中的景致,一步步行来赞赏。猛然从假山石后走过一个人来,向前对凤姐儿说道:"请嫂子安。"凤姐儿猛然见了,将身子望后一退,说道:"这是瑞大爷不是?"贾瑞说道:"嫂子连我也不认得了?不是我是谁!"凤姐儿道:"不是不认得,猛然一见,不想到是大爷到这里来。"贾瑞道:"也是合该我与嫂子有缘。我方才偷出了席,在这个清净地方略散一散,不想就遇见嫂子也从这里来。这不是有缘么?"一面说着,一面拿眼睛不住的觑着凤姐儿。

精点经典

精点经典

  凤姐儿是个聪明人，见他这个光景，如何不猜透八九分呢，因向贾瑞假意含笑道："怨不得你哥哥时常提你，说你很好。今日见了，听你说这几句话儿，就知道你是个聪明和气的人了。这会子我要到太太们那里去，不得和你说话儿，等闲了咱们再说话儿罢。"贾瑞道："我要到嫂子家里去请安，又恐怕嫂子年轻，不肯轻易见人。"凤姐儿假意笑道："一家子骨肉，说什么年轻不年轻的话。"贾瑞听了这话，再不想到今日得这个奇遇，那神情光景亦发不堪难看了。凤姐儿说道："你快入席去罢，仔细他们拿住罚你酒。"贾瑞听了，身上已木了半边，慢慢的一面走着，一面回过头来看。凤姐儿故意的把脚步放迟了些儿，见他去远了，心里暗忖道："这才是知人知面不知心呢，那里有这样禽兽样的人呢。他如果如此，几时叫他死在我的手里，他才知道我的手段！"

  于是凤姐儿方移步前来。将转过了一重山坡，见两三个婆子慌慌张张的走来，见了凤姐儿，笑说道："我们奶奶见二奶奶只是不来，急的了不得，叫奴才们又来请奶奶来了。"凤姐儿说道："你们奶奶就是这么急脚鬼似的。"凤姐儿慢慢的走着，问："戏唱了几出了？"那婆子回道："有八九出了。"说话之间，已来到了天香楼的后门，见宝玉和一群丫头们在那里玩呢。凤姐儿说道："宝兄弟，别忒淘气了。"有一个丫头说道："太太们都在楼上坐着呢，请奶奶就从这边上去罢。"

  凤姐儿听了，款步提衣上了楼，见尤氏已在楼梯口等着呢。尤氏笑说道："你们娘儿两个忒好了，见了面总舍不得来了。你明日搬来和他住着罢。你坐下，我先敬你一钟。"于是凤姐儿在邢、王二夫人前告了坐，又在尤氏的母亲前周旋了一遍，仍同尤氏坐在一桌上吃酒听戏。尤氏叫拿戏单来，让凤姐儿点戏，凤姐儿说道："亲家太太和太太们在这里，我如何敢点。"邢夫人王夫人说道："我们和亲家太太都点了好几出了，你点两出好的我们听。"凤姐儿立起身来答应了一声，方接过戏单，从头一看，点了一出《还魂》，一出《弹词》，递过戏单去说："现在唱的这《双官诰》，唱完了，再唱这两出，也就是时候了。"王夫人道："可不是呢，也该趁早叫你哥哥嫂子歇歇，他们又心里不静。"尤氏说道："太太们又不常过来，娘儿们多坐一会子去，才有趣儿，天还早呢。"

凤姐儿立起身来望楼下一看，说："爷们都往那里去了？"旁边一个婆子道："爷们才到凝曦轩，带了打十番的那里吃酒去了。"凤姐儿说道："在这里不便宜，背地里又不知干什么去了！"尤氏笑道："那里都像你这么正经人呢。"

于是说说笑笑，点的戏都唱完了，方才撤下酒席，摆上饭来。吃毕，大家才出园子来，到上房坐下，吃了茶，方才叫预备车，向尤氏的母亲告了辞。尤氏率同众姬妾并家下婆子媳妇们方送出来；贾珍率领众子侄都在车旁侍立，等候着呢，见了邢夫人、王夫人道："二位婶子明日还过来逛逛。"王夫人道："罢了，我们今日整坐了一日，也乏了，明日歇歇罢。"于是都上车去了。贾瑞犹不时拿眼睛觑着凤姐儿。贾珍等进去后，李贵才拉过马来，宝玉骑上，随了王夫人去了。这里贾珍同一家子的弟兄子侄吃过了晚饭，方大家散了。

次日，仍是众族人等闹了一日，不必细说。此后凤姐儿不时亲自来看秦氏。秦氏也有几日好些，也有几日仍是那样。贾珍、尤氏、贾蓉好不焦心。

且说贾瑞到荣府来了几次，偏都遇见凤姐儿往宁府那边去了。这年正是十一月三十日冬至。到交节的那几日，贾母、王夫人、凤姐儿日日差人去看秦氏，回来的人都说："这几日也没见添病，也不见甚好。"王夫人向贾母说："这个症候，遇着这样大节不添病，就有好大的指望了。"贾母说："可是呢，好个孩子，要是有些原故，可不叫人疼死。"说着，一阵心酸，叫凤姐儿说道："你们娘儿两个也好了一场，明日大初一，过了明日，你后日再去看一看他去。你细细的瞧瞧他那光景，倘或好些儿，你回来告诉我，我也喜欢喜欢。那孩子素日爱吃的，你也常叫人做些给他送过去。"凤姐儿一一的答应了。

到了初二日，吃了早饭，来到宁府，看见秦氏的光景，虽未甚添病，但是那脸上身上的肉全瘦干了。于是和秦氏坐了半日，说了些闲话儿，又将这病无妨的话开导了一遍。秦氏说道："好不好，春天就知道了。如今现过了冬至，又没怎么样，或者好的了也未可知。婶子回老太太、太太放心罢。昨日老太太赏的那枣泥馅的山药糕，我倒吃了两块，倒像克化的动似的。"凤姐儿说道："明日再给你送来。我到你婆婆那里瞧瞧，就要赶着回去回老太太的话去。"秦氏道："婶子替我请老太太、太太安罢。"

精点经典

精点经典

　　凤姐儿答应着就出来了,到了尤氏上房坐下。尤氏道:"你冷眼瞧媳妇是怎么样?"凤姐儿低了半日头,说道:"这实在没法儿了。你也该将一应的后事用的东西给他料理料理,冲一冲也好。"尤氏道:"我也叫人暗暗的预备了。就是那件东西不得好木头,暂且慢慢的办罢。"于是凤姐儿吃了茶,说了一会子话儿,说道:"我要快回去回老太太的话去呢。"尤氏道:"你可缓缓的说,别吓着老太太。"凤姐儿道:"我知道。"

　　于是凤姐儿就回来了。到了家中,见了贾母,说:"蓉哥儿媳妇请老太太安,给老太太磕头,说他好些了,求老祖宗放心罢。他再略好些,还要给老祖宗磕头请安来呢。"贾母道:"你看他是怎么样?"凤姐儿说:"暂且无妨,精神还好呢。"贾母听了,沉吟了半日,因向凤姐儿说:"你换换衣服歇歇去罢。"

　　凤姐儿答应着出来,见过了王夫人,到了家中,平儿将烘的家常的衣服给凤姐儿换了。凤姐儿方坐下,问道:"家里没有什么事么?"平儿方端了茶来,递了过去,说道:"没有什么事。就是那三百银子的利银,旺儿媳妇送进来,我收了。再有瑞大爷使人来打听奶奶在家没有,他要来请安说话。"凤姐儿听了,哼了一声,说道:"这畜生合该作死,看他来了怎么样!"平儿因问道:"这瑞大爷是因什么只管来?"凤姐儿遂将九月里宁府园子里遇见他的光景,他说的话,都告诉了平儿。平儿说道:"癞蛤蟆想天鹅肉吃,没人伦的混帐东西,起这个念头,叫他不得好死!"凤姐儿道:"等他来了,我自有道理。"不知贾瑞来时作何光景,且听下回分解。

【阅读随笔】

第十二回　王熙凤毒设相思局　贾天祥正照风月鉴

话说凤姐正与平儿说话，只见有人回说："瑞大爷来了。"凤姐急命"快请进来"。贾瑞见往里让，心中喜出望外，急忙进来，见了凤姐，满面陪笑，连连问好。凤姐儿也假意殷勤，让茶让坐。

贾瑞见凤姐如此打扮，亦发酥倒，因饧了眼问道："二哥哥怎么还不回来？"凤姐道："不知什么原故。"贾瑞笑道："别是路上有人绊住了脚了，舍不得回来也未可知？"凤姐道："也未可知。男人家见一个爱一个也是有的。"贾瑞笑道："嫂子这话说错了，我就不这样。"凤姐笑道："像你这样的人能有几个呢，十个里也挑不出一个来。"贾瑞听了，喜的抓耳挠腮，又道："嫂子天天也闷的很。"凤姐道："正是呢，只盼个人来说话解解闷儿。"贾瑞笑道："我倒天天闲着，天天过来替嫂子解解闲闷可好不好？"凤姐笑道："你哄我呢，你那里肯往我这里来。"贾瑞道："我在嫂子跟前，若有一点谎话，天打雷劈！只因素日闻得人说，嫂子是个利害人，在你跟前一点也错不得，所以唬住了我。如今见嫂子最是个有说有笑极疼人的，我怎么不来，——死了也愿意！"凤姐笑道："果然你是个明白人，比贾蓉、贾蔷两个强远了。我看他那样清秀，只当他们心里明白，谁知竟是两个胡涂虫，一点不知人心。"

贾瑞听了这话，越发撞在心坎儿上，由不得又往前凑了一凑，觑着眼看凤姐带的荷包，然后又问带着什么戒指。凤姐悄悄道："放尊重着，别叫丫头们看了笑话。"贾瑞如听纶音佛语一般，忙往后退。凤姐笑道："你该走了。"贾瑞说："我再坐一坐儿。——好狠心的嫂子。"凤姐又悄悄的道："大天白日，人来人往，你就在这里也不方便。你且去，等着晚上起了更你来，悄悄的在西边穿堂儿等我。"贾瑞听了，如得珍宝，忙问道："你别哄我。但只那里人过的多，怎么好躲的？"凤姐道："你只放心。我把上夜的小厮们都放了假，两边门一关，再没别人了。"贾瑞听了，喜之不尽，忙忙的告辞而去，心内以为得手。

盼到晚上，果然黑地里摸入荣府，趁掩门时，钻入穿堂。果见漆黑无一人，往贾母那边去的门户已锁，倒只有向东的门未关。贾瑞侧耳听着，半日不见人来，忽听咯噔一声，东边的门也倒关了。贾瑞急的也不敢则声，只得悄悄的出来，将门撼了撼，关的铁桶一般。此时要求出去亦不能够，南北皆是大房墙，要跳亦无攀援。这屋内又是过门风，空落落；现是腊月天气，夜又长，朔风凛凛，侵肌裂骨，一夜几乎不曾冻死。好容易盼到早晨，只见一个老婆子先将东门开了，进去叫西门。贾瑞瞅他背着脸，一溜烟抱着肩跑了出来，幸而天气尚早，人都未起，从后门一径跑回家去。

原来贾瑞父母早亡，只有他祖父代儒教养。那代儒素日教训最严，不许贾瑞多走一步，生怕他在外吃酒赌钱，有误学业。今忽见他一夜不归，只料定他在外非饮即赌，嫖娼宿妓，那里想到这段公案，因此气了一夜。贾瑞也捻着一把汗，少不得回来撒谎，只说："往舅舅家去了，天黑了，留我住了一夜。"代儒道："自来出门，非禀我不敢擅出，如何昨日私自去了？据此亦该打，何况是撒谎。"因此，发狠到底打了三四十板，不许吃饭，令他跪在院内读文章，定要补出十天的工课来方罢。贾瑞直冻了一夜，今又遭了苦打，且饿着肚子，跪着在风地里读文章，其苦万状。

此时贾瑞前心犹是未改，再想不到是凤姐捉弄他。过后两日，得了空，便仍来找凤姐。凤姐故意抱怨他失信，贾瑞急的赌身发誓。凤姐因见他自投罗网，少不得再寻别计令他知改，故又约他道："今日晚上，你别在那里了。你在我这房后小过道子里那间空屋里等我，可别冒撞了。"贾瑞道："果真？"凤姐道："谁可哄你，你不信就别来。"贾瑞道："来，来，来。死也要来！"凤姐道："这会子你先去罢。"贾瑞料定晚间必妥，此时先去了。凤姐在这里便点兵派将，设下圈套。

那贾瑞只盼不到晚上，偏生家里亲戚又来了，直等吃了晚饭才去，那天已有掌灯时候。又等他祖父安歇了，方溜进荣府，直往那夹道中屋子里来等着，热锅上的蚂蚁一般，只是干转。左等不见人影，右听也没声响，心下自思："别是又不来了，又冻我一夜不成？"正自胡猜，只见黑魆魆的来了一个人，贾瑞便意定是凤姐，

精点经典

精点经典

不管皂白，饿虎一般，等那人刚至门前，便如猫捕鼠的一般，抱住叫道："亲嫂子，等死我了。"说着，抱到屋里炕上就亲嘴扯裤子，满口里"亲娘""亲爹"的乱叫起来。那人只不作声。贾瑞拉了自己裤子，硬帮帮的就想顶入。忽见灯光一闪，只见贾蔷举着个捻子照道："谁在屋里？"只见炕上那人笑道："瑞大叔要臊我呢。"贾瑞一见，却是贾蓉，真臊的无地可入，不知要怎么样才好，回身就要跑，被贾蔷一把揪住道："别走！如今琏二婶已经告到太太跟前，说你无故调戏他。他暂用了个脱身计，哄你在这边等着，太太气死过去，因此叫我来拿你。刚才你又拦住他，没的说，跟我去见太太！"

贾瑞听了，魂不附体，只说："好侄儿，只说没有见我，明日我重重的谢你。"贾蔷道："你若谢我，放你不值什么，只不知你谢我多少？况且口说无凭，写一文契来。"贾瑞道："这如何落纸呢？"贾蔷道："这也不妨，写一个赌钱输了外人帐目，借头家银若干两便罢。"贾瑞道："这也容易。只是此时无纸笔。"贾蔷道："这也容易。"说罢，翻身出来，纸笔现成，拿来命贾瑞写。他俩作好作歹，只写了五十两，然后画了押，贾蔷收起来。然后撕掳贾蓉。贾蓉先咬定牙不依，只说："明日告诉族中的人评评理。"贾瑞急的至于叩头。贾蔷作好作歹的，也写了一张五十两欠契才罢。

贾蔷又道："如今要放你，我就担着不是。老太太那边的门早已关了，老爷正在厅上看南京的东西，那一条路定难过去，如今只好走后门。若这一走，倘或遇见了人，连我也完了。等我们先去哨探哨探，再来领你。这屋你还藏不得，少时就来堆东西。等我寻个地方。"说毕，拉着贾瑞，仍熄了灯，出至院外，摸着大台矶底下，说道："这窝儿里好，你只蹲着，别哼一声，等我们来再动。"说毕，二人去了。

贾瑞此时身不由己，只得蹲在那里。心下正盘算，只听头顶上一声响，嗤拉拉一净桶尿粪从上面直泼下来，可巧浇了他一身一头。贾瑞撑不住嗳哟了一声，忙又掩住口，不敢声张，满头满脸浑身皆是尿屎，冰冷打战。只见贾蔷跑来叫："快走，快走！"贾瑞如得了命，三步两步从后门跑到家里，天已三更，只得叫门。开门人见他这般景况，问是怎的。少不得扯谎说："黑了，失脚掉在茅厕里了。"一面到了自己房中更衣洗濯，心下方想到是凤姐顽他，因此发一回恨；再想想凤姐的模样儿，又恨不得一时搂在怀内，一夜竟不曾合眼。

自此满心想凤姐，只不敢往荣府去了。贾蓉两个又常常的来索银子，他又怕祖父知道，正是相思尚且难禁，更又添了债务；日间工课又紧，他二十来岁人，尚未娶亲，迩来想着凤姐，未免有那指头告了消乏等事；更兼两回冻恼奔波，因此三五下里夹攻，不觉就得了一病。心内发膨胀，口中无滋味，脚下如绵，眼中似醋，黑夜作烧，白昼常倦，下溺连精，嗽痰带血：诸如此症，不上一年都添全了。于是不能支持，一头睡倒，合上眼还只梦魂颠倒，满口乱说胡话，惊怖异常。百般请医疗治，诸如肉桂、附子、鳖甲、麦冬、玉竹等药，吃了有几十斤下去，也不见个动静。

倏又腊尽春回，这病更又沉重。代儒也着了忙，各处请医疗治，皆不见效。因后来吃"独参汤"，代儒如何有这力量，只得往荣府来寻。王夫人命凤姐秤二两给他，凤姐回说："前儿新近都替老太太配了药，那整的太太又说留着送杨提督的太太配药，偏生昨儿我已送了去了。"王夫人道："就是咱们这边没了，你打发个人往你婆婆那边问问，或是你珍大哥哥那府里再寻些来，凑着给人家。吃好了，救人一命，也是你的好处。"凤姐听了，也不遣人去寻，只得将些渣末泡须凑了几钱，命人送去，只说："太太送来的，再也没了。"然后回王夫人，只说："都寻了来，共凑了有二两送去。"

那贾瑞此时要命心甚切，无药不吃，只是白花钱，不见效。忽然这日有个跛足道人来化斋，口称专治冤业之症。贾瑞偏生在内就听见了，直着声叫喊说："快请进那位菩萨来救我！"一面叫，一面在枕上叩首。众人只得带了那道士进来。贾瑞一把拉住，连叫"菩萨救我！"那道士叹道："你这病非药可医。我有个宝贝与你，你天天看时，此命可保矣。"说毕，从褡裢中取出一面镜子来——两面皆可照人，镜把上面錾着"风月宝鉴"四字——递与贾瑞道："这物出自太虚幻境空灵殿上，警幻仙子所制，专治邪思妄动之症，有济世保生之功。所以带他到世上，单与那些聪明杰俊、风雅王孙等看照。千万不

精点经典

可照正面，只照他的背面，要紧，要紧！三日后吾来收取，管叫你好了。"说毕，佯常而去，众人苦留不住。

贾瑞收了镜子，想道："这道士倒有意思，我何不照一照试试。"想毕，拿起"风月鉴"来，向反面一照，只见一个骷髅立在里面，唬得贾瑞连忙掩了，骂："道士混帐，如何吓我！——我倒再照正面是什么。"想着，又将正面一照，只见凤姐站在里面招手叫他。贾瑞心中一喜，荡悠悠的觉得进了镜子，与凤姐云雨一番，凤姐仍送他出来。到了床上，嗳哟了一声，一睁眼，镜子从手里掉过来，仍是反面立着一个骷髅。贾瑞自觉汗津津的，底下已遗了一滩精。心中到底不足，又翻过正面来，只见凤姐还招手叫他，他又进去。如此三四次。到了这次，刚要出镜子来，只见两个人走来，拿铁锁把他套住，拉了就走。贾瑞叫道："让我拿了镜子再走。"——只说了这句，就再不能说话了。

旁边服侍贾瑞的众人，只见他先还拿着镜子照，落下来，仍睁开眼拾在手内，末后镜子落下来便不动了。众人上来看看，已没了气，身子底下冰凉渍湿一大滩精，这才忙着穿衣抬床。代儒夫妇哭的死去活来，大骂道士，"是何妖镜！若不早毁此物，遗害于世不小。"遂命架火来烧，只听镜内哭道："谁叫你们瞧正面了！你们自己以假为真，何苦来烧我？"正哭着，只见那跛足道人从外面跑来，喊道："谁毁'风月鉴'，吾来救也！"说着，直入中堂，抢入手内，飘然去了。

当下，代儒料理丧事，各处去报丧。三日起经，七日发引，寄灵于铁槛寺，日后带回原籍。当下贾家众人齐来吊问，荣国府贾赦赠银二十两，贾政亦是二十两，宁国府贾珍亦有二十两，别者族中贫富不等，或三两五两，不可胜数。另有各同窗家分资，也凑了二三十两。代儒家道虽然淡薄，倒也丰丰富富完了此事。

谁知这年冬底，林如海的书信寄来，却为身染重疾，写书特来接林黛玉回去。贾母听了，未免又加忧闷，只得忙忙的打点黛玉起身。宝玉大不自在，争奈父女之情，也不好拦劝。于是贾母定要贾琏送他去，仍叫带回来。一应土仪盘缠，不消烦说，自然要妥贴。作速择了日期，贾琏与林黛玉辞别了贾母等，带领仆从，登舟往扬州去了。要知端的，且听下回分解。

【阅读随笔】

第十三回　秦可卿死封龙禁尉
　　　　　　王熙凤协理宁国府

精点经典

　　话说凤姐儿自贾琏送黛玉往扬州去后，心中实在无趣，每到晚间，不过和平儿说笑一回，就胡乱睡了。

　　这日夜间，正和平儿灯下拥炉倦绣，早命浓薰绣被，二人睡下，屈指算行程该到何处，不知不觉已交三鼓。平儿已睡熟了。凤姐方觉星眼微朦，恍惚只见秦氏从外走来，含笑说道："婶子好睡！我今日回去，你也不送我一程。因娘儿们素日相好，我舍不得婶子，故来别你一别。还有一件心愿未了，非告诉婶子，别人未必中用。"

　　凤姐听了，恍惚问道："有何心愿？你只管托我就是了。"秦氏道："婶婶，你是个脂粉队里的英雄，连那些束带顶冠的男子也不能过你，你如何连两句俗语也不晓得？常言'月满则亏，水满则溢'；又道是'登高必跌重'。如今我们家赫赫扬扬，已将百载，一日倘或乐极悲生，若应了那句'树倒猢狲散'的俗语，岂不虚称了一世的诗书旧族！"凤姐听了此话，心胸大快，十分敬畏，忙问道："这话虑的极是，但有何法可以永保无虞？"秦氏冷笑道："婶子好痴也。否极泰来，荣辱自古周而复始，岂人力能可保常的。但如今能于荣时筹画下将来衰时的世业，亦可谓常保永全了。即如今日诸事都妥，只有两件未妥，若把此事如此一行，则后日可保永全了。"

　　凤姐便问何事。秦氏道："目今祖茔虽四时祭祀，只是无一定的钱粮；第二，家塾虽立，无一定的供给。依我想来，如今盛时固不缺祭祀供给，但将来败落之时，此二项何有出处？莫若依我定见，趁今日富贵，将祖茔附近多置田庄房舍地亩，以备祭祀供给之费皆出自此处，将家塾亦设于此。合同族中长幼，大家定了则例，日后按房掌管这一年的地亩、钱粮、祭祀、供给之事。如此周流，又无争竞，亦不有典卖诸弊。便是有了罪，凡物可入官，这祭祀产业连官也不入的。便败落下来，子孙回家读书务农，也有个退步，祭祀又可永继。若目今以为荣华不绝，不思后日，终非长策。眼见不日又有一件非常喜事，真是烈火烹油、鲜花着锦之盛。要知道，也不过是瞬息的繁华，一时的欢乐，万不可忘了那'盛筵必散'的俗语。此时若不早为后虑，临期只恐后悔无益了。"凤姐忙问："有何喜事？"秦氏道："天机不可泄漏。只是我与婶子好了一场，临别赠你两句话，须要记着。"因念道：

　　　　三春去后诸芳尽，各自须寻各自门。

凤姐还欲问时，只听二门上传事云板连叩四下，将凤姐惊醒。人回："东府蓉大奶奶没了。"凤姐闻听，吓了一身冷汗，出了一回神，只得忙忙的穿衣，往王夫人处来。

彼时合家皆知，无不纳罕，都有些疑心。那长一辈的想他素日孝顺，平一辈的想他素日和睦亲密，下一辈的想他素日慈爱，以及家中仆从老小想他素日怜贫惜贱、慈老爱幼之恩，莫不悲嚎痛哭者。

闲言少叙，却说宝玉因近日林黛玉回去，剩得自己孤恓，也不和人顽耍，每到晚间便索然睡了。如今从梦中听见说秦氏死了，连忙翻身爬起来，只觉心中似戳了一刀的不忍，哇的一声，直喷出一口血来。袭人等慌慌忙忙上来搊扶，问是怎么样，又要回贾母来请大夫。宝玉笑道："不用忙，不相干，这是急火攻心，血不归经。"说着便爬起来，要衣服换了，来见贾母，即时要过去。袭人见他如此，心中虽放不下，又不敢拦，只是由他罢了。贾母见他要去，因说："才咽气的人，那里不干净；二则夜里风大，等明早再去不迟。"宝玉那里肯依。贾母命人备车，多派跟随人役，拥护前来。

一直到了宁国府前，只见府门洞开，两边灯笼照如白昼，乱烘烘人来人往，里面哭声摇山振岳。宝玉下了车，忙忙奔至停灵之室，痛哭一番。然后见过尤氏。谁知尤氏正犯了胃疼旧疾，睡在床上。然后又出来见贾珍。彼时贾代儒、代修、贾敕、贾效、贾敦、贾赦、贾政、贾琮、贾瑚、贾珩、贾㻞、贾琛、贾琼、贾璘、贾蔷、贾菖、贾菱、贾芸、贾芹、贾蓁、贾萍、贾藻、贾蘅、贾芬、贾芳、贾兰、贾菌、贾芝等都来了。贾珍哭的泪人一般，正和贾代儒等说道："合家大小，远近亲友，谁不知我这媳妇比儿子还强十倍。如今伸腿去了，可见这长房内绝灭无人了。"说着又哭起来。众人忙劝："人已辞世，哭也无益，且商议如何料理要紧。"贾珍

精点经典

精点经典

拍手道："如何料理，不过尽我所有罢了！"

正说着，只见秦业、秦钟并尤氏的几个眷属尤氏姊妹也都来了。贾珍便命贾琼、贾琛、贾璘、贾蔷四个人去陪客，一面吩咐去请钦天监阴阳司来择日，择准停灵七七四十九日，三日后开丧送讣闻。这四十九日，单请一百单八众禅僧在大厅上拜大悲忏，超度前亡后化诸魂，以免亡者之罪；另设一坛于天香楼上，是九十九位全真道士，打四十九日解冤洗业醮。然后停灵于会芳园中，灵前另外五十众高僧、五十众高道，对坛按七作好事。那贾敬闻得长孙媳死了，因自为早晚就要飞升，如何肯又回家染了红尘，将前功尽弃呢，因此并不在意，只凭贾珍料理。

贾珍见父亲不管，亦发恣意奢华。看板时，几副杉木板皆不中用。可巧薛蟠来吊问，因见贾珍寻好板，便说道："我们木店里有一副板，叫作什么樯木，出在潢海铁网山上，作了棺材，万年不坏。这还是当年先父带来，原系义忠亲王老千岁要的，因他坏了事，就不曾拿去。现在还封在店内，也没有人出价敢买。你若要，就抬来使罢。"贾珍听说，喜之不尽，即命人抬来。大家看时，只见帮底皆厚八寸，纹若槟榔，味若檀麝，以手扣之，玎珰如金玉。大家都奇异称赞。贾珍笑问："价值几何？"薛蟠笑道："拿一千两银子来，只怕也没处买去。什么价不价，赏他们几两工钱就是了。"贾珍听说，忙谢不尽，即命解锯糊漆。贾政因劝道："此物恐非常人可享者，殓以上等杉木也就是了。"此时贾珍恨不能代秦氏之死，这话如何肯听。

因忽又听得秦氏之丫鬟名唤瑞珠者，见秦氏死了，他也触柱而亡。此事可罕，合族人也都称叹。贾珍遂以孙女之礼殓殡，一并停灵于会芳园中之登仙阁。小丫鬟名宝珠者，因见秦氏身无所出，乃甘心愿为义女，誓任摔丧驾灵之任。贾珍喜之不尽，即时传下，从此皆呼宝珠为小姐。那宝珠按未嫁女之丧，在灵前哀哀欲绝。于是，合族人丁并家下诸人，都各遵旧制行事，自不得紊乱。

贾珍因想着贾蓉不过是个黉门监，灵幡经榜上写时不好看，便是执事也不多，因此心下甚不自在。可巧这日正是首七第四日，早有大明宫掌宫内相戴权，先备了祭礼遣人来，次后坐了大轿，打伞鸣锣，亲来上祭。贾珍忙接着，让至逗蜂轩献茶。贾珍心中打算定了主意，因而趁便就说要与贾蓉捐个前程的话。戴权会意，因笑道："想是为丧礼上风光些。"贾珍忙笑道："老内相所见不差。"戴权道："事倒凑巧，正有个美缺。如今三百员龙禁尉短了两员，昨儿襄阳侯的兄弟老三来求我，现拿了一千五百两银子，送到我家里。你知道，咱们都是老相与，不拘怎么样，看着他爷爷的分上，胡乱应了。还剩了一个缺，谁知永兴节度使冯胖子来求，要与他孩子捐，我就没工夫应他。既是咱们的孩子要捐，快写个履历来。"贾珍听说，忙吩咐："快命书房里人恭敬写了大爷的履历来。"小厮不敢怠慢，去了一刻，便拿了一张红纸来与贾珍。贾珍看了，忙送与戴权。看时，上面写道：

江南江宁府江宁县监生贾蓉，年二十岁。曾祖，原任京营节度使世袭一等神威将军贾代化；祖，乙卯科进士贾敬；父，世袭三品爵威烈将军贾珍。

戴权看了，回手便递与一个贴身的小厮收了，说道："回来送与户部堂官老赵，说我拜上他，起一张五品龙禁尉的票，再给个执照，就把这履历填上，明儿我来兑银子送去。"小厮答应了，戴权也就告辞了。贾珍十分款留不住，只得送出府门。临上轿，贾珍因问："银子还是我到部兑，还是一并送入老内相府中？"戴权道："若到部里，你又吃亏了。不如平准一千二百银子，送到我家就完了。"贾珍感谢不尽，只说："待服满后，亲带小犬到府叩谢。"于是作别。

接着，便又听喝道之声，原来是忠靖侯史鼎的夫人来了。王夫人、邢夫人、凤姐等刚迎入上房，又见锦乡侯、川宁侯、寿山伯三家祭礼摆在灵前。少时，三人下轿，贾政等忙接上大厅。如此亲朋你来我去，也不能胜数。只这四十九日，宁国府街上一条白漫漫人来人往，花簇簇官去官来。

贾珍命贾蓉次日换了吉服，领凭回来。灵前供用执事等物，俱按五品职例。灵牌疏上皆写"天朝诰授贾门秦氏恭人之灵位"。会芳园临街大门洞开，旋在两边起了鼓乐厅，两班青衣按时奏乐，一对对执事摆的刀斩斧齐。更有两面朱红销金大字牌对竖在门外，上面大书："防护内廷紫禁道御前侍卫龙禁尉"。对面高起着宣坛，僧道对坛榜文，榜上大书："世袭宁国公冢孙妇、防护内廷御前侍

精点经典

111

精点经典

卫龙禁尉贾门秦氏恭人之丧。四大部洲至中之地、奉天承运太平之国，总理虚无寂静教门僧录司正堂万虚、总理元始三一教门道录司正堂叶生等，敬谨修斋，朝天叩佛"，以及"恭请诸伽蓝、揭谛、功曹等神，圣恩普锡，神威远镇，四十九日消灾洗业平安水陆道场"等语，亦不消烦记。

只是贾珍虽然此时心意满足，但里面尤氏又犯了旧疾，不能料理事务，唯恐各诰命来往，亏了礼数，怕人笑话，因此心中不自在。当下正忧虑时，因宝玉在侧问道："事事都算安贴了，大哥哥还愁什么？"贾珍见问，便将里面无人的话说了出来。宝玉听说笑道："这有何难，我荐一个人与你权理这一个月的事，管必妥当。"贾珍忙问："是谁？"宝玉见座间还有许多亲友，不便明言，走至贾珍耳边说了两句。贾珍听了喜不自禁，连忙起身笑道："果然妥贴，如今就去。"说着拉了宝玉，辞了众人，便往上房里来。

可巧这日非正经日期，亲友来的少，里面不过几位近亲堂客，邢夫人、王夫人、凤姐并合族中的内眷陪坐。闻人报："大爷进来了。"唬的众婆娘唿的一声，往后藏之不迭，独凤姐款款站了起来。贾珍此时也有些病症在身，二则过于悲痛了，因拄个拐踱了进来。邢夫人等因说道："你身上不好，又连日事多，该歇歇才是，又进来做什么？"贾珍一面扶拐，拃挣着要蹲身跪下请安道乏。邢夫人等忙叫宝玉搀住，命人挪椅子来与他坐。

贾珍断不肯坐，因勉强陪笑道："侄儿进来有一件事要求二位婶子并大妹妹。"邢夫人等忙问："什么事？"贾珍忙笑道："婶子自然知道，如今孙子媳妇没了，侄儿媳妇偏又病倒，我看里头着实不成个体统。怎么屈尊大妹妹一个月，在这里料理料理，我就放心了。"邢夫人笑道："原来为这个。你大妹妹现在你二婶子家，只和你二婶子说就是了。"王夫人忙道："他一个小孩子家，何曾经过这样事，倘或料理不清，反叫人笑话，倒是再烦别人好。"贾珍笑道："婶子的意思侄儿猜着了，是怕大妹妹劳苦。若说料理不开——我包管必料理的开——便是错一点儿，别人看着还是不错的。从小儿大妹妹顽笑着就有杀伐决断，如今出了阁，又在那府里办事，越发历练老成了。我想了这几日，除了大妹妹再无人了。婶子不看侄儿、侄儿媳妇的分上，只看死了的分上罢！"说着滚下泪来。

王夫人心中怕的是凤姐儿未经过丧事，怕他料理不清，惹人耻笑。今见贾珍苦苦的说到这步田地，心中已活了几分，却又眼看着凤姐出神。那凤姐素日最喜揽事办，好卖弄才干，虽然当家妥当，也因未办过婚丧大事，恐人还不服，巴不得遇见这事。今见贾珍如此一来，他心中早已欢喜。先见王夫人不允，后见贾珍说的情真，王夫人有活动之意，便向王夫人道："大哥哥说的这么恳切，太太就依了罢。"王夫人悄悄的道："你可能么？"凤姐道："有什么不能的。外面的大事已经大哥哥料理清了，不过是里头照管照管，便是我有不知道的，问问太太就是了。"王夫人见说的有理，便不作声。贾珍见凤姐允了，又陪笑道："也管不得许多了，横竖要求大妹妹辛苦辛苦。我这里先与妹妹行礼，等事完了，我再到那府里去谢。"说着，就作揖下去，凤姐儿还礼不迭。

　　贾珍便忙向袖中取了宁国府对牌出来，命宝玉送与凤姐，又说："妹妹爱怎样就怎样，要什么只管拿这个取去，也不必问我。只求别存心替我省钱，只要好看为上；二则也要同那府里一样待人才好，不要存心怕人抱怨。只这两件外，我再没不放心的了。"凤姐不敢就接牌，只看着王夫人。王夫人道："你哥哥既这么说，你就照看照看罢了。只是别自作主意，有了事，打发人问你哥哥、嫂子要紧。"宝玉早向贾珍手里接过对牌来，强递与凤姐了。贾珍又问："妹妹住了这里，还是天天来呢？若是天天来，越发辛苦了。不如我这里赶着收拾出一个院落来，妹妹住过这几日倒安稳。"凤姐笑道："不用。那边也离不得我，倒是天天来的好。"贾珍听说，只得罢了。然后又说了一回闲话，方才出去。

　　一时女眷散后，王夫人因问凤姐："你今儿怎么样？"凤姐儿道："太太只管请回去，我须得先理出一个头绪来，才回去得呢。"王夫人听说，便先同邢夫人等回去，不在话下。

　　这里凤姐儿来至三间一所抱厦内坐了，因想：头一件是人口混杂，遗失东西；第二件，事无专执，临期推委；第三件，需用过费，滥支冒领；第四件，任无大小，苦乐不均；第五件，家人豪纵，有脸者不服钤束，无脸者不能上进。此五件实是宁国府中风俗，不知凤姐如何处治，且听下回分解。正是：

　　　　金紫万千谁治国，裙钗一二可齐家。

精点经典

【阅读随笔】

第十四回 林如海捐馆扬州城
贾宝玉路谒北静王

话说宁国府中都总管来升闻得里面委请了凤姐，因传齐同事人等说道："如今请了西府里琏二奶奶管理内事，倘或他来支取东西，或是说话，我们须要比往日小心些。每日大家早来晚散，宁可辛苦这一个月，过后再歇着，不要把老脸丢了。那是个有名的烈货，脸酸心硬，一时恼了，不认人的。"众人都道："有理。"又有一个笑道："论理，我们里面也须得他来整治整治，都忒不像了。"正说着，只见来旺媳妇拿了对牌来领取呈文京榜纸札，票上批着数目。众人连忙让坐倒茶，一面命人按数取纸来抱着，同来旺媳妇一路来至仪门口，方交与来旺媳妇自己抱进去了。

凤姐即命彩明钉造簿册。即时传来升媳妇，兼要家口花名册来查看，又限于明日一早传齐家人媳妇进来听差等语。大概点了一点数目单册，问了来升媳妇几句话，便坐车回家。一宿无话。

至次日，卯正二刻便过来了。那宁国府中婆娘媳妇闻得到齐，只见凤姐正与来升媳妇分派，众人不敢擅入，只在窗外听觑。只听凤姐与来升媳妇道："既托了我，我就说不得要讨你们嫌了。我可比不得你们奶奶好性儿，由着你们去。再不要说你们'这府里原是这样'的话，如今可要依着我行，错我半点儿，管不得谁是有脸的，谁是没脸的，一例现清白处治。"说着，便吩咐彩明念花名册，按名一个一个的唤进来看视。

一时看完，便又吩咐道："这二十个分作两班，一班十个，每日在里头单管人客来往倒茶，别的事不用他们管。这二十个也分作两班，每日单管本家亲戚茶饭，别的事也不用他们管。这四十个人也分作两班，单在灵前上香添油，挂幔守灵，供饭供茶，随起举哀，别的事也不与他们相干。这四个人单在内茶房收管杯碟茶器，若少一件，便叫他四个描赔。这四个人单管酒饭器皿，少一件，也是他四个描赔。这八个单管监收祭礼。这八个单管各处灯油、蜡烛、纸札，我总支了来，交与你八个，然后按我的定数再往各处去分派。这三十个每日轮流各处上夜，照管门户，监察火烛，打扫地方。这下剩的按着房屋分开,某人守某处,某处所有桌椅古董起,至于痰盒掸帚,一草一苗,或丢或坏,就和守这处的人算账描赔。来升家的每日揽总查看,或有偷懒的、赌钱吃酒的,打架拌嘴的,立刻来回我。你有徇情,经我查出,三四辈子的老脸就顾不成了。如今都有定规,以后那一行乱了,只和那一行说话。素日跟我的人,随身自有钟表,不论大小事,我是皆有一定的时辰。横竖你们上房里也有时辰钟。卯正二刻我来点卯,巳正吃早饭,凡有领牌回事的,只在午初刻。戌初烧过黄昏纸,我亲到各处查一遍,回来上夜的交明钥匙。第二日仍是卯正二刻过来。说不得咱们大家辛苦这几日罢,事完了,你们家大爷自然赏你们。"

说罢,又吩咐按数发与茶叶、油烛、鸡毛掸子、笤帚等物。一面又搬取家伙:桌围、椅搭、坐褥、毡席、痰盒、脚踏之类。一面交发,一面提笔登记,某人管某处,某人领某物,开得十分清楚。众人领了去,也都有了投奔,不似先时只拣便宜的做,剩下的苦差没个招揽。各房中也不能趁乱失迷东西。便是人来客往,也都安静了,不比先前一个正摆茶,又去端饭,正陪举哀,又顾接客。如这些无头绪、荒乱、推托、偷闲、窃取等弊,次日一概都蠲了。

凤姐儿见自己威重令行,心中十分得意。因见尤氏犯病,贾珍又过于悲哀,不大进饮食,自己每日从那府中煎了各样细粥,精致小菜,命人送来劝食。贾珍也另外吩咐每日送上等菜到抱厦内,单与凤姐。那凤姐不畏勤劳,天天于卯正二刻就过来点卯理事,独在抱厦内起坐,不与众妯娌合群,便有堂客来往,也不迎会。

这日乃五七正五日上,那应佛僧正开方破狱,传灯照亡,参阎君,拘都鬼,筵请地藏王,开金桥,引幢幡;那道士们正伏章申表,朝三清,叩玉帝;禅僧们行香,放焰口,拜水忏;又有十三众尼僧,搭绣衣,趿红鞋,在灵前默诵接引诸咒,十分热闹。

那凤姐必知今日人客不少,在家中歇宿一夜,至寅正,平儿便请起来梳洗。及收拾完备,更衣盥手,吃了两口奶子糖粳米粥,漱口已毕,已是卯正二刻了。来旺媳妇率领诸人伺候已久。凤姐出至厅前,上了车,前面打了一对明角灯,大书"荣国府"三个大字,款款来至宁府。

大门上门灯朗挂,两边一色戳灯,照如白昼,白汪汪穿孝仆从两边侍立。请车至正门上,小厮等退去,众媳妇上来揭起车帘。凤姐下了车,一手扶着丰儿,两个媳妇执着手把灯罩,簇拥着凤姐进来。宁府诸媳妇迎来请安接待。凤姐缓缓走入会芳园中登仙阁灵前，一见了棺材，那眼泪恰似断线之珠，滚将下来。院中许多小厮垂手伺候烧纸。凤姐吩咐得一声："供茶烧纸。"只听一棒锣鸣，诸乐齐奏，早有人端过一张大圈椅来，放在灵前，凤姐坐了，放声大哭。于是里外男女上下，见凤姐出声，都忙忙接声嚎哭。一时贾珍尤氏遣人来劝，凤姐方才止住。

来旺媳妇献茶漱口毕，凤姐方起身，别过族中诸人，自入抱厦内来。按名查点，各项人数都已到齐，只有迎送亲客上的一人未到。即命传到，那人已张惶愧惧。凤姐冷笑道："我说是谁误了，原来是你！你原比他们有体面，所以才不听我的话。"那人道："小的天天都来的早，只有今儿，醒了觉得早些，因又睡迷了，来迟了一步，求奶奶饶过这次。"正说着，只见荣国府中的王兴媳妇来了，在前探头。

凤姐且不发放这人，却先问："王兴媳妇作什么？"王兴媳妇巴不得先问他完了事，连忙进去说："领牌取线，打车轿网络。"说着，将个帖儿递上去。凤姐命彩明念道："大轿两顶，小轿四顶，车四辆，共用大小络子若干根，用珠儿线若干斤。"凤姐听了，数目相合，便命彩明登记，取荣国府对牌掷下。王兴家的去了。

凤姐方欲说话时，见荣国府的四个执事人进来，都是要支取东西领牌来的。凤姐命彩明要了帖念过，听了一共四件，指两件说道："这两件开销错了，再算清了来取。"说着掷下帖子来。那二人扫兴而去。

凤姐因见张材家的在旁，因问："你有什么事？"张材家的忙取帖儿回说："就是方才车轿围作成，领取裁缝工银若干两。"凤姐听了，便收了帖子，命彩明登记。待王兴家的交过牌，得了买办的回押相符，然后方与张材家的去领。一面又命念那一个，是为宝玉外书房完竣，支买纸料糊裱。凤姐听了，即命收帖儿登记，待张材家的缴清，又发与这人去了。

凤姐便说道："明儿他也睡迷了，后儿我也睡迷了，将来都没了人了。本来要饶你，只是我头一次宽了，下次人就难管，不如现开发的好。"登时放下脸来，喝命："带出去，打二十板子！"一面又掷下宁国府对牌："出去说与来升，革他一月银米！"众人听说，又见凤姐眉立，知是恼了，不敢怠慢，拖人的出去拖人，执牌传谕的忙去传谕。那人身不由己，已拖出去挨了二十大板，还要进来叩谢。凤姐道："明日再有误的，打四十，后日的六十，有不怕

精点经典

精点经典

挨打的，只管误！"说着，吩咐："散了罢。"

窗外众人听说，方各自执事去了。彼时宁国荣国两处执事领牌交牌的，人来人往不绝，那抱愧被打之人含羞去了，这才知道凤姐利害。众人不敢偷闲，自此兢兢业业，执事保全。不在话下。

如今且说宝玉因见今日人众，恐秦钟受了委曲，因默与他商议，要同他往凤姐处来坐。秦钟道："他的事多，况且不喜人去，咱们去了，他岂不烦腻。"宝玉道："他怎好腻我们，不相干，只管跟我来。"说着，便拉了秦钟，直至抱厦。凤姐才吃饭，见他们来了，便笑道："好长腿子，快上来罢。"宝玉道："我们偏了。"凤姐道："在这边外头吃的，还是那边吃的？"宝玉道："这边同那些浑人吃什么！原是那边，我们两个同老太太吃了来的。"一面归坐。

凤姐吃毕饭，就有宁国府中的一个媳妇来领牌，为支取香灯事。凤姐笑道："我算着你们今儿该来支取，总不见来，想是忘了。这会子到底来取，要忘了，自然是你们包出来，都便宜了我。"那媳妇笑道："何尝不是忘了，方才想起来，再迟一步，也领不成了。"说罢，领牌而去。

一时登记交牌。秦钟因笑道："你们两府里都是这牌，倘或别人私弄一个，支了银子跑了，怎样？"凤姐笑道："依你说，都没王法了。"宝玉因道："怎么咱们家没人领牌子做东西？"凤姐道："人家来领的时候，你还做梦呢。我且问你，你们这夜书多早晚才念呢？"宝玉道："巴不得这如今就念才好，他们只是不快收拾出书房来，这也无法。"凤姐笑道："你请我一请，包管就快了。"宝玉道："你要快也不中用，他们该作到那里的，自然就有了。"凤姐笑道："便是他们作，也得要东西，搁不住我不给对牌是难的。"宝玉听说，便猴向凤姐身上立刻要牌，说："好姐姐，给出牌子来，叫他们要东西去。"凤姐道："我乏的身子上生疼，还搁的住揉搓。你放心罢，今儿才领了纸裱糊去了，他们该要的还等叫去呢，可不傻了？"宝玉不信，凤姐便叫彩明查册子与宝玉看了。

正闹着，人回："苏州去的人昭儿来了。"凤姐急命唤进来。昭儿打千儿请安。凤姐便问："回来做什么的？"昭儿道："二爷打发回来的。林姑老爷是九月初三日巳时没的。二爷带了林姑娘同送林姑老爷灵到苏州，大约赶年底就回来。二爷打发小的来报个信请安，讨老太太示下，还瞧瞧奶奶家里好，叫把大毛衣服带几件去。"凤姐道："你见过别人了没有？"昭儿道："都见过了。"说毕，连忙退去。凤姐向宝玉笑道:"你林妹妹可在咱们家住长了。"宝玉道:"了不得,想来这几日他不知哭的怎样呢。"说着,蹙眉长叹。

　　凤姐见昭儿回来,因当着人未及细问贾琏,心中自是记挂,待要回去,争奈事情繁杂,一时去了,恐有延迟失误,惹人笑话。少不得耐到晚上回来,复令昭儿进来,细问一路平安信息。连夜打点大毛衣服,和平儿亲自检点包裹,再细细追想所需何物,一并包藏交付昭儿。又细细盼咐昭儿:"在外好生小心服侍,不要惹你二爷生气;时时劝他少吃酒,别勾引他认得混帐老婆,——回来打折你的腿"等语。赶乱完了,天已四更将尽,纵睡下又走了困,不觉天明鸡唱,忙梳洗过宁府中来。

　　那贾珍因见发引日近,亲自坐车,带了阴阳司吏,往铁槛寺来踏看寄灵所在。又一一嘱咐住持色空,好生预备新鲜陈设,多请名僧,以备接灵使用。色空忙看晚斋。贾珍也无心茶饭,因天晚不得进城,就在净室胡乱歇了一夜。次日早,便进城来料理出殡之事,一面又派人先往铁槛寺,连夜另外修饰停灵之处,并厨茶等项接灵人口坐落。

　　里面凤姐见日期有限,也预先逐细分派料理,一面又派荣府中车轿人从跟王夫人送殡,又顾自己送殡去占下处。目今正值缮国公诰命亡故,王邢二夫人又去打祭送殡;西安郡王妃华诞,送寿礼;镇国公诰命生了长男,预备贺礼;又有胞兄王仁连家眷回南,一面写家信禀叩父母并备带往之物;又有迎春染病,每日请医服药,看医生启帖、症源、药案等事,亦难尽述。又兼发引在迩,因此忙的凤姐茶饭也没工夫吃得,坐卧不能清净。刚到了宁府,荣府的人又跟到宁府;既回到荣府,宁府的人又找到荣府。凤姐见如此,心中倒十分欢喜,并不偷安推托,恐落人褒贬,因此日夜不暇,筹画得十分的整肃。于是合族上下无不称叹者。

　　这日伴宿之夕,里面两班小戏并耍百戏的与亲朋堂客伴宿,尤氏犹卧于内室,一应张罗款待,独是凤姐一人周全承应。合族中虽有许多妯娌,但或有羞口的,或有羞脚的,或有不惯见人的,或有惧贵怯官的,种种之类,俱不及凤姐举止舒徐,言语慷慨,珍贵宽大;因此也不把众人放在眼里,挥霍指示,任其所为,目若无人。一夜中灯明火彩,客送官迎,那百般热闹,自不用说的。至天明,吉时已到,一班六十四名青衣请灵,前面铭旌上大书:

　　奉天洪建兆年不易之朝诰封一等宁国公冢孙妇防护内廷紫禁道御前侍卫龙禁尉享强寿贾门秦氏恭人之灵柩。

一应执事陈设，皆系现赶着新做出来的，一色光艳夺目。宝珠自行未嫁女之礼外，摔丧驾灵，十分哀苦。

那时官客送殡的，有镇国公牛清之孙现袭一等伯牛继宗，理国公柳彪之孙现袭一等子柳芳，齐国公陈翼之孙世袭三品威镇将军陈瑞文，治国公马魁之孙世袭三品威远将军马尚，修国公侯晓明之孙世袭一等子侯孝康；缮国公诰命亡故，故其孙石光珠守孝不曾来得。这六家与宁荣二家，当日所称"八公"的便是。余者更有南安郡王之孙，西宁郡王之孙，忠靖侯史鼎，平原侯之孙世袭二等男蒋子宁，定城侯之孙世袭二等男兼京营游击谢鲸，襄阳侯之孙世袭二等男戚建辉，景田侯之孙五城兵马司裘良。余者锦乡伯公子韩奇，神武将军公子冯紫英，陈也俊、卫若兰等诸王孙公子，不可枚数。堂客算来亦有十来顶大轿，三四十小轿，连家下大小轿车辆，不下百余十乘。连前面各色执事、陈设、百耍，浩浩荡荡，一带摆三四里远。

走不多时，路旁彩棚高搭，设席张筵，和音奏乐，俱是各家路祭：第一座是东平王府祭棚，第二座是南安郡王祭棚，第三座是西宁郡王，第四座是北静郡王的。原来这四王，当日唯北静王功高，及今子孙犹袭王爵。现今北静王水溶年未弱冠，生得形容秀美，情性谦和。近闻宁国公冢孙妇告殂，因想当日彼此祖父相与之情，同难同荣，未以异姓相视，因此不以王位自居，上日也曾探丧上祭，如今又设路奠，命麾下各官在此伺候。自己五更入朝，公事一毕，便换了素服，坐大轿鸣锣张伞而来，至棚前落轿。手下各官两旁拥侍，军民人众不得往还。

一时只见宁府大殡浩浩荡荡、压地银山一般从北而至。早有宁府开路传事人看见，连忙回去报与贾珍。贾珍急命前面驻扎，同贾赦贾政三人连忙迎来，以国礼相见。水溶在轿内欠身含笑答礼，仍以世交称呼接待，并不妄自尊大。贾珍道："犬妇之丧，累蒙郡驾下临，荫生辈何以克当。"水溶笑道："世交之谊，何出此言。"遂回头命长府官主祭代奠。贾赦等一旁还礼毕，复身又来谢恩。

水溶十分谦逊，因问贾政道："那一位是衔宝而诞者？几次要见一见，都为杂冗所阻，想今日是来的，何不请来一会。"贾政听说，忙回去，急命宝玉脱去孝服，领他前来。那宝玉素日就曾听得父兄亲友人等说闲话时，赞水溶是个贤王，且生得才貌双全，风流潇洒，每不以官俗国体所缚。每思相会，只是父亲拘束严密，无由得会，今见反来叫他，自是欢喜。一面走，一面早瞥见那水溶坐在轿内，好个仪表人材。不知近看时又是怎样，且听下回分解。

【阅读随笔】

第十五回 王凤姐弄权铁槛寺 秦鲸卿得趣馒头庵

精点经典

话说宝玉举目见北静王水溶头上戴着洁白簪缨银翅王帽,穿着江牙海水五爪坐龙白蟒袍,系着碧玉红鞓带,面如美玉,目似明星,真好秀丽人物。宝玉忙抢上来参见,水溶连忙从轿内伸出手来挽住。见宝玉戴着束发银冠,勒着双龙出海抹额,穿着白蟒箭袖,围着攒珠银带,面若春花,目如点漆。水溶笑道:"名不虚传,果然如'宝'似'玉'。"因问:"衔的那宝贝在那里?"宝玉见问,连忙从衣内取了递与过去。水溶细细的看了,又念了那上头的字,因问:"果灵验否?"贾政忙道:"虽如此说,只是未曾试过。"水溶一面极口称奇道异,一面理好彩绦,亲自与宝玉带上,又携手问宝玉几岁,读何书。宝玉一一的答应。

水溶见他语言清楚,谈吐有致,一面又向贾政笑道:"令郎真乃龙驹凤雏,非小王在世翁前唐突,将来'雏凤清于老凤声',未可量也。"贾政忙陪笑道:"犬子岂敢谬承金奖。赖藩郡余祯,果如是言,亦荫生辈之幸矣。"水溶又道:"只是一件,令郎如是资质,想老太夫人、夫人辈自然钟爱极矣;但吾辈后生,甚不宜钟溺,钟溺则未免荒失学业。昔小王曾蹈此辙,想令郎亦未必不如是也。若令郎在家难以用功,不妨常到寒第。小王虽不才,却多蒙海上众名士凡至都者,未有不另垂青目,是以寒第高人颇聚。令郎常去谈会谈会,则学问可以日进矣。"贾政忙躬身答应。

水溶又将腕上一串念珠卸了下来,递与宝玉道:"今日初会,仓促竟无敬贺之物,此系前日圣上亲赐鹡鸰香念珠一串,权为贺敬之礼。"宝玉连忙接了,回身奉与贾政。贾政与宝玉一齐谢过。于是贾赦、贾珍等一齐上来请回舆,水溶道:"逝者已登仙界,非碌碌你我尘寰中之人也。小王虽上叨天恩,虚邀郡袭,岂可越仙辆而进也?"贾赦等见执意不从,只得告辞谢恩回来,命手下掩乐停音,滔滔然将殡过完,方让水溶回舆去了。不在话下。

且说宁府送殡,一路热闹非常。刚至城门前,又有贾赦、贾政、贾珍等诸同僚属下各家祭棚接祭，一一的谢过，然后出城，竟奔铁槛寺大路行来。彼时贾珍带贾蓉来到诸长辈前，让坐轿上马，因而贾赦一辈的各自上了车轿，贾珍一辈的也将要上马。凤姐儿因记挂着宝玉，怕他在郊外纵性逞强，不服家人的话，贾政管不着这些小事，唯恐有个失闪，难见贾母，因此便命小厮来唤他。宝玉只得来到他车前。凤姐笑道："好兄弟，你是个尊贵人，女孩儿一样的人品，别学他们猴在马上。下来，咱们姐儿两个坐车，岂不好？"宝玉听说，忙下了马，爬入凤姐车上，二人说笑前来。

不一时，只见从那边两骑马压地飞来，离凤姐车不远，一齐蹲下来，扶车回说："这里有下处，奶奶请歇更衣。"凤姐急命请邢夫人王夫人的示下，那人回来说："太太们说不用歇了，叫奶奶自便罢。"凤姐听了，便命歇了再走。众小厮听了，一带辕马，岔出人群，往北飞走。宝玉在车内急命请秦相公。那时秦钟正骑马随着他父亲的轿，忽见宝玉的小厮跑来，请他去打尖。秦钟看时，只见凤姐儿的车往北而去，后面拉着宝玉的马，搭着鞍笼，便知宝玉同凤姐坐车，自己也便带马赶上来，同入一庄门内。早有家人将众庄汉撵尽。那庄农人家无多房舍，婆娘们无处回避，只得由他们去了。那些村姑庄妇见了凤姐、宝玉、秦钟的人品衣服，礼数款段，岂有不爱看的？

一时凤姐进入茅堂，因命宝玉等先出去顽顽。宝玉等会意，因同秦钟出来，带着小厮们各处游顽。凡庄农动用之物，皆不曾见过。宝玉一见了锹、镢、锄、犁等物，皆以为奇，不知何项所使，其名为何。小厮在旁一一的告诉了名色，说明原委。宝玉听了，因点头叹道："怪道古人诗上说，'谁知盘中餐，粒粒皆辛苦'，正为此也。"一面说，一面又至一间房前，只见炕上有个纺车，宝玉又问小厮们："这又是什么？"小厮们又告诉他原委。宝玉听说，便上来拧转作耍，自为有趣。只见一个约有十七八岁的村庄丫头跑了来乱嚷："别动坏了！"众小厮忙断喝拦阻。宝玉忙丢开手，陪笑说道："我因为没见过这个，所以试他一试。"那丫头道："你们那里会弄这个，站开了，我纺与你瞧。"秦钟暗拉宝玉笑道："此卿大有意趣。"宝玉一把推开，笑道："该死的！再胡说，我就打了。"说着，只见那丫头纺起线来。宝玉正要说话时，只听那

精点经典

精点经典

边老婆子叫道："二丫头，快过来！"那丫头听见，丢下纺车，一径去了。

宝玉怅然无趣。只见凤姐儿打发人来叫他两个进去。凤姐洗了手，换衣服抖灰，问他们换不换。宝玉不换，只得罢了。家下仆妇们将带着行路的茶壶茶杯、十锦屉盒、各样小食端来，凤姐等吃过茶，待他们收拾完备，便起身上车。外面旺儿预备下赏封，赏了本村主人。庄妇等来叩赏。凤姐并不在意，宝玉却留心看时，内中并无二丫头。一时上了车，出来走不多远，只见迎头二丫头怀里抱着他小兄弟，同着几个小女孩子说笑而来。宝玉恨不得下车跟了他去，料是众人不依的，少不得以目相送，争奈车轻马快，一时展眼无踪。

走不多时，仍又跟上大殡了。早有前面法鼓金铙，幢幡宝盖：铁槛寺接灵众僧齐至。少时到入寺中，另演佛事，重设香坛。安灵于内殿偏室之中，宝珠安于里寝室相伴。外面贾珍款待一应亲友，也有扰饭的，也有不吃饭而辞的，一应谢过乏，从公侯伯子男一起一起的散去，至未末时分方才散尽了。里面的堂客皆是凤姐张罗接待，先从显官诰命散起，也到晌午大错时方散尽了。只有几个亲戚是至近的，等做过三日安灵道场方去。那时邢、王二夫人知凤姐必不能来家，也便就要进城。王夫人要带宝玉去，宝玉乍到郊外，那里肯回去，只要跟凤姐住着。王夫人无法，只得交与凤姐便回来了。

原来这铁槛寺原是宁荣二公当日修造，现今还是有香火地亩布施，以备京中老了人口，在此便宜寄放。其中阴阳两宅俱已预备妥贴，好为送灵人口寄居。不想如今后辈人口繁盛，其中贫富不一，或性情参商：有那家业艰难安分的，便住在这里了；有那尚排场有钱势的，只说这里不方便，一定另外或村庄或尼庵寻个下处，为事毕宴退之所。即今秦氏之丧，族中诸人皆权在铁槛寺下榻，独有凤姐嫌不方便，因而早遣人来和馒头庵的姑子净虚说了，腾出两间房子来作下处。

原来这馒头庵就是水月庵，因他庙里做的馒头好，就起了这个浑号，离铁槛寺不远。当下和尚工课已完，奠过晚茶，贾珍便命贾蓉请凤姐歇息。凤姐见还有几个妯娌陪着女亲，自己便辞了众人，带了宝玉、秦钟往水月庵来。原来秦业年迈多病,不能在此,只命秦钟等待安灵罢了。那秦钟便只跟着凤姐、宝玉,一时到了水月庵,净虚带领智善、智能两个徒弟出来迎接,大家见过。凤姐等来至净室更衣净手毕,因见智能儿越发长高了,模样儿越发出息了,因说道:"你们师徒怎么这些日子也不往我们那里去?"净虚道:"可是这几天都没工夫,因胡老爷府里产了公子,太太送了十两银子来这里,叫请几位师父念三日《血盆经》,忙的没个空儿,就没来请奶奶的安。"

不言老尼陪着凤姐。且说秦钟、宝玉二人正在殿上顽耍,因见智能过来,宝玉笑道:"能儿来了。"秦钟道:"理那东西作什么?"宝玉笑道:"你别弄鬼,那一日在老太太屋里,一个人没有,你搂着他作什么?这会子还哄我。"秦钟笑道:"这可是没有的话。"宝玉笑道:"有没有也不管你,你只叫住他倒碗茶来我吃,就丢开手。"秦钟笑道:"这又奇了,你叫他倒去,还怕他不倒?何必要我说呢。"宝玉道:"我叫他倒的是无情意的,不及你叫他倒的是有情意的。"秦钟只得说道:"能儿,倒碗茶来给我。"

那智能儿自幼在荣府走动,无人不识,因常与宝玉秦钟顽笑。他如今大了,渐知风月,便看上了秦钟人物风流,那秦钟也极爱他妍媚,二人虽未上手,却已情投意合了。今智能儿见了秦钟,心眼俱开,走去倒了茶来。秦钟笑说:"给我。"宝玉叫:"给我!"智能儿抿嘴笑道:"一碗茶也争,我难道手里有蜜!"宝玉先抢得了,吃着,方要问话,只见智善来叫智能去摆茶碟子,一时来请他两个去吃茶果点心。他两个那里吃这些东西,坐一坐仍出来顽耍。

凤姐也略坐片时,便回至净室歇息,老尼相送。此时众婆娘媳妇见无事,都陆续散了,自去歇息,跟前不过几个心腹常侍小婢,老尼便趁机说道:"我正有一事,要到府里求太太,先请奶奶一个示下。"凤姐因问何事。

老尼道:"阿弥陀佛!只因当日我先在长安县内善才庵内出家的时节,那时有个施主姓张,是大财主。他有个女儿小名金哥,那年都往我庙里来进香,不想遇见了长安府府太爷的小舅子李衙内。那李衙内一心看上,要娶金哥,打发人来求亲,不想金哥已受了原任长安守备的公子的聘定。张家若退亲，又怕守备不依，因此说已有了人家。谁知李公子执意不依，定要娶他女儿，张家正无计策，两处为难。不想守备家听了此信，也不管青红皂白，便来作践辱骂，说一个女儿许几家，偏不许退定礼，就打官司告状起来。那张家急了，只得着人上京来寻门路，赌气偏要退定礼。我想如今长安节度云老爷与府上最契，可以求太太与老爷说声，打发一封书去，求云老爷和那守备说一声，不怕那守备不依。若是肯行，张家连倾家孝顺也都情愿。"

凤姐听了笑道："这事倒不大，只是太太再不管这样的事。"老尼道："太太不管，奶奶也可以主张了。"凤姐听说笑道："我也不等银子使，也不做这样的事。"净虚听了，打去妄想，半晌叹道："虽如此说，张家已知我来求府里，如今不管这事，张家不知道没工夫管这事，不希罕他的谢礼，倒像府里连这点子手段也没有的一般。"

凤姐听了这话，便发了兴头，说道："你是素日知道我的，从来不信什么是阴司地狱报应的，凭是什么事，我说要行就行。你叫他拿三千银子来，我就替他出这口气。"老尼听说，喜不自禁，忙说："有，有！这个不难。"凤姐又道："我比不得他们扯蓬拉纤的图银子。这三千银子，不过是给打发说去的小厮做盘缠，使他赚几个辛苦钱，我一个钱也不要他的。便是三万两，我此刻也拿的出来。"老尼连忙答应，又说道："既如此，奶奶明日就开恩也罢了。"凤姐道："你瞧瞧我忙的，那一处少了我？既应了你，自然快快的了结。"老尼道："这点子事，在别人的跟前就忙的不知怎么样，若是奶奶的跟前，再添上些也不够奶奶一发挥的。只是俗语说的，'能者多劳'，太太因大小事见奶奶妥贴，越性都推给奶奶了，奶奶也要保重金体才是。"一路话奉承的凤姐越发受用，也不顾劳乏，更攀谈起来。

谁想秦钟趁黑无人，来寻智能。刚至后面房中，只见智能独在房中洗茶碗，秦钟跑来便搂着亲嘴。智能急的跺着脚说："这算什么！再这么我就叫唤。"秦钟求道："好人，我已急死了。你今儿再不依，我就死在这里。"智能道："你想怎样？除非等我出了这牢坑，离了这些人，才依你。"秦钟道："这也容易，只是远水救不得近渴。"说着，一口吹了灯，满屋漆黑，将智能抱到炕上，就云雨起来。

那智能百般的挣挫不起，又不好叫的，少不得依他了。正在得趣，只见一人进来，将他二人按住，也不则声。二人不知是谁，唬的不敢动一动。只听那人嗤的一声，撑不住笑了，二人听声方知是宝玉。秦钟连忙起身，抱怨道："这算什么？"宝玉笑道："你倒不依，咱们就叫喊起来。"羞的智能趁黑地跑了。宝玉拉了秦钟出来道："你可还和我强？"秦钟笑道："好人，你只别嚷的众人知道，你要怎样我都依你。"宝玉笑道："这会子也不用说，等一会睡下，再细细的算帐。"一时宽衣安歇的时节，凤姐在里间，秦钟宝玉在外间，满地下皆是家下婆子，打铺坐更。凤姐因怕通灵玉失落，便等宝玉睡下，命人拿来撂在自己枕边。宝玉不知与秦钟算何帐目，未见真切，未曾记得，此系疑案，不敢纂创。

一宿无话。至次日一早，便有贾母王夫人打发了人来看宝玉，又命多穿两件衣服，无事宁可回去。宝玉那里肯回去，又有秦钟恋着智能，调唆宝玉求凤姐再住一天。凤姐想了一想：凡丧仪大事虽妥，还有一半点小事未曾安插，可以指此再住一日，岂不又在贾珍跟前送了满情；二则又可以完净虚那事；三则顺了宝玉的心，贾母听见，岂不欢喜？因有此三益，便向宝玉道："我的事都完了，你要在这里逛，少不得越性辛苦一日罢了，明儿可是定要走的了。"宝玉听说，千姐姐万姐姐的央求："只住一日，明儿必回去的。"于是又住了一夜。

凤姐便命悄悄将昨日老尼之事，说与来旺儿。来旺儿心中俱已明白，急忙进城找着主文的相公，假托贾琏所嘱，修书一封，连夜往长安县来，不过百里路程，两日工夫俱已妥协。那节度使名唤云光，久见贾府之情，这点小事，岂有不允之理，给了回书，旺儿回来。且不在话下。

却说凤姐等又过一日，次日方别了老尼，着他三日后往府里去讨信。那秦钟与智能百般不忍分离，背地里多少幽期密约，俱不用细述，只得含恨而别。凤姐又到铁槛寺中照望一番。宝珠执意不肯回家，贾珍只得派妇女相伴。后回再见。

精点经典

【阅读随笔】

话说红楼

1. 元春省亲（第十七、十八回）

2. 耗子精故事（第十九回）

3. 共读西厢（第二十三回）

4. 宝钗扑蝶（第二十七回）

5. 黛玉葬花（第二十七回）

6. 晴雯撕扇（第三十一回）

7. 宝黛互诉衷肠（第三十二回）

8. 宝玉挨打（第三十三、三十四回）

9. 刘姥姥二进大观园（第三十九、四十回）

10. 鸳鸯剪发明誓（第四十六回）

11. 香菱学诗（第四十八回）

12. 探春理家（第五十六回）

13. 湘云醉卧芍药裀（第六十二回）

14. 尤三姐殉情（第六十六回）

15. 抄检大观园（第七十四回）

16. 晴雯之死（第七十七回）

17. 调包计（第九十六回）

18. 黛玉焚稿（第九十七回）

19. 黛玉之死（第九十八回）

20. 宝玉出家（第一二〇回）